宗門正道

——公案拈提 第五輯——

——平實導師 著——

ISBN 957-97840-9-2

自序

溯自公元一九九三年以《念佛三昧修學次第》一書，及一九九五年以《禪—悟前與悟後》一書，不指名道姓而破斥邪說以來，陸續已有多種著作不曾指名道姓而辨諸方法義之邪正；然皆不見被余指正之諸方知識有所修正，悉皆繼續誤導眾生如故，乃至亦有私下指使徒眾於諸場合以及網際網路上對余謾罵誣詆者，是故於二〇〇〇年五月出版《楞伽經詳解》第三輯起，改絃易轍，對於未悟示悟及方便示悟之出家在家大師、密宗法王活佛，以及破壞佛教法義之密宗應成派中觀師——主要爲印順法師及達賴喇嘛——加以指名道姓之破斥，藉以彰顯佛教正法之本義，導正已被曲解之教義。

然而間有鄉愿之人，每謂人曰：「同是佛門弟子，何忍互相批評攻擊？」故意將余之法義辨正誣指爲人身批評攻擊，以之而爲諸方被評之顯密大師辯護，乃至亦有指余如是救護學人等作爲是不圓融者。然而余於二〇〇〇年五月之前，五六年間不曾指陳姓名而作辨正，彼等悉皆視而不見、聽而不聞，繼續誤導眾生如故；如是事實，大眾何可視若無睹？乃竟單方面厲責於余耶？不應正理也！

復次，所作指名道姓破邪顯正之舉，能令廣大學人警覺、普獲法利，同時獲得抑制邪見傳播之作用，可免學人再受誤導，普皆回歸正道，其利不可謂小也；如是大利於學人之作爲，云何而不應作？無是理也。

復次，教界之中，人人競作好人，無人肯作得罪諸方大師之惡人，我若不作如是據實之辨正，並書以成文流傳後世者，恐余將來滅此色身已，正法隨滅；何以故？謂余將來滅後，諸方邪師必將無所忌憚而廣弘邪知邪見、誤導學人故。若余身後無人肯爲此事，或雖肯爲、而爲他人所阻，則將無人能爲此事，坐令邪知邪見廣大弘傳，佛之正法真旨恐將命如懸絲，滅在不久。若余力能爲之，而不肯爲；則未來了義法若滅者，即是余罪也。若余今先爲之，則未來二三百年之了義正法弘傳可以無憂；未來若有大師復作誤導眾生之事者，一切學人皆得援引余書所舉經旨而破斥之，令正法之弘傳無憂，是則能益今時後世之廣大學人也；如是大善之行，云何而可止余行之？不應正理。

復次，三乘諸經法義甚深，古今知識每多誤解；若不速將佛法回歸三乘宗義，則越至法末之季，三乘正義越難令諸學人了知，是故余今藉諸大師邪謬之見而作辨正，能令今時後世學人建立正見，則將不復誤會佛法，則能檢魔辨異、遠離種種外道邪見，則我佛教即能免於被外道法滲透，可免日漸空洞化、外道化之潛在危機；如是，佛教即可延續至月光菩薩降生之季也，是故末法之今時，指名道姓而破邪顯正之舉，有其必要，不可終止。

數年來，往往有人語云：「對於佛法之見解，各人不同；你說的不一定對，我說的也不一定錯，何必互相批評？」亦有人云：「我怎麼知道你說的一定對？」職是之故，必須引經據典而証成之。然而眾生尚慢者多，便言：「那是佛說的，不是你的証量；你只是引經據典而說罷了，有什麼証量？」若不引經，彼便言：「那是你說的，不一定正確。」不肯拋卻成見，客觀探究之，殊難與語，是名「無見道緣者」，不能強度入法。

真善知識凡有所說，不必迎合眾人心意而討好之；余所說法，意在令利根（有智無慢）之人得度，不為鈍根；彼諸鈍根（聰明尚慢）之人，難因余所說法而度；但求能於三五年後轉其邪知邪見，不被假善知識所誤導，回歸正道，則余願已足，不須其人之來學或讚余也。

大乘第一義法，甚深難証，佛世已然，非獨現今；若有真悟之人出世說法，一切錯悟而尙慢之人，聞則恐畏而生瞋恨，乃至生怨生惱；不獨末法之今世如此，佛世已然。佛出人間，彼時外道恐畏者甚多，多屬畏聞二乘無我法者；佛門中之凡夫則誤會般若爲一切法空，畏聞佛所說之諸佛「常樂我淨、真常唯心」之第一義究竟正理；證悟之大乘菩薩則於聞說「真常唯心」之理時，心生歡喜，是故《維摩詰經》云：「佛以一音演說法，或有恐畏或歡喜」，此之謂也。如是現象，非獨現今，佛世已然如是；是故若聞余所說法而生瞋恨怨，乃至生惱而以化名於網際網路上、作諸人身攻擊而無根誹謗余者，事亦平常，無足爲奇也。然因初學者不知其故，往往惑於種種鄉愿之說、及種種飾詞狡辯之言論，便致喪失親學正法乃至親証正法之機緣，是故余今藉此《宗門正道》出版因緣，陳述正理，即以此爲序。

菩薩戒子　蕭平實　謹序

公元二〇〇一年初暑誌於喧囂居

張序

吾師　平實先生自一九九六年拈提禪宗公案以來，迄今已歷五載，每年仲夏出版一輯，以匡正參禪人之正知見，恍如天降清涼甘露，滋益行者之道業無量無邊；先後出版《禪門摩尼寶聚、宗門法眼、宗門道眼、宗門血脈》等書。

第一輯—禪門摩尼寶聚—拈提一百則，共二百餘頁；第四輯已增至四百五十頁，第五輯《宗門正道》拈提八十則，更厚達五百餘頁，真可謂「禪門鉅著」也。細觀五輯拈提之內涵次第，可以發現這些年來，吾師由於証量不斷向上提升，及不忍眾生受邪謬知見所誤導之廣大悲願，而使得一切種智之增上一日千里，於了義實相法圓滿無礙，乃能於古往今來諸方大德知識所示公案及開示，如鏡鑑照，了然於胸。

「禪宗公案」一向是禪宗學般若禪者參禪之寶鑰，叵奈由於文字艱澀、義理難明，禪師與學人間之機鋒應答，更是令人丈二金剛摸不著頭緒，怪不得印順導師徒眾會稱之為「無頭公案」也！然對真正證悟者而言，一千七百則公案也僅是一則而已。所謂「一理通，萬理徹」，親證如來藏者，能了解每一則公案之真實理趣，內心篤定、無有疑惑，因此於攬閱之際，往往會心一笑，古今皆同此心也。

《宗門正道》一書，旨在破斥以達賴喇嘛、印順導師爲首之應成派中觀見，繼之以摧伏蔣貢康楚仁波切、宗喀巴、密勒日巴、龍欽巴……等密宗祖師之邪見；下至今時之惟覺法師、徐恒志居士……等之錯誤見解，無不一一舉示，藉以引導學人回歸正道；苦口婆心，可謂入水入泥、掏心掏肺至極！

當今之世，由於傳播資訊發達，書籍乃至網際網路之流通無遠弗屆，是最黑暗的時代—錯誤知見蓋天蓋地；卻也是最光明的時代—世尊正法得以藉吾師之摧邪顯正而普揚、無所障礙。

吾師於此書，一改以往，在每則公案拈提之後，皆附贈一首偈頌，不僅意味雋永、文詞優美，更是句句禪機，真如之理呼之欲出，有緣之人或可由此而入—破參親證實相。如或不然，從吾師說理分明、次第井然之鋪陳如來藏體性及剖析諸方邪謬知見中，增益見地，不爲假名善知識所誑惑，亦可深種未來見道之因。倘能於宗門正法不疑，信受奉行，今生欲求證悟，實如反掌折枝之易。

果圜何其有幸，今生得以從佛法門外漢、一路追隨吾師修學如來藏正法，於吾師所揭示一一正理悉皆信受，心不驚疑；願盡未來際護持吾師摧邪顯正，荷擔如來家業，乃至成佛。普願有緣佛子皆能因參禪入理，親證本來自性清淨涅槃，於諸邪師法善於揀擇，具正知見，生生世世不離明師，是所至禱！

菩薩戒子 張果圜 敬序

二○○一年仲夏 于正覺講堂

正道錄

宗門目

＊－－錯悟之公案

第三四一則　潭州禍事

潭州秀谿和尚　一日，谷山問：「聲色純眞，如何是道？」師云：「亂道作麼？」谷山卻從東邊過西邊立。師云：「若不恁麼，即禍事也。」谷山卻過東邊，師乃下禪床，方行兩步，被谷山捉住云：「聲色純眞事，作麼生？」師便掌谷山；谷山云：「十年後，要個人下茶也無在。」師云：「要谷山老漢作麼？」谷山呵呵大笑三聲。

達賴喇嘛云：《我的問題是很廣泛的，並不僅限於生物。那涉及所有依因、緣生之所生，並包括終將毀滅或分解的全部現象，這涵蓋有機物與非有機物。譬如，我們來看佛陀全知的至高無上的心，那是已經直接證悟空性的；然而它仍是時刻變化的，沒有真正的終點，它總是在那裡，但卻時刻不停地變化。科學家也知道物體是時刻變化的，並非在表面、粗糙的層次，而是在更深的層次。因此粒子是有關係的。》（摘自衆生出版社《揭開心智的奧祕》頁一四〇）

平實云：達賴法王既欲為人揭開心智之奧祕，則當有所證悟而後為之，衆生方有大利。今觀達賴所說，悉是凡夫見解，於心之體與性俱無所知，云何有智能為人揭開心智之奧祕？所以者何？謂佛陀之意識，固是三界至高無上，然非全知，非如一神教之神妄稱為全知；譬如達賴法王、蓮花生、密勒日巴、岡波巴、宗喀巴……等人，究竟何時可以成佛？佛仍未知；彼諸人等尚在凡夫外道見中，佛不能為之作顯授記或密授記也，故非全知。

佛之意識固是「三界至高無上的心」，不唯直接證悟空性，並且究竟了達空性，無人能及；然此佛地意識絶非法界中至高無上之心，依第八識真如而生故，非自在本有之心故。如是正理，達賴未知，云何名為密宗至高之法王？

復次，佛地八識心聚，不論任何一識聚，皆是純淨心聚，不受新熏，已斷盡所知障中過恒河沙數上煩惱故，變易生死已盡，於種智中說名流注滅；如是究竟不變易心，達賴法王怎可說「祂仍是時刻變化的，沒有真正的終點」？如是知見偏邪，尚不能與顯教中教授唯識學之老師們對話，何況能知能證種智？陳履安先生竟以其如是邪知邪說，為其印製成書、流通天下，欲為人《揭開心智的奧祕》，無有是處！

達賴法王若欲遠離如是妄想，須先捨棄月稱、宗喀巴……等人之應成派中觀邪見，承認確有第七識意根及第八識阿賴耶，而後修學禪宗之法；一朝證悟明心已，方能如實遠離邪見妄想。便舉潭州禍事公案，共爾達賴喇嘛打葛藤去：

潭州秀谿和尚，乃是馬祖大師法嗣。一日，谷山禪師問曰：「聞聲見色，悉皆純真；如何是道？」這谷山老漢，故意取《楞嚴經》中佛說「十八界六識六塵本如來藏妙真如性，非因緣生、非自然生」語，嬲亂潭州秀谿和尚。若是個錯悟底人，便落他棬樻禮之中，不免將那一念不生之覺知心，取來答他谷山老漢。

潭州秀谿和尚卻向傍裡答他：「胡言亂語作什麼？」早已勘破谷山手腳也。谷山敗闕已顯，不得不向正中來，卻從東邊過到西邊站立，此乃不已而已。潭州秀谿見他恁麼，仍向傍裡答他：「汝若不恁麼，即是禍事也。」谷山聞已，仍不能確定潭州秀谿落處，乃由西邊又復過到東邊而立；這谷山老漢，一心要勘他潭州知有不知有，弄出如是泥泥水水，也不嫌煩。

潭州看他如是鄭重，卻不好打馬虎眼兒，乃下禪床，欲要離去；若是個具眼衲僧，到此也好一拍兩散，各自無事。無奈馬祖初出道時，錯印證者不少，谷山恐他潭州亦在其數，不肯放過，一把捉住潭州，逼問云：「聲色純真之真實意旨，汝作麼生說？」潭州卻不答他，隨手便放谷山一掌。

谷山至此，已知潭州見處，卻向事上數落潭州：「像你這樣說禪，莫道如今無人奉侍，饒汝度人十年之後，要個人為汝下茶也無在。」潭州卻云：「我要你這谷山老漢作什麼？」谷山卻呵呵大笑三聲以應。

只如佛說六根六塵六識俱是如來藏性，非因緣生，非自然生，谷山禪師說之為

「聲色純真」，且道：如何是聲色純真中之真實理？如是一問，莫道今時普天下阿師說不得，饒是當時諸方說禪座主，亦無幾人道得。猶如晴天霹靂，幾人見得他電光？如今平實舉來問爾諸方密宗法王活佛等，還有道得者麼？若道不得，稱什麼法王？道什麼活佛？盡是博地凡夫，尚難消他滴水信施，云何受人供養禮拜？

潭州秀谿和尚答他「亂道作麼？」究竟是有答他處？是無答他處？若道有，何處是答他處？若道無，因何是無答他？爾諸密宗法王活佛，還能分說麼？

谷山從東過西而立，意在何處？潭州秀谿禪師向他道：「若不恁麼，即禍事也。」且道：云何谷山老漢若不恁麼，便成禍事？爾諸密宗四大派法王，既是十地菩薩（十地滿心方是法王故），既稱是活佛，還能委悉潭州秀谿意在何處麼？若未委悉者，捨壽便有大禍，未入七住菩薩位故，如是而敢自稱十地法王、自稱活佛者，成就大妄語業，焉得非是禍事？

谷山禪師聞他潭州如是道，欲要驗他真實，復由西邊過東而立，竟是何意？令他潭州秀谿不得不下禪床？潭州方行兩步，卻被谷山捉住，又逼問云：「聲色純真事，作麼生？」一心要逼他說出悟處。不料潭州不答他語，向谷山胸前驀然便掌；諸方活佛法王既道有般若證量，自言有果地（佛地）修證，敢自稱揚即身成佛（詳見衆生出版社諸密宗活佛法王仁波切著述），可還委悉潭州與谷山弦外之音麼？若解不得，盡是弄精魂腳手，有什麼果證？而言即身成佛？

谷山禪師欲逼潭州口說手呈，不料潭州三寸甚密；處處答他谷山，處處不露三寸，谷山無可奈何，乃道：「像你這般說禪度人，十年後，要個人幫你端水倒茶都沒有。」潭州不貪眷屬，卻從偏中來答：「我要你這個谷山老漢作什麼？」如是話中有禪，卻又顯示自心穩在，無貪無求；豈似密宗諸大法王活佛，紛紜擾攘，將種種邪知邪見著作成書，競相來台，以求名聞利養，個個滿載而歸，卻不知禍事如影隨形，臘月三十到來，管教汝一一領受，須逃不得；到時莫說潭州禪師未向爾道。谷山禪師聞潭州恁道，卻呵呵大笑三聲，兩廂無事。諸方活佛法王且道：谷山老漢大笑三聲，意在什麼處？還有道得者麼？何妨賜教？若道不得，盡是野狐，凡夫一個，有什麼悟處？

這個公案，谷山與潭州數度往來，要勘他手腳，欲驗他心地，演出賣力，鬧熱無比。然而檢點將來，谷山老漢終究不出他潭州機稽、袖裡乾坤，勘人者早被勘卻也。

頌云：

聲色純真，如何是道？亂道無生，且過西立。

恁麼免禍事，卻好向東立。

無生禍事休道伊，東邊立來過西立；

莫妄想！處處佛意不曾藏。

且向諸方徵云：這世界裡，還有悟道之法王與活佛麼？

自代云：有！喚來與平實下茶！

第三四二則　溫州異類

溫州佛嶼和尚　僧問：「正恁麼時，做麼生？」師畫一圓相，僧作女人拜，師乃打之。復有僧問：「如何是異類？」師敲碗云：「花奴！花奴！喫飯來！」

達賴喇嘛云：《並非只有應成派主張「意識的時刻變化」這一觀點，事實上，那是佛教所有學派的中心思想。四聖諦中的每一諦都具有四種性質，而苦諦的第一種性質即是無常。》（摘自眾生出版社《揭開心智的奧祕》頁一四一）

平實云：意識是時刻變化，固是佛教所有學派之共識，但絕非是各派之中心思想。以四阿含中聲聞法言之，佛說應滅盡十八界，方是無餘涅槃。對「意識常不壞滅」之邪見應斷；對意識自執「我不壞滅」，及對意根自執我、執意識覺知性與內執阿賴耶（此唯悟者方知），悉斷如是執，方名有餘涅槃。如是意識易起易滅、非真實法，云何可說是佛教所有學派之中心思想？無斯理也。

達賴喇嘛復云：《這裡的要點是：當我們解釋無常時，很像我們介紹空性時一樣，必須脫出虛無論與永生論兩種極端。即使從連續的意義上來看，時刻的變化並不表示一種現象消失。》（同書同頁）

平實云：這就是應成派中觀之主旨，以意識存在而連續變化，說之為非斷（非虛無論）及非常（非永生論）。然，則四阿含佛語成妄；不然，則達賴及應成派中觀見成妄想見。佛說意識非是不滅法故，於眠熟等五位必滅故，不能去至後世故（註：眠熟位、悶絕位、正死位、無想定中、滅盡定中，意識必滅）。

達賴喇嘛又云：《我們應該說：一種現象時刻在變化，而仍然保持它的本質與特性。因爲保有它本質的連續性，所以它仍然存在—這使我們脫出虛無論。而它時刻在變化的事實，又使我們免陷於永生論的極端，或絕對永恆的信念。因爲意識也有這種時刻變化的性質，因此，前一刻意識中的錯誤認知或謬見，可以改變爲正確的認知。》（摘自同書同頁）

然而意識不能去至後世，此世意識亦非由前世來；此是一切顯宗學派及南傳佛法二乘學派所一致共認者（唯除密宗黃教之應成派中觀邪見），云何達賴認此斷滅之意識不斷？謂此意識能去至後世而脫出虛無論？意識無有聯繫三世之「連續性」故。乃至今夜眠熟斷已之意識無法，明朝尚須依賴俱有依（未壞之五勝義根頭腦、及意根法塵）為緣，方能現起；斷已之無法，必不能自行無中生有故。達賴認此朝朝依他而起之斷滅法為連續法，則不離永生論；認此有生（朝朝生起、世世生起）有滅（夜夜斷滅、世世斷滅）之意識為連續法，則不離虛無論；如是不離二邊之論，自謂為離二邊之論，乃竟有諸無智愚人迷之信之，謂此斷常之論為中觀，真是末法也！

達賴乃當今全球密宗之最高法王，白教紅教花教等法王，多須受其認證而坐床正位。今觀達賴法王認取意識心為常不壞法，以佛所斥之意識心為佛法之中心思想，墮於密宗應成派中觀邪見中，故其所說「中觀般若」思想，處處違背聖諦與世俗常識之認知，無一可信。

學人當知：大乘之佛菩提道與二乘之解脱道，皆依第八識如來藏為因，藉種種緣而顯其法性，令人得證，非以意識為不生不滅法，非以意識為中心思想也。達賴喇嘛及密宗應成派中觀邪見，難免有智之士所譏，不足取法也。云何陳履安先生將此邪見結集成書、流通於台灣寶地？非智者也！普勸爾等密宗師徒，捨離邪見，回歸顯宗三乘法教；速求大乘見道，真入佛門修道。欲求大乘見道者，最速疾之法即是禪宗之參禪也；因緣熟時，一念相應便能通達般若中觀，無有不通者。且舉溫州異類公案，與爾等密宗大法王、大活佛……等人共話無生：

溫州佛嶴和尚，嗣法於馬祖大師。有僧問：「正恁麼時，那邊事作麼生？」溫州佛嶴和尚卻於空中畫一圓相。這僧久經山水，懂得恁麼問；溫州乘便畫個圓，拈來作個秀才人情。這僧久經山水，卻不識風花雪月，早是蹉過，卻學禪師公案作女人拜；溫州佛嶴和尚乃是大悟之人，這僧怎能瞞他火眼金睛？便舉棒打之。

復有一僧問：「如何是異類？」如此喚作「一般師僧」，每將曹山本寂禪師之「異類墮」，拿來作文章，有什麼交關？一切有情各自有個真心如來藏；這個藏識，饒汝苦痛難當、哇哇大叫，祂亦不動念；使爾忽中樂透大獎，狂喜無喻，祂亦不起喜心；如是常住如如之境，迥異有情之見聞覺知心，豈非正是異類？

佛嶼和尚聞他問異類，卻真取碗敲將起來，口中喚云：「花奴！花奴！喫飯來！」有人道：「那貓兒正是異類，既然僧問異類，佛嶼和尚便敲碗喚貓與僧見。」有者道：「佛嶼和尚喚花奴，只是個機鋒，欲幫此僧悟得禪。」有者道：「佛嶼和尚只是要截斷此僧之念流，斬斷他葛藤，令他住入一念不生之境，便能開悟。」……林林總總，諸端異說，與禪有什麼交涉？

當知佛道不離三界萬法，欲求如是大道，何妨求諸女人？具足萬法故。只如僧問佛道，溫州佛嶼云何不答？卻向空中畫個圓相，這圓相有什麼古怪？值得書傳後世？這僧學得野狐禪，似則似，是則不是，難逃溫州行棒。如是深辨來機，非真悟者不能。有僧問異類，溫州取碗敲，喚道花奴花奴，是真答他異類？非真答他異類？爾等密宗大法王、大活佛，且作麼生道？待汝著眼覷伊，早是遲也，更哪堪思惟再三？

頌曰：

如何是道？不外圓相；
萬福萬福，難逃行棒。
如何是異類？取碗敲天鼓，
震聲喚花奴，何故猶未睹？
難！難！千聖早過飛猿嶺。
萬福花奴悉皆怡，學人休向古佛覓。
咦！這不是母老虎麼？異類在什麼處？
萬福！萬福！

第三四三則　濛谿無念＊

馬祖法嗣濛谿和尚　僧問：「一念不生時如何？」師良久，僧禮拜；師云：「汝且作麼生會？」僧云：「某甲終不無慚愧。」師云：「汝卻信得及。」

僧問：「本分事，如何體悉？」師云：「爾何不問？」僧云：「請師答話。」師云：「爾卻問得好。」其僧大笑而出。師云：「只有遮師僧靈俐。」

達賴喇嘛云：《在夢中射精的研究可能很重要。以明光升起的觀點看，只有在一種情況下—在死亡的一刻—才是圓滿地產生。不過，有其他四種情況，明光會以粗略的形式出現：打呵欠、打噴嚏、進入睡眠或昏厥、性高潮的時刻。……而最強的感受是在性高潮的時候。這是大樂的修習之所以包含在瑜伽密續中的原因之一。一般人對於無上瑜伽密續中，關於性以及其他的象喻存有諸多誤解。性的象喻真正的理由，完全是因爲在四種明光出現的狀況當中，性高潮時最爲強烈。因此這種象喻才用在靜坐中，以延長明光出現的經驗，或使之更清晰鮮明—目的就在於此。在性高潮時，因爲明光出現的經驗較持久，因此你較有機會加以利用。》（摘自衆生出版社《揭開心智的奧祕》頁一四六—一四八）

平實云：陳履安先生曾在電話中，對余否認密宗之男女雙身修法，謂無此事。今者彼出版社為達賴喇嘛出版之書中，卻又明言有此修法。

所謂性高潮之明光，並非佛法，乃是印度教性力派修法，以之為雌雄等至之一心樂境，以一心不亂之樂觸境界為證悟，名為以淫欲為道，是外道法。

佛法遍一切時一切處一切界，性高潮中所起明光境界，乃是意識境界；意識不遍一切處一切時，故明光不遍一切處一切時，如是焉得名為佛法？譬如明光唯在意識界相應，不與眼等五識相應；假饒樂觸最強之正受時，身識仍不與明光相應，唯意識相應。復次，意識不遍六根，與五識俱而不在五識中，與意根俱而不在意根中，亦不在五根中，是故不遍十二處，非是遍一切處者；意識既不遍一切處，依意識而生之明光焉能遍一切處？爾諸密宗法王活佛，何妨於「無上瑜伽密續」之雙身修法過程中，審詳觀察？方知余語之不虛也。三者，意識不遍一切時在，於眠熟等五位中必斷滅故；意識既斷滅已，明光則亦不存，何能於睡眠及悶絕位起明光境？而言於彼位中住明光境？如是妄想，有智之人所不信受，而汝法王竟自肯定，何其荒謬！

意識於眠熟、悶絕、正死位中必斷，不能遍一切時，此是世俗常識，爾等密宗法王學人等，可以自行證實之，云何作是妄想？不應正理。

若於性高潮中，住於一心不亂之明光境界，即是證悟聖境者，則應女人悟境高於男人——女弟子悟境高於男上師；亦應男弟子悟境永遠低於女上師。男上師若至性高潮時，必致射精；精出已，高潮隨過，無復有最高潮之樂觸，則其明光境隨之不能久住；反之，女弟子則可保持樂境較久，則可久住明光境中，則其「悟境」應勝男上師。亦應男弟子之「悟境」永遠不及女上師，理必如是故，無二理故。如是「悟境」非平等法，非平等法即非佛法也。

假使爾等法王活佛，真能淨持「三昧耶戒」，不貪異性弟子色身供養，專以「雙身禪定」之一心不亂而入明光境界，亦是意識境界，無關佛法也。假饒如是修得禪定，乃至能入四空定中明光之境，仍是凡夫外道，與解脱道及佛菩提道無涉故；何況爾等密宗四大派古今一切法王活佛，未見有能偶一敘述所證禪定境界淺如初禪者，何況無覺無觀三昧？何足論哉！

如是，密宗四大派古今法王之誤解佛法，極為普遍，古今如出一轍，咎在唯依密續，不依經典，是故久住邪謬見中，代代相傳而不能揀擇。顯宗不然，俱依經典；若有所悟，其法同一—所證之如來藏遍十二處、遍十八界，遍一切時而恒存不滅，乃至悶絕、正死、二無心定中，亦猶運行不輟。一切證悟者，悟後智慧容有淺深廣狹差別，所悟如來藏境界，等無差別，悉同一心，如是名「等」，方可謂為遍一切處、遍十八界、遍一切時之佛法也。

然而錯悟之人普天匝地，古今同調——悉墮意識境界，悉認意識住於一念不生之輕安光明境界為悟境，便自以為成賢入聖，嘲笑羅漢辟支，輕他十地法王，悉墮凡夫妄想情解之中，苦於不自知爾，如今更勞平實點破。古時濛谿和尚亦復如是，錯以無念之覺知心為實相心，以一念不生為悟。

有僧問：「一念不生時如何？」濛谿和尚便住一念不生之中，良久默然，彼僧亦以如是為悟，便禮拜；濛谿問云：「你倒底如何體會呢？」彼僧云：「我終究不敢無慚無愧。」此是意識心行，濛谿不知自他俱錯，卻印證云：「你卻是信得過我。」與密宗四大派古今法王無少差異。

復有僧問：「向上本分事，應如何體究明白？」濛谿云：「你為什麼不問我？」僧云：「請師父回答我的話。」濛谿云：「你卻是問得不錯。」這僧早勘破他手腳，大笑而出；濛谿卻故作大家，讚云：「只有這個師僧靈俐。」早是鷂過新羅，他卻還向中土放箭，今日不免平實檢點也。　頌曰：

上師弟子同聚會，目光才交已生貪；

更云無上瑜伽密，妄說菩提是明光；

羞！羞！家中良人若見問，意旨如何須？

一念不生濛谿境，嬲亂道場禍學人；
古今活佛悉踵隨，至今猶未解無為。
十方賢聖現觀無上密，其中真如遍處不曾藏，
諸方佛母活佛還有知者麼？喚來雙修無上密與鬼神賞！

第三四四則　逍遙永寂

馬祖法嗣逍遙和尚　一日，師在禪床上坐，有僧鹿西問云：「念念攀緣，心心永寂。」師云：「昨日晚間也有人恁麼道。」鹿西云：「道個什麼？」師云：「不知。」鹿西云：「請師說。」師以拂子驀口打，鹿西便出，師告大眾云：「頂門上著一隻眼。」

達賴喇嘛云：《…但是有一種方法或技術可以認定心，那就是將你的心自它所集中的外在事物上抽離，如此剩下的就是你的心了。如果你運用念心，可使你的心免於被外界事物轉移，有助於你對自心做禪修。這樣做，……經過一段時間，你將會有清晰與澄明的體驗。那時你只有同淨水般的清晰、澄明之覺受，以致當這分清澄接觸到某一物體的時候，它即顯現那物體的形象；不然就單是純然的明亮或清澄。這種訓練重要關鍵在時間—它很花時間。不過經此訓練之後，你的經驗會愈來愈清楚。這就是一個人要**見心的本質**所需經歷的過程。》（摘自衆生出版社《揭開心智的奧祕》頁二〇三）

平實云：達賴喇嘛以意識心為不壞心，是故與諸洋博士探討心智時，率多言不及義。佛以名色所緣之識（第八識如來藏）為心，如是說涅槃、般若、一切種智，如是名為第一義諦，說為聖人自覺境界。今者達賴法王昧於涅槃本際之第八識如來藏，不曉般若中觀，自墮應成派中觀邪見中，以意識之清明輕安境界為實證佛法，無異常見外道。彼以知覺心之澄清明淨，觸外境而不沾黏外境，說之為親見心之本質—即是密宗所說之開悟自心。然此乃是意識心，利根者若入本會修習，二月即能如是，鈍根者六月可成；然余終不說如是人為已「見心的本質」，要須「無相念佛」之念明晰，於一切境緣中如是，復轉入看話頭階段鍛鍊，而後起疑情參究自心藏識，逮至破參（親證自心如來藏）已，勘驗無誤後，方說此人已「見心的本質」，非以修至一念不生之清明境界為見心也，所見是如來藏故，非是意識故，意識是阿含中所說常見外道之神我梵我故。

證得自心如來藏已，方能真通般若、漸通種智；若不觸證如來藏，終不能真知般若、不通種智，是故密宗行人務必摒棄應成中觀之斷常見，信有第八識如來藏，熏習禪宗之參禪知見，而後努力參尋自身本有之如來藏，方能證入大乘佛法；若不能爾，終不能入大乘別教見道位中，永住無明黑暗深坑，不離博地凡夫境界，云何可以法王自稱？於此懇勸達賴喇嘛等一切密宗行者，速棄密宗妄想邪見，一心參禪：

逍遙和尚乃馬祖道一大師法嗣。一日宴坐於禪床，有僧人鹿西上來問云：「念念攀緣，卻又心心永寂。」逍遙和尚云：「昨天晚上也有人這麼說。」鹿西云：「究竟是說個什麼物事？」逍遥和尚答云：「不知。」鹿西云：「請師父說明。」逍遥和尚於鹿西語畢處，突以拂子打，鹿西便出去；逍遥和尚卻告大衆云：「大衆於頂門上安著一隻眼吧！」

逍遥和尚宴坐禪床上，有底道是閑機境，有底道是三界之中獨露身，有底道是宴坐於三界中不現心意；如是諸方所說有什麼巴鼻？這僧人鹿西施施然上來座前，人天覷他不著，卻問：「念念攀緣卻又心心永寂。」好有一撈，人天罔措，還有知音麼？密宗四大派古今法王活佛，俱道證聖，每令徒衆盤腿合眼，欲求一念不生以為證悟，恁麼稱為聖人；禪宗叢林說此即是「妄為澹淨，冷水泡石頭，坐在淨裸裸處，活著不曾死。」於道有什麼相干？須知自心法身——第八識如來藏，自無始劫來本已心心永寂，何必爾等密宗活佛法王妄以第六識欲修一念不生之明光境？如是名為將馬作牛，認奴為郎，錯將意識認作自心法身也，有什麼交涉？只如自心法身既然無始劫來本已心心永寂，云何又道祂念念攀緣？究竟攀緣個什麼？直得念念不斷卻又心心永寂？管教諸方活佛法王分疏不下。

逍遥座下僧鹿西，上來恁麼一撈，人天側目；若是一般講經座主、錯悟阿師，以及一切淺悟之人，便不奈何他；這逍遥和尚卻非吳下阿蒙，傍裡答他云：「昨日晚間也有人恁麼道。」四兩撥千金，有偏有正，一時答了，直饒諸方活佛法王有孫悟空火眼金睛，現大神通，亦見不著逍遙和尚在什麼處宴坐，無能說似平實。

鹿西法師見他逍遙和尚所答太高生，有心為衆，乃代衆人問云：「道個什麼？」要他逍遙和尚為衆撒土撒沙去也。不料逍遙和尚一向甚儉，不輕易與人，隨口答他：「不知。」雖然甚儉，如是一語，不妨有個出身處；若有個禪和子，於如是一語下，見著逍遙和尚宴坐處，卻好上前掀倒禪床；原來逍遙和尚宴坐處，既是禪床也是泥地，既非禪床也非泥地，卻在那個燈籠上。若分明見著，不妨人天捧出，久後必成一方大師也。若猶待下一著子方得，早是不堪也。

鹿西法師見大衆不會，逍遙和尚又不肯撒土撒沙，只好又央求和尚云：「請師父明說了吧！」逍遙和尚只好抛土撒沙，隨他鹿西語畢處，以拂子便打。如是撒土沙已，暗室中之隙縫陽光頓顯無餘；諸方活佛法王，可中若是有個伶俐漢，一眼覷著，正好捧向佛前，好作法供養，豈不強似每日裡水餅供佛？

無奈衆僧不會，鹿西法師只得自個兒輥身入泥下水，為衆人說法，乃就和尚拂子打處轉身便出，早是郎當不少也。這回逍遙和尚放去不能不奢，只好向大衆云：「頂門上著一隻眼。」教大衆向鹿西出門處急著眼看，放去甚奢，極為破費，無奈衆僧仍如今時諸方活佛法王，見不著逍遥和尚師徒二人手腳，只得向無人處換手搥胸，大聲哭唱一曲長恨歌！　平實今為諸人頌曰：

念念攀緣，心心永寂；諸方難覯伊，此物何太奇！

昨日有人恁麼道，四兩千金偏中正，清風匝地有何極！

為大衆，探驪珠，借問和尚覓奇珍，換得逍遥道不知；

休！休！請師說，拂塵驀口打，念念攀緣心卻寂。

鹿西輥身入泥水，頂門有眼須急著，真意有誰了？

如今還有伶俐活佛法王麼？過來！過來！汝我俱不曉！

第三四五則　龐公江水

襄州居士龐蘊　衡州衡陽縣人。字道玄。世以儒爲業，而居士少悟塵勞，志求眞諦。唐貞元，初謁石頭和尚，忘言會旨。復與丹霞禪師爲友。一日石頭（希遷禪師）問曰：「子自見老僧以來，日用事作麼生？」對曰：「若問日用事，即無開口處。」復呈一偈云：

日用事無別，唯吾自偶諧；頭頭非取捨，處處勿張乖。
朱紫誰爲號？丘山絶點埃；神通並妙用，運水與搬柴。

石頭然之曰：「子以緇耶？素耶？」居士曰：「願從所慕。」遂不剃染。後之江西，參問馬祖云：「不與萬法爲侶者，是什麼人？」祖曰：「待汝一口吸盡西江水，即向汝道。」居士言下，頓領玄要，乃留駐參承，經涉二載。……自爾機辯迅捷，諸方嚮之。嘗遊講肆……居士所至之處，老宿多往復問酬，皆隨機應響，非格量軌轍之可拘也。

達賴喇嘛云：《一般來說，我們將宇宙當作沒有開始。在兩種立場之間，一者說東西生出來無需有特別原因，一者說意識是無始的連續；雖然後者不能解決所有的問題，與前者相較，後者較合邏輯。》海華博士云：《好吧！不過科學家們所持的觀點是：意識是由物

質的因生出來的。》

達賴喇嘛云：《佛教徒對此無法接受。你必須將因分為兩種：主因與助因。物質只可能是意識的助因，絕不會是主因。這與宇宙學很有關係。依照佛教的演化觀點，有一個無窮大的宇宙；佛教的宇宙學認為，任何一個世界系統都會經過各種階段：有時被毀滅了，有時生起，有時有大物體，有時沒有大物體，但真正是無始也無終。而細意識卻永遠存在。因此，什麼是一個有情眾生？一個有情眾生是一有身體與心智的個體，而基本上這裏所謂的心是極細心。》（摘自眾生出版社《揭開心智的奧祕》頁二六七）

平實云：達賴喇嘛應成派中觀見所說：「意識是無始的連續」，若屬正確，則四阿含諸經佛說即成謬誤，則應釋迦非已成佛，乃至仍未證得解脫果，與應成派中觀見牴觸故。四阿含諸經中，佛處處說「意、法為緣生意識」，意識需藉外緣（意根、法塵、色界欲界五根或無色界四空定力及法塵）方能生起，若緣有缺，即不得生起，故名緣起法。緣起之法，無常性空—無有常、恒、不壞性，云何可言是「無始的連續」？無斯理也。

復次，意識不論修至如何微細，皆是三界有為法，永遠不離緣起性—必須依他緣而起。依他而起之法，名為依他起性，如何可說「細意識卻永遠存在」？如是緣起法之意識粗細心，細至非想非非想處中，乃是十方三界最細意識，無過於此；然如是極細意識，仍是依緣而起，若離意根及非非想定法塵即不能生起故，無有常恒不壞之自體性。如是緣起法，云何應成中觀師（如古時月稱與宗喀巴、今時達賴與印順），可說是心為輪迴生死之主體？依世俗常識即可知其夜夜眠熟斷滅、悶絕及死位亦滅故。

若意識是無始連續心，則應是實相；然意根是意識之根，則應意根是實相中之實相；法塵及欲界五色根亦是意識生起之緣因，則法塵及五色根亦應是實相中之實相，則實相有三，合意識實相為四，是耶？非耶？如是應成派中觀邪見，而可稱為至高無上之佛法者，則十八王公之狗神亦可稱之為佛，是耶？非耶？

禪宗真悟之人悉皆遠離如是邪見，不墮意識緣起法中，亦離意識之緣因相，直探實相—涅槃本際，故名義學；爾等密宗法王活佛，欲離如是邪見者，當共探禪宗公案，便舉龐公江水公案，與爾等共話無生：

龐公名蘊，字道玄。自從悟後，眉藏寶劍，袖籠金鎚，到處行腳，專斷禪門不平之事；多少野狐禪師，死在他寶劍金鎚之下，臭名聞四方，不復濫膺賢聖、誤導衆生，當時禪門不平之鳴因之漸寂。

唐德宗貞元年間（公元七八五年後），龐公初謁石頭希遷禪師，得魚忘筌；與丹霞山天然禪師莫逆。後有一日，石頭禪師問曰：「汝自從見老僧以來，日用事如何？」龐公對曰：「如果問我日用之事，那就沒有我開口之處。」又呈一偈云：

每天日用之事，其實並沒有別的，
但是卻只有我自己與祂對偶和諧；
於行住坐臥一切境界中，祂都不取捨，
於一切境界中，祂卻處處都不張揚、都不乖違。
稱皇稱帝作威作福，是誰在稱號？
於祂而言，卻像丘山絕無一點塵埃；
對我龐蘊來說，神通與妙用，
無非只是運水與搬柴罷了。

石頭禪師然可了他的悟境，便問他說：「你希望出家呢？還是在家呢？」龐公答說：「願師父聽從弟子一向之所慕求。」所以就不剃髮著染衣，保持在家之身。

龐公後來到江西，參問馬祖大師：「不與萬法為侶者（不與萬法相到，不了知六塵中萬法者），是什麼人？」馬祖大師回答說：「等你一口吸盡西江水，我就向你說。」龐公於此言下，也是頓時領受馬祖玄奧之法要，乃留駐於馬大師處參問承事，經歷二年之久。

自從久住馬大師座下參承歷練之後，龐公的機鋒與辯才極為迅速敏捷，諸方學人老宿都嚮往他的悟境。他亦曾遊歷講經法會，點化一些講經座主。龐居士所到之處，那些有名大師，大多會與他往來問訊酬答，龐公都隨著各種機緣而每扣必響，非一般格局度量軌範車轍所能拘束。

只如衆生每日裏朱紫為號，自稱是皇帝、是董事長、是大財團總裁，都不過是妄心僭越，狂妄自大；此世過已，還有三皇五帝朱衣紫衣可著否？真實心王卻如丘山絕點埃，纖塵不染；生死與榮辱，伊俱不關心。如是心王自無始來，未嘗稱朱號紫，卻被佛門學人奉以朱紫之號，千山萬水尋師訪道，無非欲晉謁如是無為心王。及至一朝得覲，方知如是心王唯在日用之中，與吾人一向偶諧；又復頭頭非取捨，處處勿張乖。若人問著悟後之神通與妙用時，也不過是運水與搬柴爾。

龐公自從説得此偈，一時風行，千古流傳，禪門中幾無不知者；及至問著神通與妙用時，個個口似扁擔，水也不會挑，柴也不解搬；一似木頭，不解下口。今時全球密宗活佛三千餘人，法王有四，可中還有能於龐公此偈真意下得嘴者否？若有者，放馬過來！在下只問一句：爾喚什麼作馬？　頌曰：

日用無別吾偶諧，未嘗取捨沒張乖，干爾什麼事？
朱紫為號絕點埃，神通妙用運柴水，是什麼事？
休！休！莫問日用事，教我難開口。
如今諸方活佛法王欲開口麼？且向西江水，摘取麥管閉口吸著吧！
咄！

第三四六則　溈山淨瓶

潭州溈山靈祐禪師　福州長谿人氏，俗姓趙。十五辭親出家，究大小乘經律。年二十三，遊江西，參百丈大師。百丈一見，許之入室，遂居參學之首。…時司馬頭陀自湖南來，百丈謂之曰：「老僧欲往溈山，可乎？」對云：「溈山奇絶，可聚千五百衆。然非和尚所住。」百丈云：「何也？」對云：「和尚是骨人，彼是肉山。設居之，徒不盈千。」百丈云：「吾衆中，莫有人住得否？」對曰：「待歷觀之。」百丈乃令侍者喚第一座來（即華林和尚也）問云：「此人如何？」司馬頭陀令華林謦欬一聲，行數步。對云：「此人不可。」又令喚典座來（即靈祐禪師），頭陀云：「此正是溈山主也。」百丈是夜召師入室，囑云：「吾化緣在此；溈山勝境，汝當居之；嗣續吾宗，廣度後學。」時華林聞之曰：「某甲忝居上首，祐公何得住持？」百丈云：「若能對衆下得一語出格，當與住持。」即指淨瓶問云：「不得喚作淨瓶，汝喚作什麼？」華林云：「不可喚作木校也。」百丈不肯，乃問師；師趯倒淨瓶。百丈笑云：「第一座輸卻山子也。」（遂遣師往溈山住持開山。）

海華博士問：《那麼印跡（經歷某些事而留下之記憶）是印在什麼上面？》達賴喇嘛答云：《如果你採取中觀應成派的立場，那單只是個「我」；而你若是由更基本的學派如瑜伽宗來看，印跡則是建立在意識流之上—精神的意識，不是大腦。最好的解釋是用無上瑜伽密續的觀點，在此我們將意識分爲三層次：粗、細、與最細意識。如我們較早所討論過的，心智越粗糙的層次，對身體的依賴越多；越微細的，依賴越少，**而最細的層次則是獨立於身體之外的**，我們的這種最細意識叫做明光、明光心。因爲具有這最細意識做爲根源，經由與大腦、神經元、感覺器官的交互作用，才產生心智的較粗層次。在佛學中，意識的粗層次是細明光現出的性質；而對你們，就科學上來說，那通常是本自大腦，這其中有很大的區別。正如所有心的較粗層次都由最細意識產生，它們終究會融入最細意識，所以它就像是所有心智較粗層次的根源。因此我們可以說：意識中的倉庫，上面留有所有印跡（記憶）的是最細意識—明光心。它保留所有儲藏的記憶。》（摘自眾生出版社《揭開心智的奧祕》頁二七二、二七三）

平實云：記憶絕非如達賴法王所說，由應成中觀所主張之不壞意識執持，如是意識「我」非能執持一切記憶故；若達賴之應成中觀所說無誤，則應一切人皆過目不忘，然現見一切學生讀諸地理、歷史、法學⋯等等，而多不能記憶，須待意識反覆閱讀背誦已，方能憶持，故記憶非由意識所持。復次，現見有人已忘少小時事，極盡意識之力而不能復憶初出母胎之事，故非意識「我」能持記憶，自己所持者必能隨時憶知故。三者，現見有人極力想之而不可得，然於後數年間，往往因於某事觸動之故，不經意間又復憶起所遺忘之少年瑣事，故知記憶非由意識「我」所持。四者，意識若如應成派中觀所說由往世不斷延續而來，則應人人意識皆能憶知往昔無量世事，不須入定或藉宿命通或夢中方見，而現見意識非能於一般情況中了知往世諸事。故達賴法王及黃教一切應成派中觀師之見皆邪，違教背理故。

瑜伽學派主張記憶由第八識如來藏所持，非如達賴所說「建立在意識流之上」，此是一切中外研究佛學者之共識，達賴法王曲解瑜伽宗派之意旨，實為不善。

復次，法王所說最細層次之意識獨立於身體之外；此語有正有訛。正者如四空天之有情，其最細意識以意根及四空定為依，無身根可住。訛者如欲界有情之修得四空定者，其最細意識仍須依欲界未壞之五根為依，方得現行於四空定等至及等持位中，非可外於身體也；如是正見，達賴法王應知。

復次，爾等密宗師徒有謂已證明光心者（如卡盧仁波切…等人）睽其所證之明光心，其實仍皆墮於欲界意識粗心中，以欲界中未離五塵之一念不生意識為明光心、為最細意識，俱墮密宗了義經典《楞嚴經》所說外道五現涅槃邪見之中，不足師法。

瑜伽學派中，一切已悟未悟之人，皆說意識是生滅變易法，依未壞之五根及意根末那識與法塵為緣，方得由藏識中流注意識種而起。五根則是五扶塵根及五勝義根（頭腦）。五勝義根能儲藏此世所經歷事，此世意識依此世五勝義根俱有，故能憶知此世所經歷事，不能憶知往世事；往世事由往世五勝義根所持故。往世捨壽時，其勝義根中之有記業種移至第八識中保存而至此世，故此世欲知往世事者，須於定中（等持位）或夢中了知，或藉宿命通方能知之，非如記憶昨日去年諸事，能於粗意識位中了知。瑜伽學派如是了知，非如爾等密宗無上瑜伽密續所主張之由最細意識持受記憶；最細意識乃是非非想定中意識故，如是意識仍非是持記憶者故。

爾等密宗師徒，處處錯解佛法，而以佛教自居，極力擴充勢力，擠壓顯宗之弘法空間已，取顯宗而代之，唯餘似是而非、同於印度教之表相佛法，佛教遂亡。此是印度佛教滅亡之真正原因。此亦不能完全怪罪印度晚期佛教等密宗師徒，彼等亦非故意欲滅佛教故，唯因不具慧眼法眼所致故，誤認破壞佛法之學說為佛所說法故。如今台灣是大乘佛法最後淨土，爾等密宗邪見不應再來台灣玷汙。昔時印度真悟者之鄉愿心態（欲與密宗和平共存），導致無人出而破邪顯正，遂令密宗假藉虛妄不實之誇大證量，將佛教蠶食鯨吞乃至滅亡；今日大乘法中有慧眼者、有法眼者，必須記取印度晚期佛教滅亡之教訓，致力於破除密宗邪見，令密宗一切行者回歸顯宗三乘法義，莫再因鄉願心態坐令大乘佛教復亡於台灣寶地乃至中國。

於今之際，當令大乘學人多有證得般若而起慧眼法眼者，便舉溈山淨瓶公案，助益大乘行人親證自心藏識；證已則能領受大小品《般若經》所說「菩薩不念心、非心心、無心相心」，便能通達般若而起慧眼，乃至未來能至通達位而起法眼、證道種智，住初地無生法忍：

潭州溈山靈祐禪師，本百丈懷海禪師座下弟子，時任典座（職司廚房）；一日司馬頭陀覓得溈山勝地，薦與百丈大師，觀靈祐禪師宜居，合任開山之職，百丈乃令靈祐禪師為溈山開山之祖。不料首座華林法師不服，欲爭此職；百丈大師乃曰：「若能面對衆人之前，下得一語不落凡俗格局，溈山勝境當與汝住持。」隨即手指淨瓶問云：「不得喚做淨瓶，汝喚作什麼？」華林聞之便云：「不可説它叫做木楔也。（註：木楔謂門戶上之持樞紐者）百丈大師不肯他，乃問靈祐禪師；不料靈祐不答，卻一腳踏倒淨瓶。百丈大師不以為忤，反而笑云：「華林首座輸掉山子也。」遂派遣靈祐禪師前往溈山住持開山，世稱溈山靈祐禪師。

學人當知：若無開山本錢，萬勿住山；切勿自告奮勇欲當開山祖師，無有正法可度學人證道故。且道：百丈明明指著淨瓶，因何卻不許人道是淨瓶？靈祐禪師不答百丈大師語，抬腳踏倒淨瓶，百丈因何不怒？反將溈山勝境付託於他，竟是何意？

每見諸方談禪寫禪自謂已悟證聖諸人，謂人云：「禪不可說，說者即非禪，是故靈祐禪師踏倒淨瓶。」或云：「百丈指淨瓶，不許人說淨瓶，是要令人離兩邊，故華林首座說非木楔，已墮兩邊。」或云：「華林首座錯在用言語說禪，靈祐禪師不用言語說禪，所以贏得溈山。」或云：「百丈不許人說是淨瓶，只是要斬斷他人思惟葛藤，使人念流停頓；華林墮在言語中，念流不斷，所以不肯他。」或云：……。如是諸方談禪說道者，紛紛擾擾各執一說，各有所本，學人迷茫、信以為真，有什麼會處？

無門慧開禪師評此公案云：「溈山一期之勇，爭奈跳百丈圈圚不出。檢點將來，便重不便輕，何故呢？脫得盤頭，擔起鐵枷。」又頌曰：「颺下笊籬並木杓，當陽一楔絕周遮；百丈重關攔不住，腳尖趯出佛如麻。」溈山靈祐禪師雖然贏得溈山勝境，然須一生辛苦開山，建設叢林。脫下百丈典座之盤頭，擔起溈山開山度眾之鐵枷，說來只比前重，不比前輕；然其住持溈山期間，度化學人證悟入道，其數甚眾，皆由有智衝破百丈重重關卡，一腳踢倒淨瓶而來，故云：「百丈重關攔不住，腳尖趯出佛如麻」。如今諸方學人欲會百丈溈山父子意麼？且聽平實頌來：

若道淨瓶則觸，不喚淨瓶則背；
喚它木楔已觸，不道木楔又背，
百丈指淨瓶，淆訛復誰知？
爾等密宗活佛還有知者麼？
有！喚來為爾拖死屍！

第三四七則　溈山燈籠

潭州溈山靈祐禪師　仰山問：「如何是西來意？」師云：「大好燈籠。」仰山云：「莫只遮個便是麼？」師云：「遮個是什麼？」仰山云：「大好燈籠。」師云：「果然不識。」

李文斯敦云：《您（指達賴法王）已經在回答關於大腦的問題了！您是說：如果您移植大腦，那等於是身體的移植，對不對？換句話說：譬如你的大腦有問題，而你需要一個新的大腦，你從一具屍體那裏得到一個仍然完好的大腦，你接受了移植。如果那是可能的話，那麼那個人的大腦就得以延續。這就如同這大腦有一個新的身體。》

瓦瑞拉云：《達賴喇嘛閣下！您前面說，自我的連續有賴記憶，而記憶應該是大腦現象。我們現在把大腦換了，所以沒有記憶了，這人怎麼還能是同一個人？（我只是參照前面所說過的自我的連續性）。》

達賴喇嘛答云：《那位以密續的技術將他的意識遷移到一具屍體的修行者，尚未實現死亡的明光狀態，這表示他還沒有經歷死亡的過程。因此，他能夠保留一生累積的全部知識。記憶絕不是大腦，那是不同的東西。不過在這裏我們只是以佛教的觀點來討論一種假說，必須做實驗來檢查會發生什麼事！（笑聲）不過我們可以說既然是移植大腦爲了救那個

人，那麼移植以後，那大腦就是他的了。》（摘自衆生出版社《揭開心智的奧祕》頁二七〇、二七一）

平實云：達賴法王之知見，遠不如這些醫學家。若有朝一日，醫學技術能移植大腦者，則應如李文斯敦與瓦瑞拉所說：移植大腦與他人後，非是他人將得到新的大腦，而是被移植之大腦得到新的身體。

密宗古今祖師擅長發明名相，將自己所不知之實相，以己妄想所得知見及名相籠罩他人，令人不辨高深。然於已具法眼者觀之，彼等處處邪見妄想，皆悉無所遁形。關於大腦移植，牽涉第八識真如之可知執受（依證悟者言）及不可知執受（依證悟者及一切凡愚言）、異熟果之得與命、八識心種之流注所起等流果與士用果，以及第八識自身所蘊增上果種；亦牽涉七識心之移轉色身後所起種種變異，限於篇幅，於此且置不表。

然而記憶有二類，非達賴法王所知：一者往昔熏習而得之記憶，非由意識所持，實由第八識真如所持，唯有末那與之相應，於三昧中與夢中現行令意識覺知之，或由修得宿命通者之意識所能覺知。二者此世所熏習經歷之記憶，由大腦（五勝義根）所持，意識能相應之。如是二種記憶，已由醫學家證實後者，而於前者不能了知，故瓦瑞拉博士等人，欲向佛教中探索之。然彼等誤以為達賴是佛教中之最高修證者，不知達賴仍是未悟凡夫，亦不知達賴所說「佛法」是黃教應成派中觀之邪見，非是佛法，故有如是《揭開心智的奧祕》書中種種戲論，曝露達賴法王之邪知謬見。

大腦之移植，永遠不可能成功，違背第八識之可知執受之比例太大故。如腎臟移植之抗拒性，須以藥物排除之，令第八識之執受性所生抗拒性得以抑制，將他人腎臟為己所用；若全身轉換，則違第八識可知執受之最大忍耐度，必令第八識捨身而去，令病人死亡，故大腦移植（應正名爲身體移植）不可能有成功之日。

復次，大腦（五勝義根）是此世一切所經事之念持者，由此世意識相應，此世意識以此世大腦為俱有依故，此世意識原以此世大腦為依方有故；離此世大腦則無此世意識，故意識於清醒位中（除三昧中及宿命通者）不與往世之記憶相應。意根末那則於五勝義根處所現相分中觸法塵，非遍身有觸（如人腳痛，痛處似在左腳，其實在大腦掌管觸覺部份覺痛，非由腳覺痛；然因衆生欲於人間生存，須知何處受損，故有心理機制，令人覺爲腳痛。此事已由醫學家及腦神經研究者，於近年證實，與余多年來所說無異）；意根末那既唯觸法塵於五勝義根（大腦）處，則知七轉識俱唯住於大腦中，依大腦運作。若大腦可以移植者，應名為移植身體，不名移植大腦，病人醒後非是身體原有之「我」故，而是「大腦」原有之

「我」故，一切習性及記憶皆是大腦之「我」存在故；由斯正理，達賴所言：「既然是移植大腦為了救那個人，那麼移植以後，那大腦就是他的了」，名為妄說。若人不信余言，於未來移植大腦之技術成功時（應無可能），花錢聘醫，為其已成植物人之家人移植大腦者，於移植成功後，必將發覺醒來之家人變成外人，所知皆是別人家事，與自家人完全無關；結果是花錢將家人身體送與別人，不是為家人取得別人之大腦。余如是預記，以俟未來醫學之證驗—如果未來移植大腦能得成功。》

此事不須實驗，依道種智觀之，已預見必將如是。達賴喇嘛上開邪見敘述，已於西洋醫學家之間，造成破壞佛法、貶低佛法之後果，令人覺得佛法粗淺、不符實際。達賴法王尚且如是，其餘不學無術之活佛法王仁波切等人，等而下之，更無論矣！李文斯敦博士從醫學實驗中，已知達賴法王之謬，故又重問云：「不過我還是不清楚，我聽見您說的話，但是我想完全弄清楚：是誰在那裏？」達賴答云：「如果你將乙的腦植入甲的身體，那麼腦現在就屬於甲。」如是主張，完全不符實相，而竟可為密宗第一法王，則密宗餘人之「修證」，知過半矣！

密宗行者若欲真悟般若中觀，若欲入佛菩提正智，當求大乘見道；欲速證大乘見道，則以禪宗參禪之法為最迅捷，茲舉溈山燈籠公案，共爾密宗法王活佛及一切行者商量：

仰山慧寂禪師悟前，在溈山靈祐禪師座下學禪；一日問云：「如何是西來意？」碧眼胡僧來東土，見梁武帝蕭衍廣造寺院、度僧出家甚衆，以為是個有善根底，思欲度他悟入；不料見面之下，梁武帝猶執福德，達摩一句廓然無聖，梁武帝墮情解中，不識達摩西來之意，更問對面者誰？達摩送他一句「不識」，梁武帝仍未見達摩本來面目，當面錯過；直至如今，普天下阿師分疏不下。這個西來意竟是什麼物事？值得佛門緇素孜孜矻矻探之究之、夙夜匪懈？

溈山禪師見仰山問這西來意，順口答他：「大好燈籠。」只為仰山根利，不得輕易與他，要須多方探究、辛勤精研，而後悟入即可成一代大師，故溈山弄此極平淡、極高竣、極微細之機鋒與他，防他悟得太易，難起大智。只如燈籠究竟是個什麼物事？值得溈山讚他大好？諸方活佛法王還有知者麼？何妨說似平實？

仰山見溈山道「大好燈籠」，便去他言句上作情解會，轉會轉遠，便以所會底答他溈山：「莫只這個便是麼？」溈山欲見他悟處，便遞出探竿，問云：「這個是什麼？」防他仰山以情解思惟得底意識，誤作實相心，卻成認奴作郎，遂有如是一問。

仰山見問，答云：「大好燈籠。」正是魚行水濁，只見濁水不見魚，溈山便斥云：「果然不識。」

只如仰山問西來意，溈山答他大好燈籠；溈山勘驗他西來意是哪個？仰山也答他大好燈籠；溈山既云是大好燈籠，云何卻不許仰山如是答？此中淆訛在什麼處？仰山當時若來問，平實亦答他大好燈籠；溈山當時若來勘驗，平實亦答他大好燈籠；必教仰山當時仍將不解，必令溈山當時頷首。且道：這個燈籠究竟是什麼物事？有恁多淆訛，教諸方法王活佛分疏不下？若有學人於此著得一隻眼，密宗古今四大派法王及一切活佛皆須禮汝為師。且道：大好燈籠是阿哪個？平實為爾等密宗法王活佛頌云：

大好燈籠只個是，金生麗水玉出崑，
學人未識眼昏昧，只緣燈籠太相似；
太相似！魚行水濁阿誰知？
密宗法王說有四，漫山遍野皆活佛，
謾道證悟成賢聖，魯魚亥豕眼朦朧，
眼朦朧，逢見平實猶道不曉好燈籠。
爾等密宗法王活佛欲曉燈籠意麼？平實說似汝：
將燈籠來！

第三四八則　溈山大用

潭州溈山靈祐禪師　一日師謂眾云：「如許多人，只得大機，不得大用。」仰山舉此語問山下庵主云：「和尚恁麼道，意旨如何？」庵主云：「更舉看！」仰山擬再舉，被庵主踢倒。歸舉似師，師大笑。

海華博士問云：「您將什麼叫做明光心、細意識？是昆息嗎？」

達賴喇嘛云：《雖然在某些密續典籍中稱之為昆息，但與瑜伽宗的解釋很不相同，梵文稱為阿賴耶識。這有時與最細明光心相關，但卻是不同的概念。區別在瑜伽宗的阿賴耶識是與第六的「意」識分開的，因為他們將心智分而為八，而密續系統則只分為六種。……另外很重要須加以辨別的是明光一詞，藏文是'od gsal，在許多不同的典籍中都被用到，在經中是指空性—心的究竟本質。在無上密續中，明光一詞是用來描述所有心智的知覺活動之光明本質；而在密續之修習中，它的意義是最細意識。》（摘自衆生出版社《揭開心智的奧祕》頁二七四、二七五）

平實云：密宗之中，號稱至高無上之應成派中觀，正是印度佛法滅絕之根源所在，唯認六識而不承認第七識意根及第八識阿賴耶故，認定依他起性之意識心為恒不壞滅之實相心故。密宗無上瑜伽之祕密灌頂，及雙身性愛祕密修法，實非印度三乘佛法滅絶之主因，實由月稱所傳應成派中觀邪見而導致滅亡；應成派中觀主張意識不滅不壞，由是建立無上瑜伽雙身修法之理論故，意識與性愛感官樂觸相應故。若否定意識，而以諸經所說「離見聞覺知、離思量」之心（般若經所說不念心、非心心、無心相心）為明光心、為真實心，則無上瑜伽雙身性愛修法即無立足之地，密宗之法即非祕密，全部理論便告瓦解，何以故？「不念心、非心心」離見聞覺知故，不與性愛感官樂觸相應故，迥異密宗所說之明光心故。

第七識末那非無，《阿含經》中說為意根，三轉法輪諸唯識經說為意，《攝大乘論、顯揚聖教論、成唯識論》等說為末那，云何月稱等應成派中觀師可否定為無？而不承認？密宗中人云何可以否定為無？謂唯六識？

第八識者，於《阿含經》中，佛說為「名色緣識」之識，說為本際、實際，《雜阿含央掘魔羅經》中說為如來藏；南傳《阿含經》中說為窮生死蘊、有分識、愛阿賴耶、樂阿賴耶、欣阿賴耶、熹阿賴耶；於大乘二轉法輪諸般若經中說為心、不念心、非心心、無心相心；於三轉法輪諸唯識經中說為阿賴耶識、異熟識、所知依、如來藏、種子依、心、真如、無垢識；乃至究竟佛地之無垢識真如亦稱為「我」，《阿含經》中說之為「非我、非異我、不相在」之我，有別於常見外道之第六識—意識我。

南北傳一切初轉法輪諸經，俱說意識為常見外道之我，俱說有意根第七識，俱說有第八識如來藏，云何爾等密宗法王否定第八識第七識，而認常見外道之意識我為不生滅法？翻誣佛說第七識意根及第八識如來藏為無？如是否定佛法，而竟可稱之為佛教者，真乃天下第一奇事也！

爾等密宗法王活佛，欲離應成派中觀之邪見，欲速證大乘法之真實義者，當信有七八二識，莫再否定三乘經典，莫依邪見之密續；當速參禪究心—尋覓爾等本自圓具之第八識阿賴耶—《雜阿含經》所說自心如來藏。若得證悟，便得斷除應成派中觀邪見，入賢位中，成阿毘跋致。便舉溈山大用公案與爾等共話無生：

溈山禪師一日謂衆云：「譬如諸方老宿恁麼多人，只是能得大根機學人，而不能起施大用。」仰山慧寂禪師當時未悟，尚在學地，不解溈山語，便舉此語問山下庵主：「溈山和尚恁麼說，意旨如何？」

如今天下法王活佛不計其數，散居世界各地，個個自道證悟成佛，自稱密宗是果地修行法，貶抑顯宗是因位修行法；如今爾等一切法王活佛，還有能知顯宗因位菩薩所說大機大用者麼？且舉似平實來！

不知因位菩薩智慧，而言悉地成就、已成佛道者，俱是大妄語也！臘月三十到來，閻王不怕爾多語，管教爾等法王活佛後悔不迭，悔不當初；莫如謹言慎行好。

山下庵主聞仰山恁麼問，卻教云：「再舉說一遍看看！」仰山不知庵主之意，猶待重舉潙山語，未開得口，早被庵主一腳踢倒；正是水乾魚現，無奈仰山彼時未成大機，早是蹉過。歸舉於潙山和尚，潙山聞已卻復大笑，這仰山依舊作個不開口葫蘆。

如今佛門不乏大機學人，爾等密宗法王活佛已成佛證聖，可中還有能大用者麼？便請舉似平實！

只如潙山禪師謂衆云：「如許多人，只得大機，不得大用。」竟是何意？庵主教仰山重舉一遍潙山語，復是何意？仰山待要開口時，庵主因甚一腳便踢倒他？仰山起身，回至山上舉似潙山禪師，潙山因甚又復呵呵大笑？若人解得一問，四問俱破；若作四解，是人未入見道，不解禪也，爾等法王活佛還有一解者麼？若解不得，俱是博地凡夫，且聽平實為爾頌來：

大機大用非等閑，下山到庵問根源；踢倒當時已蹉過，歸山蹭蹬心猶腆。

更向潙山重舉似，招得大笑夜難眠，夜未眠，難分辨，平實今日為君拈。

且道：教我拈個什麼？蹴破毬子君莫嫌！

第三四九則　溈山見僧

潭州溈山靈祐禪師　師問新到僧：「名什麼？」僧云：「名月輪。」師作一圓相問：「何似遮個？」僧云：「和尚恁麼語話，諸方大有人不肯在。」師云：「貧道即恁麼，闍梨作麼生？」僧云：「還見月輪麼？」師云：「闍梨恁麼道，此間大有人不肯諸方。」

達賴喇嘛云：《心智有三層次：粗的、細的與最細的─最細的是明光。心的細層次指的是：當你經歷死亡的分解過程時，在明光的經驗之後你所經驗到的。我們如何分辨心的三種層次呢？心的粗層次是感官知覺；細層次所指，則是常在典籍（密續）中被技術性稱爲八十種指陳構思的，這很難加以解釋。其中的第一類是指陳在死亡的分解過程中所經驗的一面，它也包括負面的情緒如：慾望、仇恨等等，也就是煩惱；六根本煩惱包函在這第二類的細心裏。在八十種指陳構思中，有三十三種是陳述白景象的性質，那是死亡分解過程的一個階段。四十種構思陳述紅增上的性質─死亡分解過程的第二階段─原來有特別的景象，而現在有增加了。然後還有七種是關於第三階段的，稱爲死亡成就或黑近成就；那之所以被稱做黑近成就，是因爲已接近真正明光的經驗。》（摘自衆生出版社《揭開心智的奧祕》頁二七五、二七六）

平實云：密宗祖師自古至今，擅以己意妄解三乘佛法；又復創造種種名相，將妄想所想虛妄境界冠於佛法之上，以為超勝於釋迦佛之修證。復以如是妄想所得子虛烏有境界名相，貶抑顯宗，逐步取代顯宗，終至造成顯宗在印土之滅亡，只餘表相之佛教——密宗。其後印土密宗復因教義（密續）與印度教雷同，遂被印度教同化，佛教便告真正滅亡。如是史實，證明密宗其實乃是佛法雄獅之身中蟲；被密宗坐大之後，必定不容顯宗正法繼續存在故。如余昔世在藏地藉密宗之法掩護，明傳密法時輪金剛之法，實傳如來藏他空中觀見，以延續正法命脈；後因他空中觀見之處處顯示應成中觀見之邪謬，彼黃教達賴五世假薩迦與達布之手，便藉政治勢力，無情打殺我派，覺囊達瑪終告滅亡。如今密宗來台，亦有如是態勢，言語及書中，處處貶抑顯宗（詳見拙著《宗門道眼、宗門血脈》所舉）；附密宗之外道義雲高、仰諤益西、喜饒根登、及義雲高之徒衆釋性圓、釋性海……等人，亦復如是不斷積極擠壓顯宗之生存空間。彼等後日若得坐大，必將消滅顯宗於台灣；佛教顯宗滅已，道教及一貫道難免隨後被收編於密宗之內。佛教界諸山長老，實應正視台灣佛教如是危機，已非隱憂故。

若密宗教義契符三乘經典，吾人即不應有異言，應互相扶持。然觀密宗所傳諸法，處處違背佛說，復以應成派中觀邪見，斫喪三乘佛法根本，置佛法於萬劫不復之地；又以妄想為有之境界名相，冠於佛之究竟境界之上，謂密宗之佛超勝於顯宗之佛；又處處貶低顯宗為因位修證，自舉密宗為果位修證；又引進印度教性力派雙身修法，謂性愛之樂觸遍身為正遍知覺，名為即身成就究竟佛，而起佛慢。如是種種邪謬外道之法，而貶抑顯宗正法，排擠顯宗正法，乃竟諸山長老不知不見、裝聾作啞？乃竟少數長老引彼密宗之狼，入我台灣佛法之室，貽害佛門學人而不知警覺；迄今唯有一二長老有所警覺，而未見有所對治，悲矣夫！

佛門諸方大德，若欲洞見密宗本質者，須求法眼；欲得法眼者，首須見道發起慧眼；欲得慧眼者必須證得空性如來藏；欲證藏識者，當參禪宗公案，反覆熏習；熏習正見已，若得觸證空性如來藏，則起慧眼；復修《楞伽經、解深密經、勝鬘經⋯等》，則起法眼，粗具初地道種智，則能漸漸洞悉密宗之外道本質──絕非真正之佛教──乃是身披佛教外衣之外道。

先師克勤佛果大師曾云：「大凡扶豎宗教，須是英靈底漢；有殺人不眨眼底手腳，方可立地成佛。所以照用同時卷舒齊唱，理事不二權實並行，放過一著，建立第二義門。直下截斷葛藤，後學初機難為湊泊。昨日恁麼，事不獲已；今日又恁麼，罪過彌天。若是明眼漢，一點兒謾他不得；其或未然，虎口裏橫身，不免喪身失命。」

且舉潙山見僧公案，共我顯宗學人商量，可中若有個伶俐漢，一語悟入，三五年後或可獨立出而檢點密宗邪見，呼應於余，則佛教無虞也！

有新到僧來參，潙山問云：「汝名什麼？」彼僧答云：「我名月輪。」潙山禪師以手於空中作一圓相，問彼僧云：「汝名為何恁麼像這個？」彼僧以能見能覺心為真，不肯潙山禪師，便云：「和尚恁麼說佛法，諸方有許多人不肯著呢！」潙山禪師聞他恁麼道，便反問云：「貧道我就是這樣，法師你又怎麼說呢？」彼僧自以為悟，便云：「還看見我月輪麼？」潙山禪師聞已，即知彼僧墮於見聞知覺心上，卻向他云：「法師您這麼說，我這裏卻有很多人不肯諸方的見聞知覺心呢。」

如今天下活佛無數，個個自道是果位修證—成佛成聖；誑虎閭閻，誤盡天下蒼生；若取三乘經典與之對驗，則無一人相契，不敢出頭來。後來雖有個附密宗外道釋性圓、釋性海（義雲高及喜饒根登之徒衆也），出頭反駁於余，於台灣各大報紙頭版以半版廣告誣蔑於我，及至檢查彼等之所「悟」處，悉墮意識生滅有為法中，猶振振有詞狡辯意識為不生滅法。如是密宗師徒法王活佛，於佛法中未具絲毫正見，而以法王活佛自封，籠罩天下人，若遇禪宗公案，則個個不通；苟詢以三乘法義，則觸處凝滯；非如禪宗證悟祖師之能通三乘經典也。如斯凡愚因何致此？皆因佛法茫茫、無本可據故。

三乘佛法密意其實無二，皆依自心如來藏建立故；若能觸證如來藏，則三乘法所說菩提涅槃，悉皆漸漸可通。只如溈山禪師作一圓相，問彼僧云：「爾名月輪何似這個？」且道是阿哪個？若人親見作家來，知他作家法眼鉗鎚，卻於溈山語畢處印上一掌云：「月輪何似這個？」

古來錯悟之人亦如今時漫山遍野，大多不肯真悟之師，故彼僧云諸方不肯溈山這個。溈山卻云：「溈山大衆不肯諸方能見之知覺性。」今時海峽兩岸亦復如是，多有不肯平實這個者；我正覺會中卻大有人不肯諸方能見之知覺性者。只如古今密宗諸多法王活佛，盡於意識思量鬼窟裏作活計，有什麼了期？何如早日懺悔妄語之罪、覓取爾等本自具足之自心如來藏？有日觸證時，方知佛不汝欺、吾不汝欺也。爾等法王活佛欲求見道麼？且聽平實頌來：

月輪初參溈山，太顢頇！猶道諸方訕溈山。

月輪圓，只這般，可憐諸方不解大好山；

月輪相，大好山，太湖澧水豈二般？

若人明得，不謗溈山憨。

只如月輪那僧一朝揪住平實時，教我怎生說？

這個時節著實無奈，只得兩手向伊攤。

第三五〇則　溈山柏樹

潭州溈山靈祐禪師　師過淨瓶與仰山，仰山擬接，師卻縮手云：「是什麼？」仰山云：「和尚還見個什麼？」師云：「若恁麼，何用更就吾覓？」仰山云：「雖然如此，仁義道中、與和尚提瓶挈水，亦是本分事。」師乃過淨瓶與仰山。

師與仰山行次，指柏樹仔問云：「前面是什麼？」仰山云：「只遮個柏樹仔。」師卻指背後田翁云：「遮阿翁，向後亦有五百眾。」

達賴喇嘛云：「《在你經歷微細分解的第一階段—白景象—之前，你的身體與心的粗層次間的業力鏈已經被切斷。心的粗層次不再能以你的身體爲基礎而發揮效用了。》（摘自眾生出版社《揭開心智的奧祕》頁二七七）

平實云：密宗祖師最擅發明「佛法」，將人捨離報身、與四大分離之過程，施設四種景象（白景象及紅、紅增上、黑近成就）說為密法，而自詡「密宗對於死亡最有認識與研究」，其實皆悉無稽。所以者何？捨棄色身果報者，非由意識捨身故，實由意根末那識與第八識阿賴耶捨身故，欲界之意識極細心，仍須依意根及此世色身五根為依而後能起故。如是，意根及賴耶正捨身時，並無白、紅、紅增上、黑近成就等四法；此乃密宗祖師創造之妄想也。

達賴喇嘛又云：《因此，臨床上說，當風融入意識，在白景象將臨的一刻，病人死亡。在那之前雖然身與心的業力鏈已斷，人的自我仍停留在他的身體裏。》意根決定捨身時，實是被迫（地上菩薩或俱解脫菩薩除外）—由阿賴耶已漸漸不能持身運轉故捨；若意根不肯捨者，阿賴耶即不能捨身，便如滅盡定之「識不離身」故身不爛壞。然此位中，意識雖在，覺知五塵而無所能為，所以如達賴所云「人的自我（意識）仍停留在他的身體裏」，而其身觸唯是無盡之全身冷觸。一般人於此境界中，察知一切無所能為已，必於察知後之一二小時內捨棄色身。

達賴喇嘛云：《當人在明光狀態時，那人的身體可能並不腐化。某些人可能在此階段停留一週或二十二天，這在印度確實發生過。譬如我的老師—先卡傑林仁波切，曾在明光狀態停留十三天，他的身體沒有發生變化。》

平實云：先卡傑林仁波切於正死位（黑近成就）前，必定十分苦惱；一心等待白景象、紅景象、紅增上景象及黑景象之一一成就，而遲遲不見有如是等景象現前；痴等十三天後，終於不得不決定捨身。捨身已，入正死位，意識隨滅；阿賴耶及意根已捨五勝義根故，此時無見聞覺知，即是「黑成就」也；直至賴耶藉屍身微細四大及自所持大種性自性，現起中陰身，方於中陰身中復現見聞覺知也。

如是，意識生前唯生於五勝義根（頭腦）之中，藉意根與賴耶而維繫與色身之關係，意識自身從來不與色身有直接關係，此是一切親證自心賴耶者之所觸證，非如達賴所云意識與身體有直接之關係—意識不能持身故。如四阿含中處處佛說「意法觸緣故生意識」，所生之法不能持身故，意識以所依五色根為俱有依方得現起故。

復次，中陰位之意識亦不能持中陰身，是所生法故，以中陰身之微細五根為俱有依方能現起故。若因受生而滅中陰身，則此世意識永滅不現，意根與此世色身之聯繫永斷故。來世則由意根與受生後之五根觸法塵為緣，方生來世意識；來世意識既與此世五勝義根無關，則此世之事不復記憶，須借宿命通或三昧及夢境，方能少分了知，非具足也。世諦現見如是，聖教中亦如是說，故一切人（除有宿命通及能入三昧等境者外）皆不能詳知往世諸事。如是，達賴所云如下之語即成虛妄之想：《這意識—最細意識—繼續成為來世的意識或自我。因為意識已然完全脫離身體，因此它可以移動。》（以上摘自眾生出版社《揭開心智的奧祕》頁二七七）

密宗法義之邪見處處，於達賴法王之短短一段開示中可見一斑；如是邪見違教背理者，咎在誤信月稱、宗喀巴之應成派中觀邪見—否定如來藏識，以所生法之意識為恒不壞法，故有其下種種妄想：捨壽妄想、淨土妄想、雙身修法之「正遍知覺」受樂妄想、求欲界甘露妄想、空行母妄想、勇父妄想、遷識妄想、息增懷誅妄想、根道果妄想、寶瓶氣妄想。如是種種妄想，皆由見妄想所生：依應成派中觀見而生之一切境界皆與意識心相應故，所修皆不能觸及自心如來藏識第一義諦故。達賴五世以如是邪見而逼迫紅教信徒改易其如來藏思想，不許自續派中觀見之公開弘揚；而消滅覺囊達瑪之如來藏他空見；如是黃教中觀見，謂之邪見顛倒，不亦宜乎！密宗行者若欲回歸真正之佛教，當速求證《般若經》所說之「菩薩心、不念心、非心心、無心相心」──第八識如來藏；證已復親領受其性，證實如三乘諸經所說無異者，邪見必滅，正智必現，方成真正之法王也，方得名為佛教也。為爾等密宗行者速易見道故，且舉溈山柏樹公案共話無生密意：

仰山慧寂禪師時猶未悟，在溈山禪師座下參禪。一日溈山禪師遞過淨瓶與仰山，仰山伸手擬接過，溈山卻縮手不遞，問仰山云：「是什麼？」這老漢，無風起浪，作這去就，討個什麼？不過是羨慕他家兒女成群罷了。只是出手未免太奢，仰山因緣未至，豈知個中意？卻向溈山反問云：「和尚還見個什麼？」

仰山這個時節，便似今時全球錯悟之法師居士籠罩學人，見人便勘問：「你見到了什麼？」無藥可救也。溈山禪師聞他如是道，便責問云：「你若是恁麼自以為悟，何必更來就吾覓心？」這話雖重，卻有為人處，只是當時仰山及今時一切密宗法王活佛，俱不能會，儘向他溈山言語中會；所以仰山答云：「雖然如此，於仁義道中，弟子為和尚提瓶掣水，也是本分事。」正是三千里外人，欲教溈山禪師如何向伊說？

爾等密宗一切法王活佛當知：欲會這個事，要具正見，方能會得真悟禪師之意；一旦會得，方知禪師全身是法，無一處不說法。到這時節，便見自己通身是手眼，何處不說法？這時卻來看他溈山應對：

溈山聞言，乃過淨瓶與仰山。正是土上更加泥，豈只入泥入水而已？爾等密宗法王活佛還見個什麼？若有個伶俐漢，於中一眼覷得，卻來說似平實：「原來佛母常住我五陰宅中。」

一日，溈山禪師與仰山慧寂於路上行時，忽指柏樹，問仰山云：「前面是什麼？」溈山禪師施施然來，一路上只奢不曾儉，太煞親切，卻又捧出銀盤金栗，欲送仰山，指向柏樹；卻向偏中說去：「前面是什麼？」原來不是真個送，只是幌一下。仰山不知溈山禪師泥中金，著他閑機境上，輕易答道：「只是這棵柏樹仔。」早是錯過也。

溈山禪師防他仰山日後嫌師父過儉，卻又扮出神頭鬼臉來，指向背後田裏農夫，更向仰山道：「這個老人家，以後也有五百個出家弟子。」正是帶累他家，不能生兒。

只如潙山老漢扮起神頭鬼臉，指東說西，意在言外，言在意中，若非親見作家來，何能知他落處？更有一般瞎眼阿師，每道「禪是答非所問，胡言亂語」，有什麼會處？如是三千里外談禪說道，禪子有什麼覓處？何妨於此公案中瞧個端倪，不妨親切些。

只如潙山禪師手指柏樹仔問云：「前面是什麼？」是柏樹仔？不是柏樹仔？多有大師道：「見那柏樹仔，知它無常生滅，非真有柏樹仔，故說心不著有無，是名離二邊；所謂柏樹仔，即非柏樹仔，是名柏樹仔。」有什麼巴鼻？如是誑謼閭閻，不是好漢。

又如潙山指向背後田翁云：「這阿翁，向後亦有五百衆。」那田翁既不參禪，亦非修行人，云何日後卻有五百出家衆隨從？莫非潙山老糊塗、胡言亂語麼？莫作是說，潙山不是此世才悟道，早是證悟之人也（詳見拙著《宗門道眼》一九一則拈提）。且道：那田翁似潙山？不似潙山？若道似，何處似？若道不似，因何向後卻有五百衆？若知此中淆訛，方知他潙山語中句句真實，方曉他潙山指那田翁時泥中有刺；今時還有法王活佛踩著他潙山泥中刺者麼？何妨舉似平實！道他刺在何處？如或未然，平實為爾等土上加泥去也：

綠柏紅鵑正春風，何干彼田翁？

待接淨瓶意還雍，難見溈山蹤。

只如諸方活佛法王還有解得溈山意旨者麼？

喚來說向田翁：粗茶且喝一盅。

第三五一則 溈山勘破

潭州溈山靈祐禪師 石霜會下有二禪客到云：「此間無一人會禪。」後普請搬柴，仰山見二禪客歇，將一橛柴問云：「還道得麼？」俱無語。仰山云：「莫道無人會禪好。」歸舉似溈山云：「今日二禪客被慧寂勘破。」師云：「什麼處被子勘破？」仰山便舉前話，師云：「寂子又被吾勘破。」後雲居禪師聞云：「什麼處是溈山勘破仰山處？」

李文斯敦教授問云：《我是否可以請問，您認為我也可能有明光心嗎？》

達賴喇嘛答云：《依照佛陀在密續中的解釋，每一個人，每一生命體，都可以在死亡時自然地有明光的經驗，但是這種經驗也可以透過禪定的方法使之產生。》（摘自眾生出版社《揭開心智的奧祕》頁二七八）

平實云：密續者，謂密宗內之「佛說」經典及諸密宗祖師之著作也。續者謂延續經典之說，故名為續。然密宗所謂密續之經典，唯承認《大日經、一切如來祕密現證大教王經、金剛頂經、蘇悉地經…》等，此諸經典皆非佛說，非以如來藏為空性，而以緣起性空為空性故；或說儀軌、或說印度教之性愛雙身修法故。密宗排除《楞嚴經》於密續之外，緣因《楞嚴經》所說如來藏阿賴耶識，密宗一切古今祖師皆不能證得故，第八識如來藏是黃教之所否定故。至於天竺及中國一切密宗祖師所作密續，悉皆不出如是窠臼；並且互相抄襲，人人著書，而內容殊少差異，遂致藏密中之密續龐大，汗牛充棟，殊不足取。

佛於三乘諸經及密宗之《楞嚴經》中，從來不說明光（一念不生之寂照）境界，是意識境界故，是三界有為法故，悖解脫道故；唯有天竺密宗後人所創造之《大日經》等經中，方才說此境界，何故密宗中人以此欲界乃至無色界之有為法為「無上瑜伽」？而追求之？

如達賴法王所說《⋯有其他四種情況，明光會以粗略的形式出現：打呵欠、打噴嚏、進入睡眠或昏厥、性高潮的時刻。⋯而最強的感受是在性高潮的時候，這是大樂的修習之所以包括在最高瑜伽密續中的原因之一。》（摘自衆生出版社《揭開心智的奧祕》頁一四六、一四七）如是淫欲為道，佛不曾說。

佛於華嚴所述權巧菩薩，乃至餘經文殊師利法王子於結夏三月與國王宮女同處者，非以如是淫欲遍身樂為鵠的，而在指陳實相真心遍一切處（十二處）遍一切界（十八界及三界）遍一切時（含一切有情行淫時、眠夢及悶絕正死時）遍一切識（遍於七轉識中現），以如是四遍密意，說般若及種智；真正密宗之經典《楞嚴經》所說者亦復如是，皆在教導學人探索自身生命之本源—第八識實相心，絕非以欲樂相應之意識境界（明光）為追求之鵠的；是故達賴法王所謂「佛陀在密續中的解釋」明光境界，非是事實也。

復次，縱使爾等密宗法王已曾修得非想非非想定，依舊是三界有為法之明光境界，不出三界輪迴。欲出三界輪迴苦者，須滅除明光境界貪，須滅除自我（明光境界中之覺知者），佛說無餘涅槃中十八界俱滅故。十八界生滅，故名諸行無常；十八界滅已，無見聞覺知，故名涅槃寂靜；十八界滅已，無意根界及意識界，故名諸法無我。如是，爾等密宗古今一切法王活佛所說明光境界，牴觸三法印，皆是意識相應之三界生死有為法，豈唯悖解脫道？亦違佛菩提道；佛菩提道所述般若種智者乃第八識實相心無為「境界」故，爾等密宗明光境界乃第六意識有為境界故。

由斯正理，奉請爾等密宗法王活佛，速依真密經典《楞嚴經》意旨，覓取各各本有之第八識如來藏。觸證如來藏已，方得謂為見道，入賢位中，而猶不得名為法王活佛也，唯是大乘別教七住位故。今為諸人舉潙山勘破公案，共話真密無生：

石霜禪師會下，有二禪客到潙山參訪掛單，可怪潙山會下竟無人與他二人說禪，這二禪客便輕他潙山法會，道潙山會下無一人會禪。潙山上下雖聞此語，無一人理會他。後因闔寺普請搬柴，仰山禪師見二禪客疲累歇腿，乃扛將一橛柴來問：「汝二人還道得麼？」這二禪客在石霜禪師會下，枉聽許多禪語公案，實未曾悟，見他溈山作務繁忙，無暇開示禪機，誤以為溈山無人會禪，乃說得如許大話；如今仰山藉機見問，這二禪客茫無所本，直得啞口難言。

禪之一事，乃是大乘別教之見道；悟抑未悟，瞞得他人，須瞞不得自己；瞞得未開眼者，須瞞不得已開眼者。如今諸方密宗法王活佛，個個自道證悟成佛成聖，及至平實欲以本分事相見，卻又個個躲在龜殼不肯出頭。最後有個附密宗外道釋性圓「法師」不服平實，在義雲高及大財主喜饒根登「活佛」背地支持下，出得頭來辱罵平實，原來卻是個鬼神信仰之常見外道，狡辯因緣所生法之意識為常住不壞法，俱違解脫道與佛菩提道，不值識者一哂。平實如今且要與爾等密宗法王活佛本分相見：

只如仰山將得一橛柴來，問二禪客：「還道得麼？」且道：「仰山要他二禪客道個什麼？」爾等密宗法王活佛還道得麼？若道不得，儘是博地凡夫，墮在意識境界，尚不能入大乘別教見道位中，稱什麼法王與活佛？誑謼閭閻爾！

仰山後將此事舉似溈山，云已勘破二禪客。仰山說已，溈山卻問：「他二禪客是什麼處被汝勘破？」仰山當時初悟，是故機淺，著他溈山境上，便舉前話，道勘破處，溈山聞已卻云：「汝慧寂又被我勘破了。」平實則不然，溈山聞舉後，若再問何處勘破者，但向他斂衽云：「和尚萬福。」踢腳便行，何堪再述勘破處？不覺話墮也！

後來雲居禪師聞人道此公案，便舉問天下道悟之師：「什麼處是溈山勘破仰山處？」普天下錯悟言悟諸師悉皆口掛壁上，無一人敢道。如今爾等密宗法王活佛，個個出得頭來，得得來到蓬萊，到處說法化緣，自道「全然開悟」，自命法王活佛，如今還有道得者麼？何妨與平實本分上見：

石霜禪客溈山搊，仰山橛柴便勘破；
初勘破，再勘破，仰山更被溈山墮。

且道：仰山有什麼過？便被溈山勘破？
如今寰宇法王活佛還有道得者麼？

自代云：且向蓬萊覓平實，待見將拳豁！

第三五二則　溈山原夢

潭州溈山靈祐禪師　師睡次，仰山問訊，師便迴面向壁；仰山云：「和尚何得如此？」師起云：「我適得一夢，汝試為我原看。」仰山取一盆水與師洗面。少頃，香嚴亦來問訊，師云：「我適來得一夢，寂子原了；汝更與我原看。」香嚴乃點一碗茶來，師云：「二子見解過於鶖子。」（註：子者，乃師父對弟子較為客氣之一種稱呼。）

達賴喇嘛云：《有一點你必須考慮的，就是一個人停留在死亡明光的久暫，部分取決於他死亡時的情況。譬如，一個人如果因意外致死，分解的過程發生得非常快，只一瞬間；就像在那項實驗裏，字母閃現而心智在瞬間作用一樣；但是如果一個人自然死亡，明光經驗可以較長。因此，如果捐贈大腦的人在手術時尚未死亡，他仍然可以有明光經驗—譬如說當他呼吸剛剛停止而身體尚未腐化之時。要記住的一點是，明光經驗是發生在心而不是大腦。》（摘自衆生出版社《揭開心智的奧祕》頁二七九）

平實云：達賴法王於法無知邪解處，非唯一二也；凡此謬誤，皆因不信有第八識、及不證第八識所致。若人因車禍故遽亡，與自然死者唯有一異處：謂車禍遽亡者，氣絕之後，其意識不現，唯由意根主導第八識捨身，捨身過程中完全無有正知正念，至八小時後（亦有遲至三天者，端在意根對色身執著之輕重而有別）方完全捨離肉身，意根與第八識完全轉至中陰身時方又現起意識之見聞覺知性；自然死亡者，則於氣絕後之八小時中，意識皆能有多時少時仍具知覺性（此謂不造惡業者，曾造地獄惡業者除外），唯此有異。不異者，謂二種死亡者之意根與第八識之捨身，皆悉漸捨而非頓捨；其中種種別異，牽涉執著性輕重，與解脫道、般若慧、定力等證量之千差萬別而有種種差別，唯法身菩薩之種智能少分多分而知，佛具足知，非謂彼達賴未證涅槃、菩提、藏識者，所能知之；限於篇幅，暫表不述。故說意外驟死者之如來藏與四大分離之過程，仍是逐漸分解，非一瞬間分解也，色身非由意識所持故。

復次，捐贈大腦者實非捐贈大腦，乃是侵入他人身體、取得他人身體，前已略述，此勿贅言。三者，大腦移至他身之手術，自始至終之過程中（假設能做此手術，並能不用麻醉劑），皆不可能有覺知，意識因大腦受激過甚，必致悶絕故，何況必須施用麻醉劑？四者，假饒大腦移植之過程中，能不用麻醉劑，亦不悶絕者，明光（一心不亂輕安清明）境界若現者，實不在彼移植大腦之身體中現，而應在所移植之大腦中現，如是正理，牽涉種智實義，非未明心之達賴法王所能知之也。

「明光經驗是發生在心而不是在腦」─，此語亦有大過，謂大腦是五勝義根故。明光境界由意識心顯現安住；然意識心須依五勝義根（頭腦）及意根（末那）為依，方能顯現，故不可如達賴法王作如是邪見之言也。

復次，若明光心（意識）即是空性心，則墮常見外道見中，非是佛法也；意識心不論修至如何微細，皆是依他起性故—依意根及五勝義根與法塵為緣，方得由藏識生故。

復次，正知正念之密宗捨壽者，縱使於氣絕位中能體驗明光境界，仍與佛法無關，純是意識境界故，意識非是《般若經》所說之「不念心、菩薩心」故。何況轉至正死位（意根與藏識捨棄五勝義根時）意識尚不能現前，云何而有覺知？無覺無知而言能住明光境界者，無有是處。明光境界既然時有時無，則非常住法，非是遍一切時恒在之實相心也；如是明光境界之修證，與解脫道慧及佛菩提慧悉皆無關，修之無益，云何密宗謂此明光境之證得為證聖成佛？非正理也。於今普勸密宗一切行者，速覓自身本有之如來藏，方可於悟後漸漸了知佛道內涵與次第也，便舉溈山原夢公案，與爾等法王活佛商量：

一日，溈山禪師午睡次，仰山已盥洗完畢前來丈室問訊，溈山見來，卻轉身面壁而臥；仰山問云：「和尚何得如此？」溈山聞言起身云：「我適來作得一夢，汝試為我原夢看看。」（原夢者，謂解夢也）仰山時已證悟，解他溈山手段，便取一盆水來與溈山禪師洗面。過一會兒，香嚴智閑禪師亦來丈室問訊，溈山禪師又云：「我方才作得一夢，慧寂已經為我原夢了；汝再重新與我原原看。」香嚴禪師自從擊竹悟道後，早非吳下阿蒙，聞言卻去點一碗茶來，正與仰山旗鼓相當。溈山禪師見門下有人，極為滿意，便讚歎云：「你們二人之見解，已超過鶖子（舍利弗）。」

只如舍利弗已證俱解脱果，是出三界聖人，云何溈山禪師道仰山與香嚴智過於他？此謂聲聞菩提乃解脱道，佛菩提乃實相般若—涅槃之本際；三賢位菩薩未斷三界煩惱（欲界愛、色界愛、無色界愛），而先證無餘涅槃之本際，非如聲聞聖人證得有餘涅槃、已盡三界煩惱，而仍不知無餘涅槃之實際（詳見拙著結緣書《邪見與佛法》闡釋），故說菩薩智慧深妙，不可思議—不斷煩惱而證菩提，非諸聲聞聖人之未迴心觸證者所能知之，是故溈山禪師讚歎仰山與香嚴之智慧超過舍利弗。

只如溈山睡起，並未向仰山道出夢中事，云何卻教仰山原夢？香嚴上來問訊，溈山亦未道得夢中事，云何亦教他原夢？仰山見溈山要他原夢，云何卻不問夢中事？只取盆水來奉與溈山洗面？香嚴亦未解得夢中事，云何點一盞茶來與溈山喫，便算已經原夢？究竟他二人是為溈山老人原個什麼夢？

諸方密宗活佛及四大法王，莫謗他師徒三人故弄玄虛籠罩人，此中關節正是大乘別教賢聖言語不傳之祕，若人會得，管取智超二乘無學，從此漸通三乘佛法，是故名為向上一路，今者平實且為爾等頌道：

人生大夢誰先覺？香嚴仰山早報捷！

一盆水，一盞茶，會得便將聖果擷。

諸方法王欲解節，但向茶水抉！

密意若猶未偶偕，來台卻將平實詰；

卻好教爾：菜園摘瓜瓞（ㄉㄧㄝˊ）！

第三五三則　潙山水牛

潭州潙山靈祐禪師　師上堂曰：「老僧百年後，向山下作一頭水牯牛，左脅下書五字曰：潙山僧靈祐。當恁麼時，喚作潙山僧，又是水牯牛；喚作水牯牛，又是潙山僧。畢竟喚作什麼即得？」仰山出，禮拜而退。

雲居禪師聞後代曰：「師無異號。」資福禪師聞曰：「當時但作此〇相，拓呈之。」新羅和尚作此(牛)相，拓呈之，又曰：「同道者方知。」芭蕉徹和尚作此(初)(弗)(衣)相拓呈之，又曰：「説也説了也，註也註了也，悟取好！」乃述偈曰：「不是潙山不是牛，一身兩號實難酬。離卻兩頭應須道，如何道得出常流？」（摘自五燈會元卷九）

金巴先生云：《在哲蚌寺的一位著名藏文課本作者説：「人有兩種層次——一種是細人，一種是粗人。以最細心身為依據的是細人，而以粗心身為依據的是粗人。」果真如此的話，那個問題是：這兩個是不同的人嗎？他的答案是否定的，因為當心的粗層次活躍時，心的細層次就不作用，它們處於潛伏狀態；當心的最細層次與氣——能量——活躍時，心的粗層次與能量則潛伏著。因此並沒有兩個人，也無不連續的問題。另外一種説法是：這最細心身是連續的，永遠都在運作。它永遠都在那裏，不論這人粗層次的心是否在活躍狀態。對此問題有以上兩種説法，那相當困難。》

達賴喇嘛答云：《因此對我們來說，這些現象是屬於隱密的第三類。如果你不接受轉世投生的理論，世界上許多事情就無法合理地解釋，只能將之視為意外的偶發事件了。如果你說事情可以無緣無故地發生，那麼就無法解釋「為什麼事情不會任意地發生」。》（摘自衆生出版社《揭開心智的奧祕》頁二八一、二八二）

平實云：若金巴所引述：「心的粗層次活躍時，心的細層次就不作用，它們處於潛伏狀態；當心的最細層次與氣──能量──活躍時，心的粗層次與能量則潛伏著」，如是理而可謂為佛法實義者，則佛法即成生滅變易法：此生則彼法滅，彼滅則此法生。生滅變易法則非實相，衆生出版社實不應採錄如是邪見而廣傳之。

若據第二義言，應說細層次心為七八二識，恒常不斷，有時令粗層次心（前六識）現起而有見聞覺知，有時令斷而入眠熟位。粗心及細心中之意根滅已，則成無餘涅槃，唯餘第八識離見聞覺知、離思量性，空無形色而無所住。了知及證知此識此理者，名為證得本來自性清淨涅槃，名為已生般若慧之菩薩，名為第一義諦。

金巴引述之說，實有大過：謂彼所言粗細心皆是意識，粗細意識互替；如軍隊衛兵交班互替，說為不斷，此名引喻失當。何以故？謂細心必須恒時常住、連綿不斷，方能令粗心時現時滅也。如彼密宗黃教徒所說：粗意識有見聞覺知，細意識離見聞覺知，則有過失；離見聞覺知者不應能知何時應喚醒粗意識故，亦不應有作意及思、以起粗意識，從來離見聞覺知故。復次，一切意識皆有見聞覺知，佛說最細意識不越非非想定中意識，過此則斷，而非潛伏；然非非想定中仍有極細覺知，住於定中，非無覺知。是故金巴所言潛伏，其實是斷；佛說意識若未斷滅，則必有覺知故；意識唯有起滅二相，無潛伏之相，故不可謂眠熟時為粗意識潛伏、細意識現行，眠熟時之粗細意識俱斷滅無餘故，佛說意識於眠熟、悶絕、正死位、二無心定等五位中俱斷故，佛說意識若在必有見聞覺知故，了別境界是意識恒俱之心所法故。爾等密宗既自稱是佛教，則不應處處違佛教示，別立宗旨。

眠熟位中意識既斷，何有粗細意識可分？無斯理也。斷已無法，阿誰能喚粗意識於次晨現起？而言粗細意識潛伏及現行互替連續？此理不通也。是故當依佛說：五位中之意識雖斷，仍有「不離身識」，謂阿含所說本際、實際、如、阿賴耶、有分識、窮生死蘊、如來藏，即是「名色緣識」之識—第八識也。是故爾等密宗黃教不應執意識為真相識，誤稱其為永不生滅之心；不應否定七八二識，否則阿含諸經及二三轉法輪諸經皆須改寫，則佛語成妄，非真實法。然今現見爾等密宗黃教思想不唯違佛教示，亦見不符常識正理，現見意識易起易斷，一切凡夫皆可現前證驗故。

意識既是常起常斷之法，斷時則無意識，云何次晨復能現起？當知必有意識種子仍存，此可名為潛伏；然此意識種子阿誰持之？莫非住於虛空？若爾則有大過，謂審如是者，則意識種子應可次晨現於他人身中，非必一世悉皆復現於同一色身中；然現見非如是，故知必有別心持意識種，而此別心恒住此身中，故意識種必於此身現行，非於他身。又是阿誰令意識種子現起？是知必有別心能粗知法塵，故令意識於次晨現起，此即是阿含所說意根也。

若無意根粗知法塵，則次晨身體疲累消除、天明及有聲時，是誰觸如是法塵而知應醒──令意識現起？若無第八識持名色種，則眠熟位之名色（意根及五色根）因何不壞不斷？復能令意識於次晨現起？若非自己之第八識如來藏持意識種與身同住，則應次晨於汝身中忽生他人所有之法：或生極惡性，或生極善性，或無因緣而得解脫，或無因緣而獲地獄罪業種子，或成佛已忽變凡夫，……。種種無因無緣之事皆必發生，亦應一切人同時俱醒、同時俱生、同時俱滅，不須依於各人自心所持業種及熏習種而各別現行故。故知各人必皆各有第八識如來藏持自己之業種及熏習種，爾等密宗黃教師徒當速棄捨應成派中觀之邪見，莫再誤認意識為不生滅法，莫再否定第八識之持身持種心，莫再否定十八界中之意根第七識，速返正法之中，覓取阿含所說「名色緣識」

之識—第八識如來藏，而後方可免於違教悖理之種種邪見，而後方可自稱為佛教也。

於此便舉溈山水牛公案，助爾發機：

溈山禪師一日上堂開示曰：「老僧捨壽之後，到山下去作一頭闍水牛，那水牛左胸寫著五個字：溈山僧靈祐。正當恁麼時，喚牠作溈山僧，牠卻又是闍水牛；喚牠作闍水牛，牠卻又是溈山僧。畢竟應該喚牠作什麼才好？」溈山禪師提出這個問題，未曾難倒古今天下阿師，彼等俱以意識名之，凡夫聞之亦可通也。然而仰山卻不以意識名之，亦不答他溈山語，卻出衆列，禮拜已，逕自退去。

後來雲居禪師聞此公案，卻代一語曰：「溈山禪師並無別的名號。」且道：這一句語有為人處？無為人處？天下阿師試道看！若有，有在什麼處？若無，無在什麼處？又何須向天下人道此一句？

資福禪師聞此公案，卻對大衆曰：「當時若在溈山前，只要做這個圓相，取來呈給他便好。」

新羅和尚聞此公案，卻向空中畫個圓，圓中又寫個牛字，取來呈上去。又向大衆道：「必須同是悟此道者，方知如是密意。」

芭蕉山徹和尚聞已，更是老婆，向空中畫了三個圓，圓中各各寫上初衣弗三字，卻取來呈上。呈已又告大衆曰：「說也為汝說了也，註解也為爾註解了也，可要在這上面悟取才好。」乃述偈曰：「既不是溈山禪師，也不是水牛；一個色身有兩個名號，實在難以酬答。離卻溈山僧與水牯牛這二邊，應當要說得出來才好；只是應當如何說，才不會像那些凡夫俗流一般呢？」

如今資福、新羅、芭蕉三位禪師，已代拈提了，平實樂得輕鬆，不須勞心勞力別作拈提。爾等密宗活佛法王，可中若有個伶俐漢，一眼覷著資福、新羅、芭蕉之意，便知溈山禪師住處；若能如是，未到台北已見平實也。如是活佛法王，方得名為已見大乘道之七住菩薩也；然卻已成密宗中之異類──既是活佛亦是水牯牛也。從此以後，必將掀起密宗法義之革命；革命大事底定之後，密宗方可自稱為佛教也，所說所證無異佛故。頌曰：

活佛是牛牛是佛，法王還知此也無？一身兩號莫非汝，何須饒舌舉似吾？

莫忤！莫忤！牛佛俱非汝；爾若會此意，秤錘水上浮。

只如爾等密宗法王活佛還見平實無？平實且說似汝：

欲見平實且燒香一爐！

第三五四則　溈山泥盤

潭州溈山靈祐禪師　師因泥壁次，李軍容來，具公裳，直至師背後，端笏而立。師回首見，便側泥盤，作接泥勢；李便轉笏作進泥勢，師便拋下泥盤，同歸方丈。

僧問：「不作溈山一頂笠，無由得到莫傜村。如何是溈山一頂笠？」師喚曰：「近前來！」僧進前，師與一踏。（摘自五燈會元卷九）（註：莫傜村者，據《隋書地理志》云：長沙郡有夷蜑，名莫傜，自言其先祖有功，故常免徵役，因名莫傜村，免諸傜役故。）

達賴喇嘛云：《你必須瞭解，那最細心並不是孤立於身體之外的，因有最細身與氣相連。》（摘自眾生出版社《揭開心智的奧祕》頁二八〇）

平實云：法王自語相違也！如三四六則所舉法王開示，既言最細心「是獨立於身體之外的，我們的這種最細意識叫做明光、明光心」，云何此處又說「不是孤立於身體之外」？莫非爾等密宗黃教所說生命實相心之最細意識住於虛空？若住虛空者，則有種種大過，余諸著作多有陳述，此處暫表不復重述。復次，法王所說最細心之最細身，若與身外之最細心俱，則應一切有情不須修行便有二身—粗身與最細身。而現見不然，何以故？一者現見一切有情實相心依身而現行故，二者現見有情無有身外之最細身故；三者依余六七年前所證得之初禪天身，乃於證初禪後方起，故說如是細身非不修禪定而自然有故；是故法王如是說法實有大過。

瓦瑞拉博士復問：《那個（最細）身與粗身是怎樣的關係？》

達賴喇嘛答云：《他們是同一性質。從功能上看，它被稱作最細風—能量；而從清明的程度上看，又稱它做最細心。……當最細心進入下一個身體那一刻，也就是前身物質的聚集體—中陰身—的終止。中陰身的死亡與一個人的受孕是同時發生的，此時也有明光的經驗，那稱為倒轉過程的明光。由明光到黑近成就的細心，然後是紅增上，再後是白景象。如此所有的東西越變越粗，直到誕生。》（摘自衆生出版社《揭開心智的奧祕》頁二八〇、二八一）

平實云：中陰身入胎時隨滅，中陰身只是作為如來藏轉生後世之媒介—藏識及意根藉中陰身為緣，故能令中陰界有意識覺知心現行，故能了別來世父母和合情境而入胎中。入胎已，由未具足五色根故，令意識不能現起，故處胎前期數月皆無意識，無意識故即無覺知；無意識覺知故，則無自我能領納明光（一心不亂之清明）境界，是故達賴法王所言受胎入胎住胎之中能體驗明光境界者，乃是妄想，意識已滅故，無有自我覺知者故；何況明光境界與解脫慧及佛菩提慧無關，不過是一心不亂清明輕安之意識境界爾，未嘗觸及解脫慧及佛菩提慧，云何證得明光境界者可言成佛成聖？無是理也。如是，達賴法王口述「佛法」，邪見處處，絕非衆生之福，當速揚棄應成中觀邪見，速覓第八識如來藏；證已所說方得名為佛法也，不墮意識明光境界故，能起般若慧故。今舉潙山泥盤公案，共爾等密宗活佛法王同參無生：

潙山靈祐禪師，一日因壁上乾泥剝落，與僧衆泥壁時，李軍容適來，穿著朝服，直接走到潙山禪師背後，雙手端執上朝所用之手板而立。潙山禪師因泥盤上泥已敷於壁，欲再索泥，持泥盤回首，見李軍容之狀，便將泥盤向李軍容面前一側，做接泥之勢；李軍容見狀，知他欲作家相見，乃運轉手中笏，作進泥之勢。潙山便抛下泥盤，與李軍容相將入方丈奉茶。

只如潙山泥壁次，成日裏儘是落草入泥，李軍容又是官家，因什麼道理卻著公裳、雙手端笏恭敬直立潙山之後？他官家作道理在什麼處？有者道：潙山禪師是名聞十方之大禪師，所以李軍容如是恭敬於他。有什麼交涉？李軍容雖是官場中人，無妨是潙山家裏人，早曾親見作家來，所以作得這個手腳。諸方活佛法王若親見得李軍容作道理處，平實道爾有來由，不是個弄泥巴漢！只如潙山明明是個弄泥團漢，李軍容作麼生如是恭敬？試道看！

潙山泥盤上泥已盡，回首索泥，驀見李軍容如是鄭重其事，見他是個家裡人，欲與他作家相見，便側手中泥盤，作索泥之勢；李軍容便以朝笏權作泥勺，轉笏作進泥之勢。諸方活佛若錯過上一著子，何妨於此恁？方知溈山與李軍容二人醉翁之意也。

只如溈山與李軍容二人，俱皆意不在泥，作得這個虛頭，值得特地記與後人知？竟是什麼道理？他二人是什麼處會佛法？若有法王活佛道得，平實請爾為我茅屋泥壁來，吾且與汝作家相見。且道：作家相見事作麼生？

若能作家相見，平實且拋下泥盤，將爾入廳，奉上無生茶一杯，共話無生。到這時節，若是個東施效顰之人，須無迴避處，平實卻咄爾：回藏地撿取熱牛糞，為居士們泥壁去！

後有一僧上問：「若不肯作溈山之一頂笠子（不肯常住溈山服諸勞役）者，便沒有機會到得了莫傜村（不必服諸勞役）。如何是溈山中之一頂笠子？」此僧卻懂如此一問。溈山聞言便教他作溈山一頂笠：「近前來！」這僧進前，勞役已了，卻依舊不見莫傜村，更勞溈山禪師與他一蹋，仍是個悶葫蘆。

只如僧道：「不作溈山一頂笠，無由得到莫傜村」，諸方活佛法王既道成賢成聖，且問爾道：云何欲到莫傜村者須先服諸傜役？爾若道得，平實許爾具眼；若道不得，則爾頂上無眼，肘後無符，只成個凡夫手腳，道什麼賢聖？可中若有個伶俐活佛法王，一眼覷著，到得莫傜村，方知莫傜村中俱征傜。爾等活佛法王還有已到莫傜村者麼？試道看！　頌曰：

接泥進泥事多端，溈山心不喘。

莫傜村中側泥盤，近前泥早傳。

大衆踏泥團，謾道征傜緩。

且道：莫傜村中是有征傜？是無征傜？

若人會得，卻蹋泥更軟！

第三五五則　黃檗擇菜

洪州黃檗希運禪師　幼於本州黃檗山出家。額間隆起如肉珠，音辭朗潤志意沖澹。後遊天台逢一僧，與之言笑如舊相識；熟視之，目光射人，乃偕行。屬澗水暴漲，乃捐笠植杖而止。其僧率師同渡，師曰：「兄要渡自渡。」彼僧即褰衣躡波，若履平地。迴顧云：「渡來！渡來！」師曰：「咄！遮自了漢！吾早知，當斫汝脛。」其僧歎曰：「眞大乘法器，我所不及。」言訖不見。

師在南泉時，普請擇菜，南泉問：「什麼處去？」曰：「擇菜去。」南泉曰：「將什麼擇？」師舉起刀子，南泉曰：「大家擇菜去。」

李文斯敦教授云：《我的看法是：大約從懷孕的第二十二至二十六週中間開始，由胎兒的外在徵象推斷，他那仍然相當原始的神經系統，可能已露出我稱為原始覺知的微光。如果在那之前有細覺知存在的話，那會是過於細微、無法用現今的生理辨識法測出。站在西方神經科學的立場，我看不到任何證據顯示覺知在懷孕二十二週之前就存在，這是醫學論理上非常重要的題目。……大約在第二十二週，開始了原始、類似於成人的電（波）活動，但是非常粗糙。…而這時有了腦電波圖，經過連續的各階段之後，直到差不多第三十五與三十九週之間，嬰兒開始經驗快速眼動式睡眠與慢波

睡眠，我們可以假定嬰兒在懷孕的後期有可能會做夢。》（摘自衆生出版社《揭開心智的奧祕》頁三一〇至三一三）

平實云：李文斯敦醫師之臨床實驗所得結論，與拙著《真實如來藏》第三十章所述契合。此謂一切種智中，說意識若在、則有覺知，意識之相應心法即是見聞覺知故。然亦說意識之現行須具三緣一因：三緣者謂五根具足不壞及意根與法塵相觸，此即四阿含中處處佛說「意法觸緣生意識」之理也，一因者謂有如來藏所持意識種。三緣一因若缺其一，則意識永不能起，則永無覺知；是故胎兒於前六月中不起意識，故無覺知，五色根（眼等五根）尚未發展完成，未具基本功能故。由五色根未具基本功能故，如來藏不能藉五根觸外五塵而現內相分五塵；由未能現內相分五塵故，意根雖恒現不斷，然無五塵中之法塵可觸，故無法令意識覺知心現起；復次，意識之現起，須以意根及五色根（頭腦五勝義根爲主要）為俱有依，方能現起，若頭腦五勝義根之成長，尚未具備基本之功能性，則意識不現起；佛說五根發育須至六月滿足（一般之狀況）而後粗具基本功能，是故李文斯敦於胎兒二十二週至二十四週內，未能測得胎兒之腦電波，意識尚未能現起故。

意識既不存在，則知前六月之處胎期中，名色之名唯是意根，則知處胎前期「名色所緣之識」絕非意識與意根，則知有第八識如來藏也。於理如是，於佛菩提之修證亦復如是──如來藏真實存在，有智有福有信之人能親證之；今我會中已有百餘人親證此第八識，能以三乘經典印證無誤。爾等密宗黃教師徒，當速捨棄應成派中觀否定七八識之邪見，承認有七八識，而後求證之，方免「建立見」與「斷誹謗」之邪見重罪，佛說否定第八識者名為斷見、名為謗菩薩藏者，名之為一闡提人，《楞伽經》中具說分明，爾等黃教師徒盍共思之！

只如眾活佛法王欲證佛菩提智而生中觀般若慧者，當從何處入門？則以見道為首。見道則是禪宗之明心，故舉黃檗擇菜公案，共爾等密宗活佛法王打打葛藤，立正知見，他後或有因緣：

黃檗希運禪師，在百丈大師座下悟已，遊方來謁南泉普願師叔。一日南泉普請擇菜，南泉問云：「什麼處去？」黃檗答云：「擇菜去。」南泉又問：「你用什麼擇菜？」黃檗舉起刀子，南泉便向大眾道：「大家擇菜去。」（註：古時叢林擇菜，謂菜類採收也。若如高麗菜、花椰菜、竹筍等類，皆須用鐮刀，故擇菜時須持刀。）

古時叢林擇菜，闔寺普請，也是平常事，然於平常事中卻有大因緣。往往有諸錯悟名師，教人閉目闔眼盤腿而坐，認取坐中一念不生之心為實相心，謂證得如是境界為悟禪，卻成錯會。天台德韶國師云：「佛法現成，一切具足」；溈山靈祐禪師云：「道不屬修，修得還壞」；如是諸語，早教大衆不須盤腿看靜、閉目闔眼也，云何爾等密宗師徒至今不悟、猶教大衆閉目闔眼盤坐看靜？

當知佛法現成，本來具足，非因修成，不由坐得；若因修而成，其法必將由於修緣之散失而隨壞；若由打坐看靜而得，其後亦將因中斷每日之打坐而令定力散失故壞。凡此皆非現成本有之法，乃因修定之緣而得，異日定力退失時，一念不生之境即隨之而失，故非佛法也。

若真佛法，必須一切時中現成本有，非因修行而得—悟前已在；如是方名本有具足之法，方是真實佛法也。如是現成本有之法，於吾人意識覺知心現行時在，於意識覺知心因眠熟而斷時亦在；於吾人打坐時在，於諸雜務執勞中亦在；於三界中在，於出三界時亦在；於修行後在，於修行前亦在，不因修學禪定之法而後方在；如是方名現成本有之法，如是法者方名佛法也。如是法者，謂衆生本有之第八識如來藏，一切具足，本來現成；證悟如是之法者，方名會佛法人。

由斯正理，普勸爾等密宗活佛法王：莫認意識覺知心為常住不壞法，於眠熟、悶絕、正死位及二無心定中必斷故，死後受生時永斷故，受來世生者非是意識故；入無餘涅槃時意識永遠斷滅故，無餘涅槃中之不滅實際乃是第八識如來藏故。而此藏識無始以來本有，未悟之前已有，未修定前已有，一切蟲鳥魚獸不修定者亦皆本有，非因修定而得，云何爾等密宗活佛法王皆以修定之法，令人認取坐中一念不生之意識覺知性為不生滅法？四阿含中說「如是法者名為常見外道法」也，佛以五陰十八界之理，已廣破之，云何爾等密宗活佛法王執之不捨、以為佛法？

只如南泉問黃檗：「將什麼擇菜？」黃檗但舉刀子，南泉便不復勘驗，竟是何意？爾等活佛法王若舉刀子來，平實卻不肯爾。只如擇菜時，用刀子擇？不用刀子擇？

平實如是問，爾等活佛法王待如何道？若欲開口道來時，平實不待爾等動口，劈面一巴掌；待汝開得口來，濟得什麼事？早是不會佛法也。爾等若作勢欲殺平實，平實卻肯爾也。且道：平實云何貪生怕死、因此肯爾？還有道得者麼？爾若道不得，平實卻向伊道：汝今死已復活也。且道：死的是阿哪個？活的是阿哪個？還有作道理處麼？

大乘別教見道，須是如此大死一番、絕後再甦，方能會得；此須死心蹋地參禪覓心，若不肯死卻意識心，成日裏認定覺知心為常不壞心、為能受生者，則是從來不曾死。若肯實際思惟或體驗意識覺知心於眠熟等五位皆斷，方名大死之人，方能如實參禪覓心也。一旦覓得自身本有現成之如來藏識，便入大乘別教見道位中，方會大乘諸經佛法也。若不肯死卻「意識覺知心常住不壞」之邪見，饒爾修得非想非非想定，依舊是凡夫，不離三界生死，尚不能證解脫道，何況能證別教菩提之見道？若有活佛法王答得平實上來諸問，便知諸問其實只是一問；平實聞已，卻向爾禮拜，雖然爾只是初見道之七住菩薩，未起法眼，尚須從余修學種智。何故如是？為上座已能救度密宗諸活佛法王故，平實為彼諸人故禮上座。若無人答得，平實便為諸活佛等頌去：

南泉闔寺，普請擇菜，將他黃蘗屈；

將甚擇菜？黃蘗舉刀，誰聞還鄉曲？

莫唏噓！邁步將田畬。

此中淆訛有誰知？有請法王說端緒。

若無會者，且說似爾：解履擇菜去！

第三五六則　黄檗笠子

洪州黄檗希運禪師　師辭南泉，南泉門送時提起師笠子云：「長老身材勿量大，笠子太小生。」師云：「雖然如此，大千世界總在裏許。」南泉云：「王老師聻？」師便戴笠子而去。（註：聻音泥，呢字也。）

達賴喇嘛云：《…於是，根據瑜伽宗，認知的證實需要靠另一個叫做統覺的因素，或稱之為自認覺知，因此這個自認覺知是主觀心智可以證實認知的一個因素。應成派認為瑜伽宗之所以必須經過如此複雜的過程，是因為他們的基本理論認為有某種原本存在的東西—阿賴耶識；因此他們必須尋找某種客觀的要素、某種最後的權威，來真正證明認知。既然你無法得自客方，你必須得自主方。但是那不可能是最初的知覺，因為它必須是可以驗證最初知覺的某種東西，於是他們必須搬出這個自認覺知來。因為應成派既否定主觀，也否定客觀的原本存在，他們說「正如物的證實須賴主觀的條件，主觀條件的證實也同樣須依賴物」，這與我們日常生活中證實認知的方式頗相符合。如果你一以特定方法覺察到某物，然後你會依據那物來檢查你的知覺，當你發覺物與你的知覺相符合時，你就知道認知是正確的。因此，對於應成派來說，沒有原本正確的認知這回事—即使像空性這一直接的經驗，也並非在本質上正確。》（摘自衆生出版社《揭開心智的奧祕》頁三五六）

平實云：達賴法王誤會瑜伽宗所說本覺為最初知覺，故有如是言說，與瑜伽宗之宗義絲毫無涉；彼所說之最初知覺，於瑜伽宗中說之為「不覺」故。《大乘起信論》云：「如凡夫人，前念不覺起於煩惱，後念制伏令不更生，此雖名覺，即是不覺」；云何名覺？「言覺義者，謂心第一義性離一切妄念相。離一切妄念相故，等虛空（法）界無所不遍。法界一相，即是一切如來平等法身；依此法身，說一切如來為本覺。」此謂一切有情因地本有「心第一義性」，悟證此本來不起妄念之第一義性心者，名為覺者，名為始覺；若不悟證此心，以意識心為恒不壞法、令意識心不起妄念而名為覺者，即是不覺位之凡夫也。而此始覺所悟之心，名為本覺心──第一義性；此心雖常恒不斷不壞，名不生滅，然於不生滅之體中有生滅相──出生六識心等生滅法之現行運作；六識心等生滅法與不生滅之本覺心和合運轉，名為「不生滅與生滅和合，非一非異」，故《大乘起信論》云：「心生滅門者，謂依如來藏有生滅心轉，不生滅與生滅和合，非一非異，名阿賴耶識。」印順法師於如是理懵無所證，於大乘中名之為愚；別立意識細心為不生滅法，違四阿含佛說解脫道十八界俱滅之理，復名為凡；達賴法王與印老同出一轍，俱名愚凡之輩，是故此二人皆不信瑜伽宗旨，亦錯會解脫涅槃之理，於三乘見道俱不能得。

如是二位當今全球最有名之應成派中觀師，由否定七識意根及八識如來藏故，違遠三乘見道，背涅槃果，謗菩提智，便於拙著《真實如來藏》所述意旨，不能置喙；以應成派中觀之邪見，藉考證之名，破斥一切法（乃至破斥空性—般若經所說之菩薩心、不念心、無住心、無心相心、非心心）；破斥一切法已，墮於「阿羅漢涅槃後斷滅空」之斷見窘境。為防他人作此質疑，返身別立意識細心為涅槃實際，復墮十八界中，成常見外道，悖離三法印。

若無餘涅槃中仍有十八界之意識界，則四阿含佛說涅槃成虛妄說，佛說涅槃滅盡十八界故；若涅槃中無有離見聞覺知之第八識如來藏，則涅槃後成斷滅。是故達賴喇嘛否定瑜伽宗悟者所證之空性心如來藏，名為妄說；如彼所云：「對於應成派來說，沒有原本正確的認知這回事—即使像空性這一直接的經驗，也並非在本質上正確」，如是語者名為「斷、誹謗」；「作是語時，一切善根悉斷，成一闡提」，《楞伽經》中具說分明，是故一切佛子不應信受。

無餘涅槃中若仍有意識細心者，則涅槃非寂靜，佛語成妄，意識心之最細位，無過於非非想處故，此中仍有細覺知故，惟不返照爾；審如是者，則「涅槃寂靜」之法印則為虛妄。是耶？非耶？

涅槃之中若仍有意識細心，則涅槃法即非無我；最微細之非非想定中意識仍是十八界法之我故，則「諸法無我」法印亦妄。是耶？非耶？

涅槃之中若仍有意識細心，則涅槃法仍不離行，則涅槃仍有行苦，何須勤苦修證如是未離苦之涅槃？最細之意識（非非想處意識）仍有一心不亂之心行故，心行不斷則不離「諸行無常」苦，非是涅槃。若是涅槃過非非想定，已出三界，則不應有意識——不論意識如何微細——如是方名涅槃。

若謂無餘涅槃中有「不可知之意識細心」，則不可知者乃是妄想，無人能證能知故，佛亦不能知證故。若佛能知證，則其弟子亦應能依言知證，則非不可知；唯可於未證者間言不可知，於佛及弟子間實為可知。如我正覺同修會中，空性（如來藏）之直接經驗，本來自性清淨涅槃之直接證驗，非唯余能證之，余諸同修多亦能依余所指示而直接證驗之、領受之，非不可知也；如是方得名為佛法。若一切人皆不可知不可證，則彼法成兔角法，唯是妄想建立之法，無有實義，不名佛法。

瑜伽唯識宗所證所說之本覺心，即是中國禪宗所證悟之真心，迥異應成中觀師對於瑜伽宗誤會之「最初知覺」，最初知覺乃是瑜伽宗及禪宗證悟者所破之意識故，如是之理，達賴及印老等應成派中觀師實應知之。彼等師徒若欲實證瑜伽唯識宗所説

「本來自性清淨涅槃」者，當速熏習瑜伽唯識宗主旨，信有七識意根及八識賴耶，復以禪宗之法覓菩薩不念心、無住心—第八識如來藏。若得親證此心，則應成中觀之邪見即得永斷無餘，則可逐次通達三乘宗義，離外道凡夫邪見；便舉黃檗笠子公案，共一切學人同探大乘寶城：

黃檗希運禪師在南泉盤桓已久，一日向南泉師叔告辭；南泉相送至山門時，提起黃檗禪師之笠子云：「長老身材無量大，這笠子太小了一些。」黃檗答云：「雖然是如此，大千世界總在這裏面啊！」南泉便問：「王老師我呢？」黃檗便戴起笠子離去。

只如南泉門送時，提起黃檗笠子云：「長老你的身材這麼大，笠子太小了一些」，也只是尋常話，黃檗為什麼答他「大千世界總在裏許」？只如諸方法界究竟在不在笠子裏？若在笠子裏，云何是在笠子裏的道理？若不在笠子裏，云何是不在之理？若人著得一隻眼，卻不向這兩頭道，方會黃檗笠子玄妙所在。然雖如是，平實卻勸達賴法王與印老：萬勿向他笠子上著眼。

諸方說禪寫禪者，大多示人已悟，以邀名聞利養；肯於書中及言語中自承未悟者，其數蓋少。睽彼示悟諸人所述，每於祖師公案中之閑機境上作文章，失卻密旨，卻成誤導學人去；儘是隨語生解宗徒，吃人涎唾，有什麼會處？舉凡真善知識說禪，一句語中，便須歸宗，令諸利根者因此得會；若不能如此，只成個杜撰禪和，管教臘月三十日時，閻王算爾衣飯錢在！

南泉老漢聞黃檗恁麼答，知他落處，卻為衆人要作個入處，便問云：「那你說說看：我王老師呢？」黃檗卻提起笠子往頭上戴，逕自離去。只如南泉究竟在不在他黃檗笠子裏？若在，且說個在底道理；若不在，因什麼道不在？且道：南泉恁麼問，意在何處？黃檗戴笠而去，答他了未？如是公案，直教諸方示悟之說禪寫禪者，個個分疏不下，無人敢在這公案上作文章。

平實敬告天下學人：他殺不如自殺，欲待諸方老宿助爾發機，須待驢年到來。莫將諸方老宿葛藤知見上爾心中，越參越遠。何妨自家抱定一個公案、至死不放？孜孜矻矻，直接參去。有朝一日，築著磕著，方知太近。只如黃檗笠子有什麼玄妙？值得特地載於三藏之中、流傳千古？直教諸方活佛法王、顯宗「悟者」分疏不下？且觀平實打葛藤云：

這個笠子真奇怪，世界總在裏許；
離卻兩頭請君道：竹笠怎含寰宇？

諸方活佛並法王，誰解南泉語？
料道無人睹南泉，葛藤奉茶餘：
徐行踏斷流水聲，戴笠寫出飛禽跡，
向上覷得此中意，卻向南泉揖。
噁！揖個什麼？

第三五七則　黃檗大蟲

洪州黃檗希運禪師　百丈一日問師：「什麼處去來？」師曰：「大雄山下采菌子來。」百丈曰：「還見大蟲麼？」師便作虎聲；百丈拈斧作斫勢，師即打百丈一摑。百丈吟吟大笑，便歸；上堂謂眾曰：「大雄山下有一大蟲，汝等諸人也須好看，百丈老漢今日親遭一口。」

達賴喇嘛云：《當你有空性的經驗，應成派的觀點認為：並非意識覺察到空性的真正存在，而是覺察到根本沒有本具的、自性的存在。證悟空性要由**否定本具的存在契入，直接證悟空性的智慧不是瞭解空性的存在**。空性與空性存在是不同的，只有在隨後回想時你說出：「喔！我現在知道空性了。」這時，空性的存在再次是一習慣上的實相。空性本身只是空性，是絕對實相；覺察空性之存在的覺知，已然是一回憶，而非直接的知覺。空性本身是前面提過三種分類的一隱藏的個體。三種分類是：明顯的、淺藏的、與深藏的。空性是淺藏的，空性的存在是明顯的，因為它是一習慣的指定，無需推斷。使你獲致「事物缺少本具的存在」這一結論的推理過程，也證明你在過程中的經驗是正確的。》（摘自眾生出版社《揭開心智的奧祕》頁二五七）

平實云：空性的存在是明顯的，遍處不曾藏故，唯是有智之人能證。但大乘法所說之空性，絕非達賴所說之空性；大乘法所說空性者，謂衆生本具之自心真如——第八識如來藏，一切法依之而起而滅，是萬法之根源，是三界之根本因。達賴所說之空性並非空性，實是真如所起諸法緣起性空之「空相」——十八界及展轉而生諸法之緣起相及無常相，絕非佛菩提智所說之空性也。今者達賴誤將緣起性空之萬法空相——緣起性空之緣起法，誤會為大乘法之空性，其謬大矣，何以故？謂空性是自心真如，緣起性空是真如所生萬法不離緣起，緣起之法終將緣滅，不離緣起故，是故應名空相，不得名為空性；有「無常空」之相，而無恒不壞滅之性故，非是一切法所依故。

諸法緣起緣滅，皆非唯緣能起能滅，要有其因，因緣配合，方有緣起；有緣起法，方有緣滅；雙具緣起緣滅，方有性空可言，方名緣起性空，方有四諦八正十二因緣可言。如是依自心真如而有之緣起性空，方是佛法；歸根究柢，在於其因；因者謂無明及業種，若無無明及業種，則無緣起萬法；無緣起萬法，則無緣滅；無緣滅者必無緣起性空之現象與真理，是故緣起性空之因，端在無明及業種。

然無始來之無明及往世所造之業種，是否存在於十方虛空？若存在於虛空，則有種種大過；其最大過者，應無明及業種必於一切有情身中同時遍起、同時遍滅；其餘衆過，拙著諸書所述已多，且勿復言。是故達賴及印順老法師不應言：「無始來之無明及業種存在於虛空、應緣而生有情五陰十八界及一切法。」

然則無明隨眠及業種隨眠，究竟眠於何處？而能令有情各自依其無明及業而相應受報？互不混淆？成就因緣果報互不錯亂之現象？即謂隨於有情各自本具自心真如而眠藏，由有如是執藏無明及業種之性，故名自心真如為阿賴耶；阿賴耶名之意為執藏能藏故。大乘經如是說，南北傳《阿含經》亦如是說，故阿含四部處處說第八識—名色緣識之識、初入胎識、本際、實際、如；乃至《雜阿含—央掘魔羅經》中說之為如來藏。

若無如來藏之阿賴耶性（無明及業種之執藏性），則一切人造惡修善，及一切阿羅漢、辟支佛、菩薩、諸佛，修證淨業俱成佛已，復將無因而由虛空再起無明業種故、復墮凡夫中。若有各各自心如來藏持自己往世無明業種，則修道者但只斷盡自己如來藏中無明業種，成佛已，永不復墮凡夫輪迴；他人之無明業種或虛空中之無明業種（事實上非有虛空所持無明業種）不會現於自己如來藏及陰界入中故；如是成阿羅漢乃至成佛已，永不復墮凡夫，斯名佛法。大乘佛法不唯說陰界入萬法緣起性空之諸法空相，亦說諸法緣起緣滅所依之自心如來藏，如是第八識如來藏名為空性；緣起性空之二乘解脫道實依此空性如來藏而有，不可如達賴及印順老法師將諸法空相之緣起性空，說為大乘法之空性，否則空性即成外於如來藏之一切法空之斷滅空。

如是，應成派中觀之邪見，自西天月稱、寂天、阿底峽，傳入西藏後由宗喀巴極力發揚，土觀、克主杰及歷代達賴法王賡續不斷，傳至今日末代達賴喇嘛，加上自已去承接密宗應成派中觀的印順老法師，俱墮如是斷滅空中，無視於四阿含中佛說第七識意根，而否定第七識；無視於四阿含中佛說第八識本際如來藏，而否定第八識，令佛法支離破碎；以邪見將佛法支離破碎已，再發明另一個一切人都不能知不能證之意識細心，說之為無明業種之所依識，藉此發明想像虛無之不可知意識細心，來圓成三世因果。既需如是建立，則不需否定佛於大小乘經所說之七八識，如是「不可知之意識細心」——能連繫三世因果及能執藏個人善惡染淨業種之心——佛已於大小乘經中說有第八識實際（如來藏），是各人往世無明及業種之所依識；而此識可知可證，一切已悟之人能親領受之，不似達賴印老之墮於意識之中；至今猶有親證之者，故說「真實如來藏」。

由斯正理，說佛化緣已畢故取涅槃，常住「無住處涅槃」，利益十方有情無有盡期。若非已曾具說圓滿成佛之理，尚須應成中觀補充之者，則佛化緣未滿，不應入滅。今者密宗應成派中觀之邪見，由達賴及印老極力發揚，將佛法體系分崩離析，令人無能修證二乘解脫道，則大乘之佛菩提道更無論矣！太虛大師有鑑於此，故說其徒印順法師「將佛法弄得支離破碎」，實非誣責，印老應當接受檢討，並求修正，云何不服太虛大師之指正？又作種種謬解，不應正理。

如是，應成派中觀之邪見，肇因於不信第八識如來藏，初始即謬，隨後發展之一切言論隨之偏差，悖離三乘法要，殊不足取。若人欲證三乘要義，當速尋覓自心藏識，茲舉黃檗大蟲公案，共爾密宗一切法王活佛商量：

黃檗禪師悟後，在百丈山隨衆執事。一日，百丈禪師問黃檗：「什麼處去來？」黃檗答曰：「從大雄山下採集菌子（草菇）回來。」百丈又問云：「還看見老虎了沒？」黃檗便作老虎吼聲；百丈見他作虎聲，乃拈起斧頭作砍虎之勢，黃檗卻向他師父百丈身上打了一摑；不料百丈並未發怒，反而吟吟大笑，便歸寺中。隨後上堂時，卻向大衆道：「大雄山下有一隻老虎，汝等衆人也須小心看牠，我百丈老漢今日親身遭他咬了一口。」

今日且問諸方活佛法王：「爾等盡道開悟證聖，修的又是密宗果地成佛之法；今且不問成佛之境，只要問汝大乘見道粗淺之境：只如爾等既已成佛成聖，還曾逢見這大蟲麼？什麼處是逢見處？」若道不得，即未見道，盡是博地凡夫，稱什麼活佛法王？大妄語人也！

只如執事采菌本是叢林日常事，云何必須親見大蟲？百丈問這大蟲，云何黃檗便作虎聲？竟是何意？百丈見黃檗作聲虎吼，云何便拈斧作斫勢？黃檗身為人徒，云何卻向百丈身上打一摑？百丈為人師資，弟子打他一摑，卻不以為忤，反而吟吟大笑歸寺，復是何意？如是五問，爾等活佛法王頗能答得否？若答不得，平實吩咐汝等：「台北市區到處都有大蟲，汝等諸人也須好看，平實小子日日親遭無數口，不亦樂乎！」且道：平實此語中，為爾等說了也無？若也於此會得，向後不妨是度人之師。若會不得，平實再向爾道，於此會得，只成個自度之人；平實唱作俱佳，爾等注意聽了：

兩隻老虎，兩隻老虎，真奇怪！真奇怪！
一隻沒有嘴吧！一隻沒有眼睛！
真奇怪！真奇怪！

第三五八則　黃檗紙墨

洪州黃檗希運禪師　師後居洪州大安寺，海眾奔湊。裴相國休，鎮宛陵，建大禪苑，請師說法；以師酷愛舊山，還以黃檗名之。又請師至郡，以所解一編示師；師接置於座，略不披閱；良久云：「會麼？」公云：「未測。」師云：「若便恁麼會得，猶較些子。若也形於紙墨，何有吾宗？」裴乃贈詩一章曰：

自從大士傳心印，額有圓珠七尺身；
掛錫十年棲蜀水，浮盃今日度章濱。
一千龍象隨高步，萬里香華結勝因，
擬欲事師爲弟子，不知將法付何人？

師聞亦無喜色。自爾黃檗門風盛于江表矣。

上堂云：「夫出家人，須知有從上來事分；且如四祖下，牛頭融大師，橫說豎說，猶未知向上關棙子。有此眼腦，方辨得邪正宗黨。且當人事宜，不能體會得，但知學言語，念向皮袋裏安著，到處稱『我會禪』，還替得汝生死麼？輕忽老宿，入地獄如箭！我才見入門來，便識得汝了也，還知麼？急須努力，莫容易事；持片衣口食，空過一生，明眼人笑汝，久後總被俗漢算將去在。宜自看遠近，是阿誰面上事？

若會即便會，若不會，即散去。」有僧問：「如何是西來意？」師便打。自餘施設，皆被上機；中下之流，莫窺涯涘。

達賴喇嘛云：《應成派的另一觀點是：現象是以相互依存的事件而存在，這與現象之空性或無自性存在、二者之關係密切。因此直接證悟空性之另一效應是：即使看到輕微的因果作用之顯現，也會使我們得到非常非常深切的肯定。你的禪修經驗所產生的力量，會大大加強你對日常現象的洞察力。應成派在解釋空性的時候，將緣起與性空包函在一起，它們不是互相獨立的。事實上空性的意義即是類似於非獨立存在的意思。非獨立存在，實際上即是所有會動之物的本質。這種對於「即使最輕微的因也能在果上產生大衝擊」的毫不存疑，即是這種經驗的結果。而這種確信也證實你證悟空性的真實性。》（摘自衆生出版社《揭開心智的奧祕》頁三五八）

平實云：緣起法本自性空，一切緣起法皆無常住不壞之性，名無自性；此乃一切佛教宗派之共識，非唯應成派中觀作如是見；如是見解，於三乘經典中隨處可見。然佛於四阿含中，處處說緣起法虛妄不實已，復有密意說「非緣起之法常住不壞」；謂解脫聖者滅十八界已入涅槃，十八界緣起法滅後，不說名色（十八界）所緣之第八識——名色緣識之識——亦滅，唯說名色十八界滅；是故一切緣起法皆十八界所攝，其性是空，無常恒不壞性，名為緣起性空。然緣起性空非即空性，空性實即名色（十八界）所緣之識，此第八識自無始來常恒不壞，非是緣起法。今者達賴與印順法師否定此識，名為不解阿含佛旨者也；如是之人，不入聲聞見道位，何況能入大乘見道位？

佛於四阿含中處處隱說「非緣起法」之第八識已，復於《雜阿含—央掘魔羅經》中顯說此識名如來藏，敘述其常恒不壞等種種體性。應成派中觀完全在五陰十八界六入中，觀察陰界入緣起故性空，否定四阿含中隱說顯說之實體法—非緣起性空之第八識空性，誤以為性空不實之法即是空性，墮於現象界緣起法中，是故不與實相相應；不與實相相應故，則所說諸法非第一義；非第一義言說則是戲論，唯是世俗現象界之名言觀念爾。

由彼否定十八界及涅槃所依之第八識非緣起法，復令二乘解脱果墮於斷滅空見，同於斷見外道；為恐他人於此質疑，乃於佛說之外別立不可知之意識細心，以為十八界及涅槃之所依，復墮常見外道所墮十八界法之意識界，以意識為常不壞心，正是常見外道宗徒。密宗四大派古今法王活佛，及今達賴喇嘛印順法師與隨學者，莫非如是，俱墮斷常二見之中，不能自拔。平實近年據實陳述應成中觀之非，欲救拔彼諸徒衆出離邪見泥洹，然彼等宥於名聞利養，反於平實生瞋；重視今世虛假暫有之名聞利養，無視於後世所將承受之「謗菩薩藏」長劫尤重純苦果報，非智者也。一切佛門學人萬勿效法如是愚行。

由斯正理，凡有善知識說法者，須依常恒不壞之非緣起法而說緣起性空——須依常住之第八識如來藏而說十八界萬法緣起性空——如是方名阿含諸經佛說之緣起性空正法。若如應成派中觀之誤解佛意，否定佛於四阿含諸隱說顯說之第八識如來藏，外於此實相識而獨說一切法緣起性空者，即非佛法；彼所說之緣起性空法非是佛法，令二乘涅槃墮斷滅空故，違佛三乘諸經所說解脫道及菩提道故，有智之人當速摒棄如是邪見，遠離如是邪師。遠離已，應求大乘見道；若得見道，亦漸能知二乘解脫道，非必先學二乘解脫道也。便舉黃檗紙墨公案，共諸智者商量：

裴休相國，尚為新安太守時，黃檗希運禪師適捨百丈山大衆，掛單大安寺中，混跡勞侶，掃灑殿堂。一日裴休入寺燒香，主事祗接，因觀壁畫，裴休問：「是何圖相？」主事對曰：「高僧真儀。」裴休曰：「真儀可觀，高僧何在？」僧皆無對。裴休曰：「此間有禪人否？」僧曰：「近有一僧投寺執役，頗似禪者。」裴休曰：「可請來詢問得否？」於是寺僧遽尋師來，裴休睹之欣然曰：「休適有一問，諸德吝詞。

今請上人代酬一語。」師曰：「請相公垂問。」裴即舉前問，師朗聲喚曰：「裴休！」裴應諾，師曰：「在什麼處？」裴當下知旨，如獲髻珠，曰：「吾師真善知識也，示人剋的。若是，何汩沒於此乎？」時衆愕然。自此延入府署，留之供養，執弟子之禮焉。

裴休後來改鎮宛陵，建大禪苑，請師說法。又請師至郡署，以所解佛法一編呈示於師；師接其文已，唯置於座上，略不翻閱；良久方云：「會麼？」裴休云：「未能測知師意。」黃檗乃云：「若能就恁麼機境下會得佛法，還算是好一些。若要待余形之於紙墨而後能悟者，何有吾宗法道之弘傳住世？」裴休乃贈詩一章曰（白話譯之如左）：

自從西天達摩大士來東土傳佛心印至於吾師，
額頭有圓珠，身裁高七尺；
悟後棲於蜀水掛錫十年，
今時方始浮盃而渡章濱。
廣有一千法門龍象隨師高步，
萬里學人競供香華以結勝因，

各皆意欲奉事吾師，悉入弟子之列，卻不知吾師將法擬付何人？

黃檗禪師聞此詩已，亦無喜色。由有裴休之事師故，黃檗門風乃盛弘於江南。

一日上堂開示云：「所有一切出家之人，必須知道從上諸祖以來本分之事；且如四祖座下之牛頭山法融大師，雖能橫說豎說廣演法義，然猶未知向上一路之關鍵。有此向上一路之眼睛與頭腦，方能分辨得出邪師宗派或正法宗派。且說當機衆人於向上事之真實意，不能體會得到，只知學人家言語，憶念不忘，向這臭皮袋裏安置著，到處去說『我會禪』，還替得了你的生死大事麼？如果起慢心，輕視及默置諸方證悟之老修行人，將來入地獄時快如射箭啊！我才一見汝入門來，便認出你的法身了，還知這個道理麼？大衆急須努力，莫將祖師意當作容易事；身持片衣，口食信施，空白虛過一生，明眼人會笑汝未悟在，以後總是會被那些未悟充悟的俗漢將你算計了去。應當在遠近一切事上，自己去看看這些俗務中，究竟是阿誰面子上之事？若於此諸事上能會，就恁麼會去吧！若不會，就散去歇息了吧！」

有僧人問云：「如何是祖師西來意？」黃檗禪師舉杖便打。自此以後，一切禪法施設，都是加被於上上根機之法；中等及下等之根機者，皆無緣由窺測其禪機之邊際。

如今海峽兩岸、長江南北各大道場中，有不少大禪師未悟充悟，大事宣傳；乃至四川義雲高、仰諤益西、台灣喜饒根登……等外道，亦冒充佛教佛法，將外道之欲界甘露法說為佛法。如是等人俱是黃檗禪師所說之「俗漢」，可憐今時多有法師盲無慧目，投在如此俗漢座下，早被如是俗漢算計去了。平實不忍彼等淪墮，直言相告，不料彼諸無智法師反瞋於我，假冒居士名義，於電信網站上作諸無根誹謗；乃至如釋性圓、釋性海二人，受義雲高及喜饒根登之命，於報紙刊登大幅廣告，辱罵於我；復狡辯意識為不生滅法，公然違逆佛意，名為可憐憫者，亦名恩將仇報者。亦名無智愚人：余以善心欲救彼諸法師遠離惡見邪道，而彼瞋怒於我；彼師義雲高等人以邪見外道法及常見外道法，將彼入邪道，而彼一意袒護其師；如是不辨善惡，真名無智愚人也。

只如裴相國邀請黃檗禪師至郡守府中，以所解而繕之佛法一編呈似黃檗，黃檗接而置於案座，略不翻閱之；良久之後卻問裴休相國云：「會麼？」爾等各大道場之禪師活佛法王「巨聖」諸人！還有會得個中密意者麼？試道看！

爾若道得，平實且向爾道：「汝是獨眼龍！」爾若錯會，平實向爾道：「汝是瞎眼龍！」且道：獨眼龍與瞎眼龍，相去幾何？

此個公案著實奇怪，黃檗入郡，到得府中，且未向裴休說法道禪，云何便問裴休會麼？竟是什麼道理？爾等既然稱悟，為人說禪，自道已解佛法，何妨舉似天下法師居士？令平實不得不鈐口。有麼？有麼？　頌曰：

出家乃是丈夫事，不事生產為人師；

須了從上佛祖意，步步功玄報信施。

裴相超群識黃檗，睹僧真儀機已失；

篇簡呈時過新羅，還勞黃檗大法施。

爾等密宗活佛巨聖還會黃檗玄旨麼？若會不得，且歸拉薩布達拉宮，手指宗喀巴至尊像鼻云：「原來汝從來不解佛法，著作種種密續唬人，一生只懂得趕屍！」

第三五九則　大慈識病

杭州大慈山寰中禪師　俗姓盧，少丁母憂，廬于墓所。服闋，思報罔極，於并州童子寺出家，嵩嶽登戒，習諸律學。後參百丈，受心印；辭往南嶽常樂寺，結茅于山頂。一日南泉至問：「如何是庵中主？」師云：「蒼天！蒼天！」南泉云：「蒼天且置，如何是庵中主？」師云：「會即便會，莫忉忉。」南泉拂袖而出。後住浙江北大慈山，上堂云：「山僧不解答話，只能識病。」時有一僧出師前立，師便下座歸方丈。（法眼聞云：「衆中喚作病在目前不識。」玄覺云：「且道：大慈識病不識病？此僧出來是病不是病？若言是病，每日行住，不可總是病；若言不是病，出來又作麼生？」）

故第三世蔣貢康楚仁波切云：《密宗如果沒有顯教（經教）做基礎是不可能成就的。但你或許會問：「如果只修顯教而不修密宗，是否能開悟？」答案是肯定的，你一樣可以開悟。所有開悟所需具備的東西都在顯教經典裏面。不過因爲它扮演證悟的是種子的角色，因此成就所需的時間較長—需要時間耕耘讓種子發芽。密宗與顯教在修行的理念上其實差異並不多，主要差別在於其使用的修行方法。密宗更直接趨入，但兩者其實就是同一回事，這點很重要。……密宗關心的是如何去除執著，在這方面，它與顯教的目標並無任何不同。》

（摘自衆生出版社《無死之歌》頁一五九、一六〇）

平實云：蔣貢康楚已因車禍逝世，但其開示則由衆生出版社之翻譯出版而仍流傳於台灣。

密宗諸多「大修行者」，每將顯教認為即是經教，謂顯宗之修行者只是研讀經教，難以開悟；並誣指顯宗之證悟是「種子的角色」—是因地之修行法，故成佛時間較長。復稱密宗是真正修證佛法者，自誇是果地之修行法—即身修成究竟佛果；說密宗之行法是直接趨入佛果，顯宗所難望其項背。然觀密宗四大派中之古今法王活佛「修證」境界，一一皆墮意識境界，未離緣起法及遍計執性，皆是凡夫外道境界；密宗最高修證者之蓮花生、密勒日巴、岡波巴、宗喀巴⋯⋯等人莫非如是，等而下之，無足論矣！如是意識境界法，口耳相傳至於今世，迄猶未變，尚未能知禪宗破參七住位之相似即佛境界，更未能知禪宗過重關者眼見佛性境界，末亦不曉禪宗祖師所證牢關有餘涅槃境界；如是禪宗證悟者所證相似即佛之種種般若，無一能知，云何能解禪宗悟者所修唯識種智之分證法身境界？分證即佛及相似即佛之般若慧，無一觸證，而言所修是果地究竟佛之修法，自謂成佛成聖，互相標榜，皆是大妄語人也！

密宗固如顯宗之欲除我見我執，然必不可得。此謂顯宗一向主張意識是生滅法，令人假藉意識為工具，覓取無餘涅槃之實際—第八識如來藏，由是而生般若慧，觸證實相；密宗黃教則否定第七識意根之存在，復否定第八識如來藏之存在，於佛所說此二識外別立不可知之意識細心，以子虛烏有之兔角為實有不壞法；紅白花教雖不否認有第八識如來藏，然卻皆以一念不生時之覺知心為明光心，為如來藏，與黃教之應成派中觀師同墮意識境界；上自天竺密宗月稱、寂天、帝洛巴、那洛巴等人，中如藏密蓮花生、阿底峽、馬爾巴、密勒日巴、岡波巴、宗喀巴等人，下迄今時四大派一切法王活佛仁波切，悉皆如是。

斯等密教宗徒俱墮意識之中，意識則是常見外道所說「常不壞我」；認此常見我為實相（本尊）者，即是我見之人，我見不斷者名為凡夫，不入三乘見道位中。平實多年來不斷破斥意識我見，而汝密宗法王活佛仁波切等，堅執意識是不壞不斷之法，名為我執。我見我執不能伏、不肯斷，而言去執之目標同於顯教，非如實語也！

密宗一切法王活佛仁波切等，悉應虛心正意檢討自宗所有密續，去蕪存精，汰除一切邪見，回歸三乘經典佛旨。然欲成就如是事者，先須具眼；苟無慧眼法眼，此等皆成空談。欲具眼者，當求大乘別教法門之見道──禪宗之明心──觸證自己本有之如來藏；如是觸證者方解涅槃與般若，方解自身之本尊法身，方得名為活佛也；若不能爾，儘是佛門中之窮措大，未曾親見佛法富麗堂皇處。道聽途說十載，不如一朝親見，故舉大慈識病公案，共爾密宗法王活佛商量則個：

杭州大慈山寰中禪師，於百丈大師座下受法後，辭往南嶽常樂寺掛單，於寺後山頂結茅築庵而住。一日南泉普願禪師來問：「如何是庵中主？」大慈禪師答云：「蒼天！蒼天！」此乃正答，偏中正也；南泉所見野狐已多，恐他大慈禪師學人言語、拾人牙慧，且要大慈口說手呈，不許淆訛，遂又重問：「蒼天且不說祂，如何是庵中主？」逼他當面相睹也。大慈禪師卻云：「會得者，於蒼天一句之下便會了，莫要忉擾擾，多一分憂心。」直下與他南泉敞明了說；南泉聞言，只得拂袖而出，破費不少。

大慈禪師後住浙江北方大慈山弘法度衆，一日上堂開示云：「山僧我，不懂得答話，只能辨識禪病。」當時有一僧人走出衆中，在大慈禪師前站立，大慈便下座，歸去方丈室。後來清涼法眼禪師聞此公案，便舉向大衆，又開示云：「在大衆之中，這個便喚作『病在目前不認得』。」玄覺禪師聞此公案，亦舉向諸方老宿：「大家且說說看：大慈禪師究竟識病不識病？這僧人走出衆來，是病不是病？若道是病，每日行住坐臥，不可總皆是病；若說這僧不是病，他出來又是什麼道理？」如今玄覺禪師早代平實舉似諸方，省卻平實唾沫不少；諸方密宗活佛法王，若能於法眼及玄覺所問，下得一語出格，平實讚爾真是活佛，未是法王十地；若道不得，即墮野狐數中，試道看！

只如南泉問：「如何是庵中主？」大慈寰中禪師答他蒼天，云何抵得南泉一代大師之問？南泉復問：「蒼天且置，如何是庵中主？」直要打破大慈砂鍋，大慈寰中卻輕描淡寫答道：「會即便會，莫忉忉。」南泉不得不拂袖而出，早是打破自家砂鍋也。爾等密宗活佛法王諸人，若有伶俐底，於此公案中著得一隻眼，便能答他清涼大法眼一問，亦能答他玄覺四問，平實斫額待爾來答。　頌曰：

蒼天豈是庵中主？智者語中睹；

會即便會莫問吾，平實唇早醭。

大慈識病豈滯途，普天匝地燭；

問爾活佛知也無？但向目前睹。

爾等密宗法王欲會麼？且將唐卡送我一幅。

第三六〇則　大慈般若

杭州大慈山寰中禪師　趙州從諗禪師來訪，一日問曰：「般若以何爲體？」師云：「般若以何爲體。」趙州大笑而出。師明日見趙州掃地，問趙州云：「般若以何爲體？」趙州置箒，拊掌大笑，師便歸方丈。

蔣貢康楚仁波切云：《另外，我們舉個例子來說，任何金剛乘的本尊修法，首先均由觀想壇城開始，接著對觀或自觀本尊等等，此乃由於我們自身與情器世界的不淨，經由觀想轉化爲清淨，這些都是方法；但若執著於觀想，則反造成障礙。因此次第觀想完畢後，還須再觀想化光融入，這部份最主要的是空性智慧的轉化；因此修法做任何觀想時，都要把一切觀成透明、似彩虹般、無實質存在的，這是圓滿次第的部份；兩者合一，即是任何修法的重點關鍵所在。……另外，以「止、觀」爲例，「止」是技巧方法，「觀」是智慧，兩者合一，同等重要。所有的修法都必須這樣，才能克服執「有」或「空」的邊見。不執「有」，也不執「空」，即是「中觀」，也是空性與明性之結合。》（摘自衆生出版社《無死之歌》頁一七〇、一七一）

平實云：關於密宗，曾有某師如是說：「密宗乃是這樣的一種宗教：一顆鑽石外圍放滿了鍍金垃圾的宗教。」平實今日再加上一個註腳：那堆金光閃閃的垃圾所崇顯的中央的鑽石，其實是玻璃打磨而成，徒有光輝燦爛之外表，不堪檢驗。

密宗之修行法門，迂迴曲折，曠時廢日，不似顯宗之直契實相；乃至彼等最後之全然開悟成究竟佛，依舊是外道凡夫見解，不入二乘見道，遑論大乘見道？彼等依於《大日經、金剛頂經、一切如來現證祕密大教王經》所說儀軌及觀想之法而修，謂觀想自身報身成就，則已成就報身；觀想法身化身成就，則已成就法身化身；觀想自身成佛已，則是已成究竟佛。如是行法，名為妄想，《楞伽經》中佛說此名「愚夫所行禪」—前後轉進，相不除滅，非佛法也。

蔣貢康楚欲免此譏，令人將所觀影像轉化為光相，再觀自己覺知心融入光中，不留影像，謂之為空性；如是觀想完成，名為空性智慧之轉化，即是圓滿次第。復舉止觀而示佛法，謂止是技巧、觀是智慧，兩者合一便離空有二邊而入中觀。

然此俱非佛法，何以故？止謂制心處，所制之心乃是意識覺知心故，尚未觸證本來無念之實相心故；觀謂觀察六塵（含攝定境中法塵），能觀六塵者是意識故。以意識離空與有，實未離空有；意識於五位斷滅，念念變異故無常，無常則空，空則是無，永不能離空；意識乃三界有，細至非想非非想定中之意識，依舊未離三界有。如是墮於空有之中，自謂能離空有而入中觀，三乘法中，未之有也。

二乘法中，佛說應滅意識意根，取證無餘涅槃。大乘法中，佛說應以意識取證第八識，以第八識為空性；證此第八識者，領受其體性已，即起智慧——般若經所說中道觀之智慧——而了知有情法界之實相。如是方名空性與智慧。今觀密宗所說所修所證，俱墮意識之中，以意識境界之三界有、無常有，謂為空性中觀，以意識能了別境界謂為智慧，與佛所說解脫道及佛菩提道，無有絲毫交集，句句言不及義，云何謂為佛法？如是之人而可名為佛門大修行者，則一切凡夫及外道亦皆可名為佛門大修行者也。

密宗如是迂迴曲折而修，歷時多年多生多劫，而猶不能入於三乘見道之一，奢言證悟，皆無實義。譬如波卡仁波切讚揚蔣貢康楚：「法王親自教導他很多深奧的法門，例如五寶藏、……大手印之精髓等等；尤其大手印的證悟——最高傳承加持的心法，由大寶法王直接傳給了他，他也因此成為一位噶舉成就者。」（《無死之歌》頁三六）又說「蔣貢康楚仁波切是完成證悟的」（頁七五）台中師利喇嘛稱他為「佛的化身」（頁五二）印度天巴嘉真稱他為已得報身：「相對上而論，他已在報身境界。」（頁五四）佛的化身豈有可能墮於常見外道見中？報身佛豈有可能說常見外道法？唯有錯認意識為實相心之密宗學人，方信如是荒謬邪見，一切顯宗有智學人悉不信受，皆知意識是三界有故，皆知意識是緣起法故，皆知意識無常性空故。

而密宗行者依《大日經》等修習觀想等法之後，至終則以《大日經》所說雙身修法之淫樂遍身為成「正遍知覺」—究竟佛。而彼經中復以緣起性空之無常空闡釋空性，非以《般若經》之「非心心、無心相心、菩薩不念心」為實相心空性，非以《楞伽經、解深密經》所說阿賴耶如來藏為空性，最後墮於應成派中觀之斷常邪見中；於三乘法之見道，一一乘中俱無其分，故余說彼「鍍金垃圾中央燦爛光輝之鑽石是玻璃打磨所成，不堪檢驗」，且俟《狂密與真密》出版時，當一一舉證之。

顯宗則反之，令人於緣熟之際直證空性—親自觸證自身本有之如來藏，能親領受空性心之中道性。由如是觸證及領受故，發起般若慧，住於中觀之境，不墮意識境界，親證涅槃之實際；如是智慧能與真密之《楞嚴經》符契，乃至能漸入初地無生法忍慧。凡此皆由實證空性，不誤解空性心為諸法性空，是故能證，非諸密宗法王活佛所能思議也。爾等密宗法王活佛等，欲知般若麼？還請早棄密宗邪見，速以真密《楞嚴經》為歸，速以覺囊巴之他空見為歸，求覓自身本有之空性—實相心如來藏。便舉大慈般若公案，共爾密宗法王活佛略說般若中觀：

趙州從諗禪師乃南泉大師座下雄獅，來訪大慈寰中禪師。一日忽向大慈寰中禪師問曰：「般若以何為體？」趙州這一問，恰似南泉來問庵中主，一般無二。古時禪宗叢林，若見有人住山開山接引衆生，各方悟者多會前往探問，勘他開山之人究係有主無主？白衣緇衣？今日趙州來問，大慈須逃不得，要答他所問。不料大慈寰中卻是將問作答：「般若以何為體。」以趙州所問還答於他。

這個喚作就身打劫、啐啄同時。聖嚴師父不解其中密意，將他情解思惟得底，錯解啐啄同時，印製成書流通天下，不免貽笑方家，洩露野狐尾巴。只如大慈將他趙州問底返答於他，是有答處？是無答處？若有，答在什麼處？若無，因何無答處？爾等密宗活佛法王還有斷得者麼？

趙州倒也奇怪，見他大慈將問作答，卻是肯他，大笑而出。且道：趙州大笑而出，竟是什麼道理？爾等活佛莫問蔣貢康楚，他如今已因車禍成個死佛矣！饒他再來三十世，依舊道不得也。

明日，趙州早起掃地，大慈寰中見了，卻又拿他昨日答底語，返問趙州：「般若以何為體？」趙州禪師頂門有眼，肘後懸符，豈是泛泛之輩？聞他大慈言已，卻不答語，只是置帚撫掌大笑。大慈未得趙州答語，卻不以為忤，便歸方丈。

爾等法王活佛及諸徒衆，且觀大慈與趙州二人如是問般若，如是說般若；世諦流佈至今，平實又如是拈提般若；且道：他二人是曾說般若？不曾說般若？若道曾說，說在何處？因什麼道是已說？若不曾說，什麼道理說他不曾說？試斷看！爾等若道得無誤，平實許汝具眼，可以出世弘揚佛法；若斷不得，只是大乘見道門外漢，不解佛法也，云何互封法王與活佛？卻成大妄語去。　頌曰：

般若以何為體？大慈問答同時；
般若以何為體？趙州撫掌大笑。
這個般若真奇怪，啐啄同時早答伊；
頂門有眼肘懸符，就身打劫無等匹。
今時還有密宗大寶法王會得般若意麼？
若道有，喚來與平實提木屐！

第三六一則　大慈將去

杭州大慈山寰中禪師　有僧辭去，師云：「去什麼處？」僧云：「暫去江西。」師云：「我勞汝一段事得否？」僧云：「和尚有什麼事？」師云：「將取老僧去。」僧云：「更有過於和尚者，亦不能將得去。」師便休。其僧後舉似洞山，洞山云：「闍梨爭合恁麼道？」僧云：「和尚作麼生？」洞山云：「得！」（法眼別云：「和尚若去，某甲提笠子。」）洞山又問其僧：「大慈別有什麼言句？」僧云：「有時示眾云：說得一丈不如行取一尺，說得一尺不如行取一寸。」洞山云：「我不恁麼道。」僧云：「作麼生？」洞山云：「說取行不得底，行取說不得底。」（雲居云：「行時無說路，說時無行路；不說不行時，合行什麼路？」樂普云：「行說俱到即本分事無，行說俱不到即本分事在。」）

故蔣貢康楚仁波切云：《金剛乘的法教最適合上根器者，經典上說：「末法黑暗時期的眾生煩惱障重，金剛乘是最猛利的對治之器。」它最適合心智卓越高超者，對於爲煩惱業障所困的人，也是極適當的對治法門。佛陀的法教總括在顯經與密續裏，顯教又稱「因乘」，密宗則稱「果乘」……》（摘自眾生出版社《無死之歌》頁一七四）

平實云：金剛乘其實是最適合下根器者，上根者入密宗修學不久後即會離去，終必發覺密宗之「見、修、行、果」俱屬荒誕故，與解脫道及佛菩提道俱皆違逆故。三乘經典亦未曾有云密宗法門是對治煩惱業障之妙法，蔣貢康楚如是言說，非誠實語。

復次，密宗所崇尚之「經、續」，將《楞嚴經》及顯教經典排除不用，專用《大日經》等荒誕無稽、牴觸三乘經典之邪觀邪見邪法為行門，妄稱為「果乘」修法，以凡夫我見及貪淫境界，高舉自身；反以「因乘」之名貶抑顯宗真實正法，誹謗顯宗能令人成究竟佛之法，顛倒已極。

蔣貢康楚復云：《顯教可以證得果位嗎？是的，顯教行者可以達到斷惑證果的境界，但所需的時間很長。我們可以以聲聞乘與緣覺乘來做比較，他們用不同的方式來修行，例如探究萬法無我。一個顯教行者經由內在覺觀的發展與道次第的修證，需經三大阿僧祇劫始能成佛。但在密宗或金剛乘，把「果」直接使用在修行上，因此非常特別。》（摘自眾生出版社《無死之歌》頁一七六、一七七）

平實云：密宗空言「果」位修行──直接證得佛果；然觀密宗四大派祖師之「證果」，尚未有入聲聞緣覺見道者，所證之「果」俱墮凡夫意識（常見外道）境界，何況能入大乘見道境界？三乘見道俱無，而言「果」位修行，顢頇已極。反觀顯宗，如禪宗諸祖，有許多見道明心之人，亦有眼見佛性者，亦有已入初地者；顯宗亦有已入三地心者（如玄奘師徒）；中國如是，天竺更如是；古時如是，今時亦如是。今者我會中人多有見道明心者，亦不乏眼見佛性者，亦有依余所授一切種智而漸向初地次第前進者。而此般若及解脱慧之證量，爾等密宗四大派師徒，不論古今皆無人證；無見道分，而奢言「果」地修證，寧非狂密宗徒？

復次，因果乃佛教中顛撲不破之理；凡有果證者，必有前因；若無因地修行之因，必無果地所證之果；今爾密宗脱離因地修行之因，而言能有果地所證之果，違佛密因，悖事行果，乃是妄想邪見；以如是妄想邪見，而言佛地果證，愚痴乃爾。竟以如是凡夫邪見，崇褒狂密、貶抑顯宗，得無大過？爾等密宗法王活佛，若不棄捨如是狂密邪見，莫道即身不能成佛，乃至三大阿僧祇劫後，依舊是常見外道，不入三乘見道之一，俱名可憐憫者。

爾等法王活佛欲入見道位麼？且與平實共探大慈將去公案：有僧辭別，大慈寰中禪師問云：「去什麼處？」僧答：「暫且欲往江西參禮馬祖道場去。」大慈便云：「我煩勞汝作一件事，可不可以？」這僧便問：「和尚有什麼事要我作？」大慈答云：「將取老僧同去吧。」這僧聞言，知非有事煩他，原來是個機鋒；只是他不解大慈玄旨，以想像所得底，將來回覆大慈：「更有超過於和尚底物，亦不能將得去。」大慈聞言，便休去。

只如大慈道：「將取老僧去。」究竟是要這僧將什麼去？大慈機峻，這僧會不得，答向偏中去，大慈便休去。只如大慈休去，是有為僧處？是無為僧處？若有，有在什麼處？若無，無在什麼處？爾等密宗大寶法王一切師徒，若能正答，許爾具眼；若答不得，且未見道，不應以十地之「法王」名銜自尊；爾等試斷看！

這僧辜負大慈休去，不辭道路辛勞，舉似洞山良价禪師；洞山卻責云：「你怎麼可以這麼說呢？」這僧聞洞山恁麼道，便問云：「那麼和尚您又怎麼說呢？」洞山答云：「我若是你，只向大慈禪師回答：可以！」

後來清涼大法眼聞此公案，於洞山所答之外，另作一答：「大慈和尚您如果去江西，我為您提笠子。」

只如洞山之意，是可將取大慈去江西，法眼卻云大慈若去時，願為他提笠子；他二人之意是同是別？若道同，同在何處？若道別，別在何處？云何同是證悟見道之人，所言互異？爾等密宗大寶法王一切師徒，若有斷得此中淆訛者，平實許爾具眼，試斷看！

洞山又問這僧：「大慈禪師平常言語中，另外有什麼開示嗎？」僧云：「大慈禪師有時開示大衆云：說得一丈不如行取一尺，說得一尺不如行取一寸。」雖是老生常譚世俗言語，亦是禪宗叢林尋常閑話，卻是爾等大寶法王師徒之金言玉語，平實今亦借花獻佛──借大慈語獻供爾等大寶法王一切師徒：「說得一丈不如行取一尺，說得一尺不如行取一寸。」爾等若於一念之間相應，便於一念之間俱證三乘見道；一大阿僧祇劫，一念之間便過三分有一，豈不強似密宗修法迂迴曲折而久劫不能見道？爾等法王師徒何妨行取一尺？一尺不得，一寸亦好，行耶？行耶？

洞山聞這僧舉大慈語，卻道：「喚作是我，就不恁麼道。」僧問：「師父您怎麼說呢？」洞山答云：「說取那個行不得底，行取那個說不得底。」

禪宗證悟祖師真奇怪，只是一個禪字，作麼有恁多淆訛玄妙？大慈道將得去，法眼卻道大慈須得自己去，卻與大慈顛倒；大慈教人行取去，洞山卻道「說取行不得底」，則又行不得──但用言說即能證得；又云：「行取說不得底」，卻又唯行能得證悟，言說不能描模。這個物事，亦不過是大乘見道爾，便恁麼難會，教爾等密宗法王師徒摸不著頭腦，豈不恨殺人？莫恨！莫恨！且看雲居與樂普如何說？

雲居禪師聞此公案，卻向大衆云：「行時無言說之路，說時無可行之路；大慈洞山如是說，我雲居卻問大衆諸人：不說不行之時，應該行什麼路？」料想爾等大寶法王師徒依舊不解，平實向爾竊語：「說得一丈不如行取一尺，說得一尺不如行取一根本寸。」

樂普元安聞此公案，卻又別創一說：「又行又說之時，其實都不是本分事—根本不證實相心；不行又不說底，才是本分事—實相心。」爾等欲會麼？勸爾師徒且向紅塵道場中又唱又跳去，一念會得，方知「唱跳俱到即本分事無，唱跳俱離即本分事在。」到此地步，豈只行得尺寸？遠超神行太保也！會得此中意，方知神行太保日行八百里，其實未曾行得一里一寸。爾等法王欲會麼？附耳過來，平實偷偷說與汝知：「說得一丈不如行取一尺，說得一尺不如行取一寸。」爾還知麼？　頌曰：

將取大慈去江西，洞山將去，法眼提笠；

說丈行尺尺行寸，洞山說取，又道行取。

雲居樂普卻來說似爾：行不得也！說不得也！

爾等法王師徒大衆：待問平實無好話，何如行取尺寸去！

第三六二則　五峰相見

筠州五峰常觀禪師　有僧問：「如何是五峰境？」師云：「險！」僧云：「如何是境中人？」師云：「塞！」有僧辭，師云：「闍梨向什麼處去？」僧云：「臺山去。」師竪一指云：「若見文殊了，卻來遮裏與汝相見。」僧無對。

蔣貢康楚云：《一個顯教行者經由內在覺觀的發展與道次第的修證，需經三大阿僧祇劫始能成佛。在密宗或金剛乘，把「果」直接使用在修行上，因此非常特別。金剛乘行者並不把每件事的「因」找出來，也不每分每秒都在審視內境外緣的一切細節。他用已顯現的東西—他的體驗覺受。例如，煩惱生起時，他不必去細究原因或捨掉，反更鮮明的去感受它，進而轉化它。這也是我們說金剛乘利用「果」來修行，並且非常猛利之因。顯教和密宗的「果」是什麼？它們的「果」是相同且絲毫不差的，行者所追求的是斷惑、淨障與究竟的證悟；顯教與密宗唯一相異處是使用的修行方法不同。密宗適合上根者，需要較顯教不同的修行條件。在金剛乘，行者不需觀照每事之緣起，**但就念頭生起當下直接作用其上**，這也是它較適合上根者修行之因。》（摘自衆生出版社《無死之歌》頁一七六、一七七）

平實云：顯教之佛法修證，並非由「內在覺觀的發展」而成佛，反而處處宣示：「法離見聞覺知、不觀是菩提、不會六入是菩提；一切諸法無覺無觀，無覺觀者是名心性」，如是開示散見於《心經、金剛經、維摩詰經、般若經、大集經、寶積經……》中；大乘諸經如是說，原始佛教四阿含中亦如是說；蔣貢康楚竟誣稱顯教之修法由發展內在覺觀而得，可知他完全不懂佛法。

復次，三大阿僧祇劫者，有人以一劫為一劫，如是歷經三大阿僧祇劫成佛；有人以一世為一劫，有人以一年為一劫，以一月為一劫，乃至以一時、一分、一秒、瞬息、須臾為一劫，如是三大阿僧祇劫後成佛，具載於《解深密經》中。

實情亦如是。如我會同修多人，由福慧及因緣具足，入我會中二至三年已，便得明心而入七住、又復見性而入十住，第一阿僧祇劫已過三分之一，何等迅速？又如本會故郭理事長明心見性後，上品上生極樂世界已，復來託夢開示其學生：「已向八地邁進之中」；並指示應努力修證余所傳法。復恐一人聞之、旁人不信，乃連續多天向其學生一一託夢，皆如是勸勉。由是可知彼因證悟及上品上生佛力加持開示故，今已頓超第一阿僧祇劫，向八地進修中。若人能效法之，於此先求證悟，悟已縱使不能如余起道種智，亦可上品上生極樂，蒙佛加恩即得道種智，便可向八地進修，如是第一阿僧祇劫之修證，於數年中已經完成，何等迅速？此即《解深密經》佛說：有菩薩以年月日時乃至瞬息須臾為一大劫，如是過三大阿僧祇劫也。如是修證，證實《解深密經》佛語無訛，亦證實《觀無量壽佛經》佛語無訛，一切學人應篤信勤修；印順法師亦不應謗淨土思想為太陽神崇拜之轉化，亦不應謗《解深密經》等大乘經典為後人集結之經典；無益自他故，今已確認所說無訛故。而如是之理，非密宗古今一切祖師能修能證，蔣貢康楚何嘗能知？

反觀蔣貢所言：「密宗把『果』直接使用在修行上，因此非常特別。」特別之處即在認定覺知心一念不生時為佛地真如，所以如是開示：「在金剛乘，行者不需觀照每事之緣起，**但就念頭生起當下直接作用其上**」，錯以意識一念不生為佛地真如。密宗皆以意識覺觀之發展，高推聖境而援引顯教聖者證量之名相，作為證量，其實未曾見道，何況修道及與成佛？此不特蔣貢康楚如是，密宗四大派古今一切法王活佛悉皆如是，俱墮常見外道凡夫妄想——妄想已證果地功德。

密宗所證之「果」迥異顯教，錯將意識一念不生之際認作佛地真如，然此境界猶未能入初禪，何況見道？而奢言「究竟的證悟」，名大妄語也，究竟之證悟唯佛能得故。顯宗之斷惑、淨障、證悟，乃是證得第八識——本來無念不生不滅本住涅槃之如來藏，非以第六意識一念不生為佛地真如也。證第八識者方名證悟，如是證悟方能斷惑淨障；非如密宗證得第六識，墮於常見外道惡見中，未曾證悟；云何蔣貢康楚奢言密宗之斷惑淨障同於顯教？云何將如是錯悟高推為佛地之「究竟證悟」？而妄言密宗之直接證果？未能證果之密宗，竟貶抑能證果之顯教為不能證果，如是顛倒，荒唐無稽。

復次，顯教之修證者，非如蔣貢所言「把每件事的因找出來」，而是找出法界之因—唯一之如來藏；找到此因，則「每件事的因」便如實顯現，不須逐一探尋其因。今者蔣貢康楚如是口耳宣說之理，完全不符法界實相唯一之因，認為須於一一事件中探尋一一因，顯見蔣貢康楚尚未具備佛法之基本知見；如是之人而推為密宗之轉世再來活佛，無有實義，何以故？謂其轉世再來，與一切凡夫之轉世再來無稍別異故；是故密宗所謂「果位」之修行，皆是妄想所得，尚不能及顯教之見道位功德與智慧，何況能知初地道種智功德？竟敢妄言「究竟的證悟」，皆名大妄語也。

如是墮於意識覺觀及體驗覺知心之覺受者，反而誣攀顯教為「發展覺觀」及「體驗覺受」，顛倒是非，其心可誅，云何佛門學人不知其謬、盲從信受？今且普勸佛門學者速求見道，見道之法則以參究禪宗公案最為迅速，一念便超第一阿僧祇劫三分之一故；便舉五峰相見公案，共諸學人商量：

有僧問：「如何是五峰境界？」五峰常觀禪師答云：「險！」此僧欲問五峰證悟

之境界，五峰只道個險字；諸方密宗法王活佛若來下問：「如何是平實境？」在下卻向他道：「平！」只如險之與平，相去多少？平實與五峰如是道，是有為人處？是無為人處？若有，有在什麼處？若無，何故是無？諸方「究竟證悟、全然開悟」之法王活佛等，還有斷得此中委曲者麼？

此僧不會，又問云：「如何是境中人？」欲問庵中主也，五峰常觀復答云：「塞！」爾等法王活佛若復下問，平實卻向爾道：「通！」諸研究禪學者，必道平實答他相對語，藉以遣除學人墮於二邊；且得無交涉！

諸方耆宿應當具眼，辨得一切老師墮處，方可謂為證悟；若不具眼，必墮常見外道見中，只成個言說聖人、文字聖人，於解脱道及佛菩提道俱不能入，空言轉世再來，互封法王活佛，無異凡夫，濟得甚事？

復有一僧來辭五峰，五峰常觀問云：「你要往何處去啊？」彼僧答云：「要往五台山去！」五峰禪師卻向他豎起一指云：「你去五台山，若見到文殊菩薩了，卻來這裏與汝相見。」彼僧不解五峰玄旨，不知所對。

只如彼僧辭往五台欲見文殊，尚未到得五台山，亦未得遇文殊菩薩示現，云何五峰向他豎起一指道「若見文殊了，卻來這裏相見」？且道：彼僧跋涉千里到五台山見文殊後，云何卻須再行千里回五峰相見？見文殊前之與五峰相見，何處異於見文殊後之再見五峰？見文殊後欲見五峰，因什麼卻向五峰指頭上見？爾等法王活佛還理會得麼？若會不得，即是博地凡夫，有什麼悟處？乃敢狂言佛地之究竟證悟？非實語也。

諸方學人若肯依余所造諸書建立正見，而後日日向汝指頭上端詳，久久自得會去，便知此中委曲；否則終不能入賢證聖，唯能外門修菩薩行也。　頌曰：

僧問五峰境，五峰但言險；

便探境中人，塞去且未儉。

塞卻諸根重登五峰方知險，五台遊罷卻屈五峰指作拳。

且道：文殊在五峰？在五台？在指端？

自代云：道得足已蹁！

第三六三則　五峰見牛

筠州五峰常觀禪師　師問一僧：「汝還見牛麼？」僧云見，師云：「見左角？見右角？」僧無對；師自代云：「見無左右。」（仰山別云：「還辨左右麼？」）

又有僧辭，師云：「汝去諸方去，莫謗老僧在遮裏。」僧云：「某甲不道和尚在遮裏。」師云：「汝道老僧在什麼處？」僧豎起一指，師云：「早是謗老僧也。」

故三世蔣貢康楚仁波切云：《我們說金剛乘很深奧卻很快速，為什麼？一個最主要的因素是直接與上師有關的。我們要知道，心的本性是清淨的，只是我們覺知心的方式錯了。如果我們對上師敞開我們的心，便可得到他的加持與啓發—他的加持將融入我們的心，帶領我們至圓熟解脫的境界。換句話說，經由上師的啓發，我們可以了悟自心本性；也唯其有上師的加持，始能讓我們了悟自性。因此，在金剛乘裏，依上師是件最頂重要的事，原因是：這個車乘（指金剛乘）太快了。以上，我們可以了解為何上師是首要根本，也是加持根本的原因了。》（摘自眾生出版社《無死之歌》頁一七九、一八〇）

平實云：金剛乘之所以深奧，是因其祕而不宣，令外界有神祕感，並非其法深奧；金剛乘之所以很快速，是藉男女性愛雙修法（無上瑜伽、大樂光明、俱生樂），而迅速「成佛」。然究其實，彼等祕而不宣之快速成佛法（性愛雙身修法）乃是妄想，與成佛者所斷二障無關故，淫樂遍身時之一心不亂非是「正遍知覺」故，此是外道法故。

成佛無他，唯有三法：一者斷盡煩惱障之現行及習氣；二者斷盡所知障之塵沙上煩惱，於最後身菩薩位明心見性；三者於三大阿僧祇劫修集無量福德。今者金剛乘以性愛淫觸雙身修法為快速成佛之祕密究竟法，本質未破煩惱障現行之欲界愛，未斷煩惱障之我見（以淫樂中一念不生之意識爲佛地眞如故）。我見及欲界愛未破未斷，何況能斷色界愛無色界愛？我見及三界愛等煩惱障之現行未斷，云何能斷煩惱障習氣？

煩惱障如是，所知障亦如是：以淫樂中不生妄念之意識為佛地真如者，尚未證知因地菩薩所證果地識（阿賴耶），則不能漸轉第八識中含藏之所知障隨眠（塵沙惑），不轉所知障隨眠，則不能轉生大圓鏡智成所作智（密宗所說大圓鏡智等皆違佛意，乃是妄想）。所知障之無始無明尚未能破，云何與所知障之「上煩惱」相應？不與上煩惱相應者，云何能一一斷除之？過恒沙數上煩惱未破未斷者，而云藉由俱生淫樂之遍身覺知能成「正遍知覺」者，無有是處！牛頭不應對馬嘴故。

正遍知覺者，謂佛能正確遍知有情法界一切法實相，於此真實覺悟，故名正遍知覺；今爾密宗以淫樂之全身遍受樂觸，於其境中一念不生、專注受樂而覺知其境──觀察樂觸非是色法──說其性本空，以此為成就正遍知覺，如是名為即身修成究竟佛之深奧快速法門，美名為金剛乘，說為「世尊於顯教中不傳之密法」，故名祕密乘。如是正遍知覺，完全不知法界實相，竟與佛地正遍知覺混為一譚，反以如是外道邪見而貶抑顯宗菩薩之修證為因地修行，高舉自己之邪謬為果地之正修行，何其荒謬！

復次，如是修法，侵犯他人眷屬，令人貪戀淫欲及墮大妄語中，必定減損自身福德，云何能令福德滿足成佛？無是理也！如是上師之啟發，如是上師之加持，乃是「相將入火坑」，即是《楞嚴經》所斥之魔：「阿難當知：是十種魔於末世時，在我法中出家修道，或附人體或自現形，皆言已成正遍知覺，讚歎淫欲，破佛律儀；先惡魔師與魔弟子婬婬相傳，如是邪精魅其心腑，近則九生，多逾百世；令真修行總為魔眷，命終之後畢為魔民，失正遍知，墮無間獄。」如是上師之啟發與加持，有智之人避之唯恐不及，云何樂而信之？乃至與其上床實修？若有密宗女性行者，誤信金剛乘邪法，財供養已，復樂充任明妃度母，以身供養上師，合修「無上瑜伽、大樂光明」者，名為無智愚人，是可憐憫者。

今觀密宗上師代代所傳之快速深奧成佛法，讚歎婬欲成佛之法，寧非破佛律儀者？如是上師啟發加持弟子而代代相傳，正是「先惡魔師與魔弟子婬婬相傳」；自天竺傳入西藏，轉至於今，雖則未逾百世，吾等實不應令其延至百世之後，何以故？佛說如是邪法「令真修行總為魔眷，命終之後畢為魔民，失正遍知」，乃至久後終墮無間地獄故。吾等已預見彼等後報，安可默而不言？不思拯救？盼諸密宗行者勿受誤導，速離如是魔業地獄業。一切學人若有眷屬修學密宗法門者，應令其遠離「金剛上師」如是啟發與加持，失財失身兼復犯破十重戒故。

密宗（藏密四大派）之法，豈唯不能令人證得佛道？淺如二乘見道亦難可得，永遠不破我見故；大乘見道更無其分，永遠不證實相故。若人欲斷二乘所斷我見，欲證大乘所證實相，當學禪宗之法；禪宗之見道深奧於密宗百千倍故，密宗一切法王活佛及究竟佛（如那洛巴、帝洛巴、蓮花生、密勒日巴……）皆不能知故。便舉五峰見牛公案與諸學人說牛：

五峰常觀禪師一日問僧：「你看見了牛沒有？」那僧答云：「看見過牛。」五峰禪師便問：「是有看見左角？還是看見右角？」那僧聞言，不知所對；五峰見他無對，乃自己代答云：「看見牛時是沒有左右之分的。」後來仰山慧寂禪師聽得此一公案，卻別問云：「還分得清左右麼？」

五峰問牛，正是無風起浪，端的只為那僧；可惜那僧墮在見聞覺知上，答他見得；五峰何嘗不知，便隨他語脈，問是見左角？見右角？那僧知錯，不敢再答；何以故？若有見處，左右角俱見也。五峰代答云：「看見牛之時，並無左右之分」，仰山偏又別問云：「你還辨得清楚左右麼？」卻與五峰顛倒。古今真悟禪師皴這兩片皮兒，無非欲令人悟；無奈衆生機遲，聽得七葷八素；不能解義，卻罵祖師專弄無頭公案。爾等密宗法王活佛，還見五峰牛麼？或有一個大寶法王欲求見道，不恥下問，平實卻向伊道：「痴人！爾喚什麼作牛？」

又有一僧來辭五峰，欲往諸方行腳參訪，五峰吩咐云：「汝往諸方去時，莫誹謗老僧在這裏。」這僧答云：「弟子不說和尚在這裏。」五峰卻問他：「你倒說說看：老僧在哪裏？」這僧便豎起一指，五峰卻責備他：「你這樣說，早就是誹謗老僧了。」

若有人來問五峰境，五峰尋常只是豎指，分明只在指頭上，云何此僧如是豎指，五峰卻責備伊誹謗？且道：五峰在指頭上？不在指頭上？爾等大寶法王及諸活佛頗有答得者否？爾若答云在指頭上，平實卻一掌將爾打去鐵圍山外；爾若言不在指頭上，平實卻將指往爾額上戳去云：「在什麼處？」爾等試斷看：究竟在什麼處？

爾等若道得，平實從此不再戳爾額頭，卻授爾禪板，令爾全球助人見道去；若道不得，待見時，小心平實指頭兒！　頌曰：

筠州五峰常牧牛，不見左角，豈見右角；

仰山慧寂別有牛，左既瞄得，右亦可描。

僧辭五峰豎一指，舉向諸方，道是行腳；

謗他五峰在指頭，忽忽眇眇，左右杳杳。

爾諸密宗佛母明妃欲曉五峰牛麼？平實說與爾知：

春風已度玉門關，雲雨既罷身慵懶，但將雲鬢攬！

第三六四則　古靈故紙

福州古靈神贊禪師　師於福州大中寺受業後，行腳遇百丈開悟，卻迴本寺。受業師問曰：「汝離吾在外，得何事業？」曰：「並無事業。」遂遣執役。一日其師因澡身，命師去垢，師乃拊背曰：「好所佛殿，而佛不聖。」其師迴首視之，師曰：「佛雖不聖，且能放光。」其師又一日在窗下看經，蜂子投窗紙求出，師睹之曰：「世界如許廣闊，不肯出，鑽他故紙，驢年去得。」其師置經問曰：「汝行腳遇何人？吾前後見汝，發言異常。」師曰：「某甲蒙百丈和尚指個歇處，今欲報慈德爾。」其師於是告眾致齋，請師說法。師登座，舉唱百丈門風，乃曰：「靈光獨耀，迥脫根塵，體露眞常不拘文字；心性無染本自圓成，但離妄緣即如如佛。」其師於言下感悟曰：「何期垂老，得聞極則事！」師後住古靈，聚徒數載。臨遷化，剃沐聲鐘，告眾曰：「汝等諸人還識無聲三昧否？」眾曰：「不識。」師曰：「汝等靜聽，莫別思惟。」眾皆側聆，師儼然順寂。

故蔣貢康楚云：《修密真正的目的，是要了知一切的覺知和色法本來清淨無垢，妄念純由執假爲真而起。相對上，萬法皆依因緣條件和合而生，因此，究竟上也無有一物實有存在；在金剛乘，我們視二者爲一不可分。了悟（此）相對與究竟實相不一不異，即是淨觀。

什麼是不淨的覺觀和色法？就是認爲萬法各其獨立實有，這是一個邊見和錯誤的觀念，因爲宇宙萬法的顯現，其性本空。》（摘自衆生出版社《無死之歌》頁一八四）

平實云：蔣貢康楚如前三六一則所舉，不認同顯教「經由內在覺觀的發展」的修法（顯教其實不在覺觀上發展，詳三六一則拈提），此處卻在另一時空開示：密宗是在覺觀上發展。如是自語相違。睽諸密續所說，悉皆不離覺觀，違佛悖道也，乃竟處處崇密抑顯—以邪法貶抑正法，顛倒何太甚！

復次，「了知一切覺觀與色法本淨，妄念因遍計執起」者，種智中說為無漏有為法，此乃證得空性實相心之菩薩境界；謂一切覺觀與色法，皆由空性心（第八識如來藏）所生，故與空性如來藏非一非異，是名淨觀。今者蔣貢康楚誤會空性為無常空、斷滅空，誤執覺觀與色法悉皆無常故空，以如是性空與萬法非一非異，名為淨觀，卻同斷見外道。

斷見外道皆主張萬法緣起性空；覺觀之心與色法皆是緣起法，終必壞滅，無常故空，故說緣起性空。今時達賴喇嘛與印順法師、蔣貢康楚等人俱墮此中；復以如是斷見外道論，破斥究竟了義之如來藏法，悉皆錯解阿含諸經佛旨。

佛於四阿含中破斥常見外道，說一切覺觀與色法皆歸五陰十八界六入所攝，陰界入緣起性空，是故無有長恒不壞之我，以此破除常見外道所執覺觀之我；不意蔣貢康楚仍執一念不生之覺觀心為不壞法，而言「是要了知一切覺觀與色法本來清淨無垢」，自墮常見外道見中；常見外道悉言覺觀心離妄念時即是常不壞滅之心故。

蔣貢康楚復自生矛盾而言：「因為宇宙萬法的顯現，其性本空」，既然「其性本空」，「皆依因緣條件和合而生」，則必有其顯現之因與緣也。若有緣，當知必以六根六塵為緣；若有因，當知必有能現覺觀色法之因，非由性空無法而自生也，無法性空不能生法，無法即無功能力用故。

如是，蔣貢、達賴、印順等人，俱墮斷見外道論中，以斷見外道之緣起性空為佛法；佛不如是，於四阿含中，以「名色緣識、識緣名色」之第八識，為十八界法之因；說由此第八識因所藏無明種為緣而生十八界，十八界生已念念變異，無有常性，終歸於空，故名緣起性空。此說「名」中七識（眼等六識及意根末那識）及藉父母四大緣而生之色身，皆以第八識為因，如是說五陰十八界六入緣起性空者，方是佛法；不可如達賴、印順、蔣貢之離第八識（名色緣識之識）而說緣起性空也，否則即墮斷見論中，非佛法也。

般若及唯識二系諸經所說空性，非謂萬法緣起性空，實說萬法緣起性空之實相——

空性；此空性即是四阿含中所說「名色緣識之識、涅槃之實際、本際、如、如來藏」也。般若系諸經中，進一步顯示此第八識空性之中道性；唯識系諸經進一步顯示此第八識之究竟性、能生萬法之性、無我之性、涅槃之性、成佛之性，如是方名真正佛法也。不可如達賴、印順、蔣貢…等人之否定佛法之根本第八識，而說斷見論之緣起性空；斯名斷見，不名佛法。

然此空性心極難證得，不迴心之二乘無學知有此心，而不能證，故不迴心大乘，必取涅槃；此唯大乘法中利智菩薩方能自證自肯，餘人多墮意識境界，以修定遠離妄念之覺知心（意識）為空性心，墮於常見外道之境界中而自命成佛成聖，誤會佛法。古時如是，今時更加如是，令余不得不再三辨正，導歸實義。

般若系及唯識系諸經中，恐人不能證得空性心，不能了知實相，故處處指陳此心「無相、無念、無心相、不念、清淨、常住不壞、涅槃、離見聞覺知」，然而今人廣讀經藏、研究經藏如達賴、印順之者，尚未能真知佛旨，何況蔣貢康楚等人而能知之？苟無福德及正知見，欲求自行證悟不依師悟，極難可得。平實欲度有緣，且舉古靈故紙公案與大眾結善緣：

福州古靈神贊禪師行腳諸方，於百丈大師座下得悟，念剃度師之恩，卻返本寺侍師。初返亦不言悟，徐觀其師因緣；其師問曰：「汝離吾在外，得何事業？」古靈禪師答云：「並無事業。」其師乃遣其執役。

一日，其師因沐浴，命古靈禪師為其澡洗背垢，古靈禪師見緣漸熟，乃撫其師背，並曰：「好一所佛殿，然而佛卻不聖。」其師聞言，迴首視之，古靈禪師乃云：「佛雖不聖，卻能放光。」

又一日，古靈禪師之師父在紙窗（古時無玻璃，以棉紙糊窗）下看經，正巧有隻蜜蜂屢次飛投窗紙欲求出屋，古靈禪師見狀，藉機又云：「世界是恁麼廣闊，卻不肯出去，儘向故舊紙上求出，驢年來了才去得成啊！」其師聞言，乃放下經典不讀，向古靈禪師問曰：「汝外出行腳時遇見了何人？我於你回來前後，看你所說的話異於平常。」古靈禪師乃言：「我行腳時，承蒙百丈和尚指出個休歇之處，如今只是欲報答您剃度之慈德而已。」其師於是告訴大衆辦齋，致請古靈禪師，齋後便請古靈禪師上座說法。

古靈禪師登上法座，舉唱百丈大師之宗風已，乃又開示云：「真實心的靈光唯我獨尊，光輝照耀，很明顯地不在六根六塵之中相應；真心之體顯露其真實常住不滅之性，祂不被語言文字所拘繫；此心之體性無有染污，本來自已已在，圓滿成就一切法；只要能遠離種種妄緣，那最後剩下的就是如如之佛。」其師於古靈禪師開示言下，有所感觸覺悟，乃曰：「沒料到我於垂老之時，能得聞此最究竟佛法！」

只如古靈禪師撫師背云：「好所佛殿，而佛不聖。」意在何處？爾諸密宗法王，個個皆須於此著眼，但莫墮他古靈禪師言句之中，庶有入處。

復如其師迴首顧視古靈禪師，古靈禪師云：「佛雖不聖，且能放光。」爾等法王亦須急著眼看，只是莫墮古靈禪師言句之中。若不聽余言，必皆死於句下。

蜂子雖然智不如人，亦知求出屋囿，爾等密宗法王非無智人，云何不知求出意識屋宅？個個盡墮三界意識境界。平實屢次指陳，爾等依舊不捨邪見，豈真欲待驢年得出三界證解脫果？佛菩提果更無論矣！

復勸印順法師等應成派中觀師徒，莫再鑽研故紙；彼諸經論陳義雖妙，汝等鑽他何用？若未親證實相心，彼諸經論於汝等人，盡成玄學，須待驢年方證涅槃、貓年方證佛菩提智。何若暫置經論，把定決心：「若不觸證實相心，決不再拾經論。」窮究到底後，一朝證得實相心，回頭再拾經論鑽研，方知盡是義學；正好效他德山宣鑒，將《妙雲集》等全部著作，到雙林寺前唱曰：「窮諸玄辯，若一毫置於太虛；竭世樞機，似一滴投於巨壑。」付與回祿，豈不暢快！

平實欲效古靈神贊禪師，以報此世之師，然未可得；九百餘年之前，余欲助之，然因克勤先師觀其緣猶未熟，不許余為之；彼時師兄弟一場，未能助益，今世為師徒，亦未能助悟。余師復於書中表示拒絕余法，此緣復斷，余今已不作是想矣！返思世人之顧慮名聲顏面，乃至出家已，猶不能免，寧可坐令法身慧命出生之緣當面錯失。今時之緣尚且如是，何況九百餘年前？可見克勤先師之睿智明見也。

只如古靈禪師撫師背云：「好所佛殿，而佛不聖。」是什麼意？諸方密宗法王須急著眼，莫將為等閑，三世諸佛不許明傳之密意盡在其中。次如蜂子投窗紙求出，古靈拈來作文章，是有為其師處？是無為其師處？

每見假名善知識，不解古靈禪師意，只將他一句「但離妄緣即如如佛」取來作文章，盡教徒衆歇卻妄緣，以那不緣萬法之覺知心為佛地真如，卻成錯會去。豈不見古靈云獨耀？既是獨耀，當知不與六塵萬法相到，故名迥脫根塵——不於六塵起覺知也。

復有一種阿師，教人打坐除妄，令覺知心遠離文字語言，道此為悟，密宗四大派古今法王莫非如是；須知禪者覺知心聞觸他人所說語言時，已自被人文字所拘——已解語言涵意。真心則自無始劫來不聞不觸不知語言文字，是故不被文字所拘。如是無染心性，無始劫來本自圓滿成就，非因修得；於爾等起言說文字時，祂亦如是離文字相

—不觸語言文字，本來如是，常住不變—與爾覺知心同在，非因修得；云何爾諸密宗法王欲令徒衆將覺知心離於妄緣變成真心？平實且示正路與爾：但用覺知心觀察自己虛妄，觀察一切境緣中，有一本來離諸妄緣之清淨心；尋覓之時，若見心觸妄緣者，便知是妄，捨之再覓。若離一切妄緣（不觸一切妄緣）而有是心常住不滅，本來如是非修所成者，斯即法界實相心也。此時回頭再觀古靈禪師頌文，方知平實不汝欺也！

古靈禪師遷化之時，告訴衆人識取無聲三昧，衆人側聆，悉用耳聞，錯會古靈禪師真旨。古靈既道無聲三昧，無聲云何得聞？爾等法王活佛欲聞無聲三昧麼？且將爾腳向市集喧鬧之處聞去，聞時莫用耳，但將眼聞即得。　頌曰：

好所佛殿佛不聖，撫背說時意已賅；

佛雖不聖能放光，迴首顧視早是乖。

蜂子求出投故紙，皓首窮經亦復呆，未免入母胎；

無聲三昧側耳聞，一衆聆聽已千年，今人猶托腮。

如今爾等法王活佛欲會蜂子故紙意麼？附耳過來！平實說似汝：

閑來無事但將紙窗開！

第三六五則　和安棕櫚

廣州和安寺通禪師　婺州雙林寺受業。自幼寡言，時人謂之「不語通」也。因禮佛，有禪者問云：「座主禮底是什麼？」師云：「是佛。」禪者乃指像云：「這箇是何物？」師無對。至夜，具威儀，禮問禪者云：「今日所問，某甲未知意旨如何。」禪者云：「座主幾夏邪？」師云：「十夏。」禪者云：「還曾出家也未？」師轉茫然。禪者云：「若也不會，百夏奚爲？」禪者乃命師同參馬祖。行至江西，馬祖已圓寂；乃謁百丈，頓釋疑情。

有人問：「師是禪師否？」師云：「貧道不曾學禪。」師良久，卻召其人；其人應諾，師指棕櫚樹子，其人無對。

蔣貢康楚開示云：《每個本尊法的生起次第都必須觀自己爲本尊，復觀本尊於前虛空，我們向他唱誦禮讚。爲何要先觀自己爲本尊呢？原因在於我們總深信自己擁有一個「我」，如果我告訴你「我」實際上不存在，你一定很難理解，這就是生起次第的修法很特別的原因。不管「我」存在或不存在，爭論總是不少。此處行者要直接將自身觀爲本尊，以減少並漸漸消除對「我」、對「自己」的執著，但這唯有在我們真正了解本尊的意義後才有作用。本尊是完全清淨的化現，如果行者能了知此點，觀己爲本尊，對自我的執著便會自動消失，以致完全淨除。這個方法也可應用於我們觀想在前虛空的本尊。我們總是緊握不放任何我們所知能視的東西，因此，在禪修過程中，我們觀想世界是本尊的清淨宮殿，所有衆生都化爲本尊。這個目的是要藉著觀一切衆生均化爲清淨的本尊身與色境，來消除我們對外相的顯現不淨的執著。》（摘自衆生出版社《無死之歌》頁一八七、一八八）

平實云：觀想之法名為愚夫所行禪，《楞伽經》中具說分明。譬如密宗觀想月輪在自心中，以之為觀菩提心；然此實非菩提心，《大乘心地觀經》中說為方便法，名為「凡夫觀菩提心法」；不論所觀月輪如何勝妙廣大、乃至完全融入虛空，仍未能入賢聖所觀照觸證菩提心之聖境，仍不能得證實相般若。

觀想本尊之法亦復如是，不論所觀本尊影像如何清晰高廣勝妙，皆與般若無關；特別之處在於令人永遠與金剛般若絕緣；觀想之法，前後轉進，相不除滅故，「凡所有相皆是虛妄」故。若有密宗上師教人於最後觀完成時，將本尊像化光融入自心中，《金剛般若經》云：「凡所有相皆是虛妄」，故說觀想本尊之生起次第修法很特別，名為實相無相者，亦名妄想；猶如有人將掌捏成拳，然後復將拳化去，謂為無拳之相，名為愚人；拳相與無拳之相皆依幻化法而有故，俱名虛妄。將本尊化為光明而融入自心之中亦復如是，皆是自心幻化之法；於本尊無影像之自心中想出影像，再將自心幻化之本尊影像復滅為無，俱墮幻化相中，非般若實相也。

般若實相者，謂自心真如本來無相，從本以來離一切相：離眾生見聞覺知相、離語言相，離攀緣六塵相、離我見相、離人相眾生相壽者相、離欲界相色界相無色界相、離七識相、離一切有漏相、離一切有為相；於一切相中離一切相。如是即相離相之現象，乃無始以來本已如是，非如密宗之先觀有相再化為無相，是故觀想本尊之法實與菩提般若完全無關，完全是外道法。

行者當知：所觀本尊影像乃是自心真如所現之內相分，終非自心真如；滅彼本尊影像後，仍須再覓自心真如，覓得之後方得與實相般若相應。既然辛苦觀想所成本尊影像仍須滅除、再覓真如，何須多此一舉辛苦觀想？何不依禪宗之法逕自尋覓真如？復次，真如猶如虛空，若人欲藉觀想所成本尊影像作為線索而覓自心真如者，終不可得，真如猶如虛空故，非是本尊影像滅除後之空無故。

我見之斷除、我執之消融，要在現觀蘊處界空相（現前觀察五蘊十二處十八界之無常、空、無我），非由觀想本尊影像之清淨無染而得。本尊影像乃由意根意識妄想，故由自心真如幻化而出，《楞伽經》中佛說如是法不淨如翳，名為妄想，密宗行者不應信受，非佛法故。佛門學人若欲親證般若實相，當覓自心如來藏，觸證此第八識時，自能漸漸通達般若實相；且舉和安棕櫚公案，共諸學人合計：

和安禪師於雙林寺中禮佛時，有禪者問：「座主禮拜底是什麼？」和安禪師答云：「是佛。」禪者手指佛像問云：「這個是什麼物事？」和安禪師不能回答應對。晡時百般思惟，竟不能解；至夜，乃具威儀，掛褡齊整，禮拜禪者云：「今日大德所問，我未能知意旨如何。」禪者乃向和安問云：「座主出家以來已經幾年耶？」和安禪師答云：「已歷十夏。」禪者云：「如今還曾出家也未？」和安禪師彼時未悟，聞言轉更茫然。禪者又云：「到此地步若仍不會，縱然出家百年，又能作得了什麼？」

只如禪者問：「座主禮拜底是什麼？」又手指佛像問云：「這個是何物？」究竟禪者意在何處？爾等密宗諸多「證悟成佛、全然開悟」之法王活佛等，還有道得者麼？何妨舉似天下老宿？

和安至夜，鄭重其事，嚴具威儀，禮問禪者；這禪者白日裏放去極奢，和安著著錯過；夜來卻儉，只問和安出家幾夏？和安不解禪者弦外之音，向他言語中答云：「十夏。」禪者法音宣流，直下便似販私鹽漢之暗渡關卡，和安不見，早是錯過；禪者便點他云：「你出家了沒？」無奈和安依舊是個不開口葫蘆。禪者只得責備云：「若也不會，縱然出家已經百夏，又復奚為？」乃命和安禪師同往江西參禮馬祖大師。然因馬祖已經圓寂，乃復晉謁百丈懷海禪師，方得頓釋疑情。

後來住持廣州和安寺，有人問：「師父是禪師否？」和安禪師答云：「貧道不曾學禪。」一似悟前禪者為他所作言語，無二無別。彼人聞言，卻似當年和安禪師，不解作家手段，只當和安答他所問，早是磋過也。良久之後，和安卻召彼人；彼人聞召，不覺應諾，卻又恍然不覺，正是早過新羅國，卻覓大唐國裏禪師。和安禪師卻伸手，指向棕櫚樹，無奈當人不是根機，依舊是個二楞子。

且道：和安向他道「貧道不曾學禪」，是有為他處？是無為他處？什麼處是有為他處？什麼處是無為他處？爾等密宗法王活佛一千人衆，若能答得，平實許汝具眼，暫入別教七住位，成個真見道人，還解和安禪師言外之意麼？　頌曰：

和安雉髮未出家，禪者出言也太奇！
只為不知禮底物，禪者指像更問伊。
和安具儀夜禮問，禪者復將言語激，
同赴江西祖已寂，轉謁百丈釋大疑。
凡所有相皆虛妄，法王活佛何未悉？
本尊法謬非正理，教徒觀想豈無欺？

密宗行人求正理，當謁和安探密意：
云何和安未學禪，卻召學人指棕櫚？
爾等密宗法王活佛欲曉第一義麼？
平實悄然說與汝：覓取棕葉析！

第三六六則　和安床子

廣州和安寺通禪師　師一日令仰山將床子來，仰山將到，師云：「卻送本處著。」山從之；師召曰：「慧寂！」山應諾，師曰：「床子那邊是什麼物？」山曰：「無物。」師曰：「枕子這邊是什麼物？」山曰：「無物。」師復召：「慧寂！」山應諾，師曰：「是什麼？」山無對，師曰：「去！」（註：床子乃打坐用椅，三邊有靠者。本則公案摘自《五燈會元》）

蔣貢康楚云：《…什麼是正確的知見？了解相對的色相與其究竟實性是不一不異的。如何把正確的知見應用在本尊上？「相對」是指我們對色境的體驗覺受，所以要觀想本尊；「究竟」是指諸法實相─本性爲空，不實有存在，所以我們每個法都要修圓滿次第。但同時，生起與圓滿─相對與究竟是一體不分的。利用本尊的觀修法，我們可以達到一般（世間）和殊勝（出世間）的成就，因此，本尊稱爲「成就根本」。》（摘自衆生出版社《無死之歌》頁一八九）

平實云：蔣貢康楚如是一段開示中，已顯示彼未證得實相空性也。何故如是說？謂蔣貢康楚將斷滅後之空無認作空性，以此空無之性為空性實相故。

蔣貢康楚令其弟子們觀想本尊，觀已復令弟子們觀察本尊影像為空─非實有存在，如是觀空已，謂為「究竟」，謂已證得諸法之實相—緣起性空。能觀想本尊影像成功，名為生起次第；復觀本尊影像之性—空無不實，如是名為圓滿次第。能如是具足觀行者，即是已現觀「生起與圓滿一體不分」，名為證得「相對與究竟一體不分」；以如是本尊法之觀修完成，名為「達到一般（世間）和殊勝（出世間）的成就」，因此而說本尊法是成就之根本。

然而實相非謂諸法緣起性空，諸法緣起性空乃是諸法空相，非是實相空性，緣起性空法依於虛幻不實之三界有為法而有故；三界有為法（包括觀想所得本尊影像）皆是暫有非實，云何依有為法而有之「緣起性空」法可謂為實相空性？無是理也。譬如兔無角依牛有角而有，牛有角法不實故兔無角法不實，故本尊法之生起與圓滿次第，與佛法修證無干。

如人夢中有諸影像，夢境諸像不唯色塵，亦兼聲香味觸，較之本尊影像唯有色塵者，更為殊勝；若人於夢起觀，觀夢境六塵皆非實有存在—本性為空，則其所證「諸法實相」應遠勝於觀想本尊者，能遍六塵觀空故；則一切人不須觀想本尊，唯觀夢境即可，密宗行者云何捨勝法而就劣法耶？然此二觀，據實而言，皆與佛法實相無涉。

如人捏指作拳，而後放指滅卻拳相，謂拳相空，如是作觀，名為佛法空性法相之證得，乃是痴人之作為也；拳相本無故，因緣所成故，非是本有常住之法，與實相空性無涉。本尊法亦如是，由意識心觀想而成，非本有常住法；本尊像滅後之空，乃依本尊像而有，故亦非是本有常住法，是故觀察本尊之生起與滅後之空、以及觀察本尊存在之際其性是空，皆屬妄想，與佛法所說實相無涉故。

若謂本尊法生起圓滿次第之觀行可謂為實相修證者，則觀指作拳、觀拳相空，亦名證得實相，一切人皆可現觀拳相之假有性空故；本尊法若然，拳相法亦復必然故。則人取一瓷碗擲碎，觀碗相空非實，亦得名為已證空性，成大修行者，與密宗諸佛無異，皆已具足生起次第及圓滿次第故——已證得碗之假有非實而名空性故；是耶？非耶？有智學人可共思之！

佛說諸法實相者，乃謂一切有情衆生之常住本有心——第八識——般若經所說本來不念一切法，於一切法皆是從來無住之心。密宗四大派古今祖師法王活佛等人，迄今未見有人證得此心，云何能知能解法界之實相？卻將外道之本尊觀想法納入佛教中，說之為佛法實相之修證，而密宗行者迷信接受，不知檢點簡別，殷勤供養密宗上師，浪費一生精力而修，至死未與實相空性相應，不起般若，豈非天大之冤枉？今日平實舉陳其謬，令衆週知；知已則能捨邪就正，共探實相空性——般若諸經所說之無住心。便舉和安床子，與衆共探無生：

仰山慧寂禪師時猶未悟，住於廣州和安寺，在通禪師座下參禪。一日，和安禪師令仰山將取禪椅來；這老漢無風起浪，撥弄水起，欲令仰山識水。仰山依言，將禪椅來，卻是懵然不覺，只道和安禪師欲坐禪椅；不料和安禪師意在言外，不是要他禪椅坐，見他仰山不會，卻喚仰山仍送原處放著。仰山放置禪椅後，又來和安禪師前侍立；和安禪師卻召喚仰山云：「慧寂！」仰山隨聲應諾，不知太近，依舊恍惚，和安禪師只得從遠處裡問他：「禪椅那邊是什麼物？」仰山答曰：「是枕頭。」和安乃問云：「枕頭這邊又是什麼東西？」仰山當時知見仍似蔣貢康楚，以為空無一物即是佛法，乃答曰：「這邊無物。」自謂一切法緣起性空即是佛法也。和安禪師見他錯會，乃又往仰山身上檢點，召喚云：「慧寂！」仰山又復應諾，依舊恍惚不覺，和安禪師再度問他：「是什麼？」仰山仍舊無所應對。和安禪師見狀，乃向仰山曰：「去吧！」

只如和安令仰山將床子來，又令送回本處安置，竟是什麼意？豈真閒著無聊，戲耍弟子麼？

二如和安禪師二度召喚仰山，又是什麼意？若道此中大有佛法，人人自少至長，屢聞師長父母召喚，因何卻無佛法？若道此中無有佛法，和安恁麼老婆，二度召喚仰山，欲待怎地？

三如和安問枕子這邊是什麼物事？仰山不解和安絃外之音，答道無物，墮於一切法空之中；和安卻召喚仰山，仰山答應，早已捧出整座金山，卻自不見，更勞和安指戳：「是什麼？」無奈仰山因緣不具，著著錯過，早是辜負和安。和安見仰山如似笨驢，只好直接塞向仰山手中，便令仰山：「去！」

仰山當時知見未具，勞他和安禪師入泥入水為他，卻無一分消息。若人具足聞思修慧，未被錯悟名師誤導者，於和安令送床子歸本處時，便該省得；何待和安再三再四為他，而猶未有入處？如今爾等密宗四大法王無量活佛，還能識得和安老婆在什麼處麼？」頌曰：

和安床子來復去，謾道是佛法；床子那邊是枕子，這邊豈是假？
雙諾未會絃外音，仰山依舊啞。諸方法王及度母，謾道識佛法，
覓得平實待說法，平實早築爾一鈀！
待汝開口，濟得什麼事？開口早是話墮！

第三六七則 衛國鉢楷

京兆衛國院道禪師 有僧到參，師問：「何方來？」僧云：「湘南來。」師云：「黃河清也未？」僧無對（潙山代云：「小小狐兒要過但知過，用疑作什麼？」）。師因疾，有人來問疾，師不出；其人云：「久聆和尚道德，忽承法體違和，請和尚相見。」師將鉢鐼盛鉢楷，令侍者擎出呈之，其人無對。（註：鉢鐼者，鉋平木鉢表面之瘦長鉋刀也；鉢楷者，承鉢之底座也。）

蔣貢康楚云：《為了避免落入邊見，執萬法為空，皆不存在，因此我們要修生起次第；也為了不落邊見，執一切色法皆具真實恆常，因此要修圓滿次第。了悟兩者合一，將讓我們了悟大樂與空性不二，也即是金剛乘修行的目標。如果行者正確的修行，一定會獲得成就。》（摘自眾生出版社《無死之歌》頁一九〇）

蔣貢康楚又云：《一位金剛上師要有能力帶領他的弟子到達圓滿的解脫之境，這個特質居於一切之上。》（摘見眾生出版社《無死之歌》頁一九四）

平實云：「圓滿的解脫之境」，乃是究竟佛地之境，俱解脫大阿羅漢之斷除煩惱障現行、及佛地斷盡煩惱障種子隨眠（習氣種子），二皆具足修證，方可名為「圓滿的解脫」。若須具有能令弟子證得如是解脫境界者方能任上師之職，則佛亦不能任上師也，佛亦不能令弟子於一世中成就佛地之圓滿解脱境界故，唯能令弟子成大阿羅漢——斷除煩惱障之現行而不斷習氣隨眠故。

今觀密宗四大派古今一切祖師，尚無一人得破我見而成聲聞初果，何況能斷我執而除煩惱障之現行？皆未能證初果，何況能證四果而出三界？何況能證定性聲聞羅漢所不知之菩薩七住位般若？如是，一切四大派古今密宗祖師皆無資格擔當上師之職也，悉墮我見之中故，我見即是邊見故。如是，不唯蔣貢康楚，乃至密宗四大派古今一切祖師，無有一人能任上師，是故蔣貢康楚之言自壞其宗。

復次，密續（不論是《大日經》等諸經，抑或密宗祖師著作）所說之生起次第及圓滿次第，皆是意識妄想，與實相無關，實相乃是衆生生命之本源故，衆生一切法界之本源即是根本識阿賴耶故，是故密宗不應再以密續而弘「佛法」，密續所說非真佛法故。

密宗所說「大樂與空性不二」，謂淫樂不離緣起性空，淫樂生起之際，已同時存在緣起性空之必然性—淫根之大樂必定是藉緣而起、終歸壞滅無常，其性是空。然此性空非是佛法所說空性，空性謂有情衆生之本源心阿賴耶識—常住三界生死輪迴而永無生死之心，亦是定性聲聞常住無餘涅槃—出離三界生死—之涅槃心。蔣貢康楚與密宗四大派祖師，不知不證如是實相心，同謂諸法緣起性空為空性，故云大樂（男女淫樂）與緣起性空不二，而謂「大樂與空性不二」，正是「失之毫釐，差之千里」也。

真正「了悟大樂與空性不二」者，謂諸親證空性實相心（第八識）者，非諸未證此識者所能了悟也。密續（時輪金剛、喜金剛、大樂光明、無上瑜伽…）中所言之事續，所謂互視、互笑、執手、擁吻、二根交合等，引生淫樂，密宗名之為俱生大樂；如此大樂亦由空性心阿賴耶識藉緣展轉而生，復由阿賴耶識之自識現行及七識心之共同現行，方生此樂，故說淫樂與空性心阿賴耶非異，名為不二（然亦非一，此暫不述），如是之理非密宗四大派古今諸師之所能知，皆未曾證得空性心故。

《華嚴經》中婆須蜜多菩薩，雖現淫女之相（如今時之高級妓女，一夜索價百萬千萬），而以如是之理，引導衆生「了悟大樂與空性不二」；了悟已，則不復受淫樂繫縛，成真菩薩。如《六十華嚴》所載：「…若有見我，得歡喜三昧；若有衆生與我語者，得無礙妙音三昧；若有衆生執我手者，得詣一切佛剎三昧；若有衆生共我宿者（夜宿而修雙身修法），得解脫光明三昧；若有衆生目視我者（如雲門禪師「顧鑒咦」之顧），得寂靜諸行三昧；若有衆生見我頻伸者，得壞散外道三昧；…若有衆生阿梨宜（抱持）我者，得攝一切衆生三昧；若有衆生阿衆鞞（接吻）我者，得諸功德密藏三昧。如是等類一切衆生來詣我者，皆得離欲實際法門。」

如是種種衆生之貪欲重者，婆須蜜多以欲勾牽，令學人於一夜共宿中證自性真如；證已即知真如（第八識）與淫樂非異亦非一之理，了知淫樂之虛幻，唯有真如本性清淨、離見聞覺知而常住不壞，由是證得「解脫光明三昧」；此三昧乃婆須蜜多菩薩所傳諸三昧中之最劣者。若人見平實頻伸即能悟入，不須再以其餘機鋒及開示於頻伸前輔助之，則此人必得「壞散外道三昧」，能壞散一切外道所說諸法；若須事先開示及機鋒輔助，而後見余頻伸方能悟入者，則不得「壞散外道三昧」，則如貪淫男人須與婆須蜜多共宿一夜而得「解脫光明三昧」，唯能自利——解脫欲樂及三界繫縛——不能壞散種種外道邪見也。

婆須蜜多與人共宿之法，乃在淫行之中令人證悟自心真如，由是而斷我見；自心真如遍一切時及遍一切處（十二處）故。若人已得四禪八定，雖猶處在外道凡夫位中，但與婆須蜜多共宿一夜，即得立成俱解脫之阿羅漢；亦成別教七住菩薩——般若波羅蜜多正觀現前。密宗之上師之中，若有如是人者，一切大富資財之學佛人，皆應一一奉上千萬乃至上億台幣，以求與彼異性上師共宿一夜修雙身法，彼必能令學人於一夜間悟入七住菩薩位故；學人若已本具非非想定境界，因此一夜必證滅受想定故。上自一夜之後即出三界生死，下至未來無量世中得永不入三惡道，極盡七有往來，必至苦邊故。如是上師由助人悟，能令人得是勝果，云何夜度之資不值千萬乃至上億台幣？太便宜了！

余於禪三精進共修期間，與諸學人共宿，摒絕雙身修法而不用之，並禁諸親教師絕不可用之者，以此所得功德太劣故（於諸未悟學人而言，則是可望而不可即），是故四天三夜中，皆以顧視、言語、頻伸、共食⋯等法而令悟入。悟入已，則得種種三昧；乃至猶如今時之淨燦居士，以其「壞散外道三昧」而破壞釋性圓、義雲高、喜饒根登⋯等外道之神通甘露有為邪見，令其壞散無餘。

學人當知：婆須蜜多菩薩，於顧、視、笑、語、執手、擁抱、接吻，乃至共宿之雙身修法中，令人所證者乃是本來自性清淨涅槃之實相──一切法界之根源──第八識常住不壞心，非如密宗古今諸師之於淫樂中觀察淫樂之性本空。是故《華嚴經》中婆須蜜多令人「了悟大樂與空性不二」者，迥異密宗之雙身修法也。今觀密宗四大派古今一切法王上師，無有一人已證自心真如，皆以意識之一念不生時為佛地真如，並以淫樂遍身覺受為證得「正遍知覺」，悉以淫樂緣起性空之觀察而說為「大樂與空性不二」，皆墮意識妄想之中，俱未見道也。密宗一切學人若欲了知婆須蜜多之三昧者，當依禪宗之法探究之；若得證悟自心真如，自知婆須蜜多菩薩之住處，現見婆須蜜多如在眼前，即時證得「詣一切佛刹三昧」也；便舉衛國鉢榰公案，共諸密宗法王上師合計合計：

道禪師住持於京師衛國院時，有僧來參訪，道禪師問云：「從何方來此？」那僧以為道禪師與他寒喧，隨口答道：「從湖南來。」道禪師知他未會，乃又問云：「過黃河時，看見黃河清了沒有？」那僧完全不解道禪師之意，不知如何應對。後來潙山禪師聞此當代公案，便代彼僧答云：「小小狐兒要過河時只須知曉過河便是了，還要起疑作什麼？」

如今平實且問諸方法王活佛們：「還知過河之道理麼？」若不知者，且過濁水溪去，莫問平實，莫言知與不知。若來問者，不待開口，先打三十棒；何故呢？汝等邁步逃離西藏時，早該喫我一棒，哪堪到此再舉？濟得甚事？

衛國禪師一日有疾，有人聞之，前來問疾，衛國禪師只顧將息，不肯出見；其人乃託侍者入稟：「久已聽聞和尚道德風範，忽承和尚法體違和之事，敢請和尚相見。」衛國禪師聞言，乃持鉢鐼，鐼中盛鉢榰，交付侍者捧出與彼人相見。若是作家來見，但將鐼榰接過，再付侍者持入，便圓此一公案。無奈當人不是作家，卻來魯班門前弄大斧，自曝其短。

只如彼僧來參，衛國禪師嘮嘮叨叨，問何方來？又問黃河清未？的是何旨？究竟衛國禪師意在何處？諸方密宗法王活佛漫山遍野，還有會得衛國禪師絃外之音者麼？試道看！溈山禪師更是漏逗，但教狐兒過河，莫要疑神疑鬼，且道：溈山意在何處？如今法王活佛，一代不如一代，平實卻教爾等要須疑神疑鬼，仔細探究狐兒過河之意。若不會狐兒過河之意，且取自家野狐身，一躍縱入泳池裡，莫道不會游泳。

又如學人探疾，欲見衛國禪師真面目，衛國卻只將缽鐀中盛著缽楂，教令侍者擎出呈之；且道：衛國禪師本來面目在什麼處？爾等法王活佛們，若識得此中密意，則婆須蜜多菩薩授與善財童子之「詣一切佛刹三昧，解脱光明三昧、寂靜諸行三昧、攝一切衆生三昧、諸功德密藏三昧、壞散外道三昧」等，皆一時俱得；若待平實助爾悟入，則得少分三昧，不能一時俱得也。汝等既道密宗是果地修證，又已成佛成聖，還知顯宗因位修證如是粗淺三昧之慧否？料無一人能答余語也。頌曰：

衛國缽楂黃河清，正示般舟三昧旨；

學人若會衛國意，婆須尊者面相睹。

絃外音，誰人聞？難覓知音自躑躅；

歸去何妨擁明妃，身在娑婆詣諸刹，用感萬佛錫爾祉。

第三六八則　百丈開田

洪州百丈山惟政禪師　師嗣法於百丈懷海禪師。一日謂僧曰：「汝與我開田了，我爲汝說大義。」僧開田了，歸請師說大義，師乃展開兩手。

有老宿見日影透窗，問師曰：「爲復窗就日？日就窗？」師曰：「長老房內有客，歸去好！」

某學人問：《空性的體驗或「無我」，跟去看牙醫很痛的感覺有何關係？看牙醫時，我希望沒有一個「我」。痛跟「我執」之間是否有關係？》

蔣貢康楚答云：《由於我們都相信有一個「自我」，因此便經歷種種痛苦。如果我們能證悟空性，便不會執於感受痛苦這件事，因此也就沒有痛苦。》

學人又問：《這樣說，佛從不生病？也沒有牙痛過？》

蔣貢康楚答云：《不！他不感覺痛。爲了顯示因果和痛苦的真實性，他示現了很多事情給我們看。有一個故事說釋迦佛有次掌心上插了一根刺，他給弟子們看，可是本身並不覺得痛。》（摘自衆生出版社《無死之歌》頁一九五）

平實云：蔣貢康楚信口開河，非智者也；如是開示，難免智者之所哂焉。佛足因木槍所刺極痛，為免痛故入四禪中住，能離五塵故；波斯匿王不知，以為世尊悶絕，哀傷無已；佛於等持位中知王悲甚，乃復出定為王說法，以寬其心；非謂佛無痛覺也。

證得無我者，乃謂現前觀見蘊處界非有實我不壞，然無妨仍有蘊處界之苦樂受在，不可謂阿羅漢證無我法已即無痛覺苦觸也；佛亦如是，具足人法無我已，仍有苦樂觸在，六識六塵法界之功能差別皆具足圓滿故。今者蔣貢康楚是密宗乘願再來之大修行者，云何不解如是粗淺之理？不可思議也。

密宗四大派古今諸大修行者，皆以意識妄想佛法，於二乘解脱道大乘菩提道，俱皆不解；然卻勇於著作密續，用來誤導衆生。今者陳履安居士推崇蔣貢康楚為大修行者，並將如是邪見印刷成書，誤導學人，非智者也。學人欲知佛法者，當求見道；三乘見道則以大乘見道為最殊勝，二乘見道不能具足大乘見道功德故，大乘見道亦能具足二乘見道功德故。若求大乘見道，則以禪宗之法最為迅速，茲舉百丈開田公案，共爾密宗一切法王活佛仁波切商量：

百丈惟政禪師一日謂僧曰：「汝為我開田。開田之後，我為汝說佛法之大義。」彼僧聞言便去耕田墾作。田事已了，卻來見百丈，請百丈為說佛法大義，百丈聞請，乃展開兩手。這個公案可殺奇怪，僧人勞累多日開田，竟只換得百丈展手。禪師恁麼好當，豈能責怪衆人爭相出頭當禪師？學得兩三年打坐，參加過兩三次禪七，讀過幾本禪師語錄，唸過幾本經，便道已經懂得佛法，便敢出來開山領衆談禪說道；乃至出書，誤導衆生。

乃至有人問著百丈展手公案，便向伊瞎扯淡：「百丈展手乃是教你隨時隨地都要清楚覺知，一切時中，都要放下一切，都無執著；要能一切時中保持在『空、明、覺知』之狀態中，這就是涅槃。」恁麼說禪，一似三家村裡小兒學語，有什麼巴鼻？不如回家顧視堂上二老，奉上粗茶好！

只如爾等密宗法王喇嘛仁波切活佛們，學罷無上瑜伽，與異性上師或弟子們合修過大樂光明，發起俱生樂，令淫觸遍身皆受已，自道已成「正遍知覺」——究竟成佛，便敢如創古仁切波一般出來宣揚「全然開悟」之大手印；如今且要問汝等：「百丈展手是什麼意？」

爾等若仍依前瞎扯淡，見時莫怪平實手杖打汝頭破血流、七花八裂。以爾等目前知見，欲會百丈展手之般若意，直似欲教巨石水上浮，驢年去得！且道：百丈展手之佛法大義在什麼處？還會麼？

一日，有某老宿（有名之老前輩）來訪百丈惟政禪師，見日影透過紙窗，便取此事問百丈：「究竟是窗就日？或是日就窗？」這個老宿不解禪；恰似聖嚴師父說：「禪是最容易講的，只要胡說八道一頓，就能夠交差。」（《禪的生活》頁三〇九、三一〇），所以便在禪七開示中說反話：「生薑長在樹上，蘋果生在地下」（《禪的生活》頁三一七），以為使用反話「破除知識經驗的執著」，便是禪宗的禪。這老宿亦如是不解禪，亂統一場，向百丈問「窗就日、日就窗」等外行話；可見野狐禪師非獨今有，古已遍在。百丈見他亂統一場，知他不可理喻；老宿又具大名聲，不好斥他，乃向他道：「長老！你房內有客候見，還是歸去待客比較好！」不願與他說禪。

諸方老宿既早出道，多年經營，名聲廣大，往往便生傲氣，便道知禪解禪，便道自己能破解禪，便敢來真悟者面前亂統一場；殊不知甫見面已，未開得口，早被真禪師摸了底去，猶自不知，兀自賣弄知解來底禪。百丈惟政禪師勸他歸去，不妨客氣；平實即不然，但向伊道：「窗就日，日就窗。」諸方密宗法王、活佛、喇嘛上師們，還聞在下絃外之音麼？若有人聞得，一念之間便通二轉法輪諸般若經，不由思惟；還有會得者麼？何妨廝見？

只如百丈告老宿曰：「長老房內有客，歸去好！」如是一語，是有為老宿處？是無為老宿處？爾等活佛、法王、喇嘛們既道已經成佛「全然開悟」，且試說看：「若

無為人處，因何無為人處？若有為人處，何處是他為人處？」料想爾等個個口似扁擔

——答不得在下此問也。　頌曰：

佛法大義真奇怪，苦辛開田，只值百丈一展手。

諸方法王若見問，平實買田，將彼三畝一般酬。

開田已畢來下問，平實向前，亂棒責爾眼無眸。

待汝開田已畢再來下問時，度得能作什麼？

第三六九則　百丈說似

洪州百丈山惟政禪師　師問南泉曰：「諸方善知識還有不說似人底法也無？」南泉曰：「有。」師曰：「作麼生？」曰：「不是心，不是佛。」師曰：「恁麼即說似人了也。」曰：「某甲即恁麼。」師曰：「師伯作麼生？」曰：「我又不是善知識，爭知有說不說底法？」師曰：「某甲不會，請師伯說。」曰：「我大殺為汝說了也。」

蔣貢康楚云：《有很多種勇父與空行：有智慧空行母，例如金剛亥母與度母，她們是一樣的。也有世間的空行母、事業空行母、啖肉空行母等等，她們都住在淨土。（眾生出版社《無死之歌》頁二〇〇、二〇一）金剛亥母以各種象徵性的外相化現，但也是萬法森列、妙有無盡的究竟化現—諸佛出生之智母。究竟上，她就是智慧波羅蜜。（《無死之歌》頁一九七）》

平實云：世間空行母，即是人間弘傳密法之女上師；事業空行母，即是樂於與人合修雙身修法，樂於幫助異性成就「淫樂正遍知覺」之密宗女行者；啖肉空行母，通常是指喜歡吃肉的母夜叉—密宗內之另一種修行人。如是空行母，皆或多或少與人合修雙身修法，故又名為度母—能度他人修成「淫樂正遍知覺」而「即此肉身成佛」故；亦名金剛亥母。

亥者豬也。金剛亥母多指事業空行母，此謂事業空行母喜樂與異性行者合修雙身修法，不擇男性行者之美醜……等，猶如亥（豬）母故。密宗因為事業空行母具有「金剛蓮華（女性生殖器）」，能令男性行者淫樂遍身，成就「正遍知覺」，名為成就金剛業，故名事業空行母為金剛亥母；有人嫌亥（豬）母之名不雅，遂改名為度母，謂能度男性至「正遍知覺」之彼岸，故名度母。

金剛亥母由如是「無上瑜伽、大樂光明」雙身修法之故，於性高潮中為男性解說淫樂之空無形質、緣起性空，令男性解知及體會已，即說彼男性為已證空性，即此肉身成佛。金剛亥母由此緣故，說為空行母，表徵智慧；若於性高潮之際，不能說法令人體驗性樂之緣起性空者，唯名金剛亥母或度母，不名智慧空行母，彼合修之男性須自行體會故。

如是空行母、亥（豬）母之行，其實無關佛法；緣起性空亦非佛法所說空性，是故密宗古今行者「即身成佛」者雖然為數衆多，仍皆未斷我見，不入聲聞初果，何況能證四果涅槃？未證空性如來藏故，致令般若正觀不現前，不入別教七住菩薩位，何況能證初地？而奢言即此肉身成就究竟佛道，美其名曰即身成佛，非真實理也。

欲入佛道者，唯有一途——求證大乘真見道——中國禪宗之明心；明心者即是實證空性之人，如是人能漸漸進修，經歷三賢十地次第，成就究竟佛道；捨此無別佛道可修可成，與密宗之空行母、度母、亥母等母續修法無關。而密宗行人「成佛」時「淫樂正遍知覺」，仍不能破我見，何況能起大乘般若正觀？如是而名即身成佛者，皆是外道之虛妄想及惑亂見也。

爾等密宗四大法王及諸活佛仁波切等，若欲真修佛道，當依三乘正法先斷我見——莫認意識覺知心之種種變相為佛地真如；次當切實遵照大乘經典之法義，依禪宗之參禪法門及知見戮力參禪，尋覓自心第八識，第八識阿賴耶方是佛說之空性故。證得此空性心已，則能通達諸般若經中佛旨，般若正觀現在前故；如此方是凡夫外道所知之證悟聖人，而於別教中猶名賢人，唯階七住，不入初地也。然此菩薩智慧非諸聲聞羅漢之所能知也。今舉「百丈說似」公案，助爾密宗法王活佛親證般若空性：

百丈惟政禪師一日問其師伯南泉普願禪師：「諸方善知識還有不說給人家知道底法沒有？」南泉禪師說：「有。」百丈禪師便問：「師伯如何說這個不說給人底法？」南泉便說道：「不是心，也不是佛。」百丈卻道：「師伯恁麼說，就已經說給人家知道了呀！」南泉答道：「我就是這麼說。」百丈說道：「師伯要如何說這個不說底法？」南泉答道：「我又不是善知識，怎麼知道有說與不說底法？」百丈到這裡，卻又向南泉道：「我不會，請師伯說了吧。」南泉便道：「我早就已經為你說了啊！」

只如佛門向上一路千聖不傳之宗門般若密意，既道是不說底法，卻要如何宣說？若不宣說，如何度人得悟？是故禪宗叢林一向皆是不說而說，非如在下初出道時之明說也，明說之弊極大故，福慧不具者皆因明說而必退轉乃至謗法故。

百丈禪師明知此理，故意取來問他南泉；南泉久經禪林陣仗，何有不知者？乃答曰：「有。」百丈問他如何不說而說，南泉便道：「不是心也不是佛。」一般錯悟阿師聞道此語，便道是否定一切—無心也無佛，以為否定一切後之「空」即是般若，有什麼會處？殊不知南泉此語乃謂自心第八識非心亦非佛，令人了知自己真心之體性；由是了知故，容易悟得自心，豈以否定一切之「空」為般若？

南泉如是說，名為不說而說；百丈聞言，卻道南泉早已明說自心了，南泉卻道自己一向恁麼說。百丈聞言不肯，再問南泉，要他不說而說，南泉卻向他道：「我又不是善知識，怎麼知道有明說與不說底法？」百丈乃是證悟之人，早知南泉此語絕非否定自身之所悟，亦非真謂自己非是善知識，然而一時透不過南泉之意，便向南泉道：「我聽不懂，請師伯說明。」南泉卻向他道：「我早就為你說了啊！」

諸方法王活佛仁波切等，既道即此肉身成就正遍知覺，則是已經成佛，爾等且道：南泉云「不是心也不是佛」，此一語中，何處是已經明說自心第八識？云何百丈說他已經明講？何處是他明說之處？

後來百丈重請南泉不說而說，南泉卻不在禪上道，只是斜裡答去：「我又不是善知識，爭知有說不說底法？」百丈慧淺，不如南泉，不見南泉絃外之機，明說不會，請求南泉為說，南泉卻道早已在上一句為他說了也。且道：南泉不是善知識一語中，何處是不說而說？究竟他不說而說之中，是說個什麼？爾等密宗法王活佛仁波切等人，還有聞得南泉之意者麼？試斷看！

若斷不得，皆是未悟凡夫，見道且無，成個什麼佛？爾等既道喜金剛、大樂光明……等雙身修法，令樂觸遍身知覺後，已成究竟佛，以此名為果地修法，而貶斥顯宗之證悟為因地修行，且道：爾等還能知此因地修行之般若慧否？後學逆料爾等法王活佛……等人無一能知也。不知顯宗因地見道之般若慧，而言果地佛地之修證，乃至處處貶抑顯宗，有何實義？ 頌曰：

說與不說叵難曉，法王活佛何能描？
非心非佛路條條，且問大鵬鷦鷯！
從來我非善知識，不說底法未曾學(ㄒㄧㄠˊ)；
百丈不會早說似，卻向南泉再剿！

爾等密宗法王活佛欲會般若意麼？平實說似汝；
春暖踏青問梟鴞！

第三七〇則　百丈指官

洪州百丈惟政禪師　僧問：「如何是佛佛道齊？」師曰：「定也。」師因入京，路逢官人命喫飯。忽見驢鳴，官人召云：「頭陀！」師舉頭，官人卻指驢，師卻指官人。（法眼別云：「但作驢鳴。」）

蔣貢康楚云：《當我們談到老師時，有幾種不同的關係。第一種就是一般的老師，⋯。第二種是屬於菩薩層次的老師，他不但可以教導我們佛法，還可以使我們趨入正道。第三種最爲殊勝，是像佛一樣的老師，他不僅可以教導我們佛法，更可以引導我們解脫。依金剛乘說法，「上師」是指剛才所提的第三種。》（衆生出版社《無死之歌》頁二〇六）

平實云：密宗之法王、活佛、仁波切等人，悉皆認定密宗上師之修證高於菩薩，個個如佛；蔣貢康楚上述之語亦復如是，意謂菩薩不能令人得證解脫，唯能令人趨入正道而已。復謂密宗上師如佛，能令人證得解脫，暗示此非菩薩所能。然察密宗四大派祖師，自古至今，未見有一人已證解脫果者，乃至未見有一人已斷我見者；上自月稱、寂天、帝洛巴、那洛巴、蓮花生、阿底峽，中如宗喀巴、密勒日巴、岡波巴、土觀卻季尼瑪，下至今時一切密宗大法王、大活佛、仁波切等人；彼等所著所述之解脫，皆墮《楞嚴經》所説之外道五現涅槃境界，尚且未斷見惑我見，何況能斷我執思惑？而謂能度人得證解脫，而謂密宗上師如佛，無斯理也。如斯常見外道諸人，自不證解脫，亦不知解脫，妄想解脫，而貶抑顯宗能度人得解脫之菩薩不如密宗之凡夫上師，何有斯理？

蔣貢康楚復云：《…老師是就一般教導我們者而言，而上師則不僅教導我們做什麼、如何做，並且藉著他的教法、他的一舉一動，透過不同方式使我們獲得啓示，進而啓開了悟我們的自心本性；也就是說，上師有能力轉化弟子，令其開悟解脫。》（摘自衆生出版社《無死之歌》頁二〇七）

然而密宗之上師，從藏密往上推溯至天竺之寂天乃至月稱二人，皆未能知解脫道，何況能知佛菩提道？此謂月稱、帝洛巴以下，寂天、阿底峽、蓮花生…一脈相傳分為四大派而至於今，未見有一祖師曾斷我見，皆認取一念不生之意識覺知心為佛地真如故，皆墮常見外道見中故。如是諸人不斷我見，尚未能證聲聞初果，何況能令人開悟佛菩提而通般若？何況能令人證得解脫果？皆是大妄語人也。

佛法唯有二主要道：解脫道與佛菩提道，此外無別佛法。今者現見藏密四大派及天竺密宗祖師之開示及所著密續，未見有人能曉解脫道——迄未見有古今大德能斷「意識覺知心常」之我見故；亦未見有人能曉佛菩提道——皆認覺知心為佛地真如故；如是，佛法二甘露門皆無所知，皆是外於佛法而說佛法，云何妄稱未見道之密宗上師如佛？云何妄稱未得見道功德之密宗上師，優於已證解脫道及佛菩提道之顯宗菩薩？顛倒太甚也。

於今既知爾等未得見道，無妨於爾諸法王活佛等生慈憫心，便舉百丈指官公案，以助爾等法王活佛見道：

有僧來問：「如何是佛佛之道皆平等無差別？」百丈惟政禪師答道：「必定是那樣的。」爾等密宗法王活佛無妨審思：那僧既問佛佛道齊之理，百丈禪師云何不答他所問？云何但道「定也」？如是答非所問，是有答彼僧處？是無答彼僧處？若有，有在什麼處？若無，因什麼道理說無？若能真實斷得，於佛法中便有出身處；此時雖不能如佛，已能如諸菩薩授人以解脫道，令人證得解脫。非如密宗上師之不證解脫、妄想解脫，而狂言證量如佛，狂言能令人證得解脫。

爾等密宗法王活佛仁波切等，若於前來所舉猶不能會，平實再為爾等重舉入處以供參詳：百丈惟政禪師後時因入京故，路途中逢遇一官人；彼官人（應係陳操尚書。詳見《宗門道眼》第二二六則）命座請百丈禪師吃飯。飯席之間忽見有驢鳴叫，彼官人藉機召喚云：「頭陀！」百丈禪師未料彼官人是個會禪者，乃舉頭欲聞官人言事，不料官人卻指驢。百丈甫見，便知官人之意，卻伸手指官人。冥顯皆符，彼官人便未再有機鋒，正好共吃無生飯。後來法眼禪師聞道此公案，便另外開出一條生路云：「當時若在現場，只要作驢鳴就好了。」

爾等密宗一切善知識，一切自命如佛之上師們！汝等且自端詳：驢鳴與官人召喚百丈，是同是別？百丈舉頭與官人指驢是一是異？官人指驢與百丈指官人，意在何處？百丈指官人與法眼作驢鳴，絃外之音如何舉唱？爾等若能參得，如是四問只是一問，一時會取諸佛宗門密旨，便得漸漸通達三乘佛法密意，平實道汝已得上上機。若不如是，盡是大乘道中未見道凡夫，豈唯不解般若？亦乃不曉解脱道也，不如歸去印北閉關參究好。　頌曰：

佛佛道齊本如是，古仙人道莫問伊；
路逢道人即有緣，何妨共飯將茶揖。
忽見驢鳴將伊喚，會者咸言上上機；
官人指驢師指官，春風蹄疾現牛跡。
且道：法眼驢鳴是什麼機？

第三七一則　東山氣急

洪州東山慧和尚　師遊山見一巖，僧問：「此巖有主也無？」師云：「有。」僧云：「是什麼人？」師云：「三家村裡覓什麼？」其僧後入室問：「如何是巖中主？」師云：「還氣急麼？」

有小師行腳迴，師問：「汝離吾在外多少時耶？」小師云：「十年。」師云：「不用指東指西，直道將來。」小師云：「對和尚不敢謾語。」師喝云：「遮打野漢！」（註：東山慧和尚，詳見第一輯第四十四則拈提。原拈爲百丈惟政禪師，應予更正。俟再版時重拈出版，免費更換新書，謹先致歉。）

蔣貢康楚云：《…心是就「智慧」、「覺性」方面而論的。在佛教「心」的同義字是「神識」，它不是物質，沒有實體，也沒有表相，但它有很大的「能量」。心的本質是明性與空性，它沒有一個你可指出的實體，它是無始亦無終，不生亦不滅的。當心寓於身時，它們之間有種互動的關係。當心的念頭生起，跟著演化或說話時，身體即以行動配合之。只要身與心之間有這種關係存在，就叫做「生活」—心有所想，身體即有動作。但死亡時，心並沒有死，它與身體分開，並進入另一個階段，所謂的「中陰」，因是介於死亡與來生之間故名之。在中陰時，心識浮沉不定，再出世時，同樣的心，只是換了另一個色身。》（摘自衆

生出版社《無死之歌》頁二一八）

平實云：蔣貢所云「智慧、覺性」的心，名為衆生心，乃是一切有情衆生皆能知悉的心；此心具有見聞覺知性，故名神識，在佛教中說之為「識陰」，由眼識耳識……意識以及意根末那識所組成。如是衆生所知之心無形無色，是故密宗古今法王誤解為佛所說之空性；如是衆生所知之心，具有分別六塵之性，是故密宗中人說此心具有明性。然而見聞知覺性之心絕非無始無終，不生不滅，此心於入胎後，五色根粗具基本功能時，方能現起（意根除外），始有見聞覺知，故說此心有始──始於母胎中五色根粗具時。此心雖於眠熟後斷滅，而能於次晨復起，實由意根法塵為緣，及由第八識為因，方能次晨復現，而起見聞覺知性，故此心非是無終之心，不遍一切時常住不滅故。此心於死亡時斷滅，藉第八識所變中陰身微細之色根及意根法塵為緣，以第八識所蘊六識種子為因，方能復於中陰身內現起而有見聞知覺性，故說此心非不滅之心。此心於入胎後即告永斷不現，來世色身於母胎中粗具五色根後所現之見聞覺知心性，則是另一全新之六轉識──見聞覺知性；由於來世之見聞知覺心性，非是由此世轉生至彼，是故來世見聞知覺心不能憶起此世一切業行，唯除修得或報得宿命通者；現見一切有情之無宿命通者皆有見聞知覺性，而皆不能了知往世事業，故知如是見聞知覺性非是不滅法，故知世世之見聞知覺心非是同一心，故知見聞知覺心不能往生至後世，故知蔣貢所言大謬，同於常見外道。

復次，見聞知覺性之心，有時起念說話，有時住於一念不生之境而不起語言；然佛所說心，名為「不念心、無住心、非心心、無心相心」，自無始劫來一向無念，一向離語言道，一向不起見聞覺知之心行；故說心離語言，一向不見不聞不覺不知，乃至不思量六塵一切法，故說「言思路絕、心行處滅」；非如密宗古今法王所說之心具有明性──能起念、能說話、能思量諸法、有見聞覺知等心行。佛所說之實相心，一向遠離眾生心相，非因修學禪定而離語言及思量性，迥異眾生心，故名「非心心」；由一向遠離眾生之見聞知覺心相，故名「無心相心」。如是「言思路絕、心行處滅」之體性，乃自無始劫來本已如是，一向與眾生心並存，非由眾生心修定之一念不生而轉易變成，故說人間一切正常眾生皆有八識，非如蔣貢等密宗上師所知之唯有六識也。

密宗古今上師墮於常見見者，皆因咎在不曉佛所說心，今者平實諸多著作中，已經處處宣說佛所開示之真實心體性，爾等密宗上師亦可檢閱三乘諸經加以核對；核對無誤後，莫再向汝密宗信眾妄說真心有明性，莫再妄說真心能起念，莫再妄說真心有見聞覺知；當速寢息一切弘法活動，閉關參禪覓心。平實且舉東山巖主公案，助爾等密宗上師發機：

洪州東山慧和尚一日遊山，見一山巖，有僧問云：「此巖有主人沒有？」東山和尚云：「有。」東山和尚這一著子，明暗雙雙，句裡藏機，無奈彼僧機淺，不會東山意，更問東山：「是什麼人？」原來猶問巖中主人。東山便責彼僧曰：「三家村裡覓什麼主人？」平實若是彼僧，便向東山云：「三家村裡一切老少俱是巖中主。」無奈彼僧不會，隨侍回寺，入方丈室再問東山：「如何是巖中主？」此時方才稍領東山意。東山卻向傍裡答他：「遊山回來還氣急麼？」

只如僧問巖主，東山言有，有在什麼處？云何平實道他明暗雙雙，句裡藏機？究竟有何機？

次如東山責彼僧云：「三家村裡覓什麼主人？」如是句中，是有為人處？是無為人處？

那僧不會，隨侍東山回寺，一路歸來早已錯過千萬機鋒，又入方丈室中再問巖中主，東山一時慈憫，卻答伊：「還氣急麼？」郎當不少。平實即不然，當時見問，便好取拄杖，亂棒打出門去！

東山座下有某年輕法師出外行腳迴轉東山，東山問云：「你離我出外行腳有多久了？」彼年輕法師答云：「有十年了。」東山便云：「你不必指東指西，將你在外參訪所得，直接說與我聞。」這法師云：「面對和尚您，我不敢說欺謾的話。」東山聞語，大喝云：「你這打野食的漢子！」

古時如是，今時亦如是，率多「近廟欺神」之徒，放著眼前真悟之東山和尚，不思請益，卻向外間錯悟名師貪緣，十年虛度，未有入處；如今臺灣學人亦多如是，崇仰各國遠來之錯悟上師，爭相攀緣，放著眼前真悟之土城廣老，視如敝屣，不肯虛心請益；近年更崇拜遠來之密宗常見斷見法王上師活佛喇嘛仁波切，爭相攀緣，同入邪道。無智若此，誠可憐憫。

如今平實舉示諸方邪見，以與佛法正見比對，令眾週知，諸方學人當就禪師悟處而作探究、細心參詳，庶有悟處。然而自古至今，真正佛法難聞難證；乃至以證悟為豪之禪宗祖師尚且如是慨嘆：「句裡明機則易，宗中辨的則難。」如今東山慧和尚之公案中，何處是句中機？如何是宗中的？爾等密宗法王活佛既道「全然開悟」，誇言「果地修證」，還有會處麼？試道看！若會不得，來覓平實時，不由分說，先喫在下一頓痛棒；居時氣急，莫怨平實，且自比「黃蓋」好。既是黃蓋，挨周瑜一頓打，打已便可返回印度去；待汝返身欲回時，平實卻向爾身後放一句語：「還氣急麼？」

頌曰：

東山巖主有也無？問答同時神難鑴；

東山禪師謾道有，啐啄同時早占先。

三家村裡覓巖主，丈室重問不求僊；

一心求覓本來人，東山氣急是針砭。

只如爾等密宗法王熙熙攘攘遠來寶島，還氣急麼？

第三七二則　東山累我

洪州東山慧和尚　大于和尚與南用到茶堂，見一僧近前不審，用云：「我既不納汝，汝亦不見我，不審阿誰？」僧無語，師云：「不得平白地恁麼問伊。」用云：「大于亦無語。」師乃把其僧云：「是爾恁麼累我。」亦然打一摑。用便笑曰：「朗月與青天。」侍者到看，師問云：「金剛正定一切皆然，秋去冬來且作麼生？」侍者云：「不妨和尚借問。」師云：「即今即得，去後作麼生？」侍者云：「誰敢問著某甲？」師云：「大于還得麼？」侍者云：「猶要別人點檢在。」師云：「輔弼宗師，不廢光彩。」侍者禮拜。

有學員問：「本尊都是上師心的化現嗎？」

蔣貢康楚答云：《是的，那洛巴為馬爾巴灌喜金剛的頂時，喜金剛在馬爾巴面前示現。那洛巴問他：「你對誰最恭敬？」馬爾巴想了一下：「我一向都是以上師為重的，但本尊例外。」他向本尊頂禮，但馬上便發現自己錯了，因為本尊是由上師的心化現出來的。當馬爾巴了悟了這點時，喜金剛便融入了那洛巴。》（衆生出版社《無死之歌》頁一九八）

平實云：其實密宗所說種種神怪境界，大多以訛傳訛，穿鑿附會而來；猶如今時傳聞元音老人之死後神異無二。假饒傳聞附會之事屬實，仍與佛法修證無關。喜金剛之化現亦復如是，一切鬼神皆能如是化現故；更何況密宗所傳喜金剛修法，乃是欲界有漏有為法，完全無關佛法，不應取材也。

蔣貢康楚又云：**《你們大概都知道，觀想本尊是藏傳佛教的法門。本尊和自心有關，在觀想時，不要誤以爲是和心以外的本尊有關，觀想只是幫助心向內轉的方法。》**（同書頁二二三）

平實云：馬爾巴所見喜金剛本尊既是那洛巴所化現，則那洛巴即是喜金剛本尊；現見那洛巴之「修證」墮於意識心，未斷意識我見，認意識之一念不生即是佛地真如故。依此則知那洛巴喜金剛仍未明心，未明心之人或本尊，俱不能令人證得大乘見道，何況能令人即身成佛？顯見密宗祖師修喜金剛法門而即身成佛者，俱屬虛妄。今者蔣貢康楚又言本尊是自心化現，則與前文所說相違，非是真正見道之人也。

密宗是個索隱行怪之宗教，喜歡搜索世人所未曾聞之奇怪修法，置於佛教中，作為佛法中更高之修證法門，而不肯、亦不能探究其法是否為佛法之正修；乃至將印度教性力派之男女雙身修法，引入佛教中，冠以美名曰「無上瑜伽」，高推為能令人即生成佛之妙法，謂為顯教之釋迦佛所未曾說者；又編纂《大日經》大日如來，由大日如來說此淫樂成佛之法，美其名曰雌雄等至、即身成佛之妙法，名為金剛法門，名為果地修證妙法。如是索隱行怪之宗教，而無智學人迷之信之，附和上師之言，自謂已成究竟佛道；以如是未入見道位之凡夫身，而輕鄙顯宗已得證悟之人修證淺薄，貶抑為因地修行，乃以凡夫身而凌蔑顯宗證悟之賢聖，可笑至極。而彼密宗種種法門之修證，其實皆與佛法無關，純是外道法；若人欲入佛法、得真證解者，當速求覓真實自心；若能親證自己第八識如來藏，則三乘佛法皆可漸漸通達，無復隔礙，方名實義菩薩，永離凡夫位。爾等密宗一切法王活佛仁波切⋯等，皆應受平實語，速求禪宗之證悟—親證自心如來藏。於此便舉東山累我公案，共爾諸法王等共話無生：

一日，東山和尚在茶堂用茶，大于和尚與南用禪師亦到茶堂用茶，見一僧近前道「不審」（註），南用禪師向僧云：「我既不含受汝，汝亦看不見我，汝究竟不審誰人？」彼僧無語可答；東山和尚卻向南用云：「不可如此平白無故地這麼問他。」此謂一般人多缺相似般若慧，若不先施機鋒，而後如是言語提示者，悉不能入，是故東山如是道。南用云：「大于也沒有言語。」謂大于於南用之語亦無異議；卻不知大于錯悟，猶未能知其中蹊蹺，仍當他大于是個悟者也。東山乃一把捉住彼僧云：「是你這麼帶累我。」又打彼僧一摑。南用見狀，便笑道：「正像朗月與青天那麼分明哩。」無奈彼僧與大于皆是眼見如盲之輩，不解東山與南用之意。東山見此，已知大于尚在門外，且置不語。（註：禪宗學人未悟之前，凡見已悟之人，皆道不審，謂自己於眞如尚無所知，未曾親證之意。）

侍者聞聲到看，東山藉機向侍者問：「金剛正定是一切證悟之人都無差別的，都是這樣的；只是秋去冬來、臘月三十到來（捨壽）時，且要怎麼樣才好呢？」正是項莊舞劍，意在沛公—大于。侍者是個家裡人，聞言已知東山之意，便答道：「不妨讓和尚您垂問弟子。」東山便問：「即今眼前就算還在，捨壽離去後又是怎麼回事呢？」正是指桑罵槐，提示大于：即今眼前清清楚楚明明白白，死後卻同眠熟一般不在，到那時要怎麼辨呢？唯有遍一切皆不曾斷的第八識如來藏，方是究竟歸依處也，以此提示大于：莫認意識覺知心為真實心。侍者是東山肚裡迴蟲，早知他言外之意，故意轉個話鋒：「誰敢來問著我？」東山隨語道：「大于來問你，還可以麼？」侍者乃云：「大于仍然須要別人檢點他哩，如何能問我？」東山乃云：「你輔弼宗師，卻仍不曾隱蔽了自己的光彩。」侍者乃禮拜。

只如南用道：「我既不納汝，汝亦不見我。」，今時諸方密宗法王等一切人若欲悟得般若者，悉當於此用心。自心真如不攝取一切外相起諸分別，云何納受他人身相？自心真如自無始劫來從不領納他人身相美醜等，彼僧之自心真如亦復如是離見聞覺知，不曾剎那起見相，故亦不見南用。此是學禪者必須先行建立之知見，若不具備如是知見，而信受聖嚴、惟覺二師知見，認取意識覺知心之一念不生境界為真如者，豈唯不能證悟自心真如起般若慧，尚且不斷我見，不入聲聞初果；覺知心乃至細如非非想定之心，仍是意識也，意識即是常見外道之「常不壞我」，認意識為真者即是我見，我見則是聲聞初果見道時之所應斷者。今者密宗四大派古今一切法王活佛皆如聖嚴惟覺二師之墮我見深坑，牢不可出，皆坐不了真如體性所致；而真如體性，諸經處處宣說，云何讀之不解？自墮我見深坑、復「廣度」有緣人同墮我見深坑，誠可憐憫。

乃至有諸愚痴信衆，余以悲憫故，破斥聖嚴法師等人不應廣掘我見深坑，陷諸信衆，而彼坑內愚痴信衆乃竟不識善惡，對余百般辱罵；如是愚痴，無人能及，令人悲憫，真是恩將仇報之無智人也。

次如東山把住彼僧云：「是汝恁麼累我。」且道：東山意在何處？什麼處是帶累東山之處？若人於此著得一隻眼，便成獅子兒，數年之後，即可出世作獅子吼也。東山隨後又打彼僧一摑，正是朗月與青天，分明無比，一切悟者皆見，惟有大于與彼僧不知不見。

大于錯悟，濫芋充數，廁身禪林；雖然誤導衆生之數非衆，東山亦不能容他，誤導衆生之業極重故，成就大妄語業故。是故侍者來看時，東山便有一番作略，欲點醒大于禪師也。

今時多有被名師誤導之人，隨於名師陷墮我見深坑而不自知；余責名師，令破我見深坑，彼諸被誤導之信衆自應亦投身破壞名師所掘我見深坑。然彼名師信衆由因名師情結所繫縛故，反於我起瞋，於網際網路百般無根誹謗於我，情願陪同名師常住我見深坑中。無智若此，夫復何言。

網際網路中，固有正義之言，實多無根誹謗、顛倒是非之人。彼等以為所造誹謗正法、誹謗賢聖惡業，無人能知；卻不知早被鬼神及護法神瞧去，亦已一一記錄於自己八識田中；逮至捨壽前半秒之內，所造善惡業皆於眼前如幻燈片一一刷過，彼時意識極為明利，一一了知每一影像之為何種業；如是半秒內盡知一生所造衆業，隨之確定來世正報及依報，便入正死位，依其善惡業受報去也。此乃余所親證親見之事，彼等諸人不知此事果報不爽，妄認無人能知，不必受報，真愚痴人也。

東山亦復如是，欲救大于和尚，乃有侍者之應答及檢點大于之語，一切學人莫謂侍者及其師東山為狂傲之人，此非狂傲之人所能為故，皆因悲心方能不畏得罪他人故。如今爾等密宗一切法王活佛……等人，還能會得東山之意旨麼？　頌曰：

我不見汝爾亦然，平白問伊累東山，
把臂再問猶懵懂，復加一摑仍不堪。
明中有暗難舉似，牽累大于為哪般？
涅槃後有曾未解，侍者檢點密旨頒。
爾等密宗法王活佛仁波切等人欲會佛法大意麼？
速斷我見探東山：把臂累我是何端？

第三七三則　弘辯覺照＊

京兆大薦福寺弘辯禪師　唐宣宗問：「禪宗何有南北之名？」師對曰：「禪門本無南北。昔如來以正法眼付大迦葉，展轉相傳至二十八祖菩提達摩，來遊此方爲初祖。暨第五祖弘忍大師在東山開法，時有二弟子，一名慧能，受衣法，居嶺南爲六祖；一名神秀，在北揚化。其後神秀門人普寂立本師爲第六祖而自稱七祖。其所得法雖一，而開導發悟有頓漸之異，故曰南頓北漸，非禪宗本有南北之號也。」…帝曰：「何爲佛心？」師對曰：「佛者西天之語，唐言覺，謂人**有智慧覺照爲佛心**，心者佛之別名，有百千異號，體唯其一；本無形狀，非青黃赤白男女等相，在天非天，在人非人，而現天現人能男能女，非始非終無生無滅，故號靈覺之性。如陛下日應萬機，即是陛下佛心；假使千佛共傳，而不念別有所得也。」

平實云：據衆生出版社《無死之歌》第二六八頁所載，謂第一世蔣貢康楚：「五歲啟蒙，過目即可通達，與蓮師合一之心自然生起，…」如是邪見存在密宗種種密續中，皆謂自心可與蓮花生之心合併為一，以此攀緣蓮花生之大名聲，令自己身價提升。然而三乘諸經皆說有情之心不可分割合併，永無增減，各各「唯我獨尊」，而諸密宗古今法王活佛竟皆不曉此義，竟謂自心能與蓮師之心合一。

同書第二七九頁及《修心七要》頁三六又載：「康楚（第一世）在圓寂前預言，他將以身、口、意、功德、事業等五種化身轉世，而意的化身將登坐主床於八蚌寺。」然而一切凡夫乃至阿羅漢之身、口、意、功德、事業，皆依自心真如而有，離此心則皆毀壞，無一不是緣起之法，何能以色段之身口而化現為來世之二人？功德與事業則更依於自心所生之身口與七轉識而有，展轉所生之法，何能化現為來世之三人？何以故？謂此世之身、口、功德、事業，乃至此世之意（末那），俱皆不能持此世身，何況能持來世之五身？第一世蔣貢康楚尚不能知此正理，違背種智般若，作如是妄語，以邀令名，而密宗學人無智迷信，竟信之不疑，崇拜不已；如今陳履安居士竟亦不能洞悉其謬，印成《無死之歌》一書，廣為崇揚，真無智人也。

《無死之歌》封底文字又介紹云：「第三世蔣貢康楚仁波切，一九九二年以三十九歲的英年，於不思議之大手印解脫境界中幻化涅槃，至圓滿利生度衆的事業後，將他的法身融入了法界。」然而蔣貢康楚死於車禍之後，絕無可能入於涅槃，絕不能證解脫，何況「將他的法身融入法界」？

此謂蔣貢康楚未斷意識我見，執取一念不生之覺知心為佛地真如，墮於意識之中。意識乃是緣起緣滅之生滅法，即是常見外道所主張之「常不壞心」，即是衆生我。佛說現觀此心緣起性空、非不壞心者，則斷我見，成聲聞初果人；蔣貢康楚仍執無念覺知心為真如，未斷我見，尚非聲聞初果，何能取證四果解脫而入涅槃？無斯理也！

復次，「將他的法身融入法界」一語有大病焉！法身謂第八識，蔣貢康楚既未證得第八識，尚且不知自己之第八識法身何在，何有能力將法身融入法界？而眾生出版社如是推崇之！真是「眾生」之出版社也，非是佛法之出版社也。三者，法界有三、有十、有十八，除此以外，別無法界；三法界者，謂欲界、色界、無色界；十法界者，謂四聖六凡法界；十八法界者，謂六根六塵六識。

蔣貢康楚「將他的法身融入了法界」，究係融入哪一法界？若謂融入三界法界者，此語不當；謂蔣貢康楚於三乘菩提中，俱皆未曾見道，本來必定輪迴三界生死、不出三界，不須起意「融入」三界之法界。若謂融入十法界者，則蔣貢康楚是凡夫之中，本來不離六凡法界，死後仍將輪迴於六凡法界；本在六凡法界中，不須更行融入。蔣貢康楚由未見道故，於四聖法界絕緣，永不能入四聖法界之中，何能融入四聖法界？至於十八法界者，蔣貢康楚既無四禪八定證量，尚無初禪定境之修證，則不能往生初禪天，則仍必定受生於欲界，則於受生後本已足十八法界，本在十八法界中，不須別起作意而融入之。縱使彼起作意融入，亦為無義，本來不離法界故。定性聲聞之阿羅漢，絕不於捨壽後起意融入法界，何以故？謂諸不迴心阿羅漢皆知無餘涅槃離一切法界故；是故阿羅漢捨壽時，滅卻十八法界，乃至十八法界中最微細之意根末那識亦滅盡；不復受三界身，故離四聖六凡法界，唯餘第八識法身無形無色、離見聞覺知、離一切思量，不入一切法界中，名為無餘涅槃。是故無餘涅槃離一切法界，不入一切法界中，名為已出三界──出一切法界。今者衆生出版社推崇蔣貢康楚證得解脱，死後入涅槃；入涅槃者則是離一切法界，云何謂彼融入法界？豈非顛倒？

密宗上師及諸學人不知此理，發明種種名相，以虛妄想而作不實之推崇，高推密宗於各宗派之上，貶抑各宗之如實修證，心態極為可議也。凡此皆因不知不證三乘菩提之一，故有如是荒謬言語而籠罩衆生；衆生出版社編輯諸公不解佛法，人云亦云，作此荒謬之推崇，難免識者之議論也。

如是，一切學人若欲遠離邪見謬論，當速求證實相般若──不離法界而證本來自在之實相心。實相心即是大小品般若經所說之「菩薩心、不念心、無住心、無心相心、非心心」，即是三轉法輪諸唯識經所說之「第八識、阿賴耶、如來藏、心、阿陀那、異熟識、無垢識、真如、所知依、菴摩羅……」，即是《阿含經》所説之「本際、實際、如、真如、如來藏、我、阿賴耶、有分識、窮生死蘊。」世尊隱顯説如是心，證此心者即得通達第一義諦，生般若智，從此永離密宗一切邪見，入四聖法界中。

善財童子入法界品所説者，乃是即六凡法界而證四聖法界，即是以六凡法界中之五蘊十八界法，而入四聖法界——親證解脱果與佛菩提果也。而其法身依舊未融入法界，何以故？謂善財童子之法身（第八識）生其六凡法界及四聖法界故。四聖六凡法界俱由法身所生，云何可謂法身融入法界？若真能融入法界，則法身必隨法界成緣起緣滅之法也，則成生滅變異之法，則不應名之為法身也。

如是密宗上師邪謬知見，皆因未悟菩提所致；而未悟錯悟之人，普天匝地，非唯今時，古已如是。例如唐朝京城大薦福寺之弘辯禪師，妄謂禪有頓漸，謂北宗神秀已得五祖弘忍之旨，名為漸悟之法。然實神秀大師終其一生未曾證悟明心，一向皆以覺知心處於一念不生之狀，名之為真如，墮於意識我見之中，未斷我見也。

弘辯禪師由錯悟故，認同神秀之説，乃主張北宗漸法亦是禪宗之法，實不解禪也。復更誤導唐宣宗，令其認定「能了別境界、能覺照境界之心即佛心」，又謂唐宣宗日理萬機之覺知心即是其佛心，更狂言千佛所傳皆是此心。《傳燈錄》之編者不具慧眼，收錄許多錯悟祖師之事跡與言語，違教悖理，難免其過也。　頌曰：

禪分頓漸本笑譚，叢林處處現狐蹤；
北宗七祖本自封，弘辯將之誤宣宗。
四派相傳皆意識，錯認真如是密宗，
諸方法王暨活佛，當速參禪覓心蹤。

只如覓心一句作麼生道？附耳過來！平實說與汝：

色聲香味汝莫曉，絕衆覓心户須扃ㄐㄩㄥ！

第三七四則　龜山白衣*

福州龜山智真禪師　俗姓柳氏，揚州人，受業於本州華林寺。唐元和年間於潤州丹徒天香寺受戒。不習經論，唯慕禪那；初謁惲禪師，惲問曰：「何所而至？」眞曰：「至無所至，來無所來。」惲雖默然，眞亦自悟。尋抵婺州五洩山會正原禪伯。長慶二年同遊建陽，受邵人葉玢請居東禪。至開成元年往溫州，長谿邑人陳亮、黃瑜，請於龜山開創；一日示衆曰：「動容眴目，無出當人；一念淨心，本來是佛。」乃說偈曰：

心本絕塵何用洗？身中無病豈求醫？
欲知是佛非身處，明鑑高懸未照時。

後值武宗澄汰，有偈二首示衆曰：

明月分形處處新，白衣寧墜解空人？
誰言在俗妨修道？金粟曾爲長者身。

第二偈曰：

忍仙林下坐禪時，曾被歌王割截肢，
況我聖朝無此事，只今休道亦何悲？

暨宣宗中興，乃不復披緇。咸通六年終於本山，壽八十四，臘六十。敕謚歸寂禪師，塔曰祕眞。

平實云：龜山智真禪師，雖曾面謁章敬懷惲（暉）禪師，然實未悟，章敬禪師亦唯默然，未予印證。逮至章敬懷惲於元和十二年入滅，唐朝改元後之長慶二年，受請居於建陽之東禪；最後轉至福州龜山創院，即以悟者自居，自承受法於章敬懷惲禪師，乃以覺知心處於不緣染法之清淨境中而為實相心，自認為覺知心一念不生時即是佛所說之佛心。

如是之人，古今皆有；往往攀緣大名聲之前輩，未獲印證，卻俟前輩名師死後，自道已獲印證，出而弘法度人。然此輩人所說之禪，悉墮意識層次，異於其所攀緣之大師前輩。龜山智真禪師即是此類人也，今時海峽兩岸亦復不乏其人，古今同調，令人慨嘆！

然龜山智真逢遇唐武宗沙汰，被迫還俗，所寫二偈之一，卻有值得今時學人省思之處：

明月分形處處新，白衣寧墜解空人？
誰言在俗妨修道？金粟曾為長者身。

多年以來，每有學人輕余，只為余現居士身故；以輕余故，便作謗余之口業，名為可憐憫者。然而解空證空之人，豈限比丘二衆？自古至今，從來不限在家二衆得證解脫果與佛菩提。如優婆塞阿支羅迦葉，以聞世尊為說解脫道故，成阿羅漢，然終其一生為優婆塞；愍彼諸人故，摘錄《雜阿含經卷十三第三〇二經》為證：

《如是我聞：一時佛住王舍城耆闍崛山……時有阿支羅迦葉，爲營小事，出王舍城，向耆闍崛山。遙見世尊，見已詣佛所，……佛告迦葉：「…若不因自他、無因而生苦者，我亦不說；離此諸邊，說其中道。如來說法：此有故彼有，此起故彼起；謂緣無明行，乃至純大苦聚集。無明滅則行滅，乃至純大苦聚滅。」佛說此經已，阿支羅迦葉遠塵離垢，得法眼淨。時阿支羅迦葉見法得法，知法、入法，度諸狐疑；不由他知，不因他度；於正法律，心得無畏，合掌白佛言：「世尊！**我今已度**。我從今日歸依佛、歸依法、歸依僧，盡壽作優婆塞，證知我。」阿支羅迦葉聞佛所說，歡喜隨喜，作禮而去。時阿支羅迦葉辭世尊去不久，爲護犢牸，牛所觸殺，於命終時諸根清淨，顏色鮮白。爾時世尊入城乞食，時有衆多比丘亦入王舍城乞食，聞有傳說：「阿支羅迦葉從世尊聞法，辭去不久，爲牛所觸殺；於命終時，諸根清淨，顏色鮮白。」諸比丘乞食已，還出，舉衣缽洗足，詣世尊所，稽首禮足，退坐一面，白佛言：「世尊！我今晨朝，眾多比丘入城乞食，聞阿支羅迦葉從世尊聞法律，辭去不久，為護犢，牛所觸殺，於命終時諸根清淨，顏色鮮白。世尊！彼生何趣？何處受生？彼何所得？」佛告諸比丘：「彼已見法、知法、次法、不受於法，已般涅槃。汝等當往供養其身。」爾時世尊為阿支羅迦葉授第一記。》故知在家聖弟子亦有證得阿羅漢者。

復有次經所載：玷牟留外道出家者，以聞佛說法故，成阿羅漢已，而仍不捨外道出家身分，「乃至世尊為玷牟留外道出家授第一記」。授第一記者，謂證實彼已得出世間生死之第一果也；一切解脫果，無出其上，故名第一。菩薩修行入地後，多現在家相者，即因於此。其故有二：

一者修解脫道者，不限出家，在家亦得；是故初地菩薩能取慧解脫果而不取證，唯斷煩惱障之現行而保留一分思惑，不於捨壽後取中般涅槃，如是生生世世於一切所知境中加行斷除煩惱障之種子隨眠；是故三地滿心菩薩能取俱解脫果而不取證，生生世世加行斷除煩惱障之種子隨眠；是故八地菩薩永不取無餘涅槃，生生世世任運斷除煩惱障之種子隨眠。若謂在家人不能成就解脫之無學果—阿羅漢，則不應有初地、三地、八地等在家菩薩之解脫果修證也。觀乎善財童子五十三參，其中二參為彌勒菩薩，實唯五十二參—表菩薩五十二階位之修行；而其中唯有五參之善知識是出家衆，餘皆示現在家相。然不可謂此諸在家菩薩皆非阿羅漢也。今見諸經皆有記載大乘無學菩薩現在家相者，且其人數遠多於出家菩薩，故不應言：「在家人不能成就阿羅漢果」，是故評斷一切佛子之修證時，當以其所述所著之見地為憑，不應依其有無出家之表相而作判斷。

二者，菩薩若證解脫果已，欲成佛道，當示在家身，莫示出家身。出家身易受信衆奉承供養，欲斷煩惱障現行，尚非易事，何況能斷煩惱障之種子隨眠（習氣）？若示在家身，則於居家及修道過程中，示如凡夫俗人，不為一般人所重，亦不受奉承供養，而反付出精神勞力資財，不唯利益衆生，亦傳授出家凡夫僧諸解脫道及佛菩提；如是勞神傷財，反為多數出家凡夫僧所輕賤；於如是種種逆境中，在家菩薩加行修除煩惱障之習氣則為容易。若示出家相者，憑其解脫知見與般若種智，必為一切出家在家佛子恭敬供養，則難除習氣。

如是之理，余已深知，故於已往二千三百年所穿僧伽梨，不復重披，而仍敬重之。今已著白衣二世，來世復將示白衣身，直至成佛方始重披僧伽梨。然於其中，若已無人願著僧衣，各各嫌棄僧衣，爾時則是余重披僧衣之時。未來世中，若有真善知識出而住持正法者，余則默之，隱遁自修；若如今時無真善知識出而弘法持法，余則仍將出而破邪顯正，而仍示在家之身；唯除彼時無人願著僧衣，方以出家身示現；終不以僧衣為緣而受敬重，願恒以法之修證為緣而受敬重，斯乃余願。

正法明如來，尚現觀世音菩薩在家相；金粟如來亦曾現維摩詰居士相於此世界；文殊菩薩乃是歡喜藏摩尼寶積如來，而現文殊居士身，而現寒山子居士身；乃至彌勒菩薩即將成佛，而現天人在家身。凡此皆於諸地菩薩有其啟發作用，非無因而如是也。

末法之世，往往有出家比丘廣受供養而積聚之，捨壽後遺產眾多，導致出家弟子喧擾爭奪，乃至喧騰於新聞媒體，令佛門蒙羞，此實出家人行在家法也。在家菩薩反之，不受供養，而以身力獲取資財，不事積聚，以之護持出家菩薩及弘正法，不於其中求名求利，此乃在家人行出家法。佛子苟能如是，則易漸漸修除煩惱障習氣，豈唯一世之中修斷現行而已？

至於藏密一切出家人皆行在家法，皆受供養積聚而授人以貪欲之雙身修法，自亦修之，名為出家人行在家法。黃教雖禁出家喇嘛與實體明妃合修，而改用觀想之法，以求淫樂遍身；觀想若不起樂觸者，則以手淫輔之，以求淫樂遍身觸知，美其名曰

「成就正遍知覺」，本質實是欲界在家之法。如是密宗邪知邪見邪修邪證，蓮花生、宗喀巴、密勒日巴…等人悉不能免，云何名為出家人？云何誇言菩薩戒清淨？無斯理也！

修學大乘菩提二主要道者，莫著於善知識之表相，當依其所修證及開示之法而判斷之，庶免偏頗，障自道業。乃至《華嚴經》中之大菩薩婆須蜜多，尚現淫女之相；彼若乘願示現於此娑婆臺灣，示現高級應召女郎（如女公關等）表相，佛子應否輕之？應否於網際網路中化名謾罵之？願我佛門學人，於出家在家菩薩，一體等觀，勿分彼此。亦願出家二衆，等觀在家菩薩，唇齒相依故，唇亡齒寒故。今以龜山智真禪師之白衣偈故，有此贅言，願大衆正眼端詳之。頌曰：

白衣黑衣本一家，唇齒相依互為緣；
在家豈障菩提道？護持僧寶不計嫌。
末法魔住僧伽藍，吃如來食壞佛轅；
具眼佛子當出世，誓將勝義大轟懸！

第三七五則　金州遭賊

金州操禪師　師一日請米和尚齋，不排坐位。米到，展坐具禮拜；師下禪床，米乃就師位而坐，師卻席地而坐。齋訖，米便去，侍者曰：「和尚受一切人欽仰，今日坐位被人奪卻。」師曰：「三日若來，即受救在。」米果三日後來云：「前日遭賊。」

（註：米和尚，詳見拙著公案拈提第一輯第五五則：襄州舉筆。）

僧問鏡清：「古人遭賊意如何？」清云：「只見錐頭利，不見鑿頭方。」

第一世蔣貢康楚羅卓他耶傳記中載曰：《康楚爲欽哲最重要的根本上師之一。康楚七十四歲時，欽哲向他說：「我總共有一百五十位上師，其中四位是最重要的，而這四位中僅剩您在世間，因此，我現在要向您稟告我的修證和境界，請您聽我訴說。」當康楚聽完欽哲的報告後說：「像您這樣的修證和功德，可說已如貝瑪拉密札和蓮師一樣，**達到究竟的佛果了**。」」》（摘自衆生出版社《修心七要》頁三三）

平實云：拙著《平實書箋》出版後，陳履安居士曾致電於吾，謂密宗祖師及今活佛仁波切等人皆極謙虛，證量極高；雖是大修行者，從來不曾認為已經成佛。並囑余參訪密宗在台弘法諸大修行者。

今者陳居士之衆生出版社《修心七要》書中，明文印出密宗祖師互封為究竟佛之記載，已令陳居士不能自圓其說也。密宗之欽哲與丘林，共同發起「利美運動」：承認其他教派和傳承具有同等價值而給予尊重；不貶人褒己，也不賤他尊我。然而密宗上師活佛們，卻不斷地貶顯褒密，不斷地賤顯尊密，不斷地自我高推，動輒推崇蓮花生、貝瑪拉密札、密勒日巴⋯等人為究竟佛；及至檢閱貝瑪拉密札所說之《大圓滿最勝心中心》開示，及蓮花生、密勒日巴之開示，則是認此一念不生，不執著諸法之意識心為佛地真如，尚且未斷聲聞初果所斷之我見，何況能知七住菩薩所證根本無分別智？尚居博地凡夫位，而互推已經「達到究竟的佛果了」，如是密宗古今大修行者，真乃大言不慚之人也。

同書第三七頁中又言：《康楚從語和意的弟子，人數之多無法想像。從前後藏到康，三地的學者、班智達、成就者，以至大、小聖士無不是其弟子，其中最主要者即爲欽哲。兩位蔣貢康楚（文殊怙主）欽哲和康楚的善妙名聲，在康藏各地，從淵博學者到純樸牧人，如風行草偃，無人不知，以至於今。》又說：《「康楚的佛行應驗了佛陀在《楞伽經》上的授記。」》

然觀一世二世康楚之「修證」，未斷我見，仍以一念不生之意識覺知心為佛地真如；意識則是常見外道之我見，佛已曾在四阿含初轉法輪中廣破；康楚以意識為佛地真如，推崇欽哲如是「證量」為達到究竟佛果，實則仍未知解聲聞乘之基本佛法，何況能知大乘佛法？乃竟以究竟佛自居。今復印於衆生出版社所印行之書中，可證陳履安居士誑言於余，非誠實人也。

如是，康楚自身既墮常見外道之我見中，則其「從語與意」之弟子，無一非是如此口耳相傳，俱成常見我見之人；如此所傳之弟子，云何可能成為「大、小聖士」？欽哲法系之傳承，亦不能自外於此也。如是常見外道之我見凡夫，云何可引《楞伽經》中地上菩薩之授記以為自身？豈無狂慢之嫌乎？

密宗祖師動輒宣稱某人為大乘經中之某菩薩乘願再來——如稱岡波巴為月光菩薩再來，稱蓮花生為彌陀示現，稱蔣揚欽哲為文殊化身⋯，然於般若證量上，則皆不願依大乘經典所說法義印證之，皆以密宗祖師所造密續而自印證，極為矛盾。大乘諸經所說空性心，皆是以第八識阿賴耶為憑；密宗之密續則皆以意識心為空性心；密宗諸古今上師既是大乘經中所載菩薩乘願再來度衆，則其所悟般若必定同於經中所說第八識；然今觀察密續及依口訣而歷代口耳相傳至今之一切密宗上師所悟者，則墮常見外道之我見中，可證彼諸密宗古今上師皆非菩薩乘願再來，皆是凡夫不知慚愧，自我高推，攀緣菩薩名相以自莊嚴，欲邀衆人之恭敬供養爾。如是不知慚愧之狂慢宗教，學人云何迷之信之？而陳履安居士竟無智慧簡別之？竟將如是常見外道之狂慢說法，印製成書以販衆生？如是助長魔業，將外道法入佛法中，破壞佛教極為嚴重，陳居士竟無智慧而不知為所應為？不可思議也！

然而佛菩提道修證匪易，欲證第八識心，須具善知識緣，今者平實權充爾等密宗法王活佛之善知識，為爾等舉示金州遭賊公案；至於開悟而證第八識心所應具之慧力及福德，則待爾等密宗法王活佛們各各自省：

金州操禪師，一日請米和尚赴齋受供，案列美食供養米和尚，卻不置座位。米和尚到來應齋，展開坐具禮拜金州禪師；金州禪師見他禮拜，便下禪床；米和尚乃上金州禪師禪床上坐，金州禪師卻於地上米和尚之座席上坐。齋罷，米和尚便自離去，侍者不解其中蹊蹺，向金州禪師曰：「和尚您受一切人欽佩敬仰，今日坐位卻被人奪了去。」金州禪師乃曰：「這米和尚於三日內若懂得回來，就能受救了。」米和尚果然三日後來向金州禪師說道：「我前日遭了賊。」

此故事傳至後代，有一僧舉以問鏡清道怤禪師：「古人遭賊之意旨究竟如何？」鏡清禪師答云：「他米和尚只見錐頭利，卻看不見鑿頭是方形的。」

如今天下密宗法王活佛仁波切，漫山遍野，其數甚多，個個自道「全然開悟、成究竟佛」，又道是密宗已經成佛之祖師轉世再來，可還有人知他米和尚遭賊之處麼？若真能知者，不妨是人天之師；若不知此，尚不能度人，何況能度天人？盡是博地凡夫之輩，云何貶顯崇密、揚己抑他？云何互道「全然開悟、即身成佛」？皆是大妄語人也。

只如米和尚赴齋，為什麼展坐具禮拜金州禪師？金州禪師端坐禪床受禮便得，何故卻下禪床？金州下禪床已，米和尚因何便上禪床？米和尚已上金州之禪床，金州云何不攆下他？卻望地上米和尚之坐具上坐？如是諸問，爾等密宗法王活佛仁波切等人若真知曉，許爾穩坐別教七住位，成位不退菩薩，得受一切未悟之人天供養；否則滴水難消，莫輕易受人信施，仍在凡夫位故。

米和尚自從襄州面見侍郎王敬初居士，得到入處之後，已然證知宗門般若密意，此回應供，已非昔日吳下阿蒙，故有諸般作略，一一皆合符節。然金州禪師出道已久，智慧深利，非米和尚所能知之；米和尚只知其一，不知其二，是故遭賊。後來省知遭賊，返身迴向金州認過，卻也不妨伶俐。只如米和尚遭賊在什麼處？爾等密宗法王活佛諸人還解得麼？頌曰：

光天杲日販私鹽，如若無人過城門；

金州鴻宴舞劍忙，平淡機鋒無等倫。
未見米師錐頭利，難曉金州方鑿痕。
鏡清閑舉鑿頭方，當天擎出阿誰稔？

第三七六則　黃檗無心

洪州黃檗山希運禪師　上堂曰：供養十方諸佛，不如供養一無心道人不可得。無心者無一切心也，如如之體，內外如木石不動不轉，內外如虛空不塞不礙；無能無所，無方所，無相貌，無得失。趣者不敢入此法，恐落空、無棲泊處，故望涯而退。文殊當理，普賢當行；理者眞空無礙之理，行者離相無盡之行；觀音當大慈，勢至當大智，維摩淨名也；淨者性也，名者相也，性相不異號爲淨名；諸大菩薩所表者，人皆有之，不離一心，悟之即是。今學道人不向自心中悟，乃於心外求，著相取境，皆與道背。恆河沙者，佛說是沙：「此沙，諸佛菩薩釋梵諸天步履而過，沙亦不喜；牛羊蟲蟻踐踏而行，沙亦不怒；珍寶馨香，沙亦不貪；糞溺臭穢，沙亦不惡。」此心即是無心之心，離一切相，眾生諸佛更無差殊；但能無心，便是究竟。學道人若不直下無心，累劫修行終不成道，被三乘功行拘繫，不得解脫。然證此心有遲疾，有聞法一念便得無心者，有至十信、十住、十行、十迴向乃得無心者，有至十地乃得無心者。長短得無心即住，更無可修，更無可證，實無所得，眞實不虛。一念而得與十地而得者，功用恰齊，更無深淺，只是歷劫枉受辛勤耳。

平實云：顯密諸宗求悟者甚多，及至自謂悟已，則皆墮於意識之中——認取覺知心為真如。復有一般瞎眼師，聞祖師說：「無心是道。」卻錯會為入無心定中即是成道，俱墮有無二邊也。

無心者謂無一切心：無喜心、無憎心、無善心、無惡心、無定心、無動心、無內心、無外心、無得心、無失心、無滅心、無生心；……如是無一切心者，方得名為無心之心也。如是心者，即是大中小品般若經所說之非心心、無心相心、不念心、無住心、菩薩心；無一切世間心，故名無心。覺知心則於六塵境中起種種心，名為三界有之心，故名有心，非是無心也。

覺知心絕非無心之心，如蓮花生大師，密勒日巴大師、月稱、寂天、岡波巴、宗喀巴、貝瑪拉密札、……乃至近代之貢噶上師，今時一切密宗法王活佛仁波切，常見外道義雲高及釋性圓、喜饒根登……等人，俱取意識覺知心為佛地真如，自謂已成究竟佛或地上菩薩，乃至由徒衆自封為巨聖等，皆是凡夫意識見解，絲毫不解般若宗門修證之真旨也。

覺知心於一念不生之境安住，即有定相，名為定心；出定已則緣六塵，名為動心。於定境中，忽遇外聲嘈雜，便起憎心；外聲寂已，心住定中輕安之境，則生喜心。若定中久住不散，便起善心；若受長時打擾，不能久住定中，不能受定境之樂，便起惡心。若入二禪以上等至位中，唯是內心；若在初禪以下定中，則觸五塵，緣外境界，名為外心。緣定境界而住之時，則有定境所得，名有得心；出定回復散亂心時，則失定境，名為失心。眠熟則斷而不現，名為有滅之心；次晨醒寤，又復生起覺知現行，名為有生之心。如是，意識覺知心有一切心，非無一切心。

無心之心者則非如是，於一切時皆是無心，於一切時皆無喜憎、無善惡、無定動、無內外、無得失、無生滅；自無始劫來一向如是無一切心，悟得如是無心之心者，方是證悟般若者。如是證悟無心之心者，不需人教，自能會通般若諸經佛旨，從此名為「無心道人」，而亦不妨其覺知心同有善惡、喜憎、定動、內外、得失也。

佛恐諸人不能悟得，又於《楞伽經》中以恒河沙而作譬喻；如是無心之心如恒河沙：「此心：諸佛菩薩釋梵諸天依此心修道，此心亦不喜；牛羊蟲蟻依此心長處無明，此心亦不怒；珍寶馨香在前，此心亦不貪；糞溺臭穢污身，此心亦不厭惡。」此心即是無心之心──無一切心也，衆生諸佛更無差殊，皆是此第八識心也；然非如黃檗禪師所說「但能無心便是究竟」也。此謂證得無心之境界者，其慧乃是根本無分別智，唯是般若之總相智爾，位在七住，尚不能知別相智，何況能知種智？

復次，十信乃至六住位以下，皆未證得無心之境，皆未觸證第八識心故，不可如黃檗禪師之謂十信六住亦能證得無心也。三者，七住位以上，必皆已證無心之心；若人未證第八識心，尚不能入第七住位，何況能入十行十迴向位？謂人若不得七住之般若總相智，則必不能知曉十行十迴向位之般若別相智故；不得別相智者，尚不能入初地得道種智，何況能知能解十地大法智雲？何以故？謂上地智須以下地智為基礎，方能證得故。譬如建屋，二樓須以一樓為基礎，不能憑空建成二樓；佛菩提道亦復如是，十行之般若別相智須以七住之般若總相智為基礎，十迴向之別相智須以十行之別相智為基礎，初地之般若道種智須以十迴向之別相智為基礎⋯乃至十地之大法智雲種智，須以九地之道種智為基礎，不可躐等而至；非如黃檗所說可以一悟即入十地者，此說有極多過失，暫置不述。

此謂七住以上皆是已證無心之心者，此世初證無心之心者，不能入十行十迴向乃至初地，唯除有大因緣—隨於大善知識修學種智。而七住以上皆是已證無心之心者，然其般若智慧淺深有別；縱使如諸三地以下菩薩未離隔陰之迷，此世悟時皆如初悟之一念而得，然悟後之進境，有人如逆水行舟寸寸而進，有人如順風揚帆日進千里，差異極大；此乃往世曾悟未悟有異，往世修證層次高低有別，唯因未離隔陰之迷，以致此世同是一念而得，而果位有別；不可如黃檗禪師之不觀往世修證差別，而謂一切人皆於此世一念而得時有種種高下差別也。至於三地滿心以上菩薩，皆離隔陰之迷，不於此世重悟，絕無一念而得之現象，生來已能延續前世之證慧故，必須世世次第上進故，云何可謂此世一念悟時便入四地乃至十地？無是理也。

而諸菩薩之地地有別，功德力用互有差異，非如黃檗所說「功用恰齊，更無深淺」也。是故「一悟即至佛地」之說，乃方便說，非真實語也。最後身菩薩之一念悟入而成佛道者，乃是示現；故意隱其等覺十地之神力，示現凡夫之狀，令衆生起信——信有世間之人可以修行成佛，生起見賢思齊之心。此是特例，除此而外，皆如上述之有差別。

黃檗希運禪師如是開示，不免狂禪之嫌，高抬禪宗；所以致此過失者，皆因悟後不閱三轉法輪諸經，不修唯識種智所致，一切學人莫仿效之，要當引以為鑒。

一切菩薩十方諸佛，一念證得無心者，皆非入定滅卻覺知而謂無心；乃是以覺知心而證得無心相之心，證前、證時、證後，皆不妨同時有二心並存——覺知心與無心相心；未證之前，無心之心本已存在，非因悟有；由未觸知故，名為未證；由已觸知故，名之為證，非於悟後方有也。只如諸方學人欲證無心者，當如何證？萬勿打坐滅卻覺知意識心，且向世務煩惱中覓：

恒沙不念聖凡，有心無心共偕；
諸佛菩薩凡夫，同此二心無別。
欲會如是正理，莫效淨水睡鱉；
何妨瓜田李下，摘李又復採瓞ㄉㄧㄝˊ。

第三七七則　長沙竿頭

湖南長沙景岑，號招賢大師　長沙招賢大師，初創鹿苑，爲第一世。師遣一僧去問同參會和尚：「和尚見南泉後如何？」會默然；僧云：「和尚未見南泉以前作麼生？」會云：「不可更別有也。」僧迴，舉似師，師示一偈曰：

百丈竿頭不動人，雖然得入未爲眞；
百丈竿頭須進步，十方世界是全身。

僧問：「只如百丈竿頭，如何進步？」師云：「朗州山，澧州水。」僧云：「請師道。」師云：「四海五湖皇化裡。」

衆生出版社《修心七要》第四一頁云：《第十九世金剛尖銳（敦珠法王之傳承），以尊貴種性，爲香巴拉國王子，手握政權。香巴拉國之握政權王子，傳說頗有多人，如（一）班禪，爲無量光佛化身；（二）康楚，遠爲毘盧遮那佛化身，近爲阿難尊者化身；與金剛尖銳爲三人，若以密意說之，則爲一人也。在不淨之衆生眼光觀之，猶如以繩貫珠，一個接著一個不能紊亂。而淨業菩薩則一可化三千，三千亦能合一，亦如千江有水，則千江皆可現月。故何地需要，則菩薩隨時皆可化現焉。》

平實云：密宗古今諸師，一向皆有自大攀緣之習氣，往往以凡夫之身而自命為諸佛菩薩化身而來，以邀無知學人之恭敬崇仰。徒衆更喜冊封其上師為佛菩薩之化現；先以傳說附會之，傳之既久，繼以文字書籍錄之，流傳後世；以異口同聲故，大衆便信以為真。後來更創造《大毘盧遮那成佛神變加持經（即大日如來經）》，以附會《華嚴經》中之毘盧遮那佛。然《華嚴經》中諸佛菩薩皆以第八識如來藏為真實心，《大日經》則以意識為真實心，又引進印度教男女合修淫樂法門為即身成佛法，編入《大日經》密宗之中；又謂觀想自身成佛已則是已成究竟佛……；如是《大日經》中種種邪謬，荒誕不經，而謂為佛之所說。

　　毘盧遮那佛乃法性如來，絕無可能以意識心為真如也；毘盧遮那佛云何可能化身為蔣貢康楚而傳常見外道法？阿難尊者入滅前，已證四果解脫，云何可能化身為蔣貢康楚而弘佛門必斷之意識我見法門？阿難尊者於佛世已入初地，早已證得第八識而發起道種智，《楞嚴經》中具載分明，云何可能化身為蔣貢康楚而傳常見外道法？無量光佛乃報身佛，成佛已經十劫，早於成佛前二大無量數劫之前即已證得第八識真如，云何成佛後反而化身為班禪而弘常見外道法？無是理也。今復攀緣敦珠法王與康楚為同一人，以抬高敦珠法王之身價，如是附會傳說，無絲毫可信之處，而衆生出版社將之輯錄於書中，廣為流傳，殊為無智。

密宗自西天之月稱、寂天、帝洛巴、蓮花生、阿底峽，乃至西藏之四大派歷代祖師遞傳至今者，皆是以一念不生之覺知心為佛地真如，密勒日巴、岡波巴、宗喀巴、惹瓊巴……乃至今時之達賴喇嘛等四大法王皆墮此中，不離意識我見，而自謂已斷我見，而攀緣諸佛菩薩名號，謂為諸佛菩薩化身示現，以自抬身價，皆是妄語誑惑眾生，心態可議。

一念不生之覺知心亦是意識，三轉法輪諸經中說此心與定相應，能制心一處，故名定心所法；此心不論如何修行，乃至極精進修入佛地後，仍是意識──成為上品妙觀察智之所依心，永遠不能變為佛地真如也。佛地真如之體，即是因地之第八識；由悟後修行，清淨第八識中之煩惱障現行與種子，及清淨第八識中之所知障（塵沙惑）隨眠而成，非由意識之一念不生而成就也。如是之理，密宗四大派古今諸師及天竺祖師悉不能知，口耳相傳至今者，仍皆以意識一念不生時作為佛地真如，未斷我見，不得四加行之頂法忍法，尚非六住滿心菩薩，何況能成別教七住菩薩？尚非七住菩薩，何況能成地上菩薩乃至諸佛之化身？無是理也！有智學人於此應當深辨其非，莫受密宗諸師狂語所籠罩。

密宗如是錯悟，自古以來即已存在於顯宗之內，無獨有偶；是故禪宗祖師自菩提達摩以來，歷代皆有人攘臂而出，摧邪顯正，以維繫了義法之命脈。長沙招賢大師亦復如是，乃至對於同門師兄弟亦不放過：

長沙招賢大師，聞有同參師兄弟出世弘法，人稱「會和尚」。長沙禪師惟恐會和尚所悟不真之傳言屬實，乃令座下一僧去問會和尚：「和尚見南泉後如何？」此問會和尚於南泉普願禪師座下究竟悟個什麼？要見真章。會和尚實以一念不生之覺知心為真心，乃默然以對；殊不知真悟禪師之默然，並非意在示現一念不生之覺知心，會和尚不知，亦復默然，遂成東施之效顰也。

僧復問云：「和尚未見南泉以前作麼生？」會和尚自謂已經示知彼僧，乃云：「不可更別有也。」彼僧聞已，乃迴長沙，舉似招賢大師。長沙招賢禪師聞已，乃示一偈曰：

百丈竿頭不動人，雖然得入未為真；
百丈竿頭須進步，十方世界是全身。

偈意乃謂修學禪法之人，已得一念不生之功夫時，猶如爬竿已至百丈之頂；如是一念不生、如如不動，而謂已入禪門者，雖然大衆皆認此人已入禪門，仍未是真實之證悟也。於百丈竿頭，猶須向上再進一步，若能進得這步，隨汝去到十方世界，何處不是汝法身之全身?由此偈故，禪門之證悟乃謂為向上一路。會和尚未悟得真，招來同門師兄弟之評論，未是冤枉。

彼僧聞長沙招賢恁麼道，自知未悟，乃虛心請益:「只如百丈竿頭，如何再進一步?」百丈竿頭，再要向上已無路，如何進此一步?此乃一切學人之疑也。長沙禪師聞彼僧如是問，便答道:「朗州之德山，澧州之澧水。」彼僧於朗州山及澧州水，皆不解遊，只得請求長沙禪師明講:「請師道。」長沙禪師便指示道:「四海五湖都在皇帝所化育之範圍裡面。」彼僧不會，自此沒了下文。

此向上一路，自世尊傳與迦葉菩薩以來，皆不明言;是故禪宗學人及各宗祖師多如猿猴於水中捉彼月影，空無所入。爾等密宗四大派一切法王活佛仁波切等人欲會麼?莫再執著藏獨活動，且伸誠意，向中國領取護照，至誠前往朗州德山一遊，且帶著疑情去!遊罷若猶未曉，何妨再向澧州僱船玩水去!一旦會得，不論爾到朗州山、澧州水，何處不是爾法身?從此不論是在娑婆，抑或極樂世界，乃至往生十方任何世界去，何處不是爾法身?

百丈竿頭再進一步，十方世界是爾全身，何不究取、進此一步?爾等如今極力崇密貶顯，處處崇己抑他，孜孜矻矻，有何所益?豈唯障礙自身熏修解脫道及佛菩提道，亦復引諸密宗學人同入歧途，自他俱害，非正途也；由是理故，勸爾諸大法王活佛：暫息一切「弘法」及政治活動，參禪覓心好！　頌曰：

一切法王既未見道，輪轉生死世世昏慵；

夤緣諸佛菩薩聖號，俱成妄語行如冬烘。

一念不生百丈竿頭，再進一步始是真空；

朗州德山澧州戲水，令大手印造極登峰。

印證經論雖唯七住，換骨易髓般若在胸；

方知種智微妙深廣，更赴蓬萊飲正覺盅。

只如長沙禪師道：「朗州山！澧州水」，意在何處？爾等密宗諸大法王活佛欲會麼？附耳過來，平實撫掌說與爾知：五湖四海俱在王化中。

第三七八則　長沙識神

湖南長沙景岑　號招賢大師　有官客來謁，師召曰：「尚書！」其人應諾，師曰：「不是尚書本命。」對曰：「不可離卻即今祇對，別有第二主人。」師曰：「喚尚書作至尊，得麼？」彼云：「恁麼，總不祇對時，莫是弟子主人否？」師曰：「非但祇對與不祇對時，無始劫來是個生死根本。」有偈曰：

學道之人不識眞，只爲從來認識神；
無始劫來生死本，痴人喚作本來人。

有秀才看佛名經，問曰：「百千諸佛但見其名，未審居何國土？還化物也無？」師曰：「黃鶴樓，崔顥題後，秀才還曾題未？」曰：「未曾。」師曰：「得閑題一篇何妨？」

衆生出版社《修心七要》第四四、四五頁云：《⋯我們生命最終的目標是要開悟成佛，其唯有藉著相對菩提心之修習與究竟菩提心的禪觀始能達成。前者是慈悲與愛心的培養生起，後者則是安住不動，當下直了心性的禪定。》

又云：《初學者雖無法真正了解究竟菩提心，但若認真修行，絕對可以體驗到相對菩提心。一旦相對菩提心生起，自然就可了悟究竟菩提心。》

平實云：密宗所謂相對菩提心，乃謂意識熏習所起之慈悲心，絕對菩提心則謂打坐至一念不生時之空明覺知心——不起妄念之意識。謂若有人修學禪定，坐至覺知心一念不生之境界，即是已經證得密宗之究竟菩提心；此覺知心既是究竟菩提心，即是佛地之真如，故若坐至一念不生時，即名為「即身成佛」——成究竟佛。密宗由因如是證得「佛地真如」故，便歧視顯宗為因地修證——只證得因地法身阿賴耶識；便高推自宗為果地修證——證得「佛地真如」，所以處處崇密抑顯、褒己貶他，所以各各自稱為「大法王、大活佛」。

然究其實，皆是未見道凡夫也；謂密宗如是修證所得，乃是欲界定，屬於禪定之修行，同於外道修定，與佛菩提道之般若慧無關，亦與聲聞解脱道之涅槃智無關。以如是無關佛法修證之外道禪定中最粗淺之欲界定修證，自封為究竟佛，卻來貶抑顯宗真實見道乃至修證種智而入地之菩薩修證為因地修證；以凡夫境界而自居於真見道之明心菩薩之上，自居於相見道之諸地菩薩之上，真可謂之為井蛙也。

如是錯悟之人，非唯今時，古已有之；真悟祖師門下，有時亦難免有一二錯悟之人；皆因禪師初出道時，或因勘人經驗不足，或因唯以機鋒勘驗而未教令入室口説手呈，致有此過。第三七七則所拈南泉普願大師座下之會和尚即是其例，亦如馬祖大師座下之魯祖寶雲禪師、大梅法常禪師，亦復如是。錯悟之人，古今同調，皆墮意識心中，唯多不似密宗之狂慢及崇己貶他爾。

唐時某尚書悟前亦如是，墮於意識心中，乃有長沙識神名偈流傳至今，多為禪門中人所稔。

一日，某尚書來拜謁長沙招賢大師，長沙禪師乃召喚曰：「尚書！」尚書應諾：長沙一聞，已知尚書仍墮意識心中，便云：「這個不是尚書你的本命。」

本命元辰，乃借用道家之語，在此即指自心真如也。尚書猶墮意識心中，不知不證自心真如；以參禪日久，而未能悟得覺知心以外之第八識，故以為除此覺知心外無別有心；亦因錯悟禪師之邪教導，認定意識一念不生時即是真如；便向長沙大師提出異議：「不可離卻目前祇對言語之心，而另外有第二個主人翁。」

殊不知意識覺知心，即是有情之「我」，卻不是「唯我獨尊」之至尊也；意識覺知心乃依因緣而生之法，緣生之法則必緣滅，緣生緣滅之法則是無常無我，無常無我之意識覺知心則非「唯我獨尊」之至尊也。長沙大師聞尚書堅持覺知心是真正之主人翁，乃反問云：「稱呼尚書你是至尊，可以嗎？」尚書聞言，即知大錯；謂衆生悉以「覺知心我」作為常不壞滅之心故，尚書略涉佛經，聞言即知此心是常見外道我。既然言下知非，便向長沙禪師問道：「若是這般，則於一切時都不應對他人言語時，莫非即是弟子之主人翁？」

學禪之人極為可憐，自古至今多被誤導，余於此世初學禪時亦復不免，是故浪費六年時間，無能悟入；逮至捨棄錯誤知見，另起爐灶，自行建立知見及功夫，方於二年後之一九九〇年見道。

多有邪師教人：歇卻妄念，處於一念不生之境，即名開悟明心。然而一念不生只是欲界定，乃禪定之行門，非是般若行門也。彼諸邪師古今同調，皆不知一切有情同有二心──各各皆有真心妄心；意識妄心若現起時，必有覺知，唯是粗細及定散差別爾；真心則離見聞覺知，無始劫來一向如是；與妄心意識並行運作，配合無間，似若一心。學人知見若不具足，復因定力未充故心粗糙，因此不能辨別真心何在，不入般若真見道位，永處別教六住位中，不入內門修菩薩行。尚書亦復如是，誤以為覺知心向內安住，不與人祇對時即是真正之本心。長沙禪師乃為他開示云：「非但是與人祇對及不與人祇對時，這個覺知心，從無始劫以來，一切賢聖都說祂是個生死輪迴之根本。」謂眾生不了覺知心之緣生緣滅──從來不是常恒不壞之我，是故生執，認定覺知心為常恒之自內我；由是我見不斷故，不欲滅卻覺知心而入涅槃，是故輪迴生死。長沙禪師隨後即說偈云（白話譯之如左）：

　學道之人不認識真實心之原因，

　都只是因為從來誤認識神（意識覺知心）為真心；

　這個識神乃是無始輪迴生死之根源，

　愚痴的人卻喚祂作本來自在的主人。

　有一秀才因為看見《千佛名經》，便向長沙禪師問云：「經中說有百千諸佛，只看見他們的名號，不曉得他們住在什麼國土？有沒有在度化眾生？」長沙禪師聞秀才恁道，卻向伊問云：「黃鶴樓上有許多人題了詩句，自從那崔顥題過之後，你秀才還曾去題過了沒？」這秀才當他只是一句閑話，答道：「未曾去題。」正是：兩岸猿聲啼不住，輕舟已過萬重山；可憐秀才未曾聞到一聲猿啼。長沙大師乃點他一句：「若有閑暇，去題一篇詩句，有什麼不好呢？」

　只如百千諸佛化物，干他黃鶴樓上題詩何事？長沙卻教秀才上黃鶴樓上題一篇去，禪門之中如是答非所問，豈是化物之道？然而古今諸師似存亡相通，同一模樣兒說話，直教諸宗諸派分疏不下，更教密宗古今一切已經成佛之大法王、大活佛們，摸不著邊兒。

莫謂只有今時昔時百千諸佛各各化物，乃至未來百千諸佛亦悉於今時各各化物；莫道長沙禪師已為秀才說法名為化物，乃至秀才自身問法亦名化物；彼此皆有未來佛時時化物不停，只是長沙眼見分明，秀才眼見如盲罷了。

只如秀才問佛時，百千諸佛在什麼處？爾等大法王、大活佛若來下問，平實但向爾道：「放汝三十棒！」何以故？早已箭過新羅也，爾等猶向我處討棒，有什麼會處？如是之人，救得已不堪為人師也，何況能成佛道？爾等若來翰垂問此事，平實只在函末加註一句：「得閑何妨吟首唐詩？省卻黃鶴樓來回奔波，豈不省力？」

頌曰：

尚書本命衹目前，學人莫曉悉錯認；
跋山涉水重舉問，招得長沙識神論。
百千諸佛聖名傳，秀才捧經何須問？
黃鶴樓上覓諸佛，題詩一篇筆先潤。
若有學人欲會般若意，殷勤致問者，爾等法王活佛莫推辭，但向伊道：「智者方解長沙嘴皮兒恁！」

第三七九則　長沙涅槃

湖南長沙景岑　**號招賢大師**　僧皓月問：「天下善知識證三德涅槃未？」師曰：「大德問果上涅槃？因中涅槃？」曰：「問果上涅槃。」師曰：「天下善知識未證。」曰：「爲什麼未證？」師曰：「功未齊於諸聖。」曰：「功未齊聖，何爲善知識？」師曰：「明見佛性，亦得名爲善知識。」曰：「未審功齊何道，名證大涅槃？」師有偈曰：

摩訶般若照，解脫甚深法；
法身寂滅體，三一理圓常；
欲識功齊處，此名常寂光。

僧又曰：「果上三德涅槃已蒙開示，如何是因中涅槃？」師曰：「大德是。」

昆丘嘉真堪布云：《西藏佛教的止貢噶舉派，代表一個獨一無二的學習與實修傳承，它襲自一系列**無間傳承的證悟上師**。當佛陀的珍貴法教由印度聖地傳入西藏後，無數聖者與瑜伽士**藉著研修此聖教而了悟**。……馬爾巴最重要的弟子是密勒日巴，被公認是西藏最偉大的瑜伽士。**至尊密勒日巴在一生中即開悟成佛**，他的生平事跡和十萬歌集影響西藏文學和人文思想甚鉅，對行者也產生很大的啓示作用。密勒日巴的大弟子是**曾由釋迦牟尼佛**

授記其降生的岡波巴。岡波巴承襲了龍樹、無著和帝洛巴等三大傳承，而其最重要的弟子中，有一位是帕竹多傑加波。從帕竹多傑加波後，噶舉派的八小傳承於焉產生，其中包括止貢噶舉。止貢噶舉法王—止貢怙主吉天頌恭寶吉祥，是**帕莫竹巴**的主要弟子和衣鉢傳人。吉天頌恭尊者是佛陀本身在北方的金剛攝政。……諸如此類有關吉天頌恭怙主的授記，曾出現在二十部經典和密續中，而綠度母也說過他是**聖龍樹的轉世**。因此就在十二世紀的東藏，吉天頌恭寶吉祥降生爲那久多傑和拉歐沙尊的兒子。他在二十五歲時遇到**帕莫竹巴**，獲得了所有經典和密續的法教。在其上師圓寂時，發生了一件不可思議的事；**帕莫竹巴**由其心中之金色金剛杵放光射入寶吉祥的心中。在中藏的阿沖岩洞中閉關修行了七年後，**寶吉祥在三十五歲那年終於證悟；**……止貢噶舉教派創建至今已逾八個世紀。由大方丈千古拉瓦楚定多傑至今，依序共有三十七位上師成爲止貢噶舉金鬘的祖師。由於藏人和西藏文化所遭受的毀壞命運，珍貴的止貢噶舉傳承也幾近斷滅。所幸仍有許多大師逃了出來，包括二位法王—澈贊仁波切和沖贊仁波切，他們保存並恢復法教的傳承和修行。》（摘自衆生出版社《追尋無暇甘露》頁一七至二二）

平實云：一九九九年元旦甫過，陳履安居士以極堅定之語氣，對余宣示：「密宗的上師們都是大修行者，他們的證量很高，但是極為謙虛。他們從來不曾自稱為佛，也沒說過密宗的祖師已經成佛；他們也不曾說過『已經證悟』的話，所以你責備他們未悟言悟，是不恰當的。」

如是之語，言猶在耳，卻見陳大德之衆生出版社於一九九八年元月印行之《追尋無暇甘露》書中，明載上述自稱證悟語句乃至已成究竟佛之語句；而衆生出版社餘書中諸上師所言，亦多倡言密宗古今諸師之「全然開悟」，可見陳履安居士所言，非誠實語，唯欲令余忽略密宗祖師誤導衆生之事實而不再舉發而已。

然密宗破壞佛教極為嚴重，吾人必須洞悉其緣由，否則昔年天竺之「密教興而佛教亡」之歷史事實，必將重現於今時之全球，佛教之真亡於娑婆，已可預見。為阻止此一歷史事實之重演，吾人必須提高警覺；警覺之法莫過於令衆週知「密教興而佛教亡」之緣故。

研究佛教歷史之學者皆知「密教興而佛教亡」之史實，然而密教興盛之後因何導致佛教之滅亡，則無人能知；此乃因於研究者之未具道種智故不能了知密教之本質所致。而道種智非由學術研究所能獲致，乃至佛菩提初入門之般若總相智（第八識之涅槃中道正理），亦不能由學術研究而獲得，故諸「佛教學術研究者」不能洞悉「密教興而佛教亡」之緣由者，亦可知矣！

化。

密宗消滅佛教之兩大現象（事實），其一為否定七識八識，其二為常見化及外道

否定七識八識者，謂密宗應成派中觀師之否定七識八識，如天竺月稱「菩薩」造《入中論》（其實正是《入邊論》），否定七八識，從根本教義上改變佛法本質，令佛法墮於斷滅論與無因論中（詳拙著《楞伽經詳解》剖析），佛法之勝妙即告消失，般若法義則墮於「無因唯緣之一切法空」邪見中，此即密宗應成派中觀外於第八識實相之「一切法空般若」，名為虛相派之中觀。

如是邪見廣弘之後，一切人皆不肯再求證第八識根本心；不證第八識如來藏者，則永不能真解大乘佛法密旨，更不能證解四阿含中涅槃之顯意與密意，佛教因此淺化，不再有證悟聖者出於人間；假令證悟之人出世說法，亦無人信之，所說之法迥異一切錯悟大師故，了義正法遂滅而失傳。如是全面弘揚應成派中觀，而行消滅佛教之實者，月稱是始作俑者，寂天繼之，阿底峽復將之傳至西藏，遞傳至宗喀巴而「發揚光大」，克主杰極力推廣；歷代喇嘛傳承至今，仍在弘傳；更可笑者乃是印順法師之自行承接藏密應成中觀思想，信受日本研究佛教學術諸學者之研究結論，而廣造《中觀今論、般若經講記、中觀論頌講記、……》等書，破斥七識八識正義，令了義正

法難以弘揚，無人肯信肯學，幾至失傳。

常見化及外道化者，謂上自天竺密宗始弘，下迄天竺密宗終滅，前後祖師皆以意識心入於一念不生之境中，而謂為已證「無念真如」，自謂已證般若諸經所說之「不念心」，乃至互相標榜為已成究竟佛，故言「密宗內已有許多祖師成佛」；密宗之「八十四大成就者」，莫不以坐禪中之一念不生覺知心、或性高潮中之一心受樂覺知心為佛地真如，而標榜為已證無念心，互相吹捧為已經成佛（詳見薩迦諾爾旺遍德林佛學會一九九六年三月版之《八十四成就者傳記》，及正法眼出版社二〇〇〇年六月出版《八十四大成就者傳》）。

然般若系諸經所說之「不念心、無念心、無住心」，乃是無始劫來本已無念之心，乃是無始劫來不憶念一切法之心，乃是無始劫來於一切法皆本無住之心，乃是第八識離見聞覺知之心，非由能覺能知之意識心入住一念不生之境變成。密宗祖師不曉此理，悉皆妄想第六意識可以變成第八識之佛地真如。如是口耳相傳，祕而不宣，自謂皆已成佛，令佛教常見外道化，降低佛教之層次，令與常見外道齊，則末期佛教所宣法教已同於印度教；復又引進印度教之種種求神儀軌及性力派之雙身修法（無上瑜伽、大樂光明、喜金剛、父續母續不二續……等），編入《大日經》中，令末期佛教被印度教同化，乃至成為印度教之附庸，終告消滅；如今釋迦牟尼佛在印度已被收編為印度教衆多護法神之一，印度已無佛教。密續經典所載真言及護法神之威力如是廣大神妙，而仍無力維護佛教正法，終告消滅；此乃因諸密續經典所説諸法本身即是破壞佛教正法之邪見，是故佛教正法之滅於天竺者，乃是勢所必然，非因戰爭而滅也（詳見印順法師考證《印度佛教思想史》頁三九二及《印度之佛教》所載）。

密宗法教既無勝妙於他教他宗之處，則必須攀緣諸經中佛所宣説諸大菩薩，將其常見外道見之上師説為某大菩薩之轉世再來，以起衆信，此乃密宗上師一貫之手法，流傳至今迄無改變。大衆信受之後，必墮密宗上師所傳之常見見中，了義正法則必無人肯信肯修，大衆遂求密宗之法；密宗法道廣為風行之後，佛教實質即滅。西元十世紀時，天竺超岩寺有密宗「六賢門」出，東為寶作寂，西為自在語稱，南有智生慧，北有那露波，覺賢繼之，中則寶金剛及智吉祥友；六人專弘密乘，特重無上瑜伽之勝樂修法（即男女雙身修法）；密宗至此已完全取佛教而代之，外現佛教之相，內實外道之法，無待戰爭之加以摧毀也。至十二世紀之回教徒入侵印度時，唯是摧滅寺院等佛教表相爾，佛教於六賢門之十世紀時，實已滅盡無存；彼時之「佛教」實已完全質變為密宗外道法矣！

彼時佛法僅以經典所說之名相存在，而諸經名相皆由密宗上師以自創之意義解釋之，已非佛意；猶如今時密宗上師之以己意解釋經中種種三昧名相，自謂已證，殊無二致。是故，天竺佛教實滅於密宗之手，非滅於回教戰爭也；如是真相，應令大衆明解；所謂前車之鑑，後事之師，莫令轉進於中國之大乘佛法，於此際復墮前轍——再遭密宗由教內消滅佛教之實義。

密宗潛於佛教內，從法義上改易佛教之本質，令佛教趨向常見外道化，始作俑者乃月稱及其上師；逮至後時之無上瑜伽淫樂修法而謂為即身成佛之金剛法門，已是其末流也；真正之破法者，溯其源本，實乃應成派中觀。印順法師明見密宗無上瑜伽之害，極力破之，謂為壞滅佛教之邪行，然於破壞法義之更嚴重邪見——應成派中觀——卻不能洞燭，竟反投身其中，畢生極力弘揚之，令今時海內外之多數高級知識份子受其影響，於編纂佛學套書時多採用其偏見，遺毒於後代佛教，極為深遠；一切佛門學人及善知識，均應正視此一嚴重影響，速謀補救，否則佛教危矣！

密宗古今諸師每謂覺知心一念不生之際即是佛地真如，悉皆未斷我見，不入聲聞初果解脫；又未明心——普未觸證中道實相，不通般若中觀；如是三乘佛法無一通達者，三乘見道俱無其分，云何徒衆可以將其上師朋比大乘經中諸佛菩薩？云何可以佛菩薩再來或以化身自居？云何可以常見外道見而自稱「襲自一系列無間傳承的證悟上師」？云何可謂密教中有「無數聖者與瑜伽士藉著研究密宗聖教而了悟」？云何可謂我見未斷之「至尊密勒日巴在一生中即開悟成佛」？云何可將常見外道之岡波巴指為經中授記之月光菩薩？云何可稱凡夫地之吉天頌恭為龍樹菩薩轉世？而寶吉祥（吉天頌恭）「證悟」後傳與澈贊及沖贊仁波切之見地仍是意識，如是而謂「寶吉祥在三十五歲那年終於證悟」，豈非大妄語？

當知禪宗真悟之人，一旦轉向通達位前進，則能了知佛菩提道之次第，則不敢自稱證悟後即是初地，何況敢自稱成佛？乃密宗諸人於三乘之見道功德俱無知證，竟以凡夫我見而自稱證悟、而互封為某佛菩薩再來，何等狂妄？

譬如有僧皓月請問長沙禪師：「天下善知識證得三德涅槃未？」長沙禪師云：「大德是問果上涅槃？還是問因中涅槃？」彼僧曰：「我問果上涅槃。」長沙禪師答云：「天下善知識未證果上涅槃。」僧問：「為什麼他們未證？」長沙答曰：「他們修道功德未與諸聖齊等。」僧問：「既然修道功德未齊諸聖，為何可稱為善知識？」長沙禪師曰：「明瞭看見了成佛之性，亦可名為善知識。」僧復問：「不知功德到達何等道行，才能名為已證大涅槃？」長沙禪師乃以偈答覆（釋爲白話如左）：

大般若智慧能夠照明解脫甚深之法；
法身寂滅之體中，三德涅槃與因中涅槃之理皆已圓滿常在；
若欲認識功德齊等於諸聖之處，這就是常寂光的境界。

彼僧又問：「果上三德涅槃已蒙大師開示，如何是因中涅槃？」長沙禪師答曰：「大德自身即是因中涅槃。」

三德涅槃謂有餘依涅槃、無餘依涅槃、無住處涅槃，此三乃果上涅槃，要因修道斷煩惱障之見惑思惑而得，後一要因般若見道後之斷盡所知障塵沙惑而得，皆因見道後之修道而得，故名果上涅槃。三德謂有餘依涅槃具有解脫知見德，無餘依涅槃具有解脫德，無住處涅槃具有法身德──具足如來法身。因中涅槃謂本來自性清淨涅槃──因地真如所顯本來性、自性性、清淨性、涅槃性；如是四性，一切衆生不論已悟未悟同皆有之，而不能證；乃至定性二乘無學亦不能證，唯有大乘別教中已得真見道之菩薩證之，即是禪宗之破參明心，即是三論宗之證悟般若，即是《阿含經》中央掘魔羅所證之如來藏，一切不迴心之二乘無學仍未能證之。

二乘無學諸聖，依二乘菩提（解脫道）之斷我見而修除思惑我執煩惱，成阿羅漢，證得有餘無餘涅槃，生起解脫功德及解脫知見功德，具有二種果上涅槃，然猶不知無餘涅槃之本際。禪宗古今真善知識，大多唯證因中涅槃，證得此二果上涅槃者為數極少；然卻普皆知證無餘涅槃之本際，本際即是因地真如（阿賴耶識），因中涅槃即是此識自性之顯示故。由是正理，諸大乘經說：「菩薩不斷煩惱而證菩提。」所證乃是佛菩提，非是二乘菩提也。若悟後依於本來自性清淨涅槃而修斷思惑，斷除我執現行，即能具證果上涅槃之二：有餘及無餘涅槃。若再進斷塵沙惑無餘，即成無住處涅槃，從此不住涅槃，亦不住生死，故名究竟佛，圓成三德涅槃。如是三德涅槃實以因中涅槃為因，具顯於唯一法身之理中，故云「三一理圓常」。由長沙禪師之回答及偈意，已知長沙禪師乃是宗教俱通之大善知識，至少已證初地；至於德山宣鑒、臨濟義玄、夾山善會等人，俱墮狂禪之中，唯在七住位爾，尚不能知三德涅槃之正理故，何況能修三德涅槃？故說彼等唯證因中涅槃，唯知本來自性清淨涅槃，成真見道位菩薩，尚不能入相見道位中，不證果上涅槃。返觀密宗諸祖及今一切法王活佛仁波切，尚不能證因中涅槃，而言已成經中所說諸地菩薩，乃至妄稱已成究竟佛，俱名大妄語人；猶如乞兒誇富，自謂富於大户長者，如此幼稚，而陳履安居士竟無所知，更為彼等張眼，極力推崇之，欲弘彼密宗邪見於中國，再度成就破壞佛法之惡業，非是智者也。

頌曰：

果上涅槃本因中，非一非異強分別；
迷人未曉分果因，僭稱賢聖知見邪。
密宗妄稱證涅槃，三一迷昧理未抉；
應成中觀真戲論，佛菩提道難偶諧。

爾等密宗一切法王活佛仁波切等，欲證因中涅槃麼？過來！過來！平實為汝明說了吧：大德即是！

第三八〇則　長沙幻意

湖南長沙景岑　號招賢大師　僧皓月問：「教中說幻意是有邪？」師曰：「大德是何言歟！」僧云：「恁麼！幻意是無邪？」師曰：「大德是何言歟！」僧又云：「恁麼即幻意是不有不無邪？」師又曰：「大德是何言歟！」僧云：「如某三明，盡不契於幻意，未審和尚如何明教中幻意？」師曰：「大德言一切法不思議否？」僧云：「佛之誠言，哪敢不信？」師曰：「大德言信，二信之中是何信？」僧云：「如某所明，二信之中是名緣信。」師曰：「依何教門得生緣信？」僧云：「據華嚴云：『菩薩摩訶薩以無障無礙智慧，信一切世間境界是如來境界。』又華嚴云：『諸佛世尊悉知世法及諸佛法、性無差別，決定無二。』又華嚴云：『佛法世間法，若見其眞實，一切無差別。』」師曰：「大德所舉緣信教門，甚有來處；聽老僧與大德明教中幻意：若人見幻本來眞，是則名為見佛人。圓通法法無生滅，無滅無生是佛身。」

（註：邪字古通耶字。）

眾生出版社《修心七要》第四八頁云：《第一世蔣貢康楚仁波切在所有開示前，均以「將心轉向佛法之四念處」開始。此四念，或曰：「四共加行」，即⑴人身難得，⑵死亡無常，⑶輪迴過患，⑷業報因果。仁波切尤強調初機者應多方面參考這類資料，這是最基本的

教義，應根植於我們心中。》

平實云：密宗諸師最愛發明新三昧，最愛蒐羅外道所傳世間法行門，納入佛法中，說之為釋迦佛所未修證之更高法門；最愛以己所知而註解佛法中之名相，曲解佛法之後，反以曲解而責他人之正解為妄。附密宗之外道釋性圓等人，即以誤解之四加行、四無量心而責余「不懂佛法」，皆肇因於密宗古今諸師之妄解佛法名相也。

如今衆生出版社更將第一世蔣貢康楚之妄解四加行及四念處，印刷成書，誤導密宗學人，非是真正弘傳佛法者所應為之佛事也。

四加行一詞，於佛法中有其定義，不可混淆，亦不可擅以他法代之，否則即令佛道紊亂，令學人法道錯謬。四加行者，謂學人依佛菩提道正修，於第一無量數劫中，善集福德資糧及智慧資糧，及修學順解脱分已，為求能入大乘別教真見道位而住於唯識性中，必須先修加行，以伏除二取，而起煖、頂、忍、世第一法；由起此四法故，說為四加行圓滿，成別教六住滿心菩薩；於此位中，一旦證悟自心藏識，即依六住四加行所起之順抉擇分，常住七住不退，成位不退菩薩；故知四加行之重要，能令菩薩雙印二取空故。

二取謂能取及所取，所取謂六塵萬法，能取謂七轉識（眼等六識及意根末那識）；學人由修四尋思故，證得四如實智，起煖法證所取空，起頂法重觀所證所取空；依前煖頂法所證所取空，而觀能取心亦空，印前所取空及順後能取空，立「印順」名，能忍境識皆空，故名為忍。由如是現觀而發如實智，雙印能取所取空；從此起，心心無間，必入二乘真見道（斷我見）；於凡夫位及三界世間中，此為最勝之人，故名世第一法。

四尋思者，謂尋思「名、名義、名義自性、名義自性差別」之假有實無；四如實智者，謂依四尋思而觀「相、分別、正智、真如」，起於印順二取空之智慧也。如頌所言：

菩薩於定位，觀影唯是心（煖位）；

義相既滅除，審觀唯自想（頂位）；

如是住內心，知所取非有（下忍位）；

次能取亦無（世第一法中上忍也），後觸無所得（斷我見，成二乘見道）。

如是四加行，方能斷我見，成聲聞初果。一世蔣貢所說四加行，自謂為四念處；然彼所說四念處，既非佛法中之四念處，亦非大乘法中之四加行，乃是自創之說——隨己意而說者也。三十七道品中有四念處觀之法，謂「觀身不淨，觀受是苦，觀心無常，觀法無我」；蔣貢所言四念處，完全異佛所說四念處，非真佛法也；彼所說法必令學人堅執意識覺知心，令我見永遠不能斷除故。

如是密宗古今諸師所犯過失，普遍存在於密續之中；各各皆以己意妄解經中佛法名相，以附合自己之常見外道見——一念不生之覺知心即是佛地真如；悉墮「能取心不空」之中，云何能知能解能證教門諸經所說諸法如幻之意耶？

如今長沙禪師偈中，真實明舉教門諸經所示之諸法如幻真義，且觀平實語譯於左：

如果有人看見如幻之一切法本來真實，
這樣的人就叫做見到佛陀的人。
圓滿通達了一切諸法皆無生滅之後，
便知道無滅無生的法即是佛陀的真身。

眾生出版社《修心七要》書中所說修心之法，皆是教人修意識心——認定意識心空無形色、永遠不壞而有無盡的覺知，以一念不生為修學佛法菩提之正修，完全不解真正佛法之修行也。

修解脫道之首要，在於斷我見——現觀意識覺知心之緣起性空，不應如密宗諸師之教人認取意識為空性實相心。佛菩提道之正修，則在於實證般若諸經所說之諸佛法身——不念心、無心相心、非心心、無住心、菩薩心；證得此第八識實相心後，現觀此心之遍一切時（眠熟悶絕等五位中亦如是）不曾剎那間斷而不生起，現觀其本來自在性，現觀其具有能現「所取相分及能取（意識見分）」之自性，現觀其於六塵萬法中離諸攀緣執著，現觀其無始劫來已住於涅槃之中；如是現觀已，即能現觀萬法及能取之意識心虛幻。

由能如是現觀故，即知一切幻法皆由真實空性第八識出生，幻法本是第八識真心之部份體性；由如是正理，長沙禪師云：「若人見幻本來真，是則名為見佛人」，已明見諸佛法身唯是此第八識故。

而此第八識常恒不滅，故能令衆生見聞覺知之心於眠熟斷已，次晨復起；故能於悶絕斷已，復又甦醒現起；故能於死亡斷已，復於中陰身中現起；故能於入胎後永斷已，復有來世全新之見聞覺知性無有生滅——依如來藏而時滅復現，如是證知者，方能「圓通法法無生滅」之理；如是證知者，即知「無滅無生是佛身」之正義，即是古今禪宗真悟祖師之破參見道——開悟明心。

汝等密宗法王仁波切及一切活佛，若欲實證般若慧，當速捨棄密宗內諸外道法，並捨棄常見外道見，莫再認取意識覺知心為空性實相心，當速參禪覓心為要；如是《修心一要》，遠勝汝等之《修心七要》也，是佛法入道之要門故。頌曰：

四念處觀聲聞道，能斷衆生蘊我見；

現觀意識緣起性，我見斷故成四念。

四加行觀通聲聞，為斷所取能取焰；

二取皆空悉印順，此是世間第一讞。（註：讞者直言也）

只如法法無生滅之理，欲如何圓通？爾等密宗一切法王活佛仁波切欲會麼？平實說似爾：何妨回藏將彼甘露煉！

第三八一則　長沙誦咒

湖南長沙景岑　號招賢大師　僧皓月問：「如何是陀羅尼？」師指禪床右邊曰：「遮個師僧亦誦得。」僧又問：「別有人誦得否？」師又指禪床左邊曰：「遮個師僧亦誦得。」僧云：「某甲為什麼不聞？」師曰：「大德豈不聞道：眞誦無響、眞聽無聞？」僧云：「恁麼，則音聲不入法界性也。」師曰：「離色求觀非正見，離聲求聽是邪聞。」僧云：「如何不離色是正見、不離聲是眞聞？」師乃有偈曰：

滿眼本非色，滿耳本非聲；
文殊常觸目，觀音塞耳根。
會三元一體，達四本同眞；
堂堂法界性，無佛亦無人。

第一世蔣貢康楚開示《究竟菩提心的簡單禪修》時，如此教導：《修完前行法中第一項簡易的上師相應法後，自然的將身體打直，藉著數息吐吸各二十一次，將心靜慮下來。接著**觀世間萬法，包括一切有情都似一場虛夢，純由我心所幻**，實無本體。慢慢加強這種如夢似幻的感覺，然後將注意力轉至心的本質上。當我們檢視心的特性，例如顏色、形狀、大小等等時，什麼也沒發現。心無來處，因此稱為無生；當下找不出它住於身體之內或外，最後也看不出它終於何處。心由何處生起？此刻住那裏？往何處去？我們應常檢視心的本質，使在累積的禪修經驗中漸有肯定的認知。當我們生病時，服藥使它痊癒；當我們為煩惱業障所蔽，一如生病時，便將藉上述禪方恢復心理與精神的健康，此亦即我們本具之佛性。》（摘自衆生出版社《無死之歌》頁五一、五二）

平實云：十住菩薩之如幻觀，及十迴向位之如夢觀，非以意識心為本體而觀得；實由第八識體之常住及恒不壞散，對觀意識心之夜夜斷滅、悶覺斷滅……不去至後世等，了知意識心之虛幻，方能成就如幻如夢觀，非以意識之不具顏色、形狀、大小，而說其為空。

一切有情之五陰，非由我覺知心所幻，乃由一切有情各各唯我獨尊之第八識心所個別幻生，不可如蔣貢之謂由其意識所幻，現見一切有情之意識皆不能持身故，何況能由蔣貢之意識幻生一切有情之五陰？一切欲界有情於眠熟位中，意識皆斷，尚不能住於身中不斷，何況能持身？尚不能於眠熟等位中持身，何況能生自己之五陰？尚不能生自己之五陰，何況能幻生一切有情？蔣貢云何可言「一切有情：純由我心所幻」？而陳履安居士不曉其謬，竟將此邪見印行天下，非所宜也。

復次，意識覺知心非無來處，由意法為緣、阿賴耶為因，於意根法塵觸處而生，有來處，亦有生，非如蔣貢所說之無來處及無生也。意識覺知心，恒與五陰同處，夜夜眠熟則滅，乃無常生滅之法，由是佛說此心非實有我，無常生滅則非有我故，蔣貢不應以如是生滅無我無常之意識心，說為空性也，否則空性即成無常生滅之同義詞也。

三者，意識往往於凡夫身中生病──心理精神疾病，是故人間有精神科醫師及精神病院（俗稱瘋人院），是故蔣貢授人上述禪方，「藉上述禪方恢復心理與精神的健康」。若空性心會生病──會產生精神疾病，則此空性心絕非佛所說之空性心也，何以故？謂佛所說空性心，自無量劫來恒住於「本來自性清淨涅槃」之中，恒離見聞覺知，尚不曾起一剎那之妄想，何況會有精神病？而蔣貢授人禪方，欲令衆生藉以恢復空性心之心理精神健康？由此可證蔣貢所說之空性心乃是意識覺知心，絕非佛法中之空性心也。

密宗古今諸師皆錯認意識覺知心為空性，故有無量邪見；由無量邪見故，著作大量密續，用來誤導衆生，以常見及外道法代替佛法，令佛教質變為外道，空有佛教表相，天竺佛教遂亡。凡此皆因未悟聲聞菩提致不斷意識我見，及未悟佛菩提致不知空性實相心，有以致之。補救之道有二：首為觀察意識覺知心之虛妄及依他起性，先斷意識我見，此須以四加行作觀；次為參禪覓心，求證第八識空性實相心─證得本來自性清淨涅槃心。如是二法若得具足，其後開示佛法，則必不犯如斯邪謬，則能引導衆生步步實證佛法，邁向成佛正道。以是緣故，余作種種摧邪顯正之說，欲令密宗行者回歸真實佛法─斷我見及取證空性心。

長沙招賢大師亦復如是，一生住世不斷破邪顯正，是故招來當時名聞四方之「大德」─皓月法師─前來質問，而有《傳燈錄》中之一番冗長答問。

皓月法師廣閱諸經，名聞四方；今復轉移話題，問於長沙大師：「如何是陀羅尼？」陀羅尼者謂總持也，密宗則轉為真言之口密，以求世間利。長沙禪師聞言，乃指禪床右邊曰：「這個師僧卻誦得。」皓月法師又問：「除此人以外，別有他人能誦陀羅尼否？」長沙禪師又指禪床左邊曰：「這個師僧亦誦得。」皓月法師至此，以為有機可乘，欲破長沙，乃問云：「這些人都在誦陀羅尼，我為什麼聽不見？」長沙不慌不忙，向伊道：「大德難道不曾聽人說過：真誦無響、真聽無聞？」皓月法師至此又墮負處，只得別闢陷阱：「若是這樣，則音聲應摒除在法界性之外了。」長沙答云：「離於色法而求有觀者，非是真正之見；離於音聲而求有聽者，是邪聞也。」皓月法師見長沙不墮其陷阱中，乃問：「如何不離色而是正見？不離聲而是真聞？」長沙禪師乃示一偈曰（語譯如左）：

滿眼所見之色塵，本非真正之色塵（所見唯是自己如來藏所現之內相分色塵），

滿耳所聞之聲塵，本非真正之聲塵（所聞唯是自己如來藏所現之內相分聲塵）；

文殊所表之般若慧，常常和你的眼目相接觸；

觀聽音聲之法門，是要塞卻耳根的。

體會到性淨涅槃、有餘涅槃、無餘涅槃三者本是同一法身之體，就能通達四種涅槃本皆同一真實心；

這個真實心巍巍堂堂地分明顯示出法界之一切體性，然而祂自己卻一直住於無佛亦無人之境界中。

密宗諸師每日持明，不停誦唸種種陀羅尼，可還證知爾等誦咒之時有一真誦者麼？真能證知此者，方名真解誦者。只如長沙指禪床右邊左邊云：「這個師僧卻誦得。」卻是阿哪個師僧誦得？

爾等密宗諸大法王師僧，若能覓得這個師僧，爾後方是真正解得誦咒人，不妨成為密宗內之大法王，而猶只是大乘別教七住之賢位菩薩爾。從此便會「真誦無響、真聽無聞」之理，便能自通般若，不需余教；從此遠離應成派中觀之無因論邪見，成真

菩薩。

今者爾等既皆不會真誦陀羅尼，何妨下顧平實，覓取此一真會誦陀羅尼者？爾等若見問，平實卻拍禪椅云：「這個師僧會誦陀羅尼。」請爾等塞卻耳根，以眼而聞，卻得會去，正是：

文殊常觸目，觀音塞耳根；
堂堂法界性，無佛亦無人。

第三八二則　長沙直心

湖南長沙景岑　號招賢大師　有僧問：「如何是平常心？」師云：「要眠即眠，要坐即坐。」僧云：「學人不會。」師云：「熱即取涼，寒即向火。」僧問：「向上一路請師道。」師云：「一口針，三尺線。」僧云：「如何領會？」師云：「益州布，揚州絹。」

一世蔣貢康楚開示《究竟菩提心的禪修》時：《（蔣貢）仁波切把幾個在禪修中出現的**體悟**稱爲「心藥」，例如「身與心皆是空的、空性中無有好壞之別」等等。他說：將心放鬆，直觀這些念頭，任其來去，卻又了然分明，這是一種禪修究竟菩提心的方法。另一種方法更直接：把心自然安住於佛性中，即諸法之真義本質，無一絲塵俗心識的紛擾。仁波切做了一個簡短的詮釋—**將心自然安住，清明而不散漫，心無所緣，不為生起的念頭所牽引，盡可能隨時把心保持在簡單、自然明晰的狀態中。**我們可選上述任何一法修習**究竟菩提心**，並在日常行住坐臥中，持續保持禪觀中的覺受，觀世間萬法，包括自身、衆生、一切外境等均爲虛幻的顯現，就像一場夢，看似清楚，實無實性。》（摘自衆生出版社《無死之歌》頁五三）

平實云：蔣貢一世自認為已有**體悟**，故授人「心藥」；而彼所授心藥，卻是常見外道見，令人安住於覺知心自境，不隨妄想念頭來去而了然分明，**謂此即是禪修究竟菩提心的方法**；則已顯示第一世蔣貢康楚，由其上師處口耳相傳之究竟菩提心，乃是一念不生之意識覺知心也；復謂一念不生之意識覺知心即是佛性，復墮凡夫隨順佛性中。如是未斷我見之凡夫，衆生出版社之《修心七要》書中，竟推崇彼「遠為毘盧遮那佛化身，近為阿難尊者化身」，荒唐至極。

密宗學人之大弊病有二：一為依人（依密宗上師）不依法（不依經典），二為依密續不依經典。密宗上師遠溯自天竺之帝洛巴、月稱，中至阿底峽、蓮花生、蓮花戒、龍清巴、密勒日巴、岡波巴、宗喀巴、客主杰、土觀……等人，近至現代一切密宗上師法王，皆墮覺知心境界，以意識為佛地真如，未斷我見，意識即是常見外道我故。如是密宗古代上師所集成之密續經典《大日經、金剛頂經、一切如來現證祕密大教王經……等》，皆墮意識境界，以一念不生之意識覺知心，認作佛地真如；復皆同以雙身修法之淫觸中一念不生境界為佛地境界，美其名曰「正遍知覺」——清楚明白地正受遍身淫樂；以此法門故，謂為不共三乘之即身成佛法；以唯密宗有此法門可以令人快速「成佛」，故名金剛乘。

復有密宗古今上師所著無數密續，互相抄襲，千篇一律，皆悉同墮如是邪知邪見之中。然諸密宗學人，多未能知其謬，完全信受密續及上師之邪見邪證，自謂為超勝於三乘佛法之金剛乘；以如是背離解脱道及佛菩提道之邪見邪行，而反貶抑他宗他派為因地修行，高推自宗為果地修行—能於淫樂中即身成佛。

有智之人當依經典，不依密續；當依經教佛語，不依密宗上師邪見。符合經典佛語真旨者厥為禪宗之明心也，能令人如實證解三乘經典佛意故。且舉長沙平常心公案，共爾密宗諸大法王、大活佛、大仁波切，一探般若實相：

有僧來問：「如何是平常心？」平常心者，謂此心極為現成平常—人人皆有；不論有無修行，不論有無開悟明心，悉皆本有此心，平常至極，無有一毫造作，即是《維摩詰經》所說之直心也。長沙禪師答云：「想睡覺便去睡覺，想坐下就坐下。」彼僧不解長沙言外之旨，老實答道：「學人不會。」

長沙見彼僧不會，進一步開示云：「天氣熱了就取涼吧！天氣寒冷時就向火吧！」密宗法王活佛若見此公案，每向覺知心上取著，皆上長沙禪師閑機境中，轉會轉遠。豈不見僧問洞山：「寒暑到來，如何迴避？」洞山答云：「何不向無寒暑處去？」卻與長沙「寒即向火、熱即取涼」一語，有異曲同工之妙。

別有一僧久參不得，來向長沙求云：「向上一路，請師父為我開示。」長沙乃開示云：「一根針，三尺線。」僧問云：「如何領會？」長沙又開示云：「益州布，揚州絹。」向上一路，自古以來，千聖皆不明傳；不明傳中且恁麼傳。如余歷年所辦禪三共修中，亦皆不明傳，於不明傳中亦恁麼傳，卻能令人會去。

爾等密宗法王活佛欲會如是宗旨麼？且來下問平實：「如何是平常心？」平實便向爾云：「饑來吃飯睏來眠。」法王若不會，平實再向爾道：「渴來飲水饑食餅。」若人直下會得，無妨久後成人天師；若待當面點破，唯成度人之師。頌曰：

要眠即眠平常心，要坐即坐真直心；

熱即取涼寒向火，豈待寒水與熱薪。

向上一路三尺線，外加長沙一口針；

欲會針線般若意，且綴布絹補破襟。

爾等密宗法王活佛：：等人欲會麼？

且向益州買布，再赴楊州購絹，布絹齊了再來下問吧！

第三八三則　長沙大用

湖南長沙景岑　號招賢大師　一日因庭前向日，仰山云：「人人盡有遮個事，只是用不得。」師云：「恰是，請汝用。」仰山云：「作麼生用？」師乃蹋倒仰山。仰山起云：「師叔直下似箇大虫。」（長慶云：「前彼此作家，後彼此不作家。」乃別云：「邪法難扶。」）自此諸方謂長沙大師為岑大虫。

一世蔣貢康楚開示「究竟菩提心修法之應用」時云：《宇宙萬法，尤其諸種逆緣與苦難，一如在夢中為火所焚、被水所沖的痛楚，是由妄心所現，卻為我們錯誤的執以為真。就如在夢裡所顯，它其實無一絲真實性。深刻體會這點，不執諸相，把心安住—其本質即「法身」；色相為「化身」，兩者合一是「報身」，三身一體是為「法界體性身」。依此禪修，無執心之來去所住，即是了悟佛之四身的方法。它是覺觀的盔甲，空性的護圍，劈斬無明痴闇無可比擬的最勝法門。》（摘自眾生出版社《無死之歌》頁五九、六〇）

平實云：密宗所說之大手印、大圓滿法，所說之佛地真如法身，皆是一念不生之覺知心，此乃阿含諸經所說之意識心，佛於《阿含經》中更明言：「**一切粗細意識皆意法因緣生**」，謂意識為緣生緣滅之法也。意識即常見外道之常不壞心，執此心為常不壞法者，佛說是人墮我見中；不認意識為真實心者，佛說是人名為斷我見之須陀洹。

今者第一世蔣貢康楚認定意識心不執諸相而自己安住，即是法身；復以色身為化身，將色身與意識合一即是報身；如是，意識與色身二法合觀，名為三身一體之「法界體性身」，報身唯是名詞故，報身以意識及色身為身故。如是「佛之四身」即是意識心及色身，「法界體性身」唯是名詞故，唯是意識心及色身故。

一、二世蔣貢康楚如是，藏密四大派古今一切法王上師亦如是，乃至天竺密宗帝洛巴、那洛巴……等祖師，莫不如是認取意識心為佛之法身；一切大手印、大圓滿法之傳授，悉皆依此而口耳相傳，無人能越意識境界，如是謂為即身成佛之果地修證快速法門，令人一世修成佛果，謂為「劈斬無明痴闇無可比擬的最勝法門」。除密宗以外，諸宗諸派祖師，唯有淺悟之禪宗祖師敢作如是狂語，余謂之為狂禪狂密。

徹悟之禪宗祖師悉不如是，皆依聖教諸經恭謹進修；長沙禪師當時名震四方，而於佛果修證次第如是嚴謹，為學人宣示因中涅槃、果地涅槃，顯示其通達教門、重視教門之心態。如是禪宗徹悟者之宗教合一現象，其數甚多，一切狂禪狂密諸人應知檢點；何以故？此謂徹悟之人皆不敢生狂，而彼諸未見道之今時狂禪狂密宗徒，有何所恃而敢生狂生慢？非智者也。爾等狂密法王活佛仁波切等人，欲求見道者，請隨在下共採長沙大用公案：

長沙招賢大師冬日與仰山慧寂在庭前曬太陽，仰山無風起浪，向長沙禪師云：「人人都有這個物事，只是用不得。」長沙禪師聞云：「正是如此，就請你用一下吧。」仰山彼時未悟，不解禪師大用，向長沙問云：「要怎麼用呢？」長沙聞言，不說二話，一腳踢倒仰山。仰山白受一踏，猶未領得長沙菩薩心腸，起來卻云：「師叔簡直就像是隻老虎。」（註：老虎俗稱大虫）自從此一公案傳播四方之後，諸方皆稱長沙禪師為岑大虫（岑老虎）。

後時長慶慧稜禪師聞此公案，便拈向天下云：「前半段的說話，可以說彼此都是行家；後半段的說話，可以說彼此不全是行家。」說完乃又別示一語：「邪法難扶。」

只如仰山道：「人人盡有這個事」，不論悟抑未悟，人人皆有，云何爾等密宗法王……等人，盡教人打坐一念不生修這個事？須知這個事乃本已有之，不因修習禪定而後有；於汝等未曾打坐修定之時本已有之，分明顯現，何待一念不生而後有？於汝等起瞋罵詈平實同時有之，於汝等眼見秀麗明妃而起貪時同時有之，於汝等未證實相而被無明遮蓋時同時有之；換言之，這個物事與汝等貪瞋痴之意識心同在，乃是與覺知心並行之心，非如汝等之欲將覺知心變為實相真心也；乃是本已有之，非因修學禪定而後變成。汝等密宗法王活佛，若不揚棄意識我見，欲求般若之證悟者，永無了期。

長慶禪師評云：「前彼此作家」，且道：因什麼道理說長沙與仰山俱是行家？又評云：「後彼此不作家」，且道：仰山因什麼道理卻成門外漢？爾等若解長慶之意，平實許汝具眼，卻只成個七住位賢人，無妨是聲聞初果；已證般若總相智故，已斷意識我見故。

爾等若會不得，來覓平實問取；平實亦只是一腳蹋倒上座，汝等自會取好。汝等起來若再發問，平實卻向汝道：邪法難扶！　頌曰：

人人盡有這個事，只是迷昧用不得；
蹋倒仰山成大用，合彼大虫豈二德？
彼此作家絃外音，長慶明見若飛舸；
非皆作家笑仰山，長慶長沙豈隔閡？
只如爾等密宗法王活佛等人，既遭平實一腳蹋倒，起來何妨卻再問云：「如何是邪法難扶？」平實說與爾知：回爾道場，倒卻一切咒幡。

第三八四則　長沙成佛

湖南長沙景岑　號招賢大師　僧問：「本來人還成佛也無？」師云：「汝見大唐天子還自種田割稻否？」僧云：「未審是何人成佛？」師云：「是汝成佛。」僧無語。師云：「會麼？」僧云：「不會。」師云：「如人因地而倒，依地而起，地道什麼？」

中台山惟覺法師於公元二〇〇〇年六月十五日閉關進修了半年之後，十二月十五出關，隨即於十二月二十七日，假台灣師範大學演説「中道思想之介説」，開示云：《……中道實相是什麼呢？就是大衆聽法這念心—覺悟了這念心；這念心就等於王陽明先生所說的良知良能，指的就是這念心。…佛法從釋迦牟尼佛一直傳到現在，一脈相傳也是傳這念心。……悟什麼呢？悟到平常心是道，就是悟到中道實相這個道理。中道實相不是離開我們當下這個心，另外有一個清淨的心、另外有一個不動的心；就是諸位聽法這個心，保持這念心的清淨。有了煩惱，時時把煩惱化掉，處處作主、念念分明，靜的時候一念不生，我們在動的時候萬善圓彰。什麼意思？在靜的時候，什麼念頭都沒有。什麼念頭都沒有，你在這裡打瞌睡也不對；在這兒無聊也不對，一定要清楚明白。我們在動的時候，修一切善，無善不修；斷一切惡，無惡不斷。我什麼善事都要做，孝順父母、恭敬師長、尊師重道、敬老尊賢，點點滴滴所有一切善我都要去做，這樣子，就真正是悟了這個道；靜也靜得、動也動得。》（摘自《靈泉雜誌》第四十五期第三、九頁）

平實云：惟覺法師此次閉關參禪，歷時半年，仍無突破，依舊墮於意識心中─仍以聽法知法之覺知心為中道實相心，仍未參得與意識同在之第八識。世尊於「菩提場」所證悟者，非是意識覺知心；拈花微笑、當衆密傳與迦葉尊者，而後遞傳至今者，亦非如是意識心。所以者何？謂世尊初轉法輪時，已於四聖諦法中直斥此心為生滅變異心故。

云何覺知心為生滅變異心？謂世尊於教中說：覺知心是生滅變異無常之緣起法；謂依世諦，即可現觀覺知心是無常生滅法故。

世尊於教中說：眼識了別色塵，耳識了別聲塵……乃至意識了別法塵。復於《阿含經》中處處宣說：「眼根色塵為緣生眼識，耳根聲塵為緣生耳識，……乃至意根法塵為緣生意識。」謂「聽法的心」乃由根塵之助緣，而由第八識如來藏出生。「聽法的這個心」，乃是耳識與意識並行運作─藉耳根之了別聲塵，意識於聲塵中了別法塵，故能知曉他人所說法意；是故，「聽法的這個心」乃是耳識與意識心，於聽法中能了知法味者乃是覺知心─意識，能了別法塵故。然我世尊處處經中，皆說了別法塵之意識乃以意根及法塵為緣而生，故說意識是依緣而起之生滅法。

若如惟覺法師所說「意識覺知心是中道實相心」，則助生覺知心之意根（末那識）與法塵，更應是中道實相心，則應實相心有四：聽法的意識、意根末那識、法塵、出生意識之第八識如來藏。然我世尊說實相唯一無二，亦說「意識、意根、法塵」皆攝於十八界法中，皆是三界中之有為生滅法，故惟覺法師不應以意識覺知心—聽法的心—做為中道實相心。

復次，佛於四阿含中，如是處處說識陰六識虛妄已，復說受想行陰虛妄。佛以受陰為例，說苦受虛妄、樂受捨受虛妄；然三受之根源即是識陰—能見色聽法之覺知心；由有識陰能聞法分別，故於他人之讚美音聲起樂受，故於他人之評論起苦受，故於不聞不知他人之褒貶時起捨受；三受既因聞法而生，當知聞法之心與受相應，與受相應之心即是識陰所攝之妄心，不應是中道實相心也，有受皆苦故。中道實相心則離一切受，不與受相應，故離一切苦，故名中道實相心，惟覺法師不應將三受相應之意識—能聞法之心—妄稱為中道實相心，如是名為常見外道見故。

三者，聞法之心必有覺知，有覺有知即墮想陰，覺知之性即是想陰故；想陰由色陰與識陰和合而生，故覺知性—聽法的心—乃是和合緣起之法，非有真實不壞之自體性，依緣而生，其性是空，非是實體法；既非實體法，不可謂為中道實相心也。

四者，「聽法這個心」，不論有念之際抑無念之際，不論瞌睡昏沈抑清楚明白，皆是有覺知性；若有覺知，則墮行陰——不論定中抑定外，皆不離行陰。佛云：「諸行無常。」凡是行陰之法——譬如定中一念不生之心行不斷——必定無常，終有出定回復雜亂之時，終有眠熟悶絶等五位中斷滅之時，故云諸行無常。無常之法則非中道實相，惟覺法師云何可以誤導衆生而妄説為實相心？

佛所開示之中道實相心——第八識如來藏——是能生識陰者，是萬法之根源；此第八識能生「聽法的心」，是本來自己已在之實體法——非由修得、不依他起——故名中道實相心。如來藏離一切受，不受一切苦樂，不墮「有受皆苦」中，無始劫來恒離六塵見聞覺知故，從來不聞一句話，何況能聽法？由是之故遠離「有受皆苦」。如來藏能生覺知心，能令覺知心聽法，能令覺知心入定一念不生，而自身恒離六塵見聞覺知，乃至不墮非非想定中之極細覺知境——不覺知非非想定之定境法塵；由如是恒離見聞覺知故，不墮想陰；由離想陰故離一切三界心行，離心行故不墮「諸行無常」之中。

「聽法的心」於聽法過程中，時時了知有我聽法；然而此我乃依如來藏因及根塵為緣而有；此覺知心有，非是自己本來已在之法，故名「無我」；無我之覺知心名為意識，依衆緣而起，其性是空、無常，無常空法則非實相心也，如是始符「諸法無我」之法印也。惟覺法師將此無我之意識心—聽法之心—說為中道實相心，則應此意識於一切法中有自體性；有不壞之自體性者，不應名為無常無我之空法，則與「諸法無我」法印相違。

佛於三轉法輪諸經皆說欲界有情心識有八，第八識真心與第六識妄心同時並存，今者惟覺法師閉關半年後，仍未覓得第八識，依舊墮於意識之中，仍不肯接受「本淨之第八識與意識同在」之佛說，違佛旨意，不應於師範大學大禮堂上誤導廣大衆生同墮意識外道見中，此非佛門法師之所應為者；何以故？謂世尊於《佛藏經》中曾云：「著我見者非我弟子。」亦云：「於佛法中成就身見，不在僧數。」以意識為實相心者，與常見外道無異，同皆成就身見，佛說如是人非是佛門僧寶。佛又云：「如是因緣如來悉知，我諸弟子以種種門、種種因緣、種種諸見，滅我正法。」又云：「當來之世，惡魔變身作沙門形（現比丘像）入於僧中，種種邪說；令多衆生入於邪見，為說邪法。」以意識—聽法知法之覺知心—為中道實相心者，名為外道凡夫所墮之我見身見；此見偏邪，邪見所攝，悖佛菩提，違解脫道；以沙門身相，令多衆生入於身見我見中，成就邪見，是行不善，絕非自利之舉，未證中道實相心故；如世尊云：「舍利弗！身未證法而在高座，身自不知而教人者，必墮地獄。」惟覺法師既未證得第八識實相心，今其開示復不承認有第八識與覺知心並行，違佛真旨，不應於大庭廣衆中高座說法、不知而教，業極重故。證悟之人則不如是。

譬如有一僧問：「本來人是否能夠成佛？」本來人謂有情之自心真如—第八識阿賴耶。長沙禪師聞言，反問云：「你看大唐天子，他是否自己種田割稻呢？」一般學人聞祖師道：「成佛是依第八識真如而成佛。」便以為是以第八識真如成佛，此僧亦如是誤解，長沙所以如是答他；僧人不會，乃又問曰：「未審是何人成佛？」長沙禪師答曰：「是你成佛。」此謂第八識非是色法，自無始以來，恒、常、離見聞覺知、離種種思量，故第八識真如不成佛；能成佛者，謂色身及七轉識，於六塵中起見聞覺知及種種思量，將其所悟第八識之智慧—實相般若種智—為衆生宣示，故名成佛；色身及七識等即是汝我所知之我，故說「是汝成佛」。

欲會此理，須先悟自心真如；長沙禪師問云：「會麼？」僧云：「不會。」長沙禪師乃點之：「譬如有人跌倒，他其實是因地而跌倒；跌倒後爬起來，也是因地而起；但是，因地而倒、因地而起的時候，地曾向你說什麼嗎？」大地從來離言語、離見聞覺知、離一切思量。真如亦如是理：一切人因真如而跌倒、亦因真如而爬起來，真如何嘗說一句話？會此理者，方名悟道人，我說是人已證般若，已解中道實相也。

中台山一切師徒何妨於此切？　頌曰：

大唐天子不種田，成佛豈是本來人，
因地而倒藉地起，臣民何曾識君恩。
聞法之心解割稻，真如心王不稱尊，
一朝喫撲因地起，立地鼓拳破乾坤！

惟覺法師、諸方學人欲會頌中不言之言麼？平實說與爾知，爾宜眼聞，莫用耳聞：

我不聞佛法，我不會佛法。

第三八五則　長沙虛空

湖南長沙景岑　號招賢大師　講華嚴大德來問：「虛空為是定有？為是定無？」師曰：「言有亦得，言無亦得。虛空有時但有假有，虛空無時但無假無。」云：「如和尚所說，有何教文？」師曰：「大德豈不聞首楞嚴經云『十方虛空生汝心內猶如片雲點太清裡』？豈不是虛空生時但生假名？又云『汝等一人發眞歸元，十方虛空悉皆消殞』，豈不是虛空滅時但滅假名？老僧所以道：有是假有，無是假無。」又問：「經云：如淨琉璃中內現眞金像；此意如何？」師曰：「以淨琉璃為法界體，以眞金像為無漏智體；體能生智，智能達體，故云：如淨琉璃中，內現眞金像。」問：「如何是上上人行處？」師曰：「如死人眼。」問：「上上人相見時如何？」師曰：「如死人手。」問：「善財為什麼無量劫遊普賢身中世界不遍？」師曰：「爾從無量劫來還遊得遍否？」云：「如何是普賢身？」師曰：「含元殿裡更覓長安。」

蔣貢康楚開示「終身的行持」云：《本項可由五種力量概括之——一、意志力：要下定決心，堅持修習菩提心的意志力。「從此刻到開悟成佛，尤其到此生盡形壽，更尤其到今年此月，今天至明天為止，我決不捨離相對、究竟二菩提心。」二、修持力：三、善種子力：四、省思力：五、祈求力：任何修法結束後，要祈求：「願以我力帶領眾生至解脫境，以至開悟成佛；甚在（至）夢中也絕不捨忘二菩提心，並且日日增勝。願我能善用任何障礙與逆緣成為修心的工具。」》（摘自衆生出版社《修心七要》頁六三—六五）

平實云：密宗乃是「集妄想大成之宗教」—集一切外道妄想而納入佛教中之宗教。蒐羅一切外道妄想，將入佛教中，再高推為佛所未曾宣說之最上法門、最究竟法門、最方便法門；遂成索隱行怪之宗教。云何行怪？謂因索求種種外道妄想法，並付諸實行，故其行門怪誕，內秘種種匪夷所思之荒謬邪行，外則自矜於顯教行者，美名為金剛乘，自謂能令人即身成佛，以此迷惑無智學人。

蔣貢康楚亦如是，於佛說五力之外、別創五力，以示勝妙；如諸密宗古今祖師，於四無量心之外別創密宗之四無量心。如是皆因未曾稍涉佛法，自以為是而隨意解釋佛法名相；初機學人不知，依其所釋而修，便將密宗祖師所說四無量心及五力，錯認為佛說之四無量心及五力，便入歧途。如是行為，殊不可取。

至於蔣貢康楚所言之相對究竟菩提心，皆是自意妄想，非真菩提心也，何以故？謂菩提心無有相對究竟二種，唯有一真—衆生皆本自有之第八識如來藏。

衆生未證第八識前，非無菩提心；其菩提心—第八識阿陀那—本自有之，非因修禪而後有之，非因不修便致無之；悟時覓得本有之第八識阿陀那，說名為證；未悟前不知第八識何在，說名未證，然不因未悟而無此心也。

蔣貢康楚與密宗古今諸師同出一轍，皆以打坐修禪，令意識心入住一念不生之境，令一念不生之覺知心不起五塵分別，便名之為究竟菩提心，皆墮意識境界—緣欲界定中之意識心為究竟菩提心—以此自謂已經證悟，自謂已證佛地真如，已成究竟佛道；如創古仁波切，以此名為「全然開悟」，而謂密宗超勝於顯宗—能令人即身成佛。乃至附密宗之民間信仰者—外道釋性圓、義雲高及喜饒根登—竟敢以此意識心之修證，向其徒衆說為已證佛地真如，輕蔑余等所證第八識阿陀那為因地修證；完全不解佛法，荒唐已極。

今者蔣貢康楚更教令徒衆保持此一念不生之意識心，正墮我見中，以如是常見外道之我見，欲「帶領衆生至解脫境，以至開悟成佛」，乃是痴人妄想。解脫境者涅槃也，涅槃境界則是滅盡十八界法；十八界滅盡後，意根尚且不存，何況能有一念不生之意識？而蔣貢康楚教人欲以意識入涅槃，住於解脫境界，真乃妄想也。

菩薩證知意識之虛幻—幻化而有—依第八識因，意根法塵為緣，五根為依，合此四法乃能幻生意識，如是證知故斷除我見，意識即是衆生及常見外道所認定之「常不壞我」故；由斷此我見—不認意識為常不壞心—故成菩薩須陀洹，即是通教初果聖人也。

菩薩由斷此我見故，於證得第八識時，方能自肯自認，不生懷疑；由無疑故，依此第八識之體驗領受，般若慧漸生，能自通會般若系諸經，不須師授；般若系諸經所說般若，即是開示此第八識—無念心—之體性也；此第八識即是無餘涅槃之實際，即是一切法界之根源，故名實相心，名為法界之實相；此第八識恒具中道性，八不中道等中道理，皆是宣示此心之中道性，故名此心為中道心；能依此心而親領受其中道性者，如是中道觀行，即名中道觀，亦名中觀；證得此心，親觀此心之中道性者，方名中觀師；未證此心而作中道觀者，皆是假名中觀師；如密宗之應成派中觀及自續派中觀（寧瑪巴之大中觀），皆非真正之中觀，皆未親證《般若經》所說之第八識（不念心、無住心、非心心、無心相心）之中道性故。

第八識心方是究竟菩提心，凡夫依於此心修行能成佛道故，此心即是未來成佛時之佛地真如故；若離此心，尚不能知般若總相智，何況能知諸《般若經》所說別相智？何況能知諸唯識經所說之般若種智？故說第八識心方是究竟菩提心，非如密宗之以意識一念不生時為究竟菩提心也。

菩薩由證知十八界法虛幻，故斷我見與我執，成無學果，已證知無餘涅槃之本際而不入無餘涅槃，仍保持意識心不滅—於入胎後別生來世之全新意識—與本有之意根配合，繼續修學一切種智，乃至圓成佛菩提智，名為菩薩留惑潤生—以故意力留一分思惑，以潤未來世生，自度度他而成佛道，非諸二乘無學所能，故名菩薩不可思議。如是正理，非彼密宗古今諸師所能知之，俱墮意識境界我見中故；余今闡明此理，令衆週知；知已便能進趣二乘菩提及佛菩提—一者藉諸觀行斷除意識我見，二者藉禪宗之參禪而證佛菩提之見道，起般若慧。

諸經常言真如猶如虛空，凡夫不解，便謂虛空即是真如；然實無有虛空可得，虛空唯名，非有實法故。既非實法而唯有名，即不應執虛空是真如，否則真如即成唯名之施設法，則真如即成戲論，不應名為第一義諦，不得名為真如，非真實之如故。若人執著虛空即是真如，則必障礙佛菩提道之修證，是故應破虛空外道之邪見。

有某常講《華嚴經》之大德法師，來向長沙禪師挑戰云：「虛空是決定有？還是決定無？」此大名聲之法師不解虛空，不能忍於長沙所述「虛空假有」之理，作此問難。長沙招賢大師答云：「說虛空是有，也可以；說虛空是無，也可以。說虛空是有的時候，只是有『假有』罷了；說虛空是無的時候，只是無『假無』罷了。」

講《華嚴經》之法師又質問云：「如是和尚所說，有何教中文句可以證明？」長沙禪師答曰：「大德！你豈不曾聽聞《楞嚴經》說『十方虛空出生於你心中，只是像一小片雲，點在無邊無際的太虛空裡面』？這段經文說的，豈不就是虛空生時只是出生了假名？《楞嚴經》又說：『你們之中只要有一人發現真實心，將一切法歸於本元，十方虛空就全部消失殞滅』，這一段經文豈不是說：虛空滅的時候只是滅了虛空這個假名施設的名相？老僧因這個道理，所以這麼說：虛空的有只是假名有，虛空的無也是假名無。」

那法師又問：「經中有說：如淨琉璃中，內現真金像；這經文的意思是什麼？」長沙禪師說：「這是以清淨的琉璃譬喻法界之本體，以真金像譬喻無漏智之本體；法界本體能出生智慧，所生之智慧能通達本體，所以說：猶如清淨的琉璃中，裡面顯現出真金之像。」

三轉法輪諸經莫不如是說。清淨之法界體──第八識阿賴耶──隨諸有情任意運行，有情悉皆將祂據為自我；阿賴耶識於三界一切有情身心之中鑒機照用，而一向無我、不思量作主、離見聞覺知，如是清淨無我無私，致令凡愚有情不曾覺察其存在；密宗應成派中觀師更因此否定此識，將其日日受用之此識予以否定。然諸佛菩薩則以此第八識所生之六七識（意識及意根），返尋第八識自體，證知第八識自體及其有別於六七識之自體性及諸種子，般若之總相智別相智種智因之而生；由生般若智已，便能現觀般若智依附於六七識而有，復現觀六七識等十八界法及般若智皆是在第八識清淨體中出現，未曾剎那離第八識體而有。

猶如清淨無色之透明琉璃中，顯現了真金之像，衆生悉皆只見琉璃中之真金像，卻忽略了清淨透明之琉璃本體；凡夫及定性二乘人亦復如是，現見有情第八識所顯示之六七識用，現見證悟者所顯示之般若智，卻忽略了六七識及般若智之根源—第八識清淨心體；定性二乘阿羅漢只看見六七識性用及六七識所現解脫智，卻忽略了六七識及解脫智其實是在第八識清淨心體中現行。如魚住於水中，而不知不見水之存在；如人每日受用空氣，而不知不覺空氣之存在；凡愚亦復如是，每日受用自心阿賴耶，卻完全不能覺知其存在，只覺知「我—六七識」之存在，是故禪宗有名偈曰：「不識廬山真面目，只緣身在此山中。」正是此意也。

華嚴座主見於教門不能難倒長沙禪師，便向宗門上試探長沙之悟處：「如何是上上人之行處？」上上人謂法界本體之根本識也。長沙答云：「上上人之行處，猶如死人之眼。」死人之眼，離見；死人之耳離聞，死人鼻離嗅…乃至死人心離覺知。此謂上上人自無始劫來一向離見聞覺知，何況能起一念妄想？華嚴座主聞已，不能覺了，復問：「上上人相見時如何？」長沙禪師云：「猶如死人之手。」死人手，動不得；衆生五陰自朝至暮動轉不已，為衣食奔忙，勞碌終日；身中之上上人則不動轉，悠閒終日而無不為。證悟者之真如與他人之真如「相見」時，悉如死人手—不動不轉。

華嚴座主套不出長沙禪師悟處，只得轉身返回教門中再作質問：「善財童子為什麼無量劫遊普賢身中世界而不能遍至？」長沙禪師答云：「汝從無量劫來遊諸世界，還遊得遍否？」欲成佛者，必行「普賢行」；普賢行者，謂於無量劫中修諸法門、利益衆生，究竟普賢菩薩所行，而後成就大智，能至文殊菩薩位，成一生補處；由有文殊之智故，住於彌勒菩薩位，方得下生人間成佛也；《華嚴經》入法界品之末所說，即是此意也。

如《六十華嚴》卷第六十，彌勒菩薩告善財童子云：「文殊師利滿足無量億那由他菩薩願行，常為無量億那由他諸佛之母，又為無量億那由他諸菩薩師，勇猛精進教化衆生，名稱普聞十方世界，常於十方一切諸佛衆中為大法師，悉為諸佛之所讚歎，安住甚深智慧法門，分別了知一切法界；於無量劫修諸法門，究竟普賢菩薩所行。…」

然密宗當代諸師及此前祖師，俱未證得第一義諦之見道功德—明心所生般若慧；復未歷經無量劫修普賢行，完全不知文殊大智，完全不解一生補處菩薩境界，而言一生成就究竟佛果，猶如乞丐之誇言富可敵國，非智人也。蔣貢康楚亦復如是，尚未能具七住見道明心功德，遑論菩薩之無量普賢行，而作如是祈求：「願以我力帶領衆生至解脫境，以至開悟成佛」，即成虛妄想也。

若人不證七住之般若慧—別教見道之明心功德—則不能行無量普賢行，普賢行須以大乘見道之般若為中心故；不能成就無量普賢行者，則不能成就文殊大智；不成就文殊大智者，則不能住等覺菩薩位；一切學人應知此理，而後能知入道之處。

普賢身中世界者，即是汝我第八識自心所現一切相分境界也。一切諸佛未成見道菩薩前之凡夫位中無量劫生死，皆是在自心所現一切境界中輪迴生死；見道後之進修佛道三大阿僧祇劫所行，亦是在自心所現一切境界中自度度他；如是三大阿僧祇劫乃至成佛之時程，名為普賢菩薩願行—藉十方世界外境而於自心所現之內外相分中，廣修菩薩六度十度願行；乃至成佛後之盡未來際以度衆生，莫非皆在自心之內外相分中廣度衆生，未離普賢行也；如是名為普賢身。由是正理，善財大士於無量劫，在法界中遊普賢身而不能遍，唯有成佛方得遍之。此是初地滿心菩薩，已證「猶如鏡像」觀者方能少分知之，佛地方能遍知也；初悟般若之菩薩雖不能知此，藉由增上慧學之漸修，後至初地滿心位，方能少分知之。

只如般若之初悟—禪宗之明心—當如何證悟？則須先覓自心真如也。華嚴座主欲覓自身本有之第八識真如，便向長沙禪師問云：「如何是普賢身？」長沙禪師隨口答曰：「含元殿裡更覓長安。」自身已經住在長安都城之含元殿中，卻更求覓長安城；華嚴座主如是，一切未悟之凡夫亦皆如是。日日受用自心真如，日日安處自心真如所現之內相分中受諸苦樂，及至有人問著，卻又不知自心真如何在；豈唯勞煩我佛降生辛勞，更累十方菩薩來此相助，然而證悟之人依舊甚寡。　頌曰：

虛空有時但假有，猶如片雲點太清；
虛空無時但假無，十方虛空悉消殞。
淨琉璃中現金像，心智一體豈相鄰？
若人欲見普賢身，且向含元殿外尋。
爾等密宗一切法王活佛欲覓普賢身麼？平實說與汝知：
出得含元殿時，且小心腳跟下事！

第三八六則　長沙眞心

湖南長沙景岑　號招賢大師　有僧問：「如何是學人心？」師曰：「盡十方世界是爾心。」僧云：「恁麼則學人無著身處也。」師曰：「是爾著身處。」僧云：「如何是著身處？」師曰：「大海水，深又深。」僧云：「學人不會。」師曰：「魚龍出入任升沉。」

蔣貢康楚云：《就這一世修習菩提心的我們而言，死亡是個不變的事實。死亡時刻來臨時，我們可再利用下述五種力量修行：一、意志力…二、修持力…三、善種子力…四、省思力…五、祈求力…能力許可，我們念誦「七支佛事供養文」；如果不允，我們便一心專注祈求：「願我過去、現在、未來三世所積諸功德，迴向生生世世不忘菩提心，並隨時光流轉常增勝。願我常遇明師指點教導珍貴佛法。」除此外，我們可兼修下法：如果能力許可，採跏趺座；否則以吉祥臥，用小指堵住右鼻孔，利用左鼻孔呼吸，觀想慈悲與愛心，修「自他交換」法。續觀輪迴、涅槃、生死—一切只是唯識所現，心本身亦空無一物。將心安住，不論內外均無所緣執，保持這種狀態，自然平穩的呼吸。》（摘自衆生出版社《修心七要》頁六四至六六）

《「蔣貢仁波切說：也許有些其他臨終的修習法門更爲人所知悉，但無一較此更佳。」》

（同書第六六頁）

平實云：臨命終時，若依此法而修者，名為愚痴；何以故？謂息脈斷後，意識漸漸昏沉乃至消失，則蔣貢所言之意志力、修持力、省思力、祈求力，俱皆不起作用，此四力必依意識現行而有故；意識既因漸入正死位而漸消失不現，則此四力俱皆隨之消失不現，有何所恃？

至於善種子力，則非蔣貢所能有之，謂蔣貢一生以常見外道法取代佛法——將意識心指稱為究竟菩提心——如是破壞佛法，豈有善種子力？一切善行皆不敵此一破壞佛法之力故。

臨命終時氣力已衰，云何令人堵一鼻孔而修自他交換法？而自他交換法亦非佛法，唯是密宗祖師之虛妄想爾，無益自他；何況取為臨命終時之修法？

復次，如蔣貢所言：「輪迴、涅槃、生死——一切只是唯識所現」，試問：此三是何識所現？若是意識所現，意識是斷滅之緣起法，則應涅槃亦是斷滅之緣起法，是耶？非耶？若是第八識真心所現，則蔣貢不應指稱意識覺知心是究竟菩提心。

三者，蔣貢令人於命終時：「將心安住，不論內外均無所緣執，保持這種狀態，自然平穩的呼吸。」名為愚人妄想，何以故？謂正死位，意識必滅——一切覺知悉滅；

蔣貢令人「保持這種狀態」以待息斷死亡，則是不知正死位過程之人也。如是而言密宗最瞭解死亡、最能教人如何面對死亡，乃是大妄語也。

若人欲知正死位之全部過程，必須具知初地滿心位之道種智；由詳實證知六七八識間之聯繫運作微細過程，方能真知捨身之內涵與過程。今觀密宗古今諸祖，迄未曾見有人能證第七識意根者，何況有人能證第八識阿陀那者？不知不證作主之意根、不知不證持身之阿陀那識，而言能知死亡、能教人面對死亡之過程，無有是處。

學佛之人若欲真知死亡之內涵者，當證初地滿心之道種智；欲得初地滿心之道種智者，當修破邪顯正之智慧—初迴向位破除衆生我見之智慧，即是「救護一切衆生離衆生相」之般若慧也。欲求此慧，當先證悟自心阿陀那識—第八識阿賴耶。欲悟此一真心者，當學禪宗之法—參禪。

有僧問：「如何是學人之真實本心？」禪宗學人多知意識即是覺知心，覺知心乃是緣生緣滅之法，故向真悟之師請求指示真心所在。長沙禪師答云：「盡十方世界是汝真心。」大利根人若未受假名善知識之誤導者，當下便悟，不由耳聞而知故。長沙此語，明中有暗，暗中有明，若非上上根人，必墮長沙語脈；此僧正是如此，不會長沙密意，故云：「若是這樣，那我就沒有安身立命之處了。」殊不知此僧如是答時，正是他安身立命之處，所以長沙回云：「是汝安身立命之處。」

長沙句句是啐啄同時、明暗雙雙，無怪彼僧難會，乃又問云：「如何是著身處？」長沙依舊啐啄同時：「大海水，深又深。」學人若向他句中尋理，不免又墮長沙閑機境上，轉會轉遠也。此僧亦復如是，只得老實答道：「學人不會。」長沙見他不會，只得擱下啐啄同時之機鋒，向伊道：「魚龍出入時，都恁麼自由升沉。」此回倒是有心為他，出此一語；無奈此僧因緣未具，仍須待時。

只如「大海水，深又深。」什麼處是為人處？長沙禪師將他答彼僧？爾等密宗法王活佛仁波切等人，若欲會取，不得耳聞，耳聞不見；要須眼聞，眼始聞法。若人於此一句語中眼聞者，隨即通達《心經、般若經》，不由他悟，即得出世為衆生說法，語語悉符第一義諦。若待耳聞，且參長沙禪師次句語：「魚龍出入任升沉。」若於此一句下悟得，唯能自救，已不堪為人師矣！　頌曰：

十方世界是爾心，無著身處豈無痕？

大海水，深又深，魚龍出入任升沉。

爾等密宗諸大法王活佛仁波切欲會般若麼？過來！過來！在下說與爾知：

千里平疇魚米鄉，車來人往任爾行。

第三八七則　長沙骨力

湖南長沙景岑　號招賢大師　僧問：「有人問，和尚即隨因緣答。總無人問，和尚如何？」師曰：「睏即睡，健即起。」僧云：「教學人向什麼處會？」師曰：「夏天赤骨力，冬寒須得被。」又問：「亡僧什麼處去也？」師有偈曰：

不識金剛體，卻喚做緣生；

十方眞寂滅，誰在復誰行？

蔣貢康楚開示「修持的成果」云：《……有時他人會客氣的讚美我們修持不錯，但他們並無法透視我們的心，因此不要爲他人的恭維自喜，自己小心謹慎的評估才是重要。**如果我們能時刻保持覺醒，心裏清明無礙，就是修習菩提心成就的徵兆。**……最後一個修行成就的表徵，可由下例解釋之：一個經驗老到的騎士……同理，假若我們能了悟二菩提心，就算平時對周遭的一切－幸與不幸、快樂與痛苦的事物不刻意去留意，**堅定清明的菩提心也會自然流露。**》（摘自衆生出版社《修心七要》頁六七、六八）

平實云：密宗古今法王活佛，包括天竺密宗之帝洛巴、那洛巴、月稱……等人在內，悉欲將意識修行清淨變成佛地真如；是故密宗內，從天竺至西藏，從西藏至內地，乃至今天之台灣，有所謂之大成就者、至尊等人，將一念不生之意識認定為佛地真如，以此外道凡夫境界而宣稱為「已成佛道」即身成佛，舉如帝洛巴、畢瓦巴（密宗將畢瓦巴攀緣爲護法菩薩，非是事實，法道異故）、辛帝巴、那洛巴、寂天、月稱、蓮花生、阿底峽、瑪爾巴、密勒日巴、岡波巴、惹瓊巴、宗喀巴、土觀、歷代達賴喇嘛，一切大寶法王、大慈法王、大乘法王，一切活佛仁波切⋯等人，莫非如是以「清明覺醒無念」之覺知心為佛地真如，以如是意識為究竟菩提心，悉墮常見外道境界，不離我見，未斷意識身見。

密宗諸師每愛貶抑顯宗之修證為「因地修行」，高推密宗為「果地修證」；然觀密宗古今諸師之「修證」，於三乘菩提之見道，俱無其分；俱皆未斷我見故，俱以一念不生之清明覺知心為佛地真如故，俱皆欲將意識心變為佛地真如故。如是「果地修證」，尚不能證得聲聞初果，何況能證大乘別教七住菩薩之般若慧？竟敢貶抑顯宗之「因地修行」，竟敢以「密宗大日如來」之常見外道見，而貶抑顯宗釋迦世尊之修證；知見顛倒，荒唐已極，謂之為狂密宗徒，允為正評。

勸爾密宗諸師，當速求見道；大乘見道之本質，則是悟明各自本有之真實心——第八識如來藏。便舉長沙骨力公案，共爾密宗諸師商量：

僧問云：「有人來問時，和尚（對師父尊稱爲和尚）即隨因緣而答。統統無人來問時，和尚您將如何？」此乃問悟者於平時自處之道，欲藉此問而明自心真如也。長沙招賢大師聞問，答曰：「睏了便去睡覺，身體恢復強健了就起身做事。」彼僧聞已，不能會得，便老實答云：「教我向什麼處體會？」長沙禪師乃提示云：「夏天時可以打赤膊、勤勞做事，冬天寒時須要被子保暖。」彼僧仍然不會，只得又問：「亡僧死掉之後，屍體在此，人卻到何處去了？」直下明問，冀望長沙禪師為彼明說也。長沙禪師乃示一偈曰（語譯如左）：

不認識金剛本體者，卻將金剛體喚作緣生緣滅之法；

金剛體不論是在十方世界之任何一處安住時，都是真實寂滅之法；

有情衆生於十方世界受生後，究竟是誰分明地存在？是誰到處行走呢？

只如長沙禪師云：「睏即睡，健即起。」有什麼妙義？值得答他僧人問義？僧人不會、再問，長沙禪師卻道：「夏天赤骨力，冬寒須得被」，爾等密宗諸師若來下問，平實但向爾道：「骨力些好！骨力些好！」（註：骨力，乃古河洛話，今日閩南語仍用之；謂勤勞也）

當代大陸八大修行者，每舉《楞嚴經》，向大衆道：「五蘊、六入、十二處、十八界，皆如來藏妙真如性。」又舉六祖之意：「不離見聞緣，超然登佛地。」便向大衆指陳：一念不生時，不分別諸法之靈知心即是真如。皆誤解楞嚴及六祖意也。

六祖意謂：須藉見聞覺知之緣，方能悟得真如；不可欲滅見聞覺知之心，而覓真如也。楞嚴全經之旨意，皆圍繞於如來藏體而說其用；蘊處界皆從如來藏生，蘊處界有生有滅，如來藏體恒不生滅，故說蘊處界與如來藏非一非異。不可謂「心性不二」，何以故？有大過故：若謂心性不二，則心即是性，則應二乘無學入無餘涅槃時，蘊處界性滅盡不現時，藏識心亦歸斷滅，則涅槃成斷滅法，性與心是一故。若謂心性是二，亦有大過；意謂蘊處界性非由如來藏生故，則墮無因有緣之論中，則墮應成派中觀之邪見中，則謂實相心別一，與蘊處界無干故。

是故當言如來藏是體，能生蘊處界等性用，體用非一非異。復次，如來藏生蘊處界用已，於蘊處界之現起作用時，別有如來藏之自體用現行，隨一切緣而配合運作，別有自體性現行，非唯現起蘊處界之性用爾；於蘊處界暫斷時（如眠熟等之位中），如來藏仍有其自體性隨緣任運。如是，如來藏於蘊處界暫停性用之際，及蘊處界性用現行之際，皆悉別有自體性隨蘊處界而任運不斷，禪宗真悟祖師之所悟者，悟此性也；由悟此性故，了了分明見如來藏之體，現見如來藏與蘊處界並行運作——生蘊處界性之見聞覺知等，而仍有自體性之配合運行。

欲證悟此如來藏本體及外於蘊處界之藏識自體性，不得捨棄見聞之緣；若離見聞之緣，即無能證能覓藏識者故。由吾人有見聞之緣，方能證彼本來離見聞之如來藏體及其自性，是故六祖云：「不離見聞緣，超然登佛地」，意謂不得捨棄見聞覺知之意識而證如來藏也。未悟之人不解六祖之意，便謂見聞之心一念不生、不起分別時，即是如來藏之體性，自生錯會。

密宗古今諸師，及當今大陸八大修行者，皆欲將意識變為真如，彼等諸人常云：「元音老人所說之了了靈知，即是真如。而是否有分別，關鍵又在粘與不粘。」如是之語，有大過焉，悖理違教故。

若靈知心不起分別即可變成真如，則三乘諸經皆應改寫，三乘諸經皆謂靈知心是意識故。則佛初轉法輪時亦不應破斥常見外道，何以故？謂常見外道之修得四禪八定者，皆能不粘六塵故；然佛終不說其為悟，仍斥之為常見我見之外道。當知有情之靈知心，不論粘不粘六塵，一旦現行運為，則有別境五心所法隨之現行，何得謂為無分別心？

靈知心現行時，若未曾見道而斷我見——現見靈知心之依藏識因及五根意根法塵緣而起——則必粘著靈知心自我，不可能無粘；雖自已欲無粘，唯能不粘五塵，終不能離於我見法塵之粘也，必定認定靈知自己為真實不壞法故——粘著自己；粘著自己故，名為我見不斷之凡夫，焉得說為不粘者？

三乘初果人俱斷我見，俱皆現觀靈知心之虛妄幻有，依於因緣而起，故永不粘自己，而能以此斷我見之功德，分別諸方大師已斷未斷我見；由能如是分別諸方大師故，於諸大師之已見道及未見道，皆能了然於心，故無所疑，名為斷疑見。由斷我見疑見故，不墮戒禁取見中。如是斷除三見結故，成解脫果之初果人。大陸八大修行人既未斷我見——認定靈知心意識為真如——則皆粘著於意識，認定意識常而不壞，云何可謂已離粘著之人？無斯理也。

靈知心永遠是意識，乃至成佛時仍是意識，永無可能變為真如也。若靈知心可變為真如，則靈知心不粘著諸法時，應有二真如，佛說一切有情恒有第八識遍一切時存在故；亦應靈知心變為真如時，無有意識存在，則應有二真如而無意識，第八識真如於意識靈知心未變為真如時即已存在故。然佛世尊說人間有情悉有八識，不論悟抑未悟，皆悉如是；四聖六凡莫不如是，悟道菩薩豈能自外？是故真如本已有之，非將靈知心修成無分別及不粘著而可謂為真如也；若人效法大陸八大修行者之行門，欲將靈知心修除分別及粘著，以此謂為證悟者，皆名常見外道我見，非佛門弟子應有之知見也。

復次，無念靈知心若是真如，則應實相有四：一者意識無念靈知心，二者靈知心所依五色根及意根，三者法塵，四者能生靈知心之如來藏。三乘諸經既謂靈知心依此一因三緣而生，則能生無念靈知心之因法緣法亦應是實相故；如是則生大過。「了了靈知」若是真如，則不應於眠熟等五位悉皆間斷，佛說真如自無始劫來遍一切時在，不曾剎那暫斷故。由是奉勸一切顯宗密宗行者，莫起邪見─欲修意識心轉變為真如；當藉意識見聞知覺性，覓取恒與靈知同在之真如─離六塵見聞覺知之第八識真如。

只如密宗諸大法王活佛仁波切，來至寶島下顧平實問取真如時，見道一句作麼生道？平實且說似伊：如今天熱不須被，但自赤膊，骨力些好！　頌曰：

長沙緣生有金剛，十方寂滅在復行；

愚人不識金剛體，錯認識陰知見瞑。

冬寒須被夏骨力，亡僧聞此離墳塋；

再生人間參一回，能破諸方野干鳴。

第三八八則　長沙還鄉

湖南長沙景岑號招賢大師　南泉普願禪師有久住投機偈曰：

今日還鄉入大門，南泉親到遍乾坤；
法法分明皆祖父，迴頭慚愧好兒孫。

師聞此偈，答之曰：

今日投機事莫論，南泉不道遍乾坤；
還鄉盡是兒孫事，祖父從來不入門。

澈贊仁波切云：《大譯師馬爾巴說：「一切眾生都有機會藉由禪修達到開悟，但我卻有不經禪修而能證悟之法。」此即金剛乘祕密真言中最殊勝的法教之一—頗哇法—它甚至可促使業障深重的人快速開悟。》（摘自眾生出版社《追尋無瑕甘露》頁一一三）

昆丘嘉真開示「不修而悟」之頗哇法云：《…中脈在心輪處有一連接點，上托一朵四瓣紅蓮，蓮華中央有一**代表我們神識的明點**，形狀似紅球，大小則如一顆豌豆，非常明亮，並會反光。我們要把這一切都觀想得很清楚，它就如無實體的智慧本質。在我們頭上頂輪的開口處是由我們根本上師所化現的阿彌陀佛；他穿著三法衣，具足佛的八十隨形好相，採彌勒佛之坐姿而坐，兩隻腳拇指置於我們頭頂。圍繞阿彌陀佛的是所有頗哇傳承的上師，每念到一位上師的名號，我們要虔誠祈求：「請加持我的心識，請加持我修持頗哇的成就，在我臨終死亡時，神識即能刹那由頂輪射出，遷往極樂淨土。」》（摘自衆生出版社《追尋無瑕甘露》頁一八三、一八四）

平實云：密宗有許多異想天開之妄想，遷識法只是其中之一。頗哇法，有人譯為破瓦法，即是遷識法；藉遷識法將密宗行者之本識（第八識如來藏）遷往諸佛淨土，故名遷識。密宗以此法吸引求生極樂之淨土宗行者；雖言「不經禪修而能證悟」，其實仍須禪修（修觀想之法）；禪修已，仍不能證悟，此法乃是虛妄想故；此法不能遷移本識往極樂淨土，明點非是本識故，觀想所成彌陀非真彌陀故，上師所化彌陀無此能力故，彼諸上師無一人有能力化現彌陀色相故。如是妄想絕無可能令人證悟。

證悟實相者，唯有一法：證得本有之第八識如來藏，除此無別所悟；法界實相唯是第八識如來藏故。今者止貢噶舉之頗哇法中，誤認人身觀想所成之中脈明點為本識如來藏，則違第一義諸經所說，亦違原始佛教四阿含所說根本識，故名虛妄想；是故頗哇法名為「妄想者所說」。

復次，密宗一切宗派皆說靈知心處於一念不生之際，不分別、不粘著一切法時，即是佛地真如；今於頗哇法中又說中脈明點即是本識，欲藉遷識法遷移本識（明點）而生淨土，則實相心應有二：一為一念不生之靈知心（意識），另一為中脈中之明點。然而佛說實相心唯一，無有二法可以同為實相心，是故密宗祖師之「證量」悉皆違教悖理。

如是之法，顯違佛法，悖聖教量，是虛妄想；何以故？謂明點乃藉靈知心意識之觀想而成就，是意識所生法；所生之法既有生，則必有滅；有生有滅，即非遍一切時恒常存在之實相心也。明點既非遍一切時恒在之法，即非常住自在之法；又復依他而起，是緣起法；緣起而非自在常住之法，則非本識實相也。明點既非本識實相，乃是觀想所成之法，如是幻法明點，云何求佛接引至極樂？有何實義？

三者，所觀想之佛像並非真佛來迎，只是自己藏識所現內相分，不能於中陰之際接引行人本識遷往淨土。

四者，縱能遷移明點而至極樂淨土，然靈知心是否隨彼明點遷移？若隨之遷移，則已顯見靈知心非佛地真如，則密宗古今諸師即不應言無念之靈知心是佛地真如，自相矛盾故。若不隨之遷移，則「明點本識」在極樂，靈知心在此土留存，則一有情心分割成二，非佛法正理也。

五者，若言靈知心非是本識實相心，明點亦非本識實相心，則汝等修習遷識法即成戲論，無關佛法。既非佛法，云何可謂頗哇法能令人開悟？無是理也！

六者，若謂明點是實相心，則明點應具足實相心之體及性用。然今現見明點不具實相心之體及性用，故明點非實相心。實相心能生蘊處界、能生有情之了了靈知，亦能藉靈知心之觀想而生明點；明點由第八識實相心而生，藉意識觀想而生，故明點非實相心。如是，密宗行人修頗哇法即成無義，唯是戲論所生之妄想爾。以此戲論妄想，奢言能令「業障深重的人快速開悟」，正是狂想，非佛法也。然而密宗古今諸師悉皆見不及此，實由迷信崇拜上師所致。從此不應再將上師置於三寶之上，應以三乘諸經法義檢校上師所示諸法。

密宗行人當知：大乘菩提入道初門，即是明心──證得本已存在、本已離言離念之第八識如來藏。若違此者，皆非大乘見道之法，實相唯是此第八識故。若未明得此識，則於禪宗祖師之言語，生矛盾想，不解其義；亦必處處誤會三乘諸經，故密宗諸師唯能以密續印證其「證量」，不能以三乘諸經印證其「證量」，是故當求禪宗之明心──大乘真見道。茲舉長沙還鄉公案，以啟密宗行者見道之緣：

南泉普願禪師有「久住投機」偈曰（語譯如左）：

今日還歸實相本源，進入了佛法大門；

我南泉普願親到佛法之中，遍於天地之間；

法法很分明地顯示——皆由祖父而來；

迴頭看看以前所經諸事，知道慚愧了，這才是好兒孫啊！

長沙禪師聞此偈已，便作一偈應答曰（語譯如左）：

今日契應佛法機宜之事，且莫論它；

南泉之真實法身，絕不會說遍滿乾坤的話；

所謂還歸實相本源，這些全部都是兒孫所做的事；

祖父從來都不曾進入佛法之門。

久住者，謂無始劫來本已常住、本來不生之法。投機者，謂契應佛法機宜。一切佛法皆依有情之第八識而說；無餘涅槃乃是第八識不復出生五陰、不現於三界中之狀態；般若諸經所說，乃是敘述第八識之不墮二邊狀態。唯識種智諸經所說，乃是敘述五蘊十八界法悉由第八識出生之因與緣，敘述第八識之自身體性，並敘述意識與末那識體性，與第八識性比對，而後敘述佛菩提二主要道——解脫道及佛菩提道；前後所說，旨在宣示：「一切法唯識而生，前七識由第八識生，一切法由八識合生，故說萬法唯識。由是正理，知一切法皆直接間接由第八識生，三界一切法（含般若涅槃一切法）皆不能外於第八識而有，故說三界唯心，故說第八識如來藏乃是一切法界之實相，證第八識者方是現觀般若實相之賢聖。

然第八識於三界中雖有種種心行，能由真悟者現前觀察體驗，自身卻離見聞覺知，恒不分別，恒不思量，恒不作主，亦不修證一切佛法，離無明與明。能破無明而起明性（證知佛法）者，乃是意根意識；能思量分別一切佛法者，乃是意根意識；能作主確認所修佛法者，乃是意根意識。是故親證實相而還歸法界本源—還鄉—者，乃是意根與意識；祖父—第八識如來藏—本已久住故鄉，本已「住於」佛法中（如來藏自身即是佛法故），是故長沙言「還鄉盡是兒孫事，祖父從來不入門」。

唯有意根與意識能契佛法機宜，第八識從來不契機，自身即是佛法故；第八識自身既是意根與意識所悟之標的，云何尚須求悟還鄉？是故長沙不道第八識真心能與佛法投機。

又此如來藏遍五陰十八界，五陰十八界法能遍三界世間存在運作（無色界唯四陰三界、色界唯五陰十二界），故如來藏遍於天地乾坤。如是遍於乾坤者，實乃遍於有情蘊處界中，藉有情之蘊處界而遍於天地中示現存在，非謂遍滿虛空也，是故長沙道：「南泉不道遍乾坤」，恐衆生誤解故。月溪法師誤解南泉之意，遂道「遍滿乾坤大自在」，墮於野狐見解之中。

南泉依意識親證如來藏，而說久住投機偈；長沙則依如來藏本體所「住」境界，而說如來藏—祖父—之體性，俱無差錯；愚人不解，便謂有差。是故禪宗真悟祖師說禪，往往言文相反，令諸未悟錯悟者起諸謬想，自生矛盾；聰明多讀諸經而尚慢者，便謗禪宗為野狐禪，便謗禪宗祖師證悟故事為無頭公案。然於真悟者言之，悉無矛盾之處，已確實證知般若體用故。

爾等密宗法王活佛仁波切等人，欲會般若還鄉之旨麼？且觀平實頌來：

今日還鄉不入門，兒孫何曾離祖父？
不到方能遍乾坤，投機方識菩提路。
只如投機一句作麼生道？附耳過來，平實說與爾知：
迴頭慚愧好兒孫；欲知慚愧，且迴頭看！

第三八九則　白馬快活

荊南白馬曇照禪師　師常云：「快活！快活！」及臨終時卻叫：「苦！苦！」又云：「閻羅王來取我也。」院主問曰：「和尚當時被節度使拋向水中，神色不動。如今何得恁麼地？」師舉枕子云：「汝道當時是？如今是？」院主無對。（法眼代云：「此時但掩耳出去。」）

諾那活佛所譯、佛母葉與磋加實錄之蓮花生大師之蓮花化生「史實」云：《……王率土內噶馬汝地，其東北有海，曰殖民當顛，盛產蓮花；中有蓮莖，粗可合抱。時惟辰年，季夏六月，日宿在鬼，有王臣採蓮而食；見大蓮已敷，析爲八房，中出小兒，相好光明、端身趺坐。心極詫異，欲返報王；又慮：不獲將得，反滋罪戾。躊躇久之，仍赴國門，央閽者求見王。適發帑將竭、索者坌集，王慮不濟，方聚臣工、圖理財治生之道；不及陛見，事遂寢置。蓮花生大師以何因緣化生此邦耶？以阿彌陀佛爲度生三事垂現大師之相……。殖民當顛海，闊百有二十里，形圓、色青，視可徹底；具八功德：一、清淨，……。自茲大蓮晝開夜合，大師由此出現；王之國祚，亦轉爲隆永。王臣奏報未達，王問求子術於占星者，……。道經殖民當顛海，王忽見大蓮、放五色虹光，水鳥鴛鴦和鳴游泳；命衆往瞻，衆驚問王：「王何得見？」王曰：「我眼忽明。」王臣具奏昔見蓮產小兒之狀：「以王勤勞，未邀聰聽，今正是時，願王垂幸。」王曰：「善哉！昨夢手持九股金剛杵，日輪懸空，星月黯淡，大地蒙光，定兆至祥。」尋往花所，見白紅蓮花上趺坐小兒容貌至美，王問之曰：「父母爲誰？」兒曰：「明了智慧以爲父，歡喜慈悲以爲母，不生不滅以爲地，內外瑩徹以爲心，空有不著以爲食，**降伏妄念以爲座**。」作是語時，王大感傷，王臣啼淚悲泣，因名之曰：磋結朵絜；海生金剛義也。將蓮及兒並載入舟；一切水鳥歌囀啼鳴，狀至難捨。王舟遂行。磋結朵絜（蓮花生）以沿途所見，卜隨去吉凶：初見皓首牽牛，……。尋抵都門，民衆鼓舞，作大音樂、迎奉入宮。王以所獲寶珠洗滌磨瑩，陳之高臺，初祝第一寶曰：「當爲吾兒先現宮殿。」於是……次降宮殿樓閣、衆寶音樂，並放五色虹光；馬哈典渣大密法十八種祕執，五方佛母，佛說沈噶那七種經先後下降。復次，達納果嗄地亦下降阿兌約噶經（仰兌瑜伽經），凡閱誦此經者，多分解脫成佛。述王取寶、及大師降生竟。》（摘自新文豐出版公司一九八三年元月再版《蓮花生大師應化史略》頁十六至十八）

平實云：密宗中人多喜渲染編造祖師神話，以邀信衆恭敬受學。而此神話違教背理，破綻甚多，不可信之。蓮花生乃烏杖那國之侯爵因陀羅蒲諦所生，**非由蓮花化生**，非是王子；及長，**娶寂護之妹爲妻**，曾與寂護同赴西藏弘法。因陀羅蒲諦之妹，名為羅珂修明迦羅，著有《不二成就法》，門人頗多，名聲廣大。

復次，若是蓮花化生者，唯能生存於色界，不能生存於欲界六天以及人間，蓮花生身皆是微細物質之身故，皆是非男非女之中性身故。蓮花生上師既是肉質之身，復具男性性徵而能娶妻生子，又能履次實修性力派之雙身法（詳見《蓮花生大師應化史略》），則已證明其為人間肉胎之身，非由蓮花化生也。

諸佛菩薩化身於人間，同諸衆生共事共修者，皆必須降神母胎，受肉質身，不得以人間之蓮花而化身形、成肉質身也。人間蓮花不能如色界寶池蓮花化生有情身故，蓮花化身必非肉質身故，非肉質身則不能娶妻生子、不能修性力派之雙身法也；是故蓮花生大師之由蓮花化身等語，乃是訛傳，非事實也。

三者，蓮花生之所謂成佛者，乃以覺知心一念不生，即名已證佛地真如，豈唯不證大乘般若之見道，亦乃未證聲聞菩提之見道，覺知心乃初果人所斷我見之「我」故，覺知心永遠是意識故，覺知心永無可能經由修行變為真如故；真如是與覺知心並存之第八識故—不論覺知心起不起念，真如永遠與覺知心並存；而今現見蓮花生以一念不生為佛道正修，以覺知心處於一念不生狀態，即名已成佛地真如，仍墮常見外道之我見中，未證第八識如來藏，非是見道之人，何況已成佛道？讀者欲知其所證真如者，詳見拙著《宗門血脈》第三一三則，及《宗門道眼》第二五三則引述即知。

學人欲入佛法者，當效法禪宗祖師參禪—尋覓自己本有之第八識如來藏。此心自無始劫以來，本即一念不生，不待修之而後無念；此心從本以來不曾暫起一念、念一切法，《般若經》中佛說之為「不念心」。若人覓得此心，即證般若中道，親見實相，方知意識（一念不生之了了靈知）永遠是意識，不因有念無念而有差別；方知第八識如來藏本已存在，故名自在。欲證此自在心者，且共探白馬快活公案：

荊南白馬曇照禪師常云：「快活！快活！」及至臨命終時，卻一反常態，叫云：「苦！苦！」又語人云：「閻羅王來抓我也。」院主甚覺奇怪，乃問曰：「和尚當時被節度使拋向水中，而神色不動；如今怎可恁麼地慌亂？」白馬禪師聞院主問，卻舉起枕頭云：「你說說看：當時是真心？現在是真心？」院主聞言不解，無能答對。後來法眼文益禪師聞此公案，便代院主云：「此時只需掩住耳朵走出去。」

密宗學人莫效蓮花生以一念不生之了了靈知心為真如，莫以白馬禪師道「快活」時之了了靈知心為真如，莫以白馬道「苦苦」時之了了靈知心為真如，莫以白馬禪師道閻王時之了了靈知心為真如，且於白馬禪師道苦、道快活時，覓個不知苦、不知快活底；待汝覓著時，方知白馬禪師快活在什麼處？苦在什麼處？方知人人身中自有閻羅王，時時欲取汝也。若能於苦樂中，覓得與了了靈知心同在之不受苦樂心，平實道爾有來由。　頌曰：

　快活即苦非一異，人人身中有閻羅；
　當時墮水豈異今，舉枕分明將屍馱；
法眼代云掩耳出，白馬苦樂意難摹。

如今還有法王活佛認得白馬法眼意麼？且舉枕子送與我！

第三九〇則　趙州正道

趙州觀音院從諗禪師　曹州郝鄉人也，姓郝氏。童稚於本州扈通院從師被剃；未納戒，便抵池陽參南泉。值南泉偃息而問曰：「近離什麼處？」師曰：「近離瑞像院。」南泉曰：「還見瑞像麼？」師曰：「不見瑞像，只見臥如來。」南泉曰：「汝是有主沙彌？無主沙彌？」師曰：「有主沙彌。」南泉曰：「主在什麼處？」師曰：「仲冬嚴寒，伏惟和尚尊體萬福。」南泉器之，而許入室。異日問南泉：「如何是道？」南泉曰：「平常心是道。」師曰：「還可趣向否？」南泉曰：「擬向即乖。」師曰：「不擬時，如何知是道？」南泉曰：「道不屬知、不知。知是妄覺，不知是無記。若是眞達不擬之道，猶如太虛廓然虛豁，豈可強是非耶？」師言下悟理。乃往嵩嶽琉璃壇納戒，卻返南泉。異日問南泉：「知有底人，向什麼處休歇？」南泉曰：「山下作牛去！」師云：「謝指示。」南泉云：「昨夜三更月到窗。」

諾那活佛譯，由佛母葉興磋加實錄之《蓮花生大師應化史略》云：《蓮花生大師未出世以前、釋迦『穩覺察爾隆典經』云：「佛涅槃後八年，地名達納果嘎，海中大蓮花上、化生一佛，名曰卑馬炯容利，一切密乘由彼擔荷。」又『那密斷宗經』云：「我涅槃後八年，我再出應世，名曰卑馬炯容利，世間第一，莫能敵比，最上密乘由是傳佈。」又『甘杜渣威舉經』云:「佛說與我同來教主,名海生金剛,傳內外密諸法,爾時國王名主朗勁。」」又『涅槃經』云:「殺那、展母卻雙林間,佛示寂時,摩訶迦葉他往,惟達雅、那準、滾高三人在側,佛囑累曰:『我涅槃時至,爾勿焦心,亦勿號泣。卽住多劫,此身終當變滅。將來當有勝我者出生海中。』」佛不妄語,信而可徵。釋迦所說側重顯教,密教金剛喇嘛蓮花生,其應化神變曷可罄述。》(新文豐一九八三年元月再版第十四頁AB面)

平實云:密宗祖師所創造之密續經典,如是宣說蓮花生出世時之證量高於釋迦文佛,則釋迦應名「有上覺」,不得名為「無上正等正覺」,尚有餘人上之之故,所悟非與諸佛正等故,是耶?非耶?彼密宗祖師集體創作之密續經典,矛盾百出,不足採信。

復次,彼諸經典內涵,皆墮意識我見,所說不到第一義諦之如來藏,焉可妄攀為佛所說經典?而顯教《涅槃經》,不論是南傳抑北傳之各部派《涅槃經》,皆未曾說「彌勒與釋迦之間有佛出世」,皆說釋迦之後出世之佛為彌勒;密續經典創造蓮花生為「修證高於釋迦之化生佛」,既不符事實,亦違背佛說,絕非實錄也。

《蓮花生大師應化史略》二十三頁A面又云:《地名果巴冷左蒲,宮殿圓形,有法身、法報身、報身、化身、化報身,皆具足成就之佛,曰滾杜槍;有佛母報持,現雙身相於獅子座上。大師見之，學顯密二教法爾圓寂頓契證之法。分別爲二十一類，約之惟一：曰禪那法。即色空不二，自心如如；不取不捨，三業自在，法爾成佛法門。》

密宗於三身外，又創造「法報身、化報身」，成為五身，成一創見，以冠於佛說三身之上。謂為釋迦所未說之密法證量。「佛母抱持佛身」者，謂雙身修法也；即以淫樂中一心受樂之覺知心處於一念不生狀態，名之為佛地真如；密宗由有雙身淫樂修法，即名此能令人受淫樂之女人為佛母；由此女人能令人於淫樂中觀察樂受空，名為證得空性，故說女人代表智慧，能出生密宗諸佛，故名佛母；密宗由有如此成佛法門，故名金剛乘。

然而空性乃謂第八識，非謂意識；亦不得以淫樂空無形色、覺知心空無形色，而名為空性；實以本來不念一切法、本來不住一切法、本來如如、本來不取不捨、於三業中本已自在之第八識為空性；非如密宗欲將本來常念一切法、本來常住一切法、本來非如如、本來有取捨、於三業中本不自在之意識，修行轉變成真如。今者般若諸經具在，何可狡辯？

同書四十七頁A面又云：《「…成佛法門，觀心爲最；心無所住，其相惟如；勿助勿忘，非有非空；如是常恒，二心不生；慈悲爲懷，度生爲念；一切行處，不二不遷；隨處修

學，庶乎近焉。」大師宣示既畢，擬往忙約兒拱湯地，嗣王決於其處，預備祖餞。》

如是以意識之能觀性，以觀意識；令意識「無所住、一念不生、慈悲為懷」等，名為「非有非空」之中道，迥異般若諸經之以第八識為非有非空之中道心，與佛經所說中道實相心南轅北轍，無有交集。如是常見外道境界，耍弄神通炫惑世人，謂為超勝於釋迦佛之密教教主；尚不能知聲聞初果之斷我見功德，云何能知七住菩薩明心功德？而妄言勝於釋迦，豈無僭越之嫌？而汝密宗法王活佛…等人迷之、信之、隨之狂語，豈是智者？

禪宗真悟之人則反之，悉以第八識為真實心，絕不以能知能觀之意識為真實心。如趙州從諗禪師悟前參訪南泉普願禪師，問云：「如何是佛門之道？」南泉云：「平常心是道。」一般錯悟阿師不解經旨，每以意識不分別諸法、不起憎厭貪愛，名為平常心，去道遠矣。趙州復問：「平常心之體性，是否能趣向諸法？」南泉答曰：「有能擬、有所向，即乖違平常心之體性也。」

衆生缺乏般若之正見，每執意識為真實心。如四川之常見外道義雲高及釋性圓等人，堅執依他起性之意識覺知心為實相心；聞余破斥意識，心生難忍，便於台灣各大報紙第一版，以半版篇幅刊登廣告文，堅持意識不生滅、可以去至後世，便似此時之趙州，猶問「平常心能否趣向六塵萬法？」南泉乃開示云：「若有能擬（欲作何事、欲聞諸法、欲受衆樂、欲知萬法，名爲擬），若有所向（了知諸法、住於諸法中、住於一念不生境中，皆名爲向），便乖違平常心之體性也。」

趙州又問：「若不起覺知心而擬修諸法、擬向諸法，如何能知何者是道？」便如常見外道釋性圓之質余曰：「比如憑空說大圓心中心之觀心是錯誤的，那麼請問該如何行道？不行道與常人無異，若行道，必起念，以念制念。若不起觀，何道之有？豈不又永是凡夫之行嗎？如蕭平實你也講到你三思之後為護宗門正法，不論可不可行皆強力而為，難道這一三思不是凡夫意識嗎？包括你造那篇錯綜（誤）百出的略示之文，難道你這個不是意識昏沈所為嗎？如不起念，又怎提筆寫文章？不是在欺騙衆生嗎？」

世尊一向宣說意識是依他起性，令人勿認意識為常不壞法，而未曾令人離卻意識修諸淨行，只教斷除我見我執——不認意識意根是常不壞法——由是證得解脱果而能出三界。若對大乘行者，則教尋覓自身本有之第八識——本來離念本來無住之阿賴耶識由此第八識空性心之常恒不斷，對觀意識意根之虛妄；對觀已，教令留惑潤生——不滅意根、不滅來世意識——以轉依第八識空性心之清淨意根意識，修學佛菩提智及斷煩惱障種子，令第八識中所藏無明煩惱種子滅除，轉易第八識內涵，滅盡阿賴耶性及異熟種，成就佛地真如之常樂我淨極果。

余亦如是教人斷我見我執—不認意根意識為常不壞法—而不教人滅卻意根意識；以滅卻我見我執之意根與意識，而不滅除悟後轉依之意根與意識。用此二識之思量性及覺觀性，以尋覓自己本有之第八識心—實相心阿賴耶識，證得第八識已，便起般若慧，證得八不中道，轉依自心真如而成清淨意識與意根；從來不教人滅除意識與意根（不論是清淨或染污之二識），唯除對於欲取無餘涅槃者。余諸著作所說，一一書中莫非如是，然釋性圓外道讀之不解，妄謗余法，誣謂余為令人斷滅意識、不能修行。此際之趙州禪師亦復如是，故問南泉曰：「不擬時，如何知是道？」南泉乃為之開示云：「真正之道，不屬於知及不知。有知是妄覺，不知則是無記。若是真正通達不擬不向之道，便猶如太虛空一般虛明豁朗，豈可強加是非於其上呢？」趙州至此悟得與意識並行之如來藏，通達了「不屬知與不知」之理。

意識一旦現起，則必有知；一旦滅謝，則必無記—滅除知覺。如人眠覺，意識現起，則墮於知覺一邊；眠熟已，意識斷滅，則墮於不知不覺一邊；由是事實，南泉禪師云：「道不屬知、不知。知是妄覺，不知是無記。」

無始劫來不曾剎那間斷之如來藏，則反之；如來藏遍一切時現行，恒而不斷，未悟凡夫所不知焉；此第八識於六塵萬法，不曾暫起一念知之，故離知之一邊；無量劫來不曾剎那昏昧，故離不知無記一邊。由是之故，能記錄衆生一切有記行而不加簡擇；由是故能了知衆生一切心行而鑒機照用，不自思量；而其了知衆生心行之知，非是三界六塵中之知，不墮六塵有中。證悟此一藏識者，則能現觀此識如是之性，則能通達不擬之道，遠離知與不知二邊，名為大乘見道賢聖。

是故大乘學人莫效元音老人之取了了靈知為真如，莫以覺知心處於不粘諸法之際為真如；覺知心一旦現起，必粘六塵萬法，了知六塵即是粘故；乃至住於非非想定中，尚有粘著，不肯令自己滅除故。由不肯令「覺知心自己」滅除，故不能證得滅盡定；由錯認覺知心為常、為實相心，故墮我見，是故雖證非想非非想定，猶是凡夫，同於常見外道。學人知此理已，當速參禪覓心——覓取本已常在之第八識如來藏；一旦證悟此心，便見此心不論於三界六道之任何一處，皆是法界中尊；一切法界因祂而起而滅故。

趙州早已體驗到此心，只是不敢承當；今聞南泉一番開示，言下承當，般若正理現前，方知「覺知心自己從來虛妄」。受具足戒返歸南泉後，一日又問南泉：「知道有如來藏底人，應當向什麼處休歇？」南泉曰：「捨報後，山下作牛去！」趙州言下知旨，云：「謝謝師父指示。」南泉乃讚歎云：「昨夜三更時，月亮到汝窗前。」意謂趙州智慧已發，內外通明也。

叢林中人悟得第八識心已，方知從來不曉道，儘繞著覺知心及恒審思量之意根而轉，真是南轅北轍；悟道之後，方知覺知心自我虛妄；與自我同時同處，別有實相心與自我同時運作，至此證實自我由彼實相心而來，我見（認定「覺知心常恒眞實」之邪見）遂斷；我見斷已，轉依第八識實相心而住，令自我轉變清淨而與般若乃至種智相應，名為清淨意識意根。如是轉依已，八識俱皆漸漸清淨，智慧生焉：為人為牛，俱是意識意根我執作祟，實相心從無始劫來不作如是分別思量；作天人享樂，祂無所謂；作牛耕田受苦，祂亦無所謂；只因祂從來不墮見聞覺知、不受苦樂，故從來不分別思量、不起憎愛。是故升天享福亦自在，作牛辛苦亦自在。學人由證此理，故成賢聖，永離三惡道；從此留惑潤生，起受生愛，以轉依實相之意識意根進修佛菩提道；永不滅除清淨意識意根，以之為修道之器，次第邁向究竟佛地。　頌曰：

趙州正道平常心，美食毒藥皆閑閑；
趣向必是覺知者，不離三界法塵粘。
智者藉此意識覺，熏聞般若意拳拳；

若悟道心不曾眠，知與不知二俱遣。

爾等密宗一切法王活佛欲會麼？過來！再過來！在下說似汝：

藏識恒離知不知，何妨意識和衣眠！

第三九一則 趙州救火

趙州觀音院從諗禪師 師於南泉作火頭，一日閉卻門，燒滿屋煙，叫云：「救火！救火！」時大眾俱到，師云：「道得即開門。」眾皆無對。南泉將鎖匙於窗間過與師，師便開門。

天竺應成派中觀弘傳者月稱「菩薩」造《入中論》云：《由業非以自性滅，故無賴耶亦能生；有業雖滅經久時，當知猶能生自果。如見夢中所緣境，愚夫覺後猶生貪，如是業滅無自性，從彼亦能有果生。……說有賴耶數取趣，及說唯有此諸蘊，此是為彼不能了，如上甚深義者說。》（世界佛學苑漢藏教理院、成都印務公司於一九四三年壬午印行《入中論善顯密意疏》卷七第八頁A面、第十一頁A面、第十二頁B面）

平實云：如是月稱「菩薩」，造《入中論》弘傳應成派中觀見，否定第八識阿賴耶，謂為方便說，故月稱乃是無因論者；彼依無因論而建立因果，妄謂一切業行皆有自性不滅，得以憑空自存，自行去至後世現行而遂其果報，不須由各人之阿賴耶識持種；由此否定阿賴耶識，成為無因論者，一生弘揚無因論之緣起性空，迥異佛說第八識為因之緣起性空法，成外道見。否定第八識如來藏者，其過極多極大，拙著《真實如來藏、楞伽經詳解》及諸書中，已多舉示，此處略不復述。

月稱及印順法師所弘應成派中觀見，最大過失即是無因論及兔無角邪見；兔無角邪見詳見拙著《楞伽經詳解第二輯》所說，此處置而不論，且就月稱此論中所說業性自生不滅之邪見略論其一，即可知謬。

《楞伽經》中佛說一切法不自生、不他生、不自他生；要以藏識因及根塵緣，方能合生，非唯他生，非自己滅後、能於後時自己復生自己。《楞嚴經》中亦如是，說十八界法悉皆如是，非唯因緣生、非自然生，要由藏識因及根塵緣而合生，故說「非自然、非因緣」；藉根塵緣，而由藏識生，依附藏識而運作，藏識復轉依十八界而現行運作，故十八界見聞知覺性亦是藏識之局部體性，故說見聞知覺性本是如來藏妙真如性。由如是經教，已證見聞知覺性實由如來藏生。凡愚由不知不證如來藏故，誤解經旨，便謂見聞知覺性即是如來藏。

如人見光而不見日，白雲遮覆而不知有日；智者告之曰：「日光非自然有，非人及神因緣和合而成，本是太陽妙光明性。」愚人聞之不解，誤會智者之意，便堅決主張日光即日。有智學人聞智者語，了知日光與日非一非異，便巧設方便，爬升山頂雲不及處，親見太陽，證知「日光非自然有、非因緣生，本是太陽妙光明性」，證知日光非即是日、不離於日。佛門有智學人閱《楞嚴經》已，亦復如是有智能辨佛真旨意，以見聞知覺性，起心尋覓離見聞知覺性而有其自體性之如來藏；證如來藏已，則能現觀如來藏之自體性更勝七轉識之見聞知覺性；亦能現觀見聞知覺性非自然生、非因緣生，實假因緣而由藏識出生，亦是藏識衆多功能差別中之一部份。由是現觀故，親證五蘊十八界自己（見聞知覺性）虛妄假有，非有實我，遂斷我見。

月稱（及印順、達賴）由未能證如來藏阿賴耶識故，索性否定之，堅持佛唯說六識，未曾說七八識。然否定七八識已，即無持業種者；既無持業種者，則業行造已應無未來果報。月稱為救此弊，乃主張：「由業非以自性滅，故無賴耶亦能生；有業雖滅經久時，當知猶能生自果」，如是主張業力可以憑空存在，不需賴耶持種，即能出生該業自身所應受果。如是主張有大過焉：

一者，該「業因」於前世滅已，既能外於有情心，而自生其果；則有情造業後，年老死已，該「業因」勢力應可外於此造業有情而起業報之果，則不須有情方受其報，亦可由無情而受其報，非須有心持種故；二者亦應於來世其他有情身中受其業報之果，業種非由造業有情之不壞心所持故，可由業力自身現行故；三者亦應某甲有情造業後，不待來世方由某甲有情自受其果，而可由某甲造業後立即由現世之某乙某丙等無關者受報，業種非由造業者心所持去至後世故，業種能自行存在而自起果報故，是故不待來世之自身受異熟果；四者則應無量虛空有無量善惡業種，令諸有情唯憑運氣好壞而受善惡果，一切善惡業種非由造業者自心所持，而能外於有情之心獨自存在及現行故，則應一切因果雜亂，行善亦得惡果，行惡亦得善果；五者則應無量劫來未有諸佛成佛、未有無學聖人，他人所造惡業染業種子可以外於造業者心而自行存在、復於諸佛賢聖身中自起果報故，則諸佛賢聖欲斷如是憑空而存之業種必不可盡，焉得成佛成聖？故知業種必由各人本有之無記性第八識心所持，月稱否定阿賴耶之說，不應正理。

若謂業種由各有情自心意識持去後世受報者，亦有大過：一者意識可以簡擇善惡業種而棄惡種、唯持善業種，則應無諸三惡道有情各受三惡道異熟果報；二者應由法塵及意根持種，非由意識持種，意識以意根及法塵為緣而後能出生故；三者則應有意根持種往至後世，則業種非是「能生自果」者，月稱偈旨自壞其宗。是故月稱《入中論》否定阿賴耶識及意根，不承認有阿賴耶識及意根存在，主張業因勢力可以外於有情阿賴耶而自存在、後時能生自果者，名為妄想，違教背理。故說《入中論》意旨不能入於中道義，處處善入邊見邪見，應名《入邊論》。

月稱舉夢為證，謂人醒覺後仍於美夢生貪，以喻業種之可以獨自憑空存在、不須由阿賴耶持種；此乃引喻失當。謂夢境由意識領受，意識於夢境中漸漸醒覺，則夢境與意識之識流未曾間斷，故愚人醒後於夢仍起貪。然造惡業之意識，於死後入胎則永斷，此世意識無未來際，永無再起時，此世意識以藏識因及此世五根為緣而起故，此世五根死已永滅，無有復起時故；是故此世意識所造業之勢力種子，要由能至後世之第八識心持往後世，意識不能去至後世故。由是說月稱以夢引喻，理不得成，所說不名入中之論，乃是入邊之論也。

真正之中道，乃是如來藏性；捨藏識中道性，而言別有中道可證可觀者，皆非中觀，皆是依於中道而起之邪觀。若人知藏識性即是中道理，依賢聖所說中道理而作觀行，雖猶未證藏識，未能親證中道性，亦得名為相似般若。若否定藏識，於此心外而說有般若中道法，而言中道觀行者，其中觀見即成外道法，成為心外求法之外道故。禪宗祖師由知此理，是故一世勤苦參禪，孜孜矻矻不畏足跛而求明師，誓欲明心—親證自身本有之無記心—第八識阿賴耶。密宗行者莫再迷信月稱之《入中論》，所說皆墮邊見妄想故，全論言不及義故，當依禪宗之法參禪為要；若能明心，中道正義自能現觀，不唯能超相似般若觀行，一念之間即可轉入實相般若而作現觀。今舉趙州救火公案，以示入處：

趙州從諗禪師悟後，未至趙州弘法之前，仍住南泉作火頭（於廚房中打理生火及劈柴諸事）；一日為助南泉座下諸同參，乃閉卻房門，於內燒滿屋煙，大叫云：「救火！救火！」彼時大衆聞聲俱到，不得其門而入，趙州禪師卻道：「若說得出來，我便開門。」大衆皆無能應對。南泉來到，一言不發，但將鎖匙於窗間遞與趙州，趙州便開門。

爾等密宗學人何妨於此著眼？究竟南泉說抑未說？若道他有所說，明明一言未發；若道無所說，趙州卻又開門，豈不違己開門之條件？

平實即不然，見諸同參來到門前時，亦云：「道得即開門。」語畢但由窗間一一指諸同修，稱名道姓問云：「是什麼？是什麼？」可中或有個明眼人，撿顆石子，由窗間過與我；即便開門而出，將彼石子於諸人眼前晃：「若道石子則觸，不道石子則背，爾等喚做什麼？」若有人言下薦得，但奪過石子，拋向遠處，便得圓滿一場法會，爾等密宗行者於此且勿草草。頌曰：

業力無因自能起，未證藏識起邊見；

月稱印順宗喀巴，起諸邪見皆自鍊。

大衆救火不曉道，無明大火何時歛？

南泉過匙現端倪，會者到處是佛殿。

爾等密宗諸大法王活佛欲見趙州生火作略麼？平實說與爾等知：附窗不見，且將腳跕！

第三九二則　趙州看箭

趙州觀音院從諗禪師　師又到黃檗，黃檗見來，便閉方丈門；師乃把火於法堂內，叫云：「救火！救火！」黃檗開門捉住云：「道！道！」師云：「賊過後張弓。」又到寶壽，寶壽見來，即於禪床上背面坐；師展坐具禮拜，寶壽下禪床，師便出。又到鹽官云：「看箭！」鹽官云：「過也！」師云：「中也！」

月稱《入中論》云：《不見能取離所取，通達三有唯是識，故此菩薩住般若，通達唯識真實性。猶如因風鼓大海，便有無量波濤生；從一切種阿賴耶，以自功力生唯識；是故依他起自性，是假有法所依因，無外所取而生起，實有及非戲論境。無外境心有何喻？若謂如夢當思擇；若時我說夢無心，爾時汝喻即非有。若以覺時憶念夢，證有意者境亦爾。如汝憶念是我見，如是外境亦應有。設曰睡中無眼識，故色非有唯意識，執彼行相以爲外，如於夢中此亦爾。如汝外境夢不生，如是意識亦不生；眼與眼境此生心，三法一切皆虛妄，餘耳等三亦不生。如於夢中覺亦爾，諸法皆妄心非有，行境無故根亦無。此中猶如已覺位，乃至未覺三皆有；如已覺後三非有，痴睡盡後亦如是。》（摘自世界佛學苑漢藏教理院、成都印務公司於一九四三年壬午印行《入中論善顯密意疏》卷八第一頁至第七頁）

平實云：弘傳應成派中觀之月稱「菩薩」否定七八識，謂業種不須由無記性之阿賴耶識所持，而能於後世現行，墮於無因論之邊見中；故言阿賴耶識之密意即是一切法緣起性空—以一切法空為空性，如是空性說為阿賴耶。彼說如是緣起性空之「空」性，隨於一切蘊處界法而轉，故說「空」性與一切法非一非異，不許六識之外別有七八二識。

應成派中觀如是見解尚不應立宗，何況以之破他？何以故？此謂「一切法空」乃是無常故空、緣起故空，終必壞滅而歸於空；如是「空」性非本自有，依蘊處界等法而有無常空故，離蘊處界法則無此空故，是故如是「空」性由蘊處界生。既是所生之法，則此「空」性即成有為斷滅之法，蘊處界滅盡已（如阿羅漢入無餘涅槃），則此「空」性歸無，此「空」性依蘊處界而有故；蘊處界滅已，此「空」性歸無，無法不可名為「空性」，無法非是實相故，應名虛相，非是佛法所說空性也。

然而佛說空性即是實相，說空性能生蘊處界一切有法，而非依蘊處界而有，故說空性乃十方三世一切有法之根源，非從蘊處界有而生。今者月稱不許意識以上別有七八二識，復言眼等乃至意識俱皆虛妄，故云不生；如是而破六識，不墮常見之中，卻墮斷滅見中，令無學聖人入涅槃後成為一切法空之「空」性，與斷見外道合流。如是而言能入中道，云何可信？

四阿含中，佛說蘊處界滅盡而入無餘涅槃已，仍有本際不滅，故不許比丘說「涅槃後是無」，有本際不滅故；亦不許比丘說「涅槃後是有」，無三界一切有故，意根意識俱滅盡故；由斯正理，《阿含經》中佛說涅槃名為中道。若蘊處界滅盡後，涅槃中無有本際阿賴耶識（此時已改名爲異熟識）者，則涅槃即同斷見外道所說，非佛法中之涅槃也。如是涅槃之本際阿賴耶識，方得名為「空性」；非謂諸法無常空之「空」性也。後時應成派中觀學者為救如是斷見之弊，及救因果錯亂之弊，乃別建立意識細心為不壞心，謂有「不可知、不可證之意識細心」，能持業種至後世受報，謂此即是無餘涅槃之本際。

然我世尊已說有「利根菩薩能知能證之阿賴耶識」為一切染淨因果業種之所依心，故令因果受報無有錯亂；於北傳四阿含中亦說「名色所緣（第八）識、如、真如、如來藏、本際、我」，南傳《阿含經》中亦說「滅盡定中不離身識、有分識、愛阿賴耶乃至熹阿賴耶」，故證確有阿賴耶識為一切染淨法之所依，為涅槃之本際，故無餘涅槃非是斷滅空。今者應成派諸中觀師，捨棄佛說可知可證之第八識，別立「不可知不可證之意識細心」為涅槃之本際、為因果業報所依之主體識，非是有智之人也。

復次，大小品般若經所說之空性，謂「菩薩心、無住心、不念心、無心相心、非心心」宣說如是心之中道性、無我性、無智性、無無明性、不垢不淨性、不增不減性、不斷不常性、不生不滅性、不來不去性；此空性心遠離有無、常無常、一異、俱不俱等，故名中道；證此空性心者，由因能作如是中道觀行，故名中觀者。具如是中觀功德者所說中道中論，方名《入中論》；如是《入中論》之所說法，必定符契三乘諸經，必定冥顯皆契三法印、涅槃、般若、種智，何以故？謂如是《入中論》所說心，即是阿含所說涅槃之本際，即是般若所說八不中道實相心，即是唯識種智所說第八識—阿賴耶識、異熟識、真如。

若如月稱、智軍、阿底峽、蓮花戒、宗喀巴、歷代達賴法王、台灣印順法師等人，不知不證第八識心，否定第八識心，以己妄想而解涅槃、般若、唯識，所說悉違三乘經旨、悖違三法印，即非見道之賢聖；彼等所述中道觀，違遠般若中觀真義，是故月稱所著《入中論》，自稱能入中道，文字表義亦似中道，然實處處偏邪、處處誤解龍樹《中論》意旨，墮於邊見及無因論中，故應名為《入邊論》，無有資格名為《入中論》也。

若人欲入真實中觀「境界」起般若慧，必須求證涅槃實際—般若諸經所說非心之心—唯識經中所說之第八異熟識；證此心已即起般若慧，能住於中觀之境，親見一切法界之實相唯是此第八識異熟心，不需人教，自能通達諸般若經。欲證此心，則以禪宗之般若禪參詳，最為迅速；今舉趙州看箭公案，與密宗應成派及自續派中觀師等法王活佛合計：

趙州從諗禪師悟後，在南泉燒滿屋煙；後又到黃檗山行腳，黃檗希運禪師甫見趙州來，便閉卻方丈室門；趙州遂又重施故技，點一把火，持至法堂內大叫：「救火！救火！」黃檗禪師開方丈門而至法堂，捉住趙州逼問云：「快說！快說！」趙州答云：「賊人早已過去了，你方纔拉弓欲射。」

趙州隨後又到寶壽行腳，寶壽禪師見趙州來參，卻於禪床上背面而坐——以背對趙州；趙州見狀，便展開坐具，禮拜寶壽禪師；寶壽見狀卻下禪床，趙州卻出門而去。

趙州離了寶壽，又到鹽官參訪齊安禪師，甫見便云：「看箭！」鹽官禪師便云：「射過去了！」趙州卻云：「射中了！」

只如趙州把火於黃檗法堂內，大叫救火，黃檗開門捉住趙州逼問，趙州卻道檗「賊過後張弓」，道理在什麼處？若道不得，是人不解般若。平實當時若在，且代黃檗為他趙州下一註腳：「早中汝胸也！」語未罷，早向趙州胸前一戳，好教趙州知曉：非唯南泉有眼。

次如趙州初到寶壽，寶壽初見來，因甚卻於禪床背面而坐？學人當於此著眼，莫謂寶壽弄玄機。趙州展坐具禮拜，豈是敬他寶壽？須知此一拜，卻如黃鼠狼與雞拜年，若無叢林腳手，不易生受伊；寶壽乃具眼之人，見趙州禮拜，卻下禪床，生受伊拜；趙州這回郎當不少，卻不為冤；寶壽具德，能受此拜故。且道：「寶壽具德在什麼處？」學人莫道：「寶壽見來便背面坐，所以受得一拜。」如是言說乃是野狐見解；爾等諸人成日裡將背向人，云何受不得平實一拜？且思量琢磨著好！

趙州又到鹽官鎮，甫見鹽官齊安禪師，便云：「看箭！」卻也奇怪，明明手裡隻箭也無，射什麼箭？鹽官禪師卻見有箭，回云：「已經射過去了！」趙州卻云：「射中了！」且道：哪裡是趙州射中齊安處？還有具眼人否？何妨共平實喝杯無生茶？

君莫道：「鹽官答云過也，即是中箭處。」有什麼巴鼻？如是道會禪，夢見也未？平實即不然，聞趙州道個看箭，便好和衣而倒；趙州言吾中箭，平實起身卻指趙州道：「中也！」的是平實中箭？趙州中箭？若人會得此中意，方知平實逐年所作公案拈提，未汝欺也！　頌曰：

黃檗法堂智火起，和尚開門豈無跡？
賊捉趙州猶逼問，張弓一箭早中伊。

寶壽見來背面坐，趙州展具何曾揖？
寶壽下床州便出，此中淆訛有誰悉？
空手把箭射鹽官，箭過新羅說非一；
一語早中回頭箭，鹽官至今猶悽悽！
月稱、智軍、宗喀巴等人若見問：「鹽官因何至今千年猶悽悽？」平實但向彼等道：
「明日田疇迎晨曦！」

第三九三則　趙州正眼

趙州觀音院從諗禪師　師又到夾山，將拄杖入法堂；夾山曰：「作什麼？」師曰：「探水。」夾山曰：「一滴也無，探什麼？」師倚杖而出。

師將遊五台山次，有大德作偈留云：

何處青山不道場？何須策杖禮清涼？
雲中縱有金毛現，正眼觀時非吉祥。

師聞云：「作麼生是正眼？」大德無對。（法眼後聞，代云：「請上座領某甲卑情。」同安顯禪師代云：「是上座眼。」）師自此，道化被於北地；眾請住趙州觀音院，時人稱師為趙州禪師。

薩迦派之天竺祖師畢瓦巴，傳授《金剛句》，由薩迦班智達註釋、口耳相傳至今者，謂明點即是阿賴耶識：《點瑜伽：此謂點瑜伽即明點瑜伽，其中有四：寅一、心間日月和合。寅二、（略）。寅三、（略）。寅四、（略）。寅一、心間日月和合：行靜慮九支，觀心如空卵，其內下月輪、上日輪，大小約如剖豆，中有明點白芥子大小；色紅白，其相光明，體性空樂，具此三法。復次，意略專注其上，於明點依「興」音，鑿開上之日輪一孔穴，粗約一馬尾毛；其下月輪以意觀見，且以氣相和合無聲引滿，明點引融入其穴中；由日月中之明點，生一白光線，以十字形交纏六結半；且適當抑壓氣，至未能忍時復緩緩無聲呼出，意識於前纏縛之線向內收攏，沒入明點。復次，日月二者即表方便智慧，其中之明點即阿賴耶識，纏縛之六結即六識，半纏結即末那識。如此以修力禪定之所緣明晰之極際，及能迅速生現神通。》（摘自法護漢譯《道果》頁二五〇、二五一）

平實云：於觀想中，想自己覺知心成為空卵，則覺知心（意識）即應是空卵想相；意識心而可有色相，非是佛法也，違背三乘法教殊甚。後復言「纏縛之交結即是六識」，則所想六結之其中一結即是意識；究係空卵相為意識？抑其中一結為意識？有智之人曷共判之？復次，一結為意識，空卵相亦為意識，正觀想如是相之覺知心亦是意識，則應同時有三意識，則應觀想時有三覺知心同時現行；則應有三有情各緣自所緣境，各思自行緣境；然現見非如是，唯有正在觀想之覺知心是意識故，空卵相及其中一結皆無自己之覺知故，皆無意識體性故。由是說畢瓦巴、薩迦班智達《道果》所述，違教背理，二俱牴觸，云何可謂為佛法？

復次，空卵相中之日輪內明點，及月輪內明點，謂為阿賴耶識者，無比荒唐。一者則應一一有情之阿賴耶識皆是本無今有，由學密宗觀想之法而後生故，由有生故則必有滅，離觀想境則必滅故，意識斷時亦必隨滅故；有生有滅之體，焉得名為不生不滅之根本識？三乘諸經皆說阿賴耶（第八識）從來體恆常住不滅故。

二者日輪中有一觀想所成明點阿賴耶識，月輪中復有另一觀想所成明點阿賴耶識，則阿賴耶識可分割為二心，則是可增減法；可增減法不得名為阿賴耶識，佛說此識之體自無量劫來不曾有增減故。

三者，明點若是阿賴耶識，則此識應是有相法，則應實相是有相法，非是無相法；佛說實相即是第八識阿賴耶故，說實相從來無相故。

四者，明點若是阿賴耶識，則阿賴耶識乃由意識心生，由覺知心意識觀想所生故；然佛說意識由阿賴耶生，乃至《阿含經》中亦如是說：「…是名色緣、名色因，謂此（第八）識也。」名有七識，七識之因皆是阿賴耶；畢瓦巴、薩迦班智達之著作《道果》所說明點即是阿賴耶識者，豈唯悖理？亦復違教。

五者，「意識心沒入明點。日輪詮表方便，月輪詮表智慧。半纏之結即是末那識。明點即是阿賴耶識。如是觀想能現神通」等，尚有極多大過，篇幅所限，不克一一列舉。如是邪見謬思之密宗，而可謂為《佛教的精髓》，令人無法苟同。

如是，顯教中之真善知識，悉以一至三轉法輪所說之阿賴耶識為實相心，以證得阿賴耶識為大乘見道。密宗中人則以明點為阿賴耶識，由證得明點為證得阿賴耶識，便以如是邪見基礎而批評顯教中人修證淺薄，自謂已證阿賴耶識後復證佛地真如而成佛。然觀彼等所證佛地真如，則是一念不生時之覺知心；以覺知心不起分別，為證得無分別心；以覺知心常住一念不生之境，不執著覺知心自己，名為斷我執；以覺知心不思想諸法、不黏著諸法，為斷法執；以覺知心不住諸法，名為證得無住心；以覺知心住一念不生之境中如如不動，名為佛地真如；……一切皆以覺知心為中心，名為未斷我見之凡夫，覺知心即是常見外道之「不壞我」故。

密宗中之「佛、菩薩、法王」，以如是邪謬之見，未斷我見之常見外道境界，而反批評顯教賢聖之證量粗淺，乃至批評顯教之佛不及密宗之佛所得證量，顛倒至此。凡我顯教學人，皆須依於一至三轉法輪諸經所說第八識為中心而修證佛法，不應絲毫悖離。親證第八識阿賴耶之法，則以禪宗參禪法門為最迅捷、最直接。今舉趙州正眼公案，共諸學人一探般若：

趙州從諗禪師悟後行腳，去過黃檗、寶壽、鹽官，又到夾山來；甫到夾山，便將拄杖入法堂；夾山禪師一見趙州將持拄杖入法堂，便曰：「作什麼？」趙州禪師答曰：「我來探水。」夾山曰：「一滴也無，探什麼？」趙州聞言，卻倚杖而出。

只如趙州來到夾山，將拄杖入法堂，究竟是什麼意？若人眼尖，一瞥之下覷得，平實道汝有來由，不久可為人天之師。如或不然，且觀下文：

夾山見趙州將拄杖入法堂，開口問曰：「作什麼？」趙州答曰：「探水。」夾山曰：「一滴也無，探什麼？」趙州聞言，倚杖而出。

只如趙州將杖入法堂，探得水？未探得水？諸方法王活佛試道看！可中若有個伶俐漢，探得趙州意，便可棄卻法王活佛虛銜，出世作禪師，成個度人師。餘人不解趙州意，皆不堪也。爾等密宗法王活佛漫山遍野，還有人當得這個度人師否？試為學人斷斷看！

爾若不會，待問平實；平實卻向爾道：拄杖一滴無，渾身早是濕。還會麼？

趙州一日欲遊五台山，拜謁文殊菩薩；有某大德以相似般若而起慢心，乃作偈留趙州：

哪個地方的青山不是道場？
何須策杖五台山去禮拜文殊菩薩？
五台山之雲中縱然有金毛獅子現前，
當你正眼去觀看時已非是吉祥事了。

這人恰似密宗古今法王活佛，不得實相般若，卻將相似般若道是實相般若，便敢輕他文殊，勸趙州莫去五台山禮拜，以自性法身為歸；作得這首偈，遺臭千古。

趙州聞某大德道如是偈，卻反問云：「如何是正眼呢？」某大德聞此一句，只得口掛壁上，作聲不得。後時清涼法眼聞道此一公案，乃代此大德答伊趙州：「請上座領受我的卑情。」同安顯禪師聞此公案，卻代云：「是上座眼。」

清涼、同安代答二句，不是好心；儘向偏中顯正故，學人多著伊二人語脈上，轉會轉遠。然伊二人卻有為人處，且道什麼處是他二人為人處？爾等密宗法王活佛，若有真能會得伊二人意者，便解禪門啐啄同時之大用，久後必為人天之師，還有會得者麼？且斷與天下人看，平實要知。

爾等若來見問：「作麼生是正眼？」平實但向爾道：「渾身是正眼！」　頌曰：

何處青山不道場？識得正眼作人師；

將杖探水一滴無，夾山趙州渾身濕。

第三九四則　趙州好殺

趙州觀音院從諗禪師　師一日掃地，有人問云。「和尚是善知識，爲什麼有塵？」師曰：「外來。」又有僧問：「清淨伽藍，爲什麼有塵？」師曰：「又一點也。」又有人與師遊園，見兔子驚走，問云：「和尚是大善知識，爲什麼兔子見驚？」師云：「爲老僧好殺。」

密宗祖師畢瓦巴之《道果本頌—金剛句偈》口訣中有云：《…於身方便續等、以四三座等因灌，…以妙欲等令悅等，於道之四座修四灌，…》

亦如顯宗中台山惟覺法師云：《…在『中庸』裡面也是講中道：「喜怒哀樂之未發，謂之中。」就是說我們一個人，在日常生活上有喜、有怒、有哀、有樂，我的心情始終沒有辦法定下去。如果我們想把喜怒哀樂轉化成清淨心、不動心、智慧心、慈悲心、無漏心，那怎麼去轉化？必須要喜怒哀樂之未發—一念不生。如果我們一個人在不起心不動念的時候，不但是惡念不起，就連善念也不生，就當下這念心，清清楚楚、明明白白、處處作主，當下就是中道。你悟了這一念心，那就是生命的源泉。確確實實你悟到這個道理了，你就開悟了，悟了「道」了。道就是真理，悟了這個道，我們的生活就無窮盡了。》（摘自二〇〇一、三、一五，靈泉雜誌第四五期第三頁）

平實云：如是等人俱皆不離六根六識六塵境，俱皆不肯死卻我見，堅固執取意識自我為生命之本源，為法界之實相。如斯等人皆懼見平實，恐平實殺之——斷其蘊我之見。平實最好殺故。

畢瓦巴認為應依《方便續》等，依於四種灌頂之各有三法：「壇城、灌頂、淨垢」為根本因，而行「因灌頂」。因灌頂後，欲正式起修密宗之道「瓶灌、密灌、慧灌、第四灌」之前，當先以妙欲供養上師，令其喜悅等；妙欲有二：一者外五欲，二者內五欲（以美麗之明妃奉獻上師，令上師於彼明妃身上受五欲樂，爲期數天乃至數年不等，要須上師歡悅爲准，以此爲修集功德）。上師歡悅已，乃次第為此供養上師之弟子，傳授四座灌頂之修法；即是「瓶灌、密灌、慧灌、無上密灌」之修法。

密宗謂修「因灌頂」之瓶灌可令弟子身心清淨，據此可以進修道二十法之四種灌頂。由修「道之四灌」中之第一灌——瓶灌之灌頂，可證初地至六地果位，證得「化身自性任運」；由修第二灌（密灌），可證第七至第十地果位，證得圓滿報身；由修第三灌（慧灌），可證得第十一、十二地，證得法身；由修第四灌（無上灌），可以成為等覺菩薩以及成佛，證得法身。

然而睽諸密宗如是修證之實質，其實皆未證得化身、報身、法身，亦皆未見道，尚不能入第七住而起般若總相智，何況能起十行十迴向位之般若別相智？乃竟奢言初地之化身、佛地之報身法身？（七至十地無圓滿報身）皆未證得七住菩薩所應證之第八識如來藏故，皆以意識住於種種境界之中而謂已證般若及佛地四智故。

中台山惟覺法師亦復如是，以意識心（當下這一念清清楚楚明明白白之覺知心）為實相中道心，以意根末那識（處處作主之心）為實相中道心，正墮於十八界法之意根意識界，更道「悟了這一念心，就是生命的源泉」。與密宗諸祖之修證如出一轍，無有二意。如是諸人，我見不斷，皆懼平實；平實一向好殺故，最愛殺盡古今錯悟大師之我見煩惱故。

當知一念不生之覺知心，一向不離五塵：於無上灌之遍身淫樂中，不離身觸與法塵；雖能一念不生而受淫樂，不分別外塵萬法，依舊住於分別樂觸及觸塵所生法塵之中。惟覺法師之一念不生之心，依然不離欲界六塵—於六塵皆清楚明白故；假使入住初禪境界中，依舊有四塵—色聲觸法；乃至入住非非想定中，依舊有定境中法塵。如是境界同於密宗因灌及道果四灌，皆不離六塵；唯有多塵少塵之別爾，俱與塵俱。

因地法身阿賴耶識則離見聞覺知，不住六塵境中，名為無塵之心，不與六塵俱；而能生有情內相分六塵境，復非不俱六塵，故名非俱非不俱，離「俱、不俱」二邊。

密宗無上密灌之即身成佛法，及惟覺法師之一念不生覺知心，皆是意識。一向與六塵相到；如是墮於意識我見煩惱之中。平實出道以來，最好殺人我見煩惱；言說之不足，繼之以書籍廣殺；如是好殺之心，已經廣為諸方所知，是故一切著於意識我見之人，若見平實現身，皆必如彼兔子之見趙州——甫見即驚，迅速逃逸。

一切禪宗密宗學人，若不欲似彼兔者，當先自殺——自己殺卻我見煩惱；自殺遠比他殺痛快故。若不肯自殺，要待平實來殺，自己又不肯死卻我見，牢執意識意根不捨，豈非平添自己許多掙扎之苦？故知他殺不如自殺。

復次，三乘佛法之修證，皆必須殺卻我見——不認意識為生命之本源；了知一切覺知心皆是意識故，了知意識是十八界五陰所攝之法故。故說一切學人皆當尋覓證知自身本具之第八識如來藏，由證如來藏故，即能現前領受「如來藏與六塵俱而不墮六塵中」之清淨體性，便能了知趙州所說「實際理地不著一塵」之意；證已，何妨意根意識仍舊與六塵相應相到？何妨以「覺知心我」而了別寺院中諸塵土落葉？何妨以「覺知心我」而了別自他一切煩惱？何妨以「覺知心我」而修斷自己我執煩惱與上煩惱？

頌曰：

善知識有塵，因僧問故生；清淨伽藍中，僧問復增塵。

老趙州好殺，故名善知識；免兒總見驚，自埋我見墳。
只如趙州好殺，意作麼生？平實說與爾等法王活佛知：
遠見平實來，奮勇當自殺；返身舉足奔，方知平實恩。

第三九五則　趙州貞實

趙州觀音院從諗禪師　有僧問：「覺華未發時，如何辨貞實？」師云：「開也！」僧云：「是貞？是實？」師云：「貞是實，實是貞。」僧云：「什麼人分上事？」師云：「老僧有分，闍黎有分。」僧云：「某甲不招納，如何？」師佯不聞，僧無語，師云：「去！」

寂天「菩薩」云：《爲利有情故，不吝盡施捨，身及諸財富，三世一切善；捨盡則脫苦，吾心成涅槃。…如昔諸善逝，引發菩提心，復次循序住、菩薩諸學處；如是爲利生，我發菩提心，復於諸學處，次第勤修學。智者如是持，清淨覺心已，復爲增長故，如是讚彼心。…猶如目盲人，垃圾獲至寶；生此菩提心，如是我何幸！滅死勝甘露，即此菩提心；除貧無盡藏，即此菩提心。》（藏海出版社《菩薩行譯注》一九九四年三月再版第一五九至一六四頁）

平實云：寂天所云如是菩提心者，乃是世俗菩提心也，以意識發心而行捨故，以意識發心而利衆生故；如是世俗菩提心—意識—捨盡一切後，仍不能成就涅槃寂靜之「境界」，仍不能證有餘涅槃，故不應言「吾心成涅槃」。謂有餘涅槃者乃是斷盡我見我執：不認欲界五俱意識為不壞心，不認初禪等至位中三俱意識為不壞心，不認二禪乃至四空定等至位中之獨頭意識為不壞心；乃至滅盡定與無想定中不與意識俱之意根，亦不認為不壞心；由斷如是我見我執，故證有餘涅槃；捨壽時，由無此我見我執故，不復受生，令一切粗細覺知心永滅不現，令意根永滅不現，唯餘第八識離見聞覺知、亦不作主，不復緣於母胎名色—不受生，故名無餘涅槃。是故三乘諸經俱以第八識為勝義菩提心、為涅槃心，從來不以意識心為菩提心、涅槃心也。（讀者欲知其詳，請閱拙著結緣書《邪見與佛法》，此處不贅）。

今者寂天所說發菩提心，乃是世俗菩提心——以意識發起修證佛菩提之心，以意識行捨利衆；然若不斷「意識不壞」之我見，尚不能分證聲聞初果之解脱見地，何況能證慧脱阿羅漢之涅槃境？無是理也。

復次，行捨利衆之世俗菩提心，本無今有，由修學佛法故轉捨慳貪而生，是故寂天頌云「生此菩提心」；勝義菩提心——第八識如來藏——則是亙古以來已存在不滅，故無有生，故不可如寂天之言「生此菩提心」也。

三者，能滅生死苦之殊勝甘露，可以是世俗菩提心——意識；意識能作觀行：能觀察自己之虛妄而斷我見故，能觀察意根之虛妄而斷我執故。是故「滅此勝甘露，即此（世俗）菩提心」，言亦可通。然寂天言「除貧無盡藏，即此菩提心」者，則不僅於理有違，復悖三乘聖教也；此謂：能消除衆生種種貧乏之無盡藏，非此世俗菩提心也，實是第八識勝義菩提心也；意識不能持修行者之善業種故，意識不能持衆生之異熟種故，意識不具勝義菩提心之一切種子故。

由《入菩薩行》全頌之偈意，證知寂天認定意識為勝義菩提心，未曾證得如來藏，不入大乘別教真見道位；復認意識為不壞之菩提心，則未斷聲聞初果所應斷之我見，是故偈頌中自稱薄地凡夫，實所宜也，不墮大妄語罪故；是故不宜將寂天高推為「一位已經登地的大乘聖者」，何以故？謂禪宗真見道者不唯斷我見、成聲聞初果，復因證得如來藏而通達般若、成別教七住菩薩，然尚不敢以登地聖者自居故。何況寂天二俱未證，尚不得初果見地，亦未能證得七住般若慧，焉能登地？無斯理也！

若人欲證般若、入真見道位，當參禪宗公案，最迅捷故，一念相應便契入故，茲舉趙州貞實公案，共諸密宗法王等人以探般若密意：

有僧問：「覺悟之華未發（未開放）之時，如何分辨其清淨與不虛？」趙州答云：「開花了！」僧復問：「是清淨的？還是真實的？」趙州答云：「清淨的即是真實的，真實的即是清淨的。」僧人又問：「這個既清淨又真實不虛的覺悟之華，這件事是什麼人分上所應有的？」趙州答云：「老僧有分ㄈㄣˋ，你也有分ㄈㄣˋ。」僧人云：「如果我不招來領納時，是怎麼回事？」趙州假作不聞僧語，此僧不知趙州之意，便無語答對，趙州乃云：「去吧！」

只如僧問：「覺華未開時，如何分辨貞與實？」趙州因什麼不為僧解說？卻道覺華已發？這僧問時，如何是覺華發處？若有法王活佛識得此中關節，十年之後豈唯作人師？亦作天人之師也。

趙州此答，機鋒頓現；只是迅如閃電、如擊石火，一眨眼間，這僧已然錯過、不知不覺；復問云：「覺華是清淨？抑或貞實？」趙州乃云：「貞是實，實是貞。」殊不知覺華開抑不開，實相心皆是既貞亦實；實相心雖然含藏七識心等所造染污業種及相應煩惱，然於七識心造染業及起煩惱時，依舊不改無始劫來之清淨自性，以其貞實之性恒時顯現及運作，不曾剎那間斷，不曾剎那改易其貞實性，與覺華發抑未發無關，故云貞是實、實是貞，二性恒具不易故。如是既貞又實、恆而如是不斷之性，一切人有分，不論覺悟之華已發未發。乃至賤如蟑螂螻蟻悉皆有分，無二無別，不待覺華之發也。只如爾等密宗一切活佛法王仁波切等，還知此本分事否？何妨舉似天下老宿？令平實不得不推汝為度人師？試道看！

三如趙州云人人有分，這僧不會趙州意，卻問不招納時如何？趙州卻佯作不聞，究竟是何道理？禪師既發願度衆及住持佛法，於學人所問，不合佯作不聞、置而不答；且道：趙州佯作不聞，不答僧問，竟是何意？爾等法王活佛若來相問此理，平實但將兩掌置於耳後作個招風耳，只問爾：「你說什麼？你說什麼？」爾若不會平實意，平實只得教爾：「回西藏去！」　頌曰：

覺華未發辨貞實，古今知識何太痴！

貞實不二恒如是，識得始是人天師。

爾等密宗法王活佛欲識實相麼？附耳過來，平實悄悄說與爾等知：「秘密灌頂時：莫取四香作甘露，且將明妃紅唇舔！」

第三九六則 趙州揭石

趙州觀音院從諗禪師　師院有石幢子被風吹折，僧問：「陀羅尼幢子作凡作聖去？」師云：「也不作凡，亦不作聖。」僧云：「畢竟作什麼！」師云：「落地去也！」

師問一座主：「講什麼經？」對云：「講涅槃經。」師云：「問一段義，得否？」座主云：「得。」師以腳踢空，吹一吹云：「是什麼義？」座主云：「經中無此義。」師云：「五百力士揭石義，便道無！」

寂天「菩薩」云：《世間主亦言：心不自見心。意如刀劍鋒，不能自割自。…若謂識了知，故說燈能明；自心本自明，何識知故說？若誰亦不見，則明或不明，猶如石女媚，說彼亦無義。問：若無自證分，心識怎憶念？答：心境相連故，能知如鼠毒。問：心通遠見他，近故心自明。答：然塗鍊就藥，見瓶不見藥。見聞與覺知，於此不遮除；此處所遮者，若因執諦實。問：幻境非心外，亦非全無異。答：若實怎非異？非異則非實；幻境非實有，能見心亦然。問：輪迴依實法，否則如虛空。答：無實若依實，云何有作用？汝心無助緣，應成獨一體。若心離所取，眾皆成如來；施設唯識義，究竟有何德？》（摘自藏海出版社《菩薩行譯注》一九九四年三月再版第三二三至三二六頁）

平實云：佛言「心不自見心」者，乃謂實相心，非謂寂天所說之意識心也。謂實相心—第八識阿賴耶—於三界六塵中恆離見聞覺知、恆不思量，故無六塵中之自證分及證自證分，是故不見自心—恆不觀察覺知自己；寂天未曾證悟第八識如來藏，不能體驗如來藏之體性，故誤解佛意，乃又引喻「意如刀劍鋒，不能自割自」，名為引喻失當。

復次，意根與意識俱能壞自，不應引「刀不自割」之喻作解、誤導衆生，何以故？此謂佛於四阿含衆經中，不斷地反復宣說：「當以意識意根之見聞覺知性，觀察意識意根之緣起性空，無常無我，是苦非樂；如實現觀，斷除我見我執，解脫生死，成無學果。」亦反復宣說「十八界俱滅，成無餘涅槃」之理。如是可證意識能見意識自心，可證意識能見意根自心，方能如是現觀而取有餘無餘涅槃，是故寂天之主張「意識不見意識自心、意識不能壞意識自心，如刀不自割」，違佛旨意，亦悖解脫正理，非如法說也。

至於其後諸偈之誹謗唯識種智所言六七識之證自證分及自證分者，亦皆如是，成非法說；篇幅所限，不能於此一一評破；後若有緣，當別破之。寂天所說六度諸行等，除禪定與般若外，皆屬正說，令人讚歎。亦令初機學人得益，非無功德。然於般若度中，以非法之理及失當之引喻，而評破般若中之唯識種智者，其過極大，不唯毀盡弘傳前四度之功德，更增闡提大罪；唯識種智乃是般若之根本故，涅槃之根本故，諸佛之根本故，菩薩藏之內涵故。今者寂天繼承月稱《入中論》，弘傳應成派中觀邪見，誹謗第八識之唯識種智，已成就謗菩薩藏之重罪，成一闡提人，已斷善根；有智學人當引為殷鑑，莫再效法，否則豈唯愚痴？後世尤重純苦之多劫地獄苦受，難可償也！

寂天之所以墮此重罪者，皆因未曾親證如來藏，不能具足領受六七八識之互異體性，錯將經中佛說之七八識性認作意識之性而誤解佛意，故有如是種種謬論言說，自誤誤他，不足師法（詳見拙著《宗門道眼》第二五四則、《宗門血脈》第二六五則）。有智學人當速一一親證六七八識，現前領受此三識之異同，自能漸漸貫通三乘諸經佛說之顯意密意，今舉趙州揭石公案，以助學人得證自心藏識：

趙州觀音院中，有一鐫刻咒文之石幢子，被暴風吹折而墮地，一僧以此問趙州：「那個刻了咒文的石幢子，如今是作凡夫去了？還是作聖人去了？」趙州答云：「也不作凡夫去，亦不作聖人去。」彼僧復問：「畢竟作什麼去？」趙州答云：「落地去也。」

古今皆有一種人認無情有佛性，便謂無情亦能成佛；殊不知無情乃是有情衆生之共業所感而有，從來不曾有佛性，何能成佛？無情不具如來藏等八識故，從來不曾有心執持業種識種故，從來唯有物性故，是故趙州對於石幢，不作成凡成聖之解，唯言「墮地去也」。

至於經中佛說「有情無情同圓種智」者，非謂無情之山河大地石塊草木亦能圓成種智而成佛；此中別有密意，非淺悟未悟之人所知也（詳見拙著局版書《宗通與說通》之演示），限於篇幅，此處不復重述。

某日與一講經座主相遇，趙州問云：「座主講什麼經？」座主對云：「講《大般涅槃經》。」趙州云：「問你一段經文中之義理，可以嗎？」座主答云：「可以。」趙州禪師乃以腳踢虛空，又用口吹一吹，問座主云：「這是什麼義理？」座主答云：「《大般涅槃經》中並無這個義理。」趙州云：「彼經中有說五百力士舉石不起之義理；你自不知，便說沒有。」

按：《大般涅槃經》卷三十四云：《拘尸那竭有諸力士三十萬人，無所繫屬，自恃憍恣、色力、命財、狂醉亂心。善男子！我為調伏諸力士故，告目連言：「汝當調伏如是力士。」時目犍連敬順我教，於五年中，種種教化，乃至不能令一力士受法調伏。是故我復為彼力士告阿難言：「過三月已，吾當涅槃。」善男子！時諸力士聞是語已，相與集聚，平治道路。過三月已，我時便從毗舍離國至拘尸那城，中路遙見諸力士輩，即自化身爲沙門像，往力士所，作如是言：「諸童子！作何事耶？」力士聞已皆生瞋恨，作如是言：「沙門！汝今云何謂我等輩爲童子耶？」我時語言：「汝今大衆三十萬人，盡其身力，不能移此微末小石，云何不名爲童子乎？」諸力士言：「汝若謂我爲童子者，當知汝即是大人也。」善男子！我於爾時以足二指，掘出此石；是諸力士見是事已，即於己身生輕劣想，復作是言：「沙門！汝今復能移徙此石，令出道不？」我言：「童子！何因緣故、嚴治此道？」諸力士言：「沙門！汝不知耶？釋迦如來當由此路至娑羅林，入於涅槃；以是因緣，我等平治。」我時讚言：「善哉！善哉！童子！汝等已發如是善心，吾當爲汝除去此石。」時以手舉擲大石，高至阿迦尼吒。時諸力士見石在空，皆生驚怖，尋欲四散。我復告言：「諸力士等！汝今不應生恐怖心、各欲散去。」諸力士言：「沙門！若能救護我者，我當安住。」爾時我復以手接石，置之右掌。力士見已，心生歡喜，復作是言：「沙門！是石常耶？是無常乎？」我於爾時以口吹之，石即散壞猶如微塵。力士見已，唱言：「沙門！是石無常。」即生愧心而自考責：「云何我等恃怙自在色力命財，而生憍慢？」我知其心，即捨化身，還復本形而爲說法。力士見已，一切皆發菩提心。》

只如佛以大神通力，足掘巨石，意在何處？趙州特地舉以問之，同佛意也。次如佛接巨石，以口吹之，便令巨石化為齏粉；趙州又復舉以示之，且道：佛與趙州意在何處？

這個揭石吹粉公案，古今名師暗裡議論紛紛，衆說紛紜，莫衷一是；直至而今，益生淆訛，無人能知。然而趙州腳踢虛空（作掘石狀）及口吹石狀，於諸天法界中，可謂驚天動地之作，難解會故；寂天與月稱若來，絞盡腦汁亦難會取，皆為不信有第八識故，佛法知見偏邪故。如今密宗一切修成即身成佛法門之諸佛、諸大法王、大活佛……等，還有會得佛意趙州意者麼？平實推汝為度人師，許汝入住大乘別教七住位，成真菩薩！若有者，過來！過來！平實推汝一把。

頌曰：

心不見心如來藏，性淨涅槃離覺知；
意能見意得自證，能斷我見豈世刀？
趙州足掘巨石起，踢向虛空大神力；
吹石成粉圓佛旨，古今錯說成夢囈。

第三九七則　趙州勘破

趙州觀音院從諗禪師　有僧遊五台，問一婆子云：「台山路向什麼處去？」婆子云：「驀直恁麼去。」僧便去，婆子云：「又恁麼去也。」其僧舉似師，師云：「待我去勘破遮婆子。」師至明日便去問：「台山路向什麼處去？」婆子云：「驀直恁麼去。」師便去，婆子云：「又恁麼去也。」師歸院，謂僧云：「我為汝勘破這婆子了也。」

玄覺聞云：「前來僧也恁麼道，趙州去也恁麼道，什麼處是勘破婆子？」又云：「非唯被趙州勘破，亦被遮僧勘破。」

無門慧開禪師作《無門關》拈云：《婆子只解坐籌帷幄，要且著賊；不知趙州老人善用偷營劫寨之機。又且無大人相，檢點將來，二俱有過。且道：哪裡是趙州勘破婆子處？　頌曰：「問既一般，答亦相似；飯裡有沙，泥中有刺。」》

岡波巴開示密宗之大手印修行法云：《大手印定生起之相，是這樣的：於此（心之）體性無整治、無摻雜，安適舒泰住於本元明明朗朗清清淨淨，於一切時相續不斷（有這種覺受就是大手印的定相）。此又分二：一、是有決定性的境界；二、是境界尚不能至決定的地步。決定的境界是：如秋季之明朗晴空與心性無二無別，上不希求佛道，下不怖畏輪迴。別人想改變你或影響你、也改變不了影響不了。不決定的境界是這樣的：具有定境之「樂、明、無、念」的覺受；但覺受時有時無，因為無念的關係，可能有墮落下道的危險——墮於色界或無色界天，或是墮入（小乘之）滅諦涅槃。在最初學（大手印）的時候，是學習（認取）那明明朗朗的（自心）明體，進而學習知而不散之道，再進而學習堅固穩定的修觀，使自己生起決信和確知。（修大手印的人）只要不忘失心之體性，妄念種種的生起變化，原是很自然的。》（摘自法爾出版社一九八五年九月初版《岡波巴大師全集選譯》頁三八七、三八八）

平實云：明明朗朗清清淨淨之覺受，並非「本元」，乃是意識，亦非於一切時相續不斷，必於眠熟悶絕等五位間斷故；今者岡波巴從密勒日巴所受學之大手印法，所證得之真如，即是此「明明朗朗清清淨淨」之「本元」，錯認意識為真如；誤將夜夜間斷，永不能去至後世之意識，認定為常恆相續不斷之真如本元，與佛所說之以第八識為真如本元，相差猶如天壤之別也。密宗喜言岡波巴係佛世月光菩薩轉世再來，然觀其證量，都同凡夫外道（詳見拙著《宗門道眼》第二五五則論述）；如是攀緣，荒謬已極。

復次，岡波巴謂：《定境之「樂、明、無念」覺受，若時有時無，而住於無念之中，則可能墮落於無餘涅槃或色界無色界》，乃是顛倒想；而此顛倒想，密宗四大派古今法王活佛皆不免焉。此謂岡波巴、密勒日巴及諸密宗古今法王，皆未如實證解二乘之滅諦涅槃，亦未證解四禪八定，故有如是謬誤顛倒知見，用以誤導衆生。

暫且不言雙身修法之「樂、明、無念」覺受之虛妄，單就禪定而言之：若有覺受，則墮欲界六塵，尚不能入色界定境，何況能墮涅槃？初禪等至離香、味二塵故，二禪等至離五塵故，無餘涅槃滅六塵六識故。岡波巴所說：《認取明朗清淨覺知心體，並應住於樂明無念之覺受中，不求佛道亦不怖輪迴》者，尚未能超欲界境界，何況能墮無餘涅槃？顛倒乃爾！

密宗宣稱必須修證二乘法及大乘法，而後可以修學密宗之道；然今現見密宗古今文獻，未曾有一密宗大修行者（龍樹絕非密宗祖師）曾親證得四禪八定及滅盡定，皆主張「應保持覺知心不斷，常住於樂、明、無念之覺受中」故，不知此覺知心乃是常見外道之「常不壞我」故，不知佛於二乘法中開示應滅此識方成無餘涅槃故，不知佛於二乘法中常常破斥此覺知心故。

一切學人莫墮密宗古今法王之邪見中，莫取意識為真如；應依二乘經中佛語，現觀意識之虛妄，由現觀意識虛妄故斷我見，由現觀意根虛妄故斷我執，方成二乘法中之慧解脫聖者，捨壽時滅盡一切覺受，六塵俱滅；復滅意識意根自己，唯餘第八識無見聞覺知，亦無思量性，無形無色而永遠不再出現於三界中，永遠離一切覺受，方名「墮於小乘涅槃」——解脫三界生死輪迴。

菩薩如是藉虛妄之意根意識，以其覺知分別六塵之性，修除虛妄想——否定自我、斷除對自我之執著而成無學；然於捨壽前勇發大願：盡未來際自利利他。以未來無盡故此願無盡；乃起受生願，捨壽入胎時滅斷此世意識而不滅意根，轉入來世，復生來世意識，自利利他永無窮盡，滿足菩薩行願及佛地功德。

密宗古今法王既未證解二乘涅槃，復又錯認意識覺知心為真如，則於三乘菩提俱未見道修道，云何而有資格修證密法？既無資格修證密法，云何可以遊履人間而傳密宗之道？

末者，既然密宗主張必須修證三乘菩提之後，方可修學密宗之道，則已表示：密宗之道不可違背三乘菩提，應符合三乘菩提而超越之。然密宗古今法王所說三乘菩提，俱違佛之三乘菩提；所說密宗之道，亦違佛之三乘菩提；如是虛妄，不應正理。而密宗究竟成佛之道，復墮欲界淫觸「樂、明、無念」之無常虛妄想中，云何可謂為超勝於三乘菩提之方便成佛法門？真是俗諺所謂「將隨便作方便」之宗教也，佛法中之方便行門非謂此也。

修學佛菩提及二乘菩提者，於見道之修證上，若有一絲一毫偏差，則其後修道勢必步步皆岐；修道愈久，違背佛法愈嚴重，密宗法道即是現成事例，天竺佛教即因此故亡於密宗之手。凡我佛門弟子，於此務必明察秋毫，以免修善反致墮落，成就三界之至冤。

欲求具足三乘見道，則以禪宗之法最為直接迅捷，今舉趙州勘破公案，與諸方老宿學人合計：

有僧欲遊五台山，路上問一婆子云：「往五台山的路，要向什麼處行去？」婆子答云：「直直地就這樣去。」彼僧聞言便去，婆子卻向僧後丟下一句話：「又這麼去了。」彼僧舉此事，說與趙州禪師，趙州云：「待我得暇時，去勘破這個婆子。」

趙州禪師至明日，便去問：「往五台山的路，要向什麼處行去？」婆子答云：「直直地就這樣子去。」趙州聞言便去，婆子又向趙州身後丟下同樣一句話：「又這麼去了。」趙州禪師歸院，卻向彼僧云：「我已經為你勘破這個婆子了。」

婆子云：「又恁麼去也。」如今台灣有人解云：「好一個和尚，看你怎樣走！」錯會婆子意也。婆子一句「驀直恁麼去。」直可驚天地、泣鬼神，只是來往僧衆無人會得，個個皆需婆子於身後撂下這麼一句：「又恁麼去也。」彼僧料知婆子話中有話，所以舉似趙州；不料趙州去勘婆子，更增淆訛，直至如今，諸方老宿依舊錯會，說得許多閒言語，與佛菩提有什麼相干？

趙州明日去問婆子：「台山路向什麼處去？」依樣畫葫蘆，將彼僧問底，重問一遍，料他婆子必定一般問答；趙州聞言，不動聲色，依舊似諸來往五台之僧人一般便去，婆子不知來者是趙州，依舊向趙州身後撂下同一句話：「又恁麼去也。」趙州也不理會，只管恁麼去，看他婆子識不識得。婆子既無別語，趙州回寺便道已經勘破婆子。

後來玄覺禪師聞道這個公案，早知婆子與趙州手眼，可惜天下老宿少人會得，衆說紛紜；玄覺欲令諸方老宿警醒所悟非真，乃將此公案拈向諸方問云：「前時來僧也這麼說，趙州禪師去問時也是這麼說，究竟什麼處是趙州勘破婆子之處？」語罷又云：「並不是只有婆子被趙州勘破，其實趙州也被這個來問的僧人勘破了。」

趙州勘破婆子則且置，什麼處是趙州被彼僧勘破處？如今密宗之中自道證悟、入地、成佛者，其數浩浩，個個來到蓬萊大鳴大放，還有識得此中蹊蹺者麼？若識不得，盡是野狐外道見解，悟在什麼處？若人了知趙州被僧勘破處，便知趙州其實被玄覺勘破，與僧無涉，彼僧猶自茫然故；若人見得趙州被玄覺勘破處，便知婆子被趙州勘破處。如今普天下法王活佛數千人，還有知者麼？試舉向天下人看，平實要知。

千餘年後，無門慧開禪師將此公案收入《無門關》四十八則拈提公案中，更評云：「這婆子只懂得坐在營帳中運籌帷幄，算計趙州；其實卻是著了賊，他不曉得趙州老人善於運用偷襲敵人營寨之神機，所以反被趙州算計了去。但是趙州在這個公案之中，並無示現出大人相，所以婆子雖具手眼，也難辨他；這樣檢點起來，其實趙州與婆子俱有過失。大家且說說看：『哪裡是趙州勘破婆子之處？』我無門慧開為大家作個頌吧：趙州與彼僧所問既然同是一般，婆子兩次答覆也是相類似；可是飯裡面有沙，泥濘之中有刺。」無門禪師舉出這個公案，要問當時自道已悟之諸方老宿：究竟飯中之沙、泥中之刺，在什麼處？

無門這一問，結盡天下老宿大怨，個個灰頭土臉道不得，直至如今有淆訛。不料今時台灣卻有愚人膽大包天，敢在無門禪師頌下加註腳：「問語一般**義不同**，答句一樣**解有異**；飯裡有沙**吃不得**，泥中有刺**行不通**。」便似好端端地一鍋小米粥，被伊丟了四顆老鼠屎，壞了整鍋粥；更洋洋得意地印成精裝本，將狐狸尾巴現與衆人看。

只如趙州大人相，竟是個什麼物事？要勞他無門禪師舉向天下人說？若人識得趙州大人相，便知玄覺勘破趙州處，便知趙州勘破婆子處，便知婆子勘破來往五台一切僧人處，便一併勘破平實與無門禪師機關；且道如何是飯裡沙、泥中刺？　頌曰：

台山路向何處去？問既一般答相似；

飯沙泥刺原是賊，趙州大人誰得識？

若有個禪和子來問：「云何是趙州大人相？」

但向伊道：「驀直恁麼去。」

第三九八則　趙州合口

趙州觀音院從諗禪師　師出院，路逢一婆子問：「和尚住什麼處？」師云：「趙州東院西。」婆子無語。師歸院，問眾僧：「合使哪個ㄒㄧ字？」或言東「西」字，或言「棲」泊字，師曰：「汝等總作得鹽鐵判官。」僧曰：「和尚為什麼恁麼道？」師曰：「為汝總識字。」

僧問：「如何是囊中寶？」師云：「合取口。」（法燈禪師聞後別云：「莫說似人。」）

有新到僧謂師曰：「某甲從長安來，橫擔一條拄杖，不曾撥著一人。」師曰：「自是大德拄杖短。」僧無對。

張澄基教授云：《⋯在宏法的事業上，岡波巴遠超過了他的師傅密勒日巴。就「法」的觀點來看，岡波巴大師的成就和貢獻都是異常突出的。在佛法中努力的人，不是偏重於專修（瑜伽行者派）就是偏重於教理和講學（學理派），很少有人能夠在專修和教理雙方皆能達到登峰造極的地步。岡波巴既是大比丘學者，又是大瑜伽行者，他精通顯密、學究三乘，更能深入**般若現證法性盡地**，得到了**顯密雙方最高成就**。》（法爾出版社一九八五年九月初版《岡波巴大師全集選譯》敘言）

又云：《岡波巴大師實際上是三世一切諸佛之身口意體性。為了度脫那些具有善根之眾

多有情，所以示現無量化身，**若有人於大師殷重祈禱，必能獲得世間和出世間之種種成就。》**（同書頁二）

平實云：於一切翻譯密續為中文之學者，平實皆深心感戴（不論譯者之心態如何）；若非彼等之翻譯，何能有今日之大量密續流通於全球？吾人能藉此諸密續瞭解密宗之法，並因此緣而觸動余往世在密宗覺囊派中之記憶現起，皆須感念此等諸人之辛勞也。由是緣故，余於張澄基教授、法護（曾慶忠）、劉銳之、陳健民……等人，皆懷感激之情，彼等已令密宗不再神祕故；彼等能令吾人藉彼諸書而作辨正，以導正密宗學人之知見，令密宗不得不漸漸回歸正法故。由是緣故能令三四十年後之全球學人不再盲信密宗之法，則昔年天竺佛教滅於密宗手中之故事，即可不再重演，佛之正法可以延續至月光菩薩示現人間之時，皆是彼諸譯者襄助之功也，於此謹表末學感戴之情。

然岡波巴於瑜伽行門及教理講授等二門，俱有大過。瑜伽行門之證量，本謂親證瑜伽真義及境界；瑜伽行之證量，彌勒菩薩將之條分為十七地，始從欲界之凡夫五識身相應地，次入色界無色界等凡夫禪定地，以至學人之聞所成地…聲聞地、獨覺地、菩薩地、有餘依地、無餘依地等，總分十七地，所說遍及三界六道及四聖法界之修證。今觀岡波巴從其師密勒日巴受學之瑜伽行，乃是外道性力派之雙身修法，冠以無上瑜伽之美名，藉淫觸之遍身領受，而謂為可成正遍知覺、究竟成佛；如是玷汙瑜伽聖義，令瑜伽之名蒙塵，實非所宜；如是瑜伽行，迥異世尊與彌勒菩薩所弘傳之瑜伽行，焉得謂為「於瑜伽行門有證量者」？無是理也。

於瑜伽行之證量既已偏差，則其引經據典所弘教理，必皆以如是荒謬之密宗瑜伽行而解釋之，必皆處處墮於意識界，不能知曉佛所宣說三乘法義之真旨。如是墮於意識知見中，以意識為佛地真如之「證量」，焉可讚歎其「深入般若**現證法性盡地**」？岡波巴迄未悟入般若故，般若乃述第八識之體性故，岡波巴未證得第八識、不能領受第八識之中道性故。現證法性盡地，乃是成就究竟佛地功德之謂也，今觀岡波巴所述，悉墮意識境界，以凡夫地之意識為佛地真如，尚不能入瑜伽師之聲聞見道地，何況能現證法性盡地而成佛？無是理也（岡波巴所證之眞如乃是意識心，並未證得第八識，請參照拙著《宗門道眼》第二三六、二三七、二五五則舉示）。岡波巴如是證量，無異凡夫外道之弘傳佛法也，若人對之殷重祈禱，何能有益？

欲修證佛菩提者，必以見道為第一要務；見道則以大乘菩提（禪宗）之見道為最勝妙，二乘菩提之見道不能令人入佛智故；大乘菩提之見道不唯能令人入佛智，亦能令人同時證得二乘菩提之見道故；因此之故，便舉趙州合取口之公案，共諸學人商量：

一日趙州出院，路上逢一婆子，向趙州問云：「和尚住在什麼地方？」趙州答云：「住在趙州東院西。」（觀音院又名東院）婆子忽聞「東院西」三字，一時無語答對。趙州歸院後，問衆僧：「合該使用哪一個ㄒㄧ字？」衆僧七嘴八舌，或有說是該用東西的西字，或有說是該用「棲泊」的棲字；趙州云：「你們這些人都可以作那鹽鐵判官了。」有僧曰：「和尚您為何這麼說？」趙州乃點出一語：「因為你們都識字。」

覺知心於見字之際，當下便識；豈唯識字？乃至聞聲之時未起思維、早已認得父聲母聲眷屬之聲；忽見甲字時絕不會錯認為乙字，忽聞母聲時絕不會錯認為父聲，見聞之時早已完成分別，不待思維而後方能分別也。趙州欲令衆僧否定意識覺知心——不認意識為無分別心，故有如是開示。

復有僧問：「如何是囊中寶？」囊中寶者喻如髻中珠、礦中金、衣中珠、萎華中佛、藏中如來、弊帛中金像，謂衆生之實相心——真如法身也。如是囊中寶，人人有之，藉此第八識，能令吾人成就佛道。趙州答彼僧云：「合取口。」令僧閉起嘴來。

只如僧問真如法身，趙州云何不答？反教彼僧閉嘴？不知者往往解作趙州無心情，所以教僧合取口；殊不知趙州就身打劫，答僧問時已示入處，只是機鋒高峻，衲子若非人類精奇，不能知其機關，便道趙州令僧合嘴，去道遠矣！後時法燈禪師聞此公案，知他趙州善於當面使賊、當人換卻眼睛，便又指戳衆人：「莫說似人。」且道：趙州之合取口，與法燈之莫說似人，相差多少？

若道無差，君是未悟人；若道有差，亦是未悟人；饒伊岡波巴再修五百年來，依舊道不得；何以故？為伊不肯死卻意識心故。

有新到僧來，向趙州誇口道：「我從長安來，橫擔著一條拄杖，一直走到這裡，不曾撥著一人。」此僧自謂已悟，於途中點撥了許多人，卻不曾令一人悟入；此語頗有輕人之意味，譏諸學人根機低劣也。話甫畢，趙州隨言：「本來就是你的拄杖太短——說什麼不曾撥著一人？」諸方學人欲覓平實拄杖麼？平實且頌與爾：

趙州東院西，鹽鐵判官難曉伊；

為汝總識字，善知識前唯有頭低。

僧問囊中寶，合口問取趙州機；

欲會法燈意，莫說似人早汎晨曦。

且道：岡波巴識機不識機？學人莫問余，但將平實短杖取送伊。

第三九九則　趙州殿裡

趙州觀音院從諗禪師　師敲火，問僧云：「老僧喚作火，汝喚作什麼？」僧無語，師云：「不識玄旨，徒勞念靜。」

新到僧參，師問：「什麼處來？」僧云：「南方來。」師云：「佛法盡在南方，汝來遮裡作什麼？」僧云：「佛法豈有南北耶？」師云：「饒汝從雪峰雲居來，只是個擔板漢。」崇壽稠禪師聞云：「和尚是據客置主人。」

僧問：「如何是佛？」師云：「殿裡底。」僧云：「殿裡者，豈不是泥龕塑像？」師云：「是。」僧復問：「如何是佛？」師云：「殿裡底。」

密勒日巴向惹瓊巴開示云：《……耳傳能詮之口訣，心底深處受納時，如鹽溶水成一味。智慧於內開顯時，是非疑惑頓時斷，根本後得夢醒覺。深觀產生大樂時，所顯諸法自解脫，如水蒸汽消太空。契入所觀體性時，實相明體智慧現，如彼無雲大晴空。動心清濁已分時，本來明體智慧現，**明朗如淨水銀鏡**。賴耶溶入法身時，投生取有此蘊聚，如是踏蛋立粉碎！執著之繩切斷時，各種次第之中陰，如蛇伸直解盤結。**解脫取捨諸行時，以心離作安然住**，如彼雄獅三力圓。顯明空明智慧明，與此三明相伴時，如日光耀無雲空；**此時境識各自分，如分馬群與牛羊，心與蘊聚繫繩斷！**我已利用人身寶，瑜伽行道事已畢。》

（摘自慧炬出版社一九八〇年初版《密勒日巴大師全集（歌集下）》四八〇頁）

平實云：密宗祖師總以意識不取五塵境作為已斷五蘊繫縛，如是謂已解脫，故密勒日巴於此口訣中說：「解脫取捨諸行時，此心離作安然住……」。以意識覺知心與外境分離，而住於不取外境之一念不生中，名為已斷我執，故密勒日巴云：「此時境、識、各自分，如分馬群與牛羊，心與蘊聚繫繩斷」。此名我見未斷者妄作已斷我執想，意識即是阿含諸經所破之常見外道我故；現觀意識自己虛妄者，方是阿含所說之斷我見者故。

覺知心不取五塵時，仍是意識我；不因其取不取五塵境而改易其性，始終是意識故，永不能轉變成第八識真心故。密宗祖師不知此理，每欲轉變意識為真如，與常見外道無有差別。密勒日巴亦復墮於此一邪見，如是傳與岡波巴、惹瓊巴……等人（詳見拙著《宗門道眼》二〇八、二三四則舉例。）

密宗行者中，亦有人辯稱密勒日巴已證得阿賴耶識，故是證悟聖人；然密勒日巴所證阿賴耶識，乃是氣功及觀想所得之明體—以明體（明點）為阿賴耶識，迥異佛於諸經所說之阿賴耶識。密勒日巴如是，天竺畢瓦巴……乃至藏密各派祖師亦悉如是，誤認明體即是阿賴耶識，並具載於密續中，復以口訣如是耳傳至今，不曾改易。

由此誤會故，乃觀想明體融入覺知心之光明中，謂之為「賴耶融入法身時」，以一念不生之覺知心為法身——錯認意識為法身。密宗由此邪見故，密續中所說「佛法」迥異二乘諸經，故悉不依經修，全依密續而修，不能與三乘諸經互相印證故。

密宗以一念不生之覺知心為法身，以雙身修法中專心領納遍身淫樂之覺知心為法身，以觀想所成之明點為阿賴耶識；由此誤會故，見顯宗真悟阿賴耶識者出世弘法，便蔑視貶抑之，謂為證量粗淺，倡言曰：「我們早已證得佛地真如，蕭平實只證得阿賴耶識，證量太淺了。阿賴耶識是密宗行者初入門之基本證量，你們以阿賴耶識之證量，竟敢批判密宗之佛地真如證量，是雞蛋碰石頭，膽子太大了。」如是以明點附會為顯宗悟者所證之阿賴耶識，猶如俗諺所云之「牛頭逗馬嘴」，誤會佛法已，卻來責罵、蔑視顯宗證悟之人所悟粗淺。密宗誤會佛法如此之巨，以外道法代替佛法，焉可自視為佛教之一宗？顯宗不知其底蘊而包容之，視之為佛教之一宗，其謬大矣！佛教研究學者（如印順法師等人）不知其底蘊，說其為天竺「晚期佛教」，其實絕非佛教，乃是外道（第三轉法輪諸經之弘傳期，方是天竺眞正之晚期佛教）。

密勒日巴以明點為阿賴耶識（畢瓦巴等人亦皆如是），觀想明點化入覺知心之光明中，故謂「賴耶融入法身時」，實際未曾證得阿賴耶識，亦未證得法身；明體非是阿賴耶識故，法身即是阿賴耶識故，云何可將阿賴耶識融入阿賴耶識？如是將外道法代替佛法之密宗，焉可視之為佛教？今世學人皆應洞悉密宗之邪，促令揚棄外道邪見，回歸三乘菩提，拯救密宗師徒；以此緣故，余以諸書破斥密宗所傳邪見邪法，欲免密宗一切師徒之來世尤重純苦長劫果報，佛說「將外道法置於佛法中者必墮地獄」故。

大乘佛教學人求道，以證悟大小品般若經所說之「非心心、無心相心」為首要，證悟此心者即入大乘見道位故；見道者方能真解般若故，解般若者方能漸修而入初地通達位故。今舉趙州殿裡公案，助諸大乘學人發機：

趙州禪師一日取打火石敲火，邊敲邊問僧云：「老僧喚這個作火，汝喚它作什麼東西呢？」那僧不解趙州絃外之音，無語應對，趙州乃云：「若不認得佛法中之密意，心心念念保持心境之寂靜，於佛道上仍然是徒勞無功的。」只如趙州老人敲火，喚阿哪個作火？若於言下薦得，當面與他一掌，返身卻向平實道：「若道是火，舌頭墮地。」且喜上座真入佛門，從此便有開山本錢，受得諸方衣食供養也。且道是火？不是火？諸方密宗法王還有道得者麼？試道一句看！

有新到僧來參，趙州禪師問云：「從什麼處來？」諸方總道是寒喧客套，豈知正是探竿影草；彼僧不知，輕易答曰：「從南方來。」趙州於此一句之下已知彼僧底蘊，不客氣道：「佛法盡在嶺南，你來我這裡作什麼？」若是個伶俐衲僧，聞言合道：「路遙跋涉，大不易也，點茶來！」便向趙州伸手。無奈彼僧不會，反問道：「佛法豈有南北之分耶？」趙州見他著實不會，便數落他：「假饒你是從雪峰雲居二大道場來，也只是個擔棺材板的粗漢，懂什麼佛法？」彼僧既不會玄旨，自無下文。後時崇壽禪師聞此公案，乃代彼僧答云：「和尚是依據客人份上而鈍置主人。」且道：崇壽禪師這一句語，意在什麼處？阿哪個是客人？阿哪個是主人？若人識得崇壽言外玄旨，便識平實討茶之意，便見趙州老人猶在目前，何嘗入滅？

有僧問曰：「如何是佛？」諸方學人終日覓此真佛不著，只得問諸善知識。趙州答云：「殿裡的那個便是。」僧聞不解，問云：「殿裡的佛，豈不是泥龕中塑造的聖像？」趙州云：「是。」彼僧復問：「如何是佛？」趙州依舊答云：「佛殿裡底。」

衆生自有生以來，成日裡揹著個佛殿四處晃，及至問禪談道，個個不知佛殿；今日平實拈出，終於知曉——佛殿原來便是這個臭皮囊！啊呀呀！原來趙州恁麼老婆，早為衆人指出明路也：「泥佛不度水，木佛不度火，金佛不度鑪，真佛內裡坐」，原來真佛在各人佛殿裡！且自低頭向內尋思，莫向虛空討！諸方法王活佛欲會麼？且聽平實頌來：

敲石喚作火，徒勞念靜玄旨盲；
佛法分南北，據客置主僧步蹌踉。
行脚擔板漢，揹卻佛殿離客坊；
遠從嶺南來，不問汝會不會，諸佛秘旨早是風颺。
只如彼僧昧卻雪峰雲居密旨，遠赴趙州尋訪，阿哪個是他殿裡底佛？
諸方法王切勿問道於盲，明朝且將趙州闖！

第四〇〇則　趙州失命

趙州觀音院從諗禪師　師上堂云：「才有是非，紛然失心。還有答話分也無？」後有僧舉示洛浦，洛浦扣齒。又舉示雲居，雲居云：「何必！」僧迴，舉示師，師云：「南方大有人喪身失命。」僧云：「請和尚舉。」師才舉前語，僧指傍僧云：「者個師僧喫卻飯了，作恁麼語話。」師乃休。

密宗龍欽巴「尊者」著有《大圓滿三自解脫論》，其中敘述「法性自解脫論導引」云：《如是種種驟起之念頭，於其生之時中，係由外境顯現而起？當下念頭變遷時住於外內何處？前念逝時去向何處？究索其外境內身至微塵不可分處，則即抉擇離三時根本之心性法身大任運。觀此數數生起明明了了變異之心，有青黃等諸色否？有長方等諸形否？有陰陽中性等諸種及老少生死等諸相否？以此抉擇離廣狹偏墮之本明空昭報身大無礙。於此剎那念明種種生起中，其有黑業過患當斷？有白業功德當取？有見修行當修？有誦念生圓（次第）當依？觀爲此所作之體性及辨認故，抉擇本明升解法身大周遍。》（大藏文化一九九五年三月初版一刷《大圓滿三自解脫論》一三七至一三九頁）

如是觀行「空、明、覺知」之意識心後，龍欽巴便作「正行直指」云：《如是現有輪涅之萬法爲本明之變化，還似夜夢；本明之本理體性空──故法身；自性昭──故報身；藉生起緣法顯現種種—故化身；當下之識於凡常自行中升起，是中卽如來密意邊際解脫大廣界。：當下之識隨現自然中、不作修整對治之工巧造作，隨所觀待、坦然置之。寬坦隨宜置之，升起認辨中、性澄自然置之，無執自恣自行無著中置之；妄念隨生卽認持故本地解脫，爲見；於其中，性澄而住樂明無念，爲修；其時升起外內無執，爲行；無著自理解脫，爲果。「於無造作法性中，大自恣本明升現，自解脫性澄無執，爲普賢之解脫基；本來解脫之心性，於初不需求解脫，凡常之識自安置，自解脫空昭本明；三身大樂正覺境，一切基處法身體，修整對治無善惡，苦樂之心明鏡中，瑜伽本明當習力，此是一切諸乘頂，金剛藏要最勝道。」如彼，若任何念起之時中，徹底斷絕，坦然而置，本明體性昭空離戲之智，由內而生，從欲界心中自解脫；其後之念，於色無色界之識中解脫，任運性澄升解脫，如水流續大瑜伽。》（同書一四一—一四三頁）

平實云：在密宗紅教中，有「第二佛」美譽之龍欽巴尊者，如是以覺知心觀察覺知心自己之獨立於妄念之外，無形色顯色，於萬法中不作取捨，如此認定覺知心自己本然存在而不依倚取捨一切法，即是自心赤裸裸現觀之證悟；以此證悟而名成就聖果，仍墮常見外道見中，未斷聲聞初果所斷我見，尚不得名聲聞初果，何況四果解脫？

於「正行直指」中：由覺知心之無形無色故名空性；覺知心分明顯現，非為斷滅之空無，故名昭；覺知心本來自能分別一切法，故名本明；認清覺知心之如是法性已，名為「空昭本明智」。以此智之證得故，於有念無念皆不執著；於妄念生起時，認取與妄念並存之覺知心不受妄念支配而本來解脫，以此為大圓滿心性自解脫之見地；若於有念中，澄清心性而住於樂明無念中，即是大圓滿心性自解脫之修法；於澄清無念之狀態中安住時，於內外諸法皆無所執，即是大圓滿心性自解脫之行法；以如是覺知心不執著諸法之自心正理而得解脫，名為大圓滿心性自解脫之果。如是密宗紅教寧瑪巴之「見、修、行、果」，未斷意識我見，不入聲聞解脫道之初果見地，何得謂為解脫果之修證？錯認意識為涅槃心，未曾證第八識實相心，則不入佛菩提之見道位，何嘗有自解脫之可言者？

佛門學人修學佛法，當依三乘諸經所說之解脫道及佛菩提道進修，莫依邪見而行。然三乘諸經所說此二甘露法門，其義隱晦甚深，學人難知難解；為令學人易知易解故，余述《邪見與佛法》，令義淺白易解，復整理成書而廣流通，能益學人。然因佛菩提道微妙甚深難解，欲親證入，匪為易事，故須年年造作公案拈提，藉祖師證悟之公案以示入處。

一日，趙州從諗禪師上堂開示云：「才有一點兒是非之分別，就已經落在紛亂狀態而不住於本心了。你們這些人在悟者面前還有答話之分沒有？」後來僧衆之中有人舉此開示說與洛浦禪師，洛浦聞後，只是扣齒，無有言說。彼僧又將趙州之開示，舉說與雲居禪師，雲居禪師聞已，卻向僧云：「何必答話！」彼僧迴轉趙州，向趙州禪師報告，趙州聞後乃云：「南方那些道場，有不少人喪身失命了。」

古今學人及與有名大師，不領般若唯識經中佛意，不肯死卻意識心，皆同龍欽巴等密宗祖師一般認意識為真如；當知意識覺知心永遠都是意識，永無可能經由修行而轉變為真如。一切學人欲求二乘菩提者，皆須自殺——殺卻我見——不認意識為真實常住心，否則終究不入見道位。若肯死卻我見者，於禪宗中明心時便能勇敢承當，般若慧隨之日益增長；若不肯死卻我見者，始終認定覺知心為真如者，假饒善知識為彼明指真如，彼必不肯承當，翻造謗法惡業；如是而求真悟，永劫不得，禪宗祖師責人曰：「別人是死了活不得，你是從來不曾死」，即是責此類人也。

趙州座下僧將趙州語舉示洛浦禪師，洛浦聞已扣齒；又舉似雲居禪師，雲居聞已只道何必；迴舉似趙州，趙州因何便道他二人已喪身失命——斷我見？且道：何處是他二人喪身捨命處？趙州畢竟見個什麼道理？便說他二人已喪身失命？若於此薦得，於趙州眼前始有語話分，方能喝得平實無生茶，此外皆不堪也。

趙州言罷，彼僧卻向趙州道：「喪身失命之理，請師父再舉示。」趙州方才說得一句，彼僧卻指傍僧云：「這個師僧吃飽了飯，怎麼這樣說話（怎麼說這種話）！」趙州何等精明，勘破諸方知識；今日一時失察，卻被座下僧勘破，只得休去。

只如這僧不待趙州話畢，便指傍僧說話，指桑罵槐，究竟是什麼心行？令趙州不得不休去？什麼處是趙州被僧勘破處？若真會得，真乃咱家知音，平實奉茶以待，久後即得據此成人天之師故。頌曰：

紛然失心多是非，趙州失命心無悲；
識得洛浦與雲居，黑白無常豈能催？
扣齒何必才舉似，指桑密意誰得窺？
宗門論義無尊卑，休去千年有誰追？

第四〇一則　趙州布衫

趙州觀音院從諗禪師　師問菜頭：「今日喫生菜、熟菜？」菜頭拈起菜呈之，師云：「知恩者少，負恩者多。」

僧問：「如何是玄中玄？」師云：「汝玄來多少時耶？」僧云：「玄之久矣。」師云：「闍梨不遇老僧，幾被玄殺。」

僧問：「萬法歸一，一歸何處？」師云：「老僧在青州，作得一領布衫，重七斤。」

密宗龍欽巴「尊者」開示證悟解脫之「後行如實保認」云：《黎明，「性澄如虛空之無念智」止觀雙運中，身依要訣而調，眼勿流盼而實修之，以此升起樂明無念禪定任運、及天眼通之成就。上午，以念頭遷住無二，於剎那自解脫之義，以本明習力增長毘婆闍那自解脫之證悟。中午，諸法如夢、幻、陽燄、聲響、幻化事、光影、影像，瞭然而習之；並於一切有情習以淨相及敬信無方分，切切修意樂淨信於上師，非諦實之狀態中速得勝共二悉地。下午，觀輪迴過患、解脫利樂、信解因果、暇滿難得、生死無常等，除遣浮躁營謀之心。黃昏，現分決斷於心，種種如夢之態中，等持於樂明無念中，障礙本地自息，得成摧破執著實有迷妄之體性。午夜眠時，於心性不生之狀態中，以念頭不即不離而眠，起夢生光明大樂，而成晝夜無二之密意。∴復次，生「空性」覺受時，以一切空故，滅因果之魔至，應殷勤強力修悲。於悲心覺受起時，以執六道自相，無著空性顛倒邪見之魔至，應殷重了知一切無生。總之，雖修任何，然其覺受生故，若壞其他者，修依其迴遮倒返之方便，爲最勝甚深。如是晝夜勤修，則日日更生諸多殊勝功德；以空悲雙運故，於「諸法執實」者僅髮尖許亦無有，超越輪迴之能所執而涅槃解脫，即生當得法性大圓滿果位。》（大藏文化一九九五年初版一刷《大圓滿三自解脫論》一四三至一四九頁）

平實云：如是，龍欽巴教人以意識作種種觀行，所觀諸法皆未能離蘊處界法；如此觀察謂能「空悲雙運」，並「於諸法執實者僅髮尖許亦無有」，而能「即生當得法性大圓滿果位」者，如是道業，豈唯言過其實？真乃一無所成！

龍欽巴既以一切法空為空（如言：生空性覺受時，以一切空故滅因果之魔至），則是未證空性心者；復以念頭遷變或暫住中之覺知心為真如，以此為剎那自解脫之義，以此增長觀行解脫之證悟，則尚不能現觀五陰之不實；不能現觀五陰不實者，尚不能證聲聞解脫果，何況能斷法執而得法性大圓滿果之佛菩提果？覺知心即是意識故，意識乃識陰所攝故，意識是聲聞初果所斷我見之我故。

龍欽巴於密宗紅教中之地位甚高，素有第二佛之稱；今觀其所悟，仍墮意識，未斷我見，於佛菩提道及解脱道中，俱未見道，所言皆是情解所得，凡夫無異。龍欽巴尚且如是，等而下之，皆可知之矣！紅教如是，餘諸派別亦復如是，豈有真正佛法之證量可言？

凡此皆因密宗古今大師不肯死卻我見，皆認覺知心為真如，領諸學人沉溺生死有海，無有盡期；是故平實憫世救沉，必須閒言以挑，冷語諷之，痛言似罵，正語如經，反覆縱横，強言而諫，年年不絕，無非欲殺衆人之我見爾；雖然千夫萬夫所指，名師抵制，而行之不已，怎奈仍有衆多無智愚人，不捨我見，耽誤自他道業，真愚痴人也。

學人欲入般若者，當參禪宗公案，今舉趙州布衫公案，共諸人打打閑岔，或有利根上智者能入此門，則是意外之喜也：

趙州從諗禪師一日行至伙房，問菜頭曰：「今日是吃生菜？還是熟菜？」菜頭拈起菜來，呈與趙州，趙州云：「知我恩德者少，虧負我恩德者多。」

復有僧問：「如何是玄中之玄？」玄者乃謂千聖不傳之諸佛密意；天上天下、乃至能出三界生死輪迴之定性聲聞聖者亦不能知，故名為玄。如是玄者即是佛菩提智，而佛菩提智之根本則是第八識實相心——空性，故名第八識為玄中之玄、為勝義菩提心；此僧欲證明自己已證此心，故問玄中玄，以待勘驗。趙州答云：「你這麼玄來已經多久了呢？」僧答云：「我玄之已久矣。」趙州甫聞，便知此僧墮於想像之空性，乃云：「你這個出家人若不是遇到老僧，幾乎就被這『玄』殺了法身慧命。」

又有僧問：「萬法都歸於一法，這個一法應歸於何處？」聖嚴法師解云：《…佛經中是這麼說的：萬法是一切諸法，是千差萬別種種不同的現象；一是指本體或是全體，是完整的、統一的局面。不要把「萬法」和「一」當成兩樣東西。從統一來看是一，從分析來看是一切。可是一即一切，一切即一，這是佛法中所謂的萬法不離一心，跟哲學上的本體不同。從一心中流露出千差萬別，然後千差萬別又回歸一心，此心可以是煩惱心或智慧心。》（法鼓文化公司一九九六初版《聖嚴說禪》六三頁）

又云：《「萬法歸一，一歸何處」在此並不代表任何意思，它是提醒你不要有分別心。佛法是有層次的，最高層次是不落階梯，沒有層次。》又云：《因此，若有人問禪師「萬法歸一，一歸何處」，這位禪師若是德山，一定給他三十棒；若是趙州，他可能會答「庭前柏樹子」或「麻三斤」。》（同書六四頁）

如是《聖嚴說禪》，何曾道著禪？何曾解著經？說食數寶爾，不曾夢見禪也！

只如趙州云：「知恩者少，負恩者多。」是許菜頭？抑或不許？若曉此中關節，方解趙州布衫語；解得趙州布衫語，方了「萬法歸一」真義；了萬法歸一真義，則知「一歸何處」之語乃是老鼠屎，不值一問。

佛菩提中未見道者，每將空性認作一切法空；墮於蘊處界空相之中，誤將五蘊空相認作佛說之空性，便道佛法是玄學，便道開悟是玄中之玄。上自天竺之月稱與寂天，中及阿底峽、宗喀巴、土觀，下至今時之達賴、印順，莫非如是為玄所殺；更造種種玄學之論著，以害後人，罪不可赦。如今聖嚴法師未悟示悟，如是說禪，何曾解著？何曾道著？若非平實拈出，彼等師徒必定為玄所殺。

只如僧問：「萬法歸一，一歸何處？」趙州云何不答他所問？卻向伊道：「老僧在青州作得一領布衫，重七斤。」且道：趙州已答伊所問？不答伊所問？若人眼尖，一眼覷著趙州落處，滿天疑雲便皆消散，此時正好向天下人談禪說道生菜熟菜、知恩負恩、玄與非玄、萬法及一、布衫七斤，隨時拈來無非是禪，語語說出悉皆是道。到此時，正好來我正覺講堂求見佛性，修學種智。

且道：趙州云「老僧在青州作得一領布衫，重七斤。」是有答伊處？是無答伊處？若道有，有在何處？平實要知；若道無，因何是無？平實亦要知，不許打混。

聖嚴法師道：「若是德山，一定給他三十棒。」平實亦放彼僧三十棒。只如三十棒之意旨何在？有請大師斷一斷，天下學人要知。

大師又道：「若是趙州，他可能會答『庭前柏樹子』或『麻三斤』。」平實亦如是答。只如庭前柏樹子，干禪什麼事？麻三斤，又干禪何事？

大師解釋云：《…對趙州來說，祖師西來意也好，庭前柏樹子也好，都不是境界，而是同一種東西。有人認爲祖師帶來的是涅槃妙心、正法眼藏，如果用這些很抽象的哲學名詞去回答那位弟子的問題，實在毫無意義，不如直截了當的告訴他：見到什麼就是什麼。》（《聖嚴說禪》四八頁）如是說禪，何曾道著禪？直似三家村裡俗人文士言語，與佛菩提有什麼交涉？大衆若來問：「趙州布衫重七斤，是什麼意？」平實只向爾道：「重七斤！」爾若不會，且站上磅秤量量體重好！　頌曰：

生菜熟菜驗佛法，知恩負恩非干禪；

玄中之玄玄殺人，心中非心心無纏。

萬法歸一一何歸？趙州布衫七斤呈；

學人求道無餘事，但將布衲秤上陳。

第四〇二則 趙州拂子

趙州觀音院從諗禪師 一日，眞定帥王公攜諸子入院，師坐而問曰：「大王會麼？」王云：「不會。」師云：「自小持齋身已老，見人無力下禪床。」王公尤加禮重。翌日令客將傳語，師下禪床受之。少間，侍者問：「和尚見大王來，不下禪床。今日將軍來，爲什麼卻下禪床？」師云：「非汝所知。第一等人來，禪床上接；中等人來，下禪床接；末等人來，三門外接。」師寄拂子與王公曰：「若問何處得來，但道老僧平生用不盡者。」師之玄言，布於天下，時謂趙州門風，皆悚然信服矣！

金剛上師諾姆啟堪布道然巴羅布倉桑布，於開示那洛六法前，曾先作如是開示：

《…夫佛菩薩邈不可見，自己之上師即是佛菩薩之代表。猶如皇帝之欽差，皇帝遠不得見，欽差可見，恭敬皇帝卽應恭敬欽差；弟子因敬佛而及上師，猶如人民因敬皇帝而及欽差。皇帝有護衛，佛亦有護法；皇帝之欽差出行，護兵擁護；上師爲佛之代表，故亦有護法後隨。佛固仁慈，然佛之護法甚嚴峻，上師雖不與（謗師者）計較，但其護法後隨，彼之力量甚大；彼弟子議論師過者，定爲護法所不容，將來定墮入三途永無出期。行者應視上師爲佛，猶如人民視欽差如皇帝，因皇帝有力量故；爾等聽經者應視我與佛無異，否則如以繩自縛其足，不能前行；如不信其師，縱經苦修亦無功德；猶如枯木，縱置水中百年，只有朽爛之份，決無萌芽之理。此乃佛經中言，非我杜撰。……一切悉地皆由上師口中出來，得師之歡心，弟子之功德始來；上師如不說法，則一切口訣何從而知？不知口訣，何能成佛？昔龍樹菩薩有一頌，其意謂：慢師之人不論功德如何大，一切好處皆化爲烏有，並且來世投爲師門之犬，百世而不得超脫。慢師者猶如：……當然應永淪地獄，不得超生，可不哀哉！慢師者應於師前痛自懺悔，方可挽救。》（晨曦文化公司一九九四年初版《那洛六法》五至七頁）

平實云：密宗行者尊師之情，令人生敬；此皆密宗上師教導之功也。由敬上師如佛故，令密宗所傳荒誕不經之法，亦能潛存於佛教之中，繼續吸取佛教資源而傳婆羅門教性力派之法，至今不絕。

平實現在家相以來，已歷二世；此世以在家身為緣，故能於護法及破邪顯正諸事，方便行事，次第完成世尊及觀世音菩薩所付任務。然以居士之身，不應邀人恭敬，不應受人禮拜供養，故一向以維摩詰居士之身口意行，作為效法之準則；由此緣故，出道以來未曾教導諸同修恭敬於我。由未教導故，遂有多人得我法已，反因世俗煩惱故，於我而作種種無根誹謗，致彼諸人成就十重戒之惡業。雖然其行大惡，而其情可憫，追根究柢，緣於余之未曾教導恭敬上師所致，是亦余過也。茲逢趙州禪師弘道行誼之末，有此真定帥之公案，乃藉道然巴羅布倉桑布上師之語，以示學人，權充教導，余終不以自語邀諸同修恭敬也。

然而上師之法若違三乘諸經者，雖仍應心存恭敬，但不可受學其法；並應稟陳正理，剖析其謬，使其回歸正道，始是恭敬師長之道；愛我師長，則不忍見其誤入岐途故。若師長以其邪見誤導衆生，婉言勸之不已而仍不改誤導衆生之業，則應易以金剛作略，代之以公開破邪顯正之舉；愛我師長者，必不忍師長因誤導衆生破壞佛法之惡業而成就來世之長劫尤重純苦故；如是之行，方名真實恭敬愛護師長也。絕不可因婦人之仁，坐視師長成就毀法誤衆之大惡業；此乃一切證悟者應有之心態，若違此者，絕非真悟之人，不見邪正分際故，不見破法之師長未來必有重報故，尚為凡夫情執所繫縛故。

真定帥住節河北，人以王公尊之。一日早晨攜諸子同入趙州觀音院禮謁趙州從諗禪師，趙州坐於禪床受禮，問曰：「大王會麼？」大王云：「不會。」趙州乃云：「自小持齋至今，色身已老了，看見人來，無力下禪床。」這趙州老禪師，機鋒似這般平淡高峻，教真定帥如何會去？末了更向偏中去，道個持齋身老無力下床，欲會也難。真定帥雖悟不得趙州玄旨，卻知他言外有旨，不敢放肆，聞言尤加禮拜尊重。

次日真定帥令帳下客將傳語趙州，客將來到觀音院傳語，趙州卻下禪床接待及受語。客將離去不久，侍者問曰：「和尚見大王來，不下禪床。今日不過是大王帳下將軍來到，為什麼卻下禪床接待他？」趙州云：「這不是你所能知道的。凡是第一等人來見，我就在禪床上接待他；中等人來見，我便下禪床接待他；若是最後一等人來見，我便得走出三門之外接待他。」

古時如是，今時亦如是：人分三等。俗諺云：「秀才遇見兵，有理說不清。」但凡識理者，禪師端坐禪床受禮應語即可，逕以禪門機緣應對故；中等人者，曾隨尊長身側，聞尊長與禪師應對之語，知禪師乃證悟聖者，雖不求道，而亦稍知禮重，故不須親邁三門外接待而入。若是下等人，不知修道學法，仗其世間權貴勢力，不重三寶，更不知禪師證悟為何物；如斯類人，偶然興起，來到寺院上香，闔寺皆須邁出二門，遠至三門外接他入內；若不爾者便即與師問罪，乃至毀破三寶，故須三門外接，斯人少善根故。

余出道弘法以來，每有學員得吾法已，尚須余事事採納其建議，若有不順其意者，便生不懌；後因同修會成立，凡事須依法令及內規行事，不能再事事順從其意，便惱怒於我，離開本會，隨即於我造種種無根誹謗之事；如斯等人皆是末等人也，若彼有日重回本會，余則必須提早至大門外一樓門廳迎候，否則仍將惱亂於余也。

後來趙州禪師寄託他人送拂子與真定帥，附語曰：「大王若問是從何處得來底，只須向他說：這是老僧平生用不盡者。」

只如趙州端坐禪床受大王之禮，問大王會麼？究竟欲伊會個什麼？什麼處是趙州要伊會者？還有伶俐衲僧會得趙州不言之意者麼？

次如趙州寄拂子與真定帥，是寄拂子？不是寄拂子？若會平實此問，便知真是老趙州平生用不盡者，亦是汝我平生用不盡者。豈但平生用不盡？過往無量阿僧祇劫，未嘗一時一刻不用，而亦未有絲毫短少；乃至未來無量無邊阿僧祇劫之後，亦復一時一刻不能不用，而盡未來際後仍將不減一分一毫。且道：這趙州拂子竟是什麼物事？直得這般神奇！爾若問我，我卻向爾一咄云：「若喚作拂子，舌頭墮地。」　頌曰：

人分三等，待遇差殊有別；
禪床上接，機緣只在眉睫。
拂子贈卿，但道享用不絕；
智者何在？且寄平實拜帖！

第四〇三則　茱萸釘橛

鄂州茱萸山和尚　師初住隋州護國院爲第一世。金輪可觀和尚問：「如何是道？」師云：「莫向虛空裡釘橛。」觀云：「虛空是橛。」師乃打之，觀捉住云：「莫打某甲，已後錯打人在。」師便休。（雲居錫云：「此人具眼不具眼，因什麼著打？」）

道然巴羅布倉桑布開示云：《發願菩提心乃普通初修法者所有，不能作爲真菩提心論。修法既久，功夫深到，然後有深入菩提心。有此公者，一心在利益衆生，見衆生之痛苦甚於自己之痛苦；此時之菩提心始是真菩提心。但此種菩提心非修法至功深後不來，所謂深入者乃一心不變，深入心中，勢非多生積聚資糧不可。…昨講修法者應捨棄一切世俗之安樂，專心求涅槃之安樂；然若住於此心，卽落二乘，當再發起大慈大悲之心，念世間一切衆生之可憐、沉淪苦海不知自拔；彼皆我多生之父母，我奚可不援之哉！如此想念，菩提心油然而生矣。但初次之菩提心乃假者，修之既久，真菩提心始來；至此一心利益衆生矣。…同時嚴守戒律，實踐六度，勞苦不退，如此方能成就也。此乃顯教之共同法（不共法之六波羅蜜中之禪定，有寂止餘觀、或超觀兩層，寂止後智慧生，智慧修餘觀；顯此二層，須好好修學）。顯教修好然後學金剛乘，聽灌頂經、持金剛戒。…行者須明乎因果，知一切有爲法如夢幻泡影，鑑輪迴之劇苦，憫衆生之顛倒，於是發願學佛以度衆生，如此然後菩提心現。寂止餘觀不來，則菩提心不生；能修寂止餘觀，菩提心自然生起。寂止者即此心寂然不動，不為環境所移，宛如古井之不波也；餘觀者，即觀一切法空，世間一切法無非是空假。如此修定，方是佛教之真定，非外道之假定也。》（摘自晨曦出版社一九九四年初版《那洛六法》十三至二一頁）

平實云：密宗諸師對於小乘法、大乘法、顯教、佛教之誤解，如道然巴羅布倉桑布之誤解者極多，姑置不論，僅就真菩提心而論之。

佛法中所謂發菩提心者，乃謂發心求證佛菩提及解脫果。求證佛菩提則以親證第八識實相心為首要之務，名為佛菩提之見道，入別教七住；由此般若總相智而修學種智，能至通達位—別教初地。七住位所親證之第八識實相心，方是真正之菩提心，佛子依據此心之自性，依據證得此心而生之般若慧，次第漸修乃至佛地。若捨此心，外於此心，言有佛法可修證者，悉名外道邪見。

今者密宗古今諸師悉以覺知心寂然不動、不為環境所移、宛如古井之澄淨無波，名之為真實菩提心；如是之心仍是意識，意識永不能轉變為真菩提心也；乃至次第進修而至佛地已，意識仍是意識，第八識仍是第八識，永無互易，永無轉易之時。由此緣故，一切學人莫依密宗古今諸師邪見—欲將意識修行轉易成真菩提心第八識。

一切修學佛菩提之人，必須不壞意識、不變意識，以意識之分別性，尋覓分別自身本已同時存在之本來無分別心；以有念之意識，尋覓本即無念而同時並行之無念心；以有住之意識（與六塵相應故），尋覓本即無住之無住心（第八識本即不與六塵相應故）；以有能所之意識，尋覓本即無能所之第八識。如是觀行不已，忽然覓得與意識並行之第八識，便入見道位，既是別教七住賢人，亦是聲聞初果聖人；從此便斷三縛結，便入般若實相，得般若總相智之法智與類智。

是般若智不共密乘及與二乘，密乘之見乃是常見見及外道見故，二乘唯有解脱智而無佛菩提智故；如是親證般若智者方是真實密乘，不共二乘愚人故，不共密宗凡夫故，是名真密。是菩提心自無量阿僧祇劫之前以至於今，未曾稍有毀壞，不曾刹那間斷；至未來不可說不可說無量阿僧祇劫後仍將如是恆常不壞——無一刹那中斷其運行；合十方三世一切諸佛威神之力，亦不能毀壞任一低賤有情之真菩提心。此心具有如是金剛不壞之性，故名金剛心，能證此金剛心之宗派方得名為金剛乘也。今者密宗古今諸師率以意識可斷可壞之心為真菩提心，所説所傳所證者悉是意識心，焉得名為金剛之乘？無是理也。

佛門行人若欲證此金剛心者，當學中國禪宗之法，知見與因緣若得具足者，一念之間便得證之，親自領受真菩提心之金剛性；從此便自證知金剛般若經旨，便能以是金剛之智摧破一切密宗邪說，便能以是金剛智自度度他同入佛道。今舉茱萸釘橛公案，擇其關節而示入處：

鄂州茱萸山和尚初住隋州護國院。一日，金輪可觀和尚來問：「如何是道？」茱萸和尚答云：「不要向虛空裡釘木橛。」可觀和尚云：「虛空就是木橛。」茱萸和尚聞言，便打可觀和尚；可觀和尚卻捉住茱萸和尚云：「你不可打我，免得以後又錯打人了。」茱萸和尚聞他恁麼道，卻自休去。後來雲居山錫禪師聞道此公案，便拈來問天下老宿：這金輪可觀和尚是有慧眼？還是沒有慧眼？為什麼著打？」

唐肅宗曾問慧忠國師云：「師得何法？」國師曰：「陛下見空中一片雲麼？」肅宗皇帝曰見，國師曰：「釘釘著！懸掛著！」此則公案，人多知之，而錯解滿天下，每向白雲釘橛上作種種情解，不會國師意。金輪可觀和尚亦如是，不見自身本自具足受用之實相心，來到隋州護國院時已然處處錯過，不自省得，更向茱萸和尚問道。

茱萸聞問，欲令他返觀自會，莫問他人，乃提示道：「莫向虛空釘橛。」這金輪可觀不會茱萸意，卻學諸方野狐，向茱萸道：「虛空是橛。」茱萸見他不解，有心為他，乃打之；不料金輪可觀處處學禪門中人應對，又伸手捉住茱萸和尚云：「莫打我，已後錯打人去。」茱萸見他不可談禪，便自休去。

後來雲居錫禪師聞此公案，便拈來問諸方老宿：「此人具眼不具眼？因什麼著打？」今日平實仍以此問，拈向天下一切密宗法王活佛們：誰人能出頭答伊雲居？若答不得，盡是大乘中未見道之凡夫，稱什麼法王活佛？

只如金輪可觀前途問道，茱萸和尚因何嫌他錯問、教他自省？金輪可觀究竟應向何處自省？

次如茱萸和尚打他，意在何處？若人於此會得，三年後可以出世弘法。且道茱萸意在何處？

諸方密宗法王活佛欲會茱萸意者，且來正覺講堂著平實一頓打，挨打時莫叫喚，且帶眼看！　頌曰：

真菩提心可殺難道，虛空釘橛何嘗離道？
鄂州隋州處處是道，金輪再問著打莫懊。
爾等密宗法王活佛欲會麼？且帶眼來，正受咱家一頓毒打；
如是會去不是性臊，方知叢林水底火爆。

第四〇四則　茱萸驢撲

鄂州茱萸山和尚　趙州諗和尚先到雲居，雲居問曰：「老老大大漢，何不覓個住處？」諗曰：「什麼處住得？」雲居曰：「山前有古寺基。」諗曰：「和尚自住取。」後到師處，師曰：「老老大大漢，何不住去？」諗曰：「什麼處住得？」師曰：「老老大大漢，住處也不知。」諗曰：「三十年弄馬伎，今日卻被驢撲。」雲居錫聞云：「什麼處是趙州被驢撲處？」

眾僧侍立，師曰：「只恁麼白立，無個說處，一場氣悶。」有僧擬出問，師乃打之曰：「爲眾竭力。」便入方丈。

密宗黃教至尊宗喀巴云：《……既離意識不許異體阿賴耶識，則所言阿賴耶者，是總於內心明了分，特於意識立爲阿賴耶。以是破心有自性，答他難時，說心雖非實，能作所作皆應理故。許能取後有之心是意識故。復許意識是一切染淨法之所緣故。……故靜命論師亦必不許阿賴耶識，無畏論師意亦相同。雖云：「餘大乘經說有阿賴耶識」，亦唯舉其名，未釋其義。審其文義，亦不許彼離六識身別有異體。且彼宗亦是許外境者，故是於意識上假立彼名也。》（摘自法尊法師譯、世界佛學苑漢藏教理院一九四三年印行《入中論善顯密意疏》十五頁A）

平實云：宗喀巴為證成其應成派中觀主張唯有六識之立論，故意忽視大乘諸經中闡釋阿賴耶識諸佛語，而言大乘諸經唯舉阿賴耶識名、未釋阿賴耶識義，即如俗諺所謂「睜眼說瞎話」之人也；諸大乘經中，始從般若方廣，末至唯識、法華、大般涅槃諸經，悉皆以半數以上篇幅而釋阿賴耶識義。豈唯釋義？乃至重復宣說、老婆無比，唯恐佛子不會密義。如是處處正釋阿賴耶識，宗喀巴焉得妄稱「大乘諸經未釋其義」？

復次，大乘唯識種智諸經有說「不許離於意識而有阿賴耶識」者，乃謂阿賴耶識必與意識俱，不得離意識運行之處，而於別處覓阿賴耶識。宗喀巴誤解大乘經，以應成派中觀唯認六識之邪見，而妄謂阿賴耶識由意識之一分自性別立阿賴耶名、實無阿賴耶；誤會佛法如是嚴重，故墮斷常二見之中。

密宗古今諸師中，多有一類錯向意識之外尋覓真如者，彼等每言虛空即是真如——豎窮三際、橫遍十方；如斯等人悉名虛空外道。為對治故，為說阿賴耶識與意識同時同處，不得離於意識之外而覓阿賴耶識，故不許離意識有阿賴耶識，非如宗喀巴顛倒其見而妄謂阿賴耶依意識而有也。

復次，為令佛子了知種智所說染淨熏習之理，亦曰「不許離意識而有阿賴耶識」，此謂意識必與阿賴耶同時同處，若非同時同處則不能成就染淨熏習事業及因果，非如宗喀巴所謂阿賴耶由意識之一分自性別立其名也。

復次，諸大乘唯識經中，處處皆有佛說：「意識有四俱有依：意根、法塵、未壞之五勝義根、阿賴耶。」具足此四法已，人之意識方能現起。由是可知意識以阿賴耶為根本，絕無可能由意識自性之一分立名為阿賴耶，宗喀巴不應如是顛倒。

復次，諸大乘唯識經中皆說：「意根、法塵、五勝義根，由阿賴耶生。」既如是，則意根等皆以阿賴耶識為根本，意識既復由意根等為緣而生，豈能出生意根根本之阿賴耶識？無斯理也！宗喀巴云何可以視而不見、顛倒其說？

復次，豈唯大乘諸經說有阿賴耶識？二乘法中亦說有此識，非唯名言也。乃至佛於《阿含經》中說云：「…是名色習、名色因、名色本，皆此識也。」《阿含經》中佛又云：「…名色非他作、非自作，非無因作，名色緣識生。」名中識陰既已函蓋六識及意根，已有七心，云何名色之因識、能生名色之識非第八識？云何此一能生前七識之第八識反需由所生之第六識中別立一分自性為阿賴耶識？宗喀巴之知見顛倒乃至於斯，云何密宗黃教立其為至尊？云何佛門學人迷信受學其斷滅論無因論之《菩提道次第廣論》？令人感慨！

如是密宗應成派中觀邪謬無比，而達賴喇嘛、印順法師及其徒眾普皆不辨，極力弘揚如是無因論斷滅論之邪見，外於第八識而言佛法修證，令三乘佛法真旨不彰，令諸學人誤會般若實相為性空唯名，令諸學人誤會最究竟了義之唯識種智第三轉法輪經典為不了義法；由是導致佛法義學不興，普陷自他於玄學中而自謂為義學。佛法由是緣故，未來必將重蹈古天竺滅於密宗手中之故事，重滅於當代密宗之手；其業之重，一切惡業悉難比擬也。欲挽佛法義學之將傾將滅，必須依佛正義而辨正之，令衆週知，庶免佛教之提早滅沒於密宗之手。

大乘義學之興，首要之務在於廣弘正法知見，摒除邪見於佛教之外；及度多人證悟領受第八識如來藏，令義學得人住持、法脈延續不絕；是故余造諸書，破斥一切邪見，不作濫好人，欲令今時後世學人普立正知正見，冀有後人因之證悟，則佛教之漸漸復興義學實質、廣益衆生者，可見其成也。是故一切大乘學人當速求證自心藏識，證悟此識者必能通達般若義學故：

趙州從諗禪師行腳時，先到雲居山，雲居禪師問曰：「你這已經老大的漢子，為什麼不尋覓個住處啊？」趙州八十猶行腳，乃衆所週知之事。然趙州行腳之事，主要在於親至諸方道場，勘驗諸方老宿；若遇真悟者，即以勘驗之公案世諦流布；若遇錯悟者，則不肯之，隨以勘驗公案令大衆知其未悟，以免學人隨其誤入岐途及成就大妄語業。

趙州聞雲居恁道，便反問曰：「什麼處是可以安住之處？」雲居（智禪師？）答曰：「山前有古寺地基，可以建寺安住。」趙州禪師聞已，知他不解住義，乃曰：「和尚您自已去建寺住吧！」

趙州後來又到鄂州茱萸山，茱萸和尚曰：「老老大大的漢子，為什麼還不安住下來（還到處行腳）？」趙州問曰：「何處可以安住？」茱萸和尚曰：「老老大大的漢子（這麼大的歲數了），安住之處竟然還不知道。」趙州聞已，知他茱萸和尚真是黑衣，又兼智慧深利，一句之下，早被茱萸和尚暗渡陳倉去也；乃曰：「我趙州三十年來弄馬，頗有伎術，今日不料卻被驢子撲個正著。」後來雲居錫禪師便將此公案拈來勘問諸方老宿：「什麼處是趙州被驢撲之處？」

如今密宗廣有恁多法王與活佛，各各皆言即身成佛之道已修已證，皆言果地修證，還有能知趙州喫驢撲之處者否？若知喫撲處，便知茱萸暗渡陳倉處；若有法王活佛道得者，且與平實廝見：過來！過來！

一日衆僧倚立無語，茱萸和尚曰：「大家只是這樣白白地站立著，卻都沒有人能說著真實義，真是一場氣悶啊！」語罷，有一僧準備出列問道，茱萸和尚乃打彼僧，並說云：「我為大衆竭盡力氣。」說完便入方丈。

這件公案可殺奇怪！彼僧擬出問，且未開得口，茱萸和尚打他作甚？打了人，卻未說得一句法語，因甚便道已經為大衆盡力了？爾等法王活佛，若是思而知之，平實道汝自救不了，非思可知故；若道不思而知，早是話墮，成個常見外道，於佛法中濟得甚事？若有個僧出而知之，早被茱萸打了一頓，只能自救，其慧劣故；若是能作人天師者，未舉步出列時早知其中玄旨，更不出問，待茱萸話畢，逕向茶堂品茗去，薰風南來恰好，何堪更待茱萸一頓打？只如茱萸這一頓打，干他佛法何事？值得口說筆錄留傳千古？還有法王活佛見得茱萸之所墮麼？如今平實拈出緊要處，若有法王活佛於此薦得，三年後可以出世作個度人師也！　頌曰：

欲勘諸方何處住？趙州八十猶行腳；
卅年弄馬伎無等，茱萸驢腳誰人曉？
白立氣悶無人道，聞言擬出意難描；
茱萸竭力赴征徭，迴入方丈今未杳。

爾等法王活佛欲覓茱萸驢腳麼？莫待驢撲，但自飛身上驢即得！

第四〇五則　子湖鐵磨

衢州子湖岩利蹤禪師　師與勝光和尚鋤園，師驀按钁迴視勝光云：「事即不無，擬心即差。」光乃禮拜，擬問；師與一蹋，便歸院。

有一尼到參，師曰：「汝莫是劉鐵磨否？」尼曰：「不敢！」師曰：「左轉？右轉？」尼云：「和尚莫顛倒。」師便打。

宗喀巴云：《如上說行相之經，唯識宗許爲了義者，由下引之教，亦皆顯其是不了義。如是行相之經爲何等耶？釋論說如解深密經明三自性中，遍計執無性，依他起有性；又說：「阿陀那識甚深細，一切種子如暴流，我於凡愚不開演，恐彼分別執爲我。」如是等經。》

又云：《彼經中說：遍計執無自相，依他起有自相。分其有無之別。如二我遍計執，與假立諸法自性差別爲有自相之遍計執，唯識宗雖不許有；然如假立自性差別之遍計執等，許爲有者亦多也。彼經雖說依他起與圓成實俱有自相，釋論僅說：「依他起者，因中觀與唯識諍有無實性之主要所依爲依他起。」以施設遍計執之所依是依他起，圓成實亦是依依他起而安立故。此宗則說：如是分別（遍計無性，依他有性）亦非了義。又彼經說阿陀那識等八識品，謂離六轉識外別有阿賴耶識；此宗說彼亦非了義。既無阿賴耶識，則亦不能安立染污意也。》（以上摘自法尊法師譯、世界佛學苑漢藏教理院一九四三年印行《入中論善顯密意疏》卷十第五頁A及B面）。

平實云：宗喀巴所言「彼經中說：遍計執無自相，依他起有自相」者，及言「解深密經明三自性中遍計執無性，依他起有性」者，《解深密經》中非如是說，已說六識藉諸俱有依而起故，已說六識無自體性故，宗喀巴如是栽誣《解深密經》佛語者，非佛子所應為也；亦是以己成見而曲解佛意者也。

復次，宗喀巴所言：「如二我遍計執，與假立諸法自性差別為有自相之遍計執，唯識宗雖不許有；然如假立自性差別之遍計執等，許為有者亦多也。」亦是栽誣唯識宗也。唯識宗於百法明門論中，早已破盡一切法故；乃至六無為（虛空無爲、想受滅無爲、擇滅無爲、非擇滅無爲、眞如無爲、不動無爲）亦皆破盡，何嘗有「假立自性差別之遍計執等」而可「許為有者亦多」耶？由是可見月稱及宗喀巴二人，若非錯解唯識宗旨，即是故意歪曲唯識意旨以附和應成派中觀之邪見。若是後者，則其心態可議、彼非真正學佛之人，不肯實事求是故；若是前者，則證明月稱宗喀巴未證大乘見道功德，尚非別教七住賢人，焉有資格榮膺論師？焉可封為至尊法王？無斯理也！

宗喀巴自稱「應成中觀宗說：（唯識宗）如是分別（遍計無性，依他有性）亦非了義」，心態可議之外，又舉《解深密經》佛語：「阿陀那識甚深細，一切種子如暴流，我於凡愚不開演，恐彼分別執為我」，而言：「此(應成派中觀)宗說彼亦非了義。既無阿賴耶識，則亦不能安立染污意也。」如是否定七識八識，不許有八識，唯承認有六識。如是言論，《楞伽經》中說彼為「謗菩薩藏」者；佛說：「作是語時，一切善根悉斷，成一闡提。」故月稱、宗喀巴、歷代達賴、印順及其隨學弘法者，若曾說言「無七八識、如來藏即是外道神我」，此語出口已，即成一闡提人；因謗菩薩藏故而成斷一切善根者，菩薩藏以第八識如來藏為根本法故。

歷代達賴喇嘛由謗菩薩藏—說無第八識如來藏故，死已必定墮於無間地獄，受長劫尤重純苦，豈有可能世世轉生而至今世？今世達賴喇嘛絕非由第一世次第轉生而來，世世達賴皆非同是一人，皆謗菩薩藏成一闡提人，皆必於死後墮無間地獄中受長劫大苦故。

月稱、寂天、阿底峽、宗喀巴、歷代達賴、印順法師及其隨學者，皆因未證第八識故，顧慮他人責彼未悟、不解佛法，乃否定之，說之為不可證者，說之為後人假立者，誣蔑《解深密經》為不了義經。佛早曾言：「恐彼分別執為我」，故於凡夫及二乘定性之愚人前，皆不開演如來藏法；不意始自月稱，末至印順師徒，仍墮外道神我中，建立意識之細心為常住不壞心，正是外道我見。自墮外道神我已，反誣《解深密經》所說第八識阿陀那為外道神我，不許有第八識。由印順師徒一類凡愚人故，佛於凡愚不開演，唯恐印順師徒妄加分別而執阿陀那識為外道神我。

三乘諸經既以第八識為中心而宣示解脫道及佛菩提道，當知不許外於第八識而言涅槃果證，當知不許外於第八識之中道性而言般若之修證；今者月稱、宗喀巴、達賴、印順師徒等人，既建立意識細心為常住不壞心，則是未斷我見者，則皆未證聲聞初果之解脫果；意識不論粗細，皆是意法為緣而生故，《阿含經》中佛已明言。印順法師師徒既皆否定第八識，然般若中道智及一切種智皆在宣說第八識性，則證印順師徒皆是未入大乘見道位者——不入七住位、誤會般若，名為凡夫，亦名愚人；何以故？謂彼師徒悉皆否定第八識為唯有名相、為無此識故。

若能證得第八識，便能漸漸通達三乘菩提，是故大心佛子以證第八識如來藏為要務，今舉子湖鐵磨公案，助益有緣佛子證悟阿陀那識：

子湖禪師一日與勝光和尚於菜園中鋤草時，子湖禪師忽然手按尖嘴鋤，轉身看著身後的勝光和尚，說道：「證悟明心的事並非沒有，但是只要一起心動念，那就已經是錯誤了。」勝光和尚聞言，乃禮拜子湖禪師，正準備開口問道；子湖禪師卻與他一踢，便歸禪院去。

古今多有佛門學人不信世間真有明心見性一事，便道為無；今時印順法師及其從學者更不信禪宗明心證悟公案，每言第八識如來藏是不可知、不可證者，徒衆們多言禪宗證悟公案為「無頭公案」。古時亦有如是類人，是故子湖禪師言「事即不無」。

復有一類人誤會如來藏，每將意識住於不起心動念之境中，便道是真實心，便用此心度人及為人印證。須知真實心從無量阿僧祇劫以來，不曾擬心欲見欲聞，不曾擬心覺知一切世出世間法，恆離見聞覺知；不曾稍起一念觀於六塵，不曾稍起一念以觀定境淨心，無量劫來不與妄念相應、不起淨念妄念，小品般若經中說之為「不念心」，大品般若經中說之為「無心相心」，絕非以覺知心暫住於無念之清淨境中而可變為實相心也。

勝光和尚聞「擬心即差」一句，已知離念靈知心是意識妄心，有心求悟故禮拜子湖禪師；拜已正待開口問道，子湖禪師卻抬腳將他一踢，便回禪院去也。

只如勝光拜已待問，未開得口，子湖何故卻踢他一腳？何故便回禪院、竟無一語為他？今時密宗法王活佛中，若有個真正伶俐漢子來問，平實更不踢他，見他禮拜起來，便向伊道：「可喜可賀！如今有住山本錢也。」便回喧囂居去，更無二話。

某比丘尼俗姓劉，人稱劉鐵磨；一日來參子湖利蹤禪師，子湖問曰：「汝莫非就是劉鐵磨否？」比丘尼曰：「我正是劉鐵磨。」子湖禪師便問：「你是左轉？還是右轉？」這比丘尼不解子湖禪機，便云：「和尚您別顛倒。」子湖禪師聞言便打。

劉鐵磨挨打實無冤枉，若非子湖這一打，豈有後時之劉鐵磨聞名四方？劉鐵磨當時依稀彷彿、籠統真如，合挨子湖痛棒；平實即不然，當時聞言便作轉磨勢，左轉三圈已，復右轉三圈，卻向子湖道：「豆漿磨已，供養和尚。」便空手捧向子湖，捧已便歸陋居，不需再候子湖休去也。

學人若欲開眼，莫認擬心者，擬心便差；當以汝閑常擬心之覺知心，覓取從來不曾擬心之第八識；覓得已，能親領受驗證其性，便入佛菩提智，般若慧即生。

頌曰：

欲得不擬心，卻須擬心求；
夜半摸鼻孔，叢林任悠遊。
本來無左右，何妨蠻腰扭？
欲會玄中玄，送客須折柳。

第四〇六則　子湖捉賊

衢州子湖岩利蹤禪師　師中夜於僧堂前大叫：「有賊！」眾皆驚走。師到僧堂後架，把住一僧，叫云：「維那！捉得也！捉得也！」僧曰：「不是某甲。」師曰：「是即是，只是汝不肯承當。」

師有偈示衆曰：

三十年來住子湖，二時齋粥氣力粗；
每日上山三五轉，問汝時人會也無？

宗喀巴云：《由睡夢中，睡眠昏亂無眼識故，眼處所取象等色境決定非有，唯有意識。雖無外色處，然由意識現似外相，即執彼相以爲外境。如睡夢中全無外境唯有識生，如是覺時應知亦爾。此謂前喻縱不能成立識有自性，然以夢喻必能成立「覺時無有外境，唯有內識」也。破曰：「不然，夢中意識亦不生故。」此謂夢中無色處，其無色處之有自性意識、夢中亦非有，故彼夢喻亦不能成立「全無外境而有有自性之意識」。》（錄自法尊法師譯、世界佛學苑漢藏教理院一九四三年印行《入中論善顯密意疏》卷八第五頁A面）

平實云：宗喀巴既云睡夢中有意識，即不能主張：「夢中全無外境而有有自性之意識非有。」何以故？謂夢中意識於夢中內相分五塵境中能生分別及喜怒哀樂等自性故，如是自性一切有情皆已夜夜證驗為有故。惟可主張「夢中全無外境而有常住不壞真實自性之意識非有」，意識於眠熟無夢、悶絕、正死位、滅盡定位、無想定位，皆必斷滅，非有「常、恆、不壞」之體性故。然宗喀巴若作此說，則違自宗，必墮斷滅見故，涅槃成斷滅故，應成派中觀即不得名為中觀見故，墮無因論故進退失據。

復次，宗喀巴言：「由意識現似外相，即執彼相以為外境」，名為誤解唯識種智之旨。唯識諸經所言「意識現似外相」者，謂意根（末那）觸阿賴耶所生內相分，而慧極劣（無意識所具之了別慧，唯能了知法塵之有無重大變動），復無證自證分，故須意識現起於夢中而加以了別；意識現起於夢中作種種了別及起貪厭時，有情方能起意識證自證分之用，方知有夢中六塵相；若意識不現起，則有情不知夢中六塵相，故云「意識現似外境」。然實一切有情自無始來不曾觸外境，皆由阿賴耶藉其所生五根觸外五塵而變現似有質境之內相分五塵境，由七識接觸；有情七識藉此內相分而於外境五塵中運作，然皆不知不證此理，錯執外境為實有。

其實：外境固然存在，但外境不曾亦不能為有情七識所觸，唯有阿賴耶藉外境而變現之似有質境內相分五塵能為七轉識所觸；此謂外境既非有情七識心所曾觸能觸，則於有情心識而言，外境實為非有；然於內相分之不斷現行過程中，由意識暫斷而不現前故，有情便無外境現前之感覺；要由意識現前後之見聞覺知性，方知有外境，故夢中若有意識現起，方言意識變似外境，非是真謂意識能變現外境也。

古今一切應成派中觀師悉皆誤會唯識真旨，以唯識宗中未悟藏識者所說唯識法門以為唯識之真旨，皆錯會也。由如是錯會，故衍生邪謬之應成派中觀，廣破唯識宗中未悟者所說已經誤解之唯識法；乃至更大膽地否定三乘法中最究竟之第三轉法輪諸唯識經為不了義經，否定三乘佛法根本之第八識，由此導致天竺佛教滅於密宗手中，月稱等人乃是罪魁禍首也。

由月稱等人謗菩薩藏故，致令天竺佛教漸滅於密宗之手；今日全球佛教（特別是大乘佛教），若仍不肯正視其嚴重性，任令應成派中觀之邪見藉達賴及印順師徒而深入佛教中心，則大乘佛教漸滅於密宗手中之故事，仍將重演於未來一二百年之台灣、中國，乃至全世界，一切佛子於此嚴重後果，不可不知、不可不作因應。有鑑於此，余乃攘臂而出，為此眾人不敢為之事——得罪大師以護正法。

然諸佛子僅知此事而無力自行破除邪說，無力自行弘傳究竟了義之如來藏法，唯賴平實一人，則勢不久，不能長護正法於娑婆；要須更多佛子親證如來藏，由親證此第八識故起般若慧，不唯印證余說之真實，亦能依經證實，進修種智，則亦有力獨自出世破邪顯正，則佛法之長久流傳可期，人天獲安，此乃余之所冀。由是著眼，要作惡人；年年拈提錯誤邪見以顯正法之異，藉以直示入道之門，遂有公案拈提之年出一册之作，以利學人。茲舉子湖捉賊公案，共諸大心學人探究實相：

子湖利蹤禪師，午夜至僧堂前大叫：「有賊！」古時賊人持刀打劫寺院之事不少，時有僧人被傷之事，是故大衆聞賊，悉皆驚懼暴走。子湖禪師卻到僧堂後置物(柴)架邊，把捉住一僧，大叫云：「維那！捉到賊了！捉到賊了！」彼僧分辯曰：「賊不是我。」子湖禪師曰：「若說是賊，其實你便是賊，只是你不肯承當罷了。」

子湖禪師有一偈開示大衆曰：

我三十年來住在子湖岩，晨午二時喝粥吃齋氣力粗壯；

每日上山走個三五回，且問你們這些俗人會得我的意思沒有？

只如子湖大叫有賊，意在何處？一衆不知，墮子湖閑機境中，故皆驚走（古語走者意爲快跑，今閩南語仍用之）。子湖到僧堂後架時，看見一僧，有心為他，乃把住大叫云：「維那快來！捉到賊了！」那僧不會子湖意，猶自分辯不是賊，將伊子湖一片好意當作驢肝肺，子湖只好點他道：「若說是賊，其實你這個便是賊了，只是你不肯承當。」行者應知：這賊、打汝入胎直至死滅，潛隱汝等身中，偷偷為汝作得多少事，可嘆汝等不知不見；二六時中為汝操勞，未曾埋怨一句，真是義賊也。若人欲知賊恩、欲謝賊恩，當速學禪，作意覓祂。逮至因緣成熟，忽然捉住他時，方知自己本是賊，方知自己本是賊之一部份：運用賊力而修布施六度等行，於貪瞋衆生身上盜取福田功德。若人有智，當自捉賊，莫待他人替汝捉，捉得亦難生出大慧也；須是自己拼死捉得，方能因是過程而後慧如泉湧，所以黃蘗云：「不經一番寒徹骨，爭得梅花撲鼻香？」

頌曰：

叢林捉賊事非常，人天眼目因賊生；
賊人由來似冬烘，捉得卻成勝義僧。
三十年來住子湖，每日上山示無生；
欲會子湖無生賊，下山除渴將茶烹。

第四〇七則　甘贄施財

池州甘贄行者　甘贄行者將錢三貫文入僧堂，於第一座面前云：「請上座施財。」上座云：「財施無盡，法施無窮。」甘云：「恁麼道，爭得某甲錢？」卻將出去，上座無語。（文：銅錢一枚名爲一文）

一日，雪峰和尚來，甘閉門召云：「請和尚入。」雪峰隔籬掉過衲衣，甘便開門禮拜（甘贄行者公案，請參酌第一輯第五一則）。

西藏密宗噶當派始祖阿底峽，於《菩提道燈釋》中說：《又，爲了開示發菩提心，所以頌說：「讀彼經或從師聞，了知正等菩提心，功德無邊爲因緣，如是一再發其心。」在此所謂讀經，『學處集要』說：「菩薩學處諸事，在經典中大多可以見到。那些經典中，宣說菩薩諸行及學處諸事；因此，如果不看那些經藏，即使犯了墮也不知道，這樣就會導致斷捨（菩提心和菩薩戒）的情況，所以應該恭敬地看那些經藏。」同論又說：「不捨善知識，常閱諸經藏。」阿闍黎寂天說：「當閱彼等經。首先宜閱讀虛空藏經典；其次復當閱，聖龍樹所作，諸經之集要。」所以首先應該閱讀經藏並修習之。》（摘自陳玉蛟著、東初出版社一九九一年四月第二版《阿底峽與菩提道燈釋》頁一一六）

陳玉蛟評論云：《由於阿底峽在『難處釋』中強調解行並重，進而明確地指出研讀經論的方向。職是之故，他的弟子都非常重視經論的講習；甚至主張：佛說的一切教典都是凡夫修行成佛的必要指南與教授，都應該學習，不能偏廢。這一派的學人，便因此而獲得了噶當派的美名。》（摘自同書五七頁）

陳玉蛟又評論云：《…然而，阿底峽並不欣賞唯識學說，他認爲唯識思想不了義、不夠究竟，不足以在思想以引導人趨入佛教終極的真理。所以他在『難處釋』中所引用其他的論著，毫不留情地加以破斥。另外，從著作的性質來看，阿底峽的顯教著作幾乎全屬中觀類，因此他所宗依的思想，應該是中觀見。》（同書第二九頁）

平實云：密宗既主張須先證顯教所說法、須以顯教經典為依準，則密宗一切密續不應違背顯教經典。佛既已說三乘經典之世俗諦與勝義諦，則世俗諦所說解脫道及勝義諦所說佛菩提道，必定與密續相符，同是一佛所說故，佛無可能再說違背二諦之密續故——除非密續法義同於二諦。

然今現見密續所說諸法，違背世俗諦之解脫道，亦悖離勝義諦佛菩提道，返墮四阿含世俗諦所破之常見外道法中；雖以中觀般若名相掩飾，仍不能自外於常見外道法，可證密續絕非佛所宣說，佛所說法絕無可能前後自相矛盾故，絕無可能破斥常見外道法已，復墮其中也。

今者阿底峽既對唯識種智之學，毫不留情地加以破斥，認定第三轉法輪唯識諸經為不了義法，則已證明阿底峽之未證第八識如來藏也；一切已證第八識者皆必漸漸通達唯識種智諸經故，通達唯識者必定了知般若中觀與唯識種智無二故，中觀之理即是宣示第八識之中道性故。阿底峽既破斥唯識種智，認為唯識種智不了義、不究竟，顯見阿底峽不解中觀般若，宜其以應成派中觀之邪見為究竟法也。

密宗古今諸師悉有大弊病，妄言「顯、密是二，中觀、般若是二，中觀、唯識是二」；由如是邪見故而言顯密、中觀、般若、唯識，便令本來為一之佛法，由是拆解而支離破碎了。由如是誤解佛法、支離破碎故，便不能證得三乘菩提之任何一法，只得索隱行怪地收納外道性力派之雙身性愛修法，以其為中心思想而定成佛之十三地，荒謬已極。若人不欲重蹈密宗古今諸師之覆轍，應須力求佛菩提之見道，由此大乘見道故，漸能會通三乘法，亦漸能證知密宗修法之荒謬；便能自利利他，隨入內門廣修菩薩六度萬行。佛菩提之見道乃是佛道入門之首要，入門之鎖鑰則是禪宗證悟祖師之悟道公案，今舉甘贄施財公案，共諸學人分享，冀得入處：

甘贄行者一日將錢三貫（以繩貫串銅錢一千枚爲一貫。十錢爲一兩，一貫約百兩銀）入僧堂，走至首座面前云：「請上座施財。」上座不懂布施法財，識不得甘贄三貫錢，只道得：「財施無盡，法施無窮。」一句之下，早被甘贄勘破：「你這般說話，如何能得我這三貫錢？」說完卻又持錢出去，首座仍是無語答他。

只如甘贄將持三貫錢至首座前，請首座施法財，首座識不得三貫錢，坐失錢機，致令常住失卻一份辦道資糧，云何當得首座一職？平實即不然，聞言但向伊道：「將錢供佛去！」伊若不肯，平實亦只是一手奪過，供向佛前。若待管伊肯不肯，濟得甚麼事？待平實供訖，甘贄行者且須禮拜三拜，還報平實適來法施也。

只如甘贄說完話，卻持三貫錢出去，是什麼意？若有個禪和子識得甘贄意，便能入各寺院僧堂，效法甘贄作財法二施也。識這三貫錢，方知三貫錢不名三貫錢，是名三貫錢也；如是三貫錢，絕非印順法師所說之性空唯名也，非於語言名相而言故，非於受想行識名相而言故。

復有一日，雪峰義存禪師來訪，甘贄行者見雪峰來，便將圍籬門關閉，召喚云：「請和尚入。」雪峰只是籬笆外遞進衲衣，未曾說得一句語，甘贄便開門禮拜。

這甘贄行者甚是奇怪，將錢三貫文入了僧堂，卻又持出去；閉門請雪峰入，雪峰隔籬掉過衲衣，甘贄卻又自動開門請雪峰入。禪宗這些真悟者，個個好似都有精神病，弄出這些印順法師所不懂的「無頭公案」，究竟有什麼玄機，值得寫成文章、收入大藏經中？不解之人往往認為胡說八道便是禪（詳聖嚴法師《禪的生活》三〇九頁），何曾解禪？

只如甘贄閉門請雪峰入，天下何嘗有人如是請人入者？更何況是請證悟者入門？雪峰隔籬掉過衲衣，是入門不入門？若道已入門，甘贄不合開門請雪峰入；若道未入門，不合違前閉門請入之語而開門放入。且道：雪峰隔籬掉過衲衣時，是已入門？未入門？若道已入門，放爾三十棒！若道未入門，亦放三十棒！若道二者俱非，放爾六十棒！且道：入門未入門？　頌曰：

財施無盡法施無窮坐失三貫文，

遠見雪峰閉門召入真珠滿金盆。

三貫真施福彌三界勝義絕六塵，

隔籬過衣光遍十方般若了無痕。

第四〇八則 關南打鼓

襄州關南道常禪師 僧問：「如何是西來意？」師舉拄杖云：「會麼？」僧云：「不會。」師乃喝出。

僧問：「如何是大道之源？」師與一拳。

師每見僧來參禮，多以拄杖打趁；或云：「遲一刻。」或云：「打動關南鼓。」而時輩鮮有唱和者。

阿底峽云：《聖者龍樹與聖天、月稱清辨與寂天，唯應修彼所傳訣。若無傳承之上師，則應一再勤閱讀，彼等所造諸論議。…其義此中不詳說，當於持吾論上師，以承事等作供養，再三再四頻啓請；不應受持諸宗派，應當遵奉菩提賢，彼是一切智授記—聖龍樹所傳下者。》（摘自陳玉蛟著《阿底峽與菩提道燈釋》頁一一二）

阿底峽又云：《…阿闍黎寂天也依聖龍樹的口訣，獲得聖妙音的恩賜而洞見了真諦。…是以應當了知那些教法—如上的廣大教典和理論，並定解其意義，毫無疑惑地修習所謂「勝觀」的無分別心。問：「如何修習？」答：上師在『定資糧品』中說：「實法有兩種：有色及非有色。應當以諸大正因排除這兩種實法而修習之。再者，『**攝一切法入心，繼攝心入身，再委身於法界**』，這就是口訣。」對於這樣的法界，心識絲毫不分別，絲毫不執

取，斷除一切憶念與作意。乃至相敵尚未生起以前，應該住於如是法界。》（同書二二五至二二六頁）

平實云：阿底峽既引寂天之語「當閱彼等經，首先宜閱讀，虛空藏經典；其次復當閱，聖龍樹所作，諸經之集要」而主張「所以，首先應該閱讀經藏並修習之。」則應虛空藏諸經所說第八識如來藏為佛法之中心，亦應以龍樹所說八不中道之中心——第八識如來識——為根本，云何復以月稱、寂天等人之應成派中觀為根本而對唯識「毫不留情地加以破斥」？中觀、唯識俱以第八識為根本故；捨第八識性、於第八識性之外言有中觀者，皆是誤會佛旨故；誤會佛旨而言中觀者，俱名戲論也。

龍樹菩薩所造《中論》頌，皆以第八識之中道性而說，月稱、寂天、阿底峽、宗喀巴、達賴喇嘛、印順師徒等人，俱皆錯會般若系諸經佛旨，復又誤解第三轉法輪諸唯識經，最後竟外於般若諸經而創立中觀，皆是邪見者。中觀——中道之觀行——不得外於般若諸經而別立之，否則中觀必成戲論——性空唯名。而般若系諸經皆依實相心（大小品般若經所說之不念心、無住心、無心相心、非心心）之中道性，而言中道之觀行；今者月稱、寂天、阿底峽、宗喀巴、達賴喇嘛、印順師徒俱以無因論之應成派中觀見，否定實相心而言中觀，俱墮戲論；更因否定法界實相之第八識，令三乘佛法俱成無因論、兔角論，已成謗菩薩藏者；謗菩薩藏者名為一闡提人─斷一切善根者。斷一切善根者所說諸法，豈可名為佛法耶？

阿底峽之口訣云：「攝一切法入心，繼攝心入身，再委身於法界」，實乃顛倒；顛倒之見，云何能令人實證三乘菩提？無斯理也。

所以者何？一切法由真相心─第八識─直接、間接及展轉而生；心生一切法，乃是佛所宣說；一切證悟者進修道種智已，亦皆親證佛語真實，不應教人攝一切法入心，故說阿底峽口訣知見顛倒也。復次，身由真相心生─藉父母四大及無明為緣而生；實相心既生五陰身，本已遍五陰色陰而住，不需阿底峽教人「攝心入身」也；若言所攝入身之心乃意識覺知心，亦屬無義，意識本已住於色陰身中故，根據塵觸在色陰身中故；是故阿底峽口訣之「攝心入身」者，無有實義，名為妄想。三者，五陰身心俱名法界：色陰之眼根，名眼法界，耳根名耳法界，鼻根名鼻法界，舌根名舌法界，身根名身法界，合名五根，為五法界；眼識名眼識法界，耳識名耳識法界，…乃至意識名意識法界，末那識名意根法界；色塵名色法界，聲塵名聲法界，…乃至法塵名法塵法界；如是五色根、六識、意根、六塵，總名十八法界；阿底峽所說心者乃是意識，阿底峽未證第八識心故，持應成派中觀見故，「毫不留情地破斥」唯識宗義故，顯見彼所說心乃是意識；意識既已是十八法界之一，色身亦是十八法界之五界，本在法界中，何須「再委身於法界」？如是口訣顛倒邪見，不應再傳任何學人。

十方三世一切法界（含四聖六凡法界在內），悉以第八識為實相心；一切法界不得外於第八識而有故，一切法界悉由第八識所生故。換言之，一切法界皆唯三界中有，若離三界則無有一切法界；乃至佛法界之一切無漏有為法，亦皆唯三界中有，佛若入於無餘涅槃，則佛法界亦滅，由是故知法界乃是三界流轉之法—遍十方三世虛空皆有法界，而一切法界源於第八識實相心。學佛者首要之務乃在實證法界之實相心，證知實相是不墮三界輪迴之法—雖因無明種及業種而隨衆生輪轉於三界六道種種法界中，但自身無生死輪迴；由實證故，現觀此真相識能於五陰十八法界滅盡後，獨自處於三界外，不再受生於三界中。

如是現觀已，返觀衆生無明所罩，不了實相，輪轉於六凡法界，而有世世十八法界之現行，不能出離生死苦；由是發大悲心，發起受生願，返身再入生死海—捨壽再受人身，欲度衆生證如是智；如是之人名為菩薩。

法界乃是三界中「無漏及有漏」之有為法合名，法界由實相心生，故學佛要道以證實相為主，以斷一切法界之繫縛為要；故應以般若之總相別相智（中觀智慧）而斷法界對吾人之繫縛，應以般若之種智（十地唯識行智慧）而證佛菩提果，豈可「再委身於法界」輪轉生死？阿底峽之口訣所說者真是顛倒也。

學人若欲遠離密宗應成派中觀之顛倒邪見及破法業者，首要之務乃是大乘佛菩提之見道──證真相識──一切法界之實相心。欲證知法界實相者，以禪宗之明心公案最為貼切，今舉關南道常禪師之公案以示入處：

有僧來問：「如何是達摩祖師從西方來此之真實意？」此問法界之實相也；關南禪師聞問，乃舉拄杖問僧云：「會麼？」僧云：「不會。」關南禪師乃喝彼僧出方丈。

又有僧問：「如何是佛法大道之根源？」關南禪師聞言便與一拳。

如是公案，不合常理；人問西來意，關南未曾開示一字，云何便舉拄杖問僧會麼？此僧答道不會，事亦平常，云何關南卻將僧喝出？又別僧問一切法界之根源，關南不答，卻與僧一拳，更無二話。禪門機鋒，壁立千仞；若非上上根人，要須親隨善知識而住，奉事供養，親承種種教誨，方有入處，豈是尚慢之人所能一聞而悟？

關南禪師若見有僧前來參禮者，多以拄杖打趁。有時則云：「慢一刻鐘。」有時或者答云：「打動關南鼓。」而當時與其同輩之人，很少有人能與他唱和者。

只如關南禪師見僧來參問禮拜，云何多以拄杖打之趕之？若人於此一眼覷著，般若慧即得源源而生，不久即可出世為人師也。次如關南舉拄杖問人會麼？是有為人處？抑無為人處？若人於此著不得眼，平實勸爾動身跋涉襄州關南，到彼只需打動關南鼓，更無餘事；返台卻來說似平實，莫道爾未遇關南道常禪師。

若實到彼未遇關南，且遲一刻說似平實；平實聞已，向爾附耳道：台北恩主公廟有大鼓，得閑去打一輪何妨？　頌曰：

舉杖示爾西來意，大道之源與一拳；
拄杖打趁關南鼓，諸方老宿口皆鈐。
關南杖趁緣太悲，鼓響震天豈等閑？
若人會得關南鼓，諸佛菩薩悉展顏。

第四〇九則　雙嶺難尋

洪州雙嶺玄真禪師　師初問道吾禪師：「無神通菩薩，爲什麼足跡難尋？」道吾曰：「同道者方知。」師問曰：「和尚還知否？」道吾曰：「不知。」師曰：「何故不知？」道吾曰：「去！不識我語。」師後於鹽官契會。

吐蕃（西藏）僧諍會中，密宗之蓮花戒法師問云：《若離想，不思不觀，云何得一切種智？》（摘自商鼎文化出版社《吐蕃僧諍記》第一版一刷一二六頁）。

中國摩訶衍法師答云：《若妄心不起、離一切想者，真性本有及一切種智自然顯現。如『花嚴』及『楞伽經』等云：如日出雲，濁水澄清，鏡得明淨，如銀離礦等。……阿賴耶識亦復如是，出習氣泥而得明潔，爲諸佛菩薩天人所重。凡夫衆生亦復如是，若得出離無量劫來三毒妄想分別習氣淤泥，還得成就大力之勢。凡夫緣有三毒妄想蓋覆，所以不出得大勢之力。》（同書一二七、一三〇頁）

蓮花戒復問：《若觀智，云何利益衆生？》

摩訶衍答：《不思不觀、利益衆生者，『入如來功德經』中廣說，由如日月光照一切，如如意寶珠具出一切、大地能生一切。》（同書一三〇、一三一頁）

平實云：摩訶衍主張「以覺知心住於不起妄想境中，不思不觀，即成真如，即名證悟。」，以一悟即成佛故，即得一切種智。蓮花戒深知此說有大破綻，乃咬住此說加以質問。

摩訶衍所舉證之華嚴楞伽：經文，不符其說。華嚴楞伽經文中所說者，乃是行者證悟藏識後，現觀覺知心（意識）虛妄而斷我見；我見斷故漸斷我執，則阿賴耶識所藏我見我執煩惱種子斷除，名為斷煩惱泥。進修佛菩提一切種智，漸斷我法二執習氣，至究竟地而得明潔，乃成佛地真如。所說者乃由斷我見及習氣，令第八識究竟清淨；非如摩訶衍之以意識不動，不思不觀名為真如，猶未能斷我見我執，何況能除習氣淤泥？而引華嚴楞伽佛語印證自語，非實語者。

若覺知心不動，不起語言妄想，即可名為涅槃、即可入涅槃者名為虛妄想，楞伽說如是人墮妄想中。摩訶衍主張覺知心離語文妄想時即可證得一切種智，即是「出離無量劫來三毒妄想分別習氣淤泥」，便可「還得成就大力之勢」；如是皆於不觀不思之際得成其用。蓮花戒便以此理質難：「若重新再起觀智者，如何能利益衆生？」現見一切賢聖乃至諸佛利益衆生時皆有觀智現起，非無有觀智現起。如是一問，摩訶衍便不能自圓其說；雖引經文，無益自宗；是故起始即居劣勢，不能令吐蕃贊普認同，種下敗因。

今時錯悟者亦復如是，每欲變覺知心為實相心，每欲將覺知心之分別性滅除以變成無分別心，誤會般若唯識諸經佛意殊甚。

佛每言實相心不思、不想、不念一切法，不了知一切法，不分別一切法；所言實相心者乃是阿賴耶識、異熟識、佛地真如，乃是一切賢聖皆有之第八識也。而此第八識如是清淨體性，無始本有；體恆常住，非前際曾生，故後際永無滅時，非是以第六識覺知修成不念、不思、不想、不觀、不分別而變成者，是故佛示現人間時亦有八識具足，諸菩薩及諸欲界凡夫亦是八識具足——於第八識本來不覺、不觀、不思、不想、不念、不分別一切法之際，別有第六識覺知心仍然有覺、有觀、有思、有想、有念、能分別一切法。如是具足二類截然不同體性之心而起觀智，以利衆生。若人不曉此理，不證此理，所說同於摩訶衍者，悉皆不免蓮花戒之所破也。蓮花戒雖猶未悟，已能以所習論典，以子之矛攻子之盾而破摩訶衍；何況今時未悟之人所言，能免於余之破斥？

若人欲免諸方破斥而墮負處，唯一之道即是親證大乘見道——取證實相心——一切有情悉有之第八識如來藏。欲證如來藏者，不可效摩訶衍之錯認意識不動為實相心也。

今舉雙嶺難尋公案，共諸學人探究實相：

雙嶺玄真禪師行腳時，初到道吾禪師處請益：「無神通菩薩，為什麼足跡難尋？」有神通菩薩，喜樂神通境界，心行不斷，在欲界色界有為法中示現神通，極易尋獲。無神通菩薩乃謂證入佛菩提智者，轉依自心藏識之不覺不觀不思不想不念一切法、不分別一切法，故其意識常處不動狀態，難覓其心行，故說足跡難尋。道吾禪師深知此理，乃答云：「同道者方知。」雙嶺玄真禪師時猶未悟，乃問云：「和尚您還知否？」

道吾禪師有心為他，乃答云：「不知。」一切有情欲證「無神通菩薩足跡難尋」之玄境，當先了知實相心之體性—不知一切法、不會一切法、離見聞覺知。道吾一句為他答了，雙嶺兀自不會，猶問「何故不知？」道吾嫌他知見太缺，不具悟緣，乃斥云：「走吧！你不懂我的話。」

雙嶺玄真禪師後來在鹽官齊安禪師座下參禪，方才契會道吾之語。

只如道吾答他不知時，也只是尋常知見，云何雙嶺不會便受驅逐？且道：道吾說此語時，有什麼處是為他處？若無為人處，輒便驅人者，即非真正禪師也。 頌曰：

不思不觀說似人，卻須能觀與觀慧；

證者勘破未生前，百年不勞白鶴毳。

第四一〇則 徑山絕緣＊

杭州徑山鑒宗禪師　湖州長城人也，姓錢氏，依本州開元寺大德高閑出家，學通《淨名、思益經》，後往鹽官謁悟空大師決擇疑滯，唐咸通三年上徑山宣揚禪教。有小師洪諲以講論自矜（諲即徑山第三世法濟大師），師謂之曰：「佛祖正法直截亡詮，汝算海沙於理何益？但能莫存知見，泯絕外緣，離一切心，即汝眞性。」諲聞茫然，禮辭遊方至潙山，方悟玄旨，乃師潙山。師於咸通七年丙戌閏三月五日示滅，諡曰無上大師，即徑山第二世也。

（平實按：此公案中洪諲小師應非神鼎洪諲禪師，神鼎得法於首山省念，此師「得法」於潙山，二者有異。復次，神鼎未曾住徑山，一生未改其名；此小師洪諲後改法名爲法濟，應非同一人。又：白居易嘗致書于法濟法師，傳中曾如是載：「以佛無上大慧演出教理，安有徇機高下應病不同？與平等一味之說相反；援引維摩及金剛三昧等六經，闢二義而難之。又以五蘊十二緣，說名色前後不類，立理而徵之；並鉤深索隱，通幽洞微，然未睹法師酬對。」神鼎則一生智慧敏捷，善能簡邪辨異，故非同一人也。）

蓮花戒又問：《有天、人制於妄想；以制妄想，故生無想天，此等不重佛道；明知「除想不得成佛」。》

摩訶衍答：《彼諸天、人，有觀有趣，取無想定，因此妄想而生彼生。若能離觀，離無想定，則無妄想，不生彼天。『金剛經』云：『離一切諸相則名諸佛』，若言離妄想不成佛者，出何經文？》（商鼎文化出版社《吐蕃僧諍記》八八頁）。

平實云：蓮花戒既未證悟第八識，亦未證四禪八定無想定，故有如是謬問；摩訶衍未悟禪宗密旨，亦未證得諸定，故有如是謬答。如小學生二人，甫學加減乘除已，便自謂已解代數，互諍各自所知之代數見解為正；已會代數之中學生聞之，不免忍俊不禁焉。

今時大師小師亦復如是，多有錯認一念不生之覺知心所住欲界定為無想定者，南懷瑾……等人是此類人也。無想定乃四禪息脈俱斷後，不斷身見（不斷除色界身爲我之邪見）而滅覺知心我，作涅槃想而入無想定，非以無想之想而令覺知心住於無妄想中；不證無想定者，捨壽後即以入涅槃想而捨身，卻生無想天，未出離分段生死。蓮花戒不知無想定，誤認制服妄想者即能生無想天，不知猶是欲界定爾，唯能生欲界之化樂天或他化自在天爾。然蓮花戒以「除想不得成佛」難於摩訶衍者，名為正難，初禪起至非非想定中，皆無語文思想故。

若無語文思想即名離想離相而名為悟，復錯執「一悟即至佛地」者，皆名妄想。

佛於楞伽等經所說離妄想者，非謂離語文妄想，乃謂證得法界因第八識，由是而生法界實相之世出世間慧，因而遠離種種不如理作意之虛妄想；離一切如是妄想者，方得名佛，非謂離語文思想之妄想也。若誤解佛旨，錯以心中不起語文思想等，認作離妄想者，如是而名成佛，則一切已證四禪八定之外道悉應名佛，云何悉達多太子一一證已皆否定之？謂非是佛？云何尚須捨離六年非非想定之無妄想境苦行？而後明心見性成佛？

《金剛經》所言「離一切諸相則名諸佛」者，乃是於一切相中不墮諸相者—有情皆有之第八識—此識即是諸佛，若離此識則無別佛可得故。「若見諸相非相即名見佛」者，乃謂於一切相中見到非相之法，即是見到十方一切佛。身有身相，心有覺知覺觀相，悉皆不離六塵相；唯有此諸相中之離身相、離心相、離六塵相者，方是真佛；離此諸相者即是衆生皆有之第八識心，若人見得此心，即名見佛，諸佛皆是此心所成所現故，此心方是真佛故，非以見佛身心相為真見佛也。

蓮花戒與摩訶衍二人俱未見道，故有「吐蕃僧諍會」等邪謬問答諍競，亦令禪宗真旨為藏人所誤會—以為摩訶衍所傳者即是達摩西來之旨。然蓮花戒等人雖仍未悟，卻因多研經論，學習因明聲明等論，終能摧壞摩訶衍等人。

如摩訶衍等一類人，古今皆有。今時每有一種人，於念起念滅中，教人認取不隨諸念起滅之覺知心為第八識，妄謂：「念有生住異滅，覺知心於中都無生住異滅，故是不生滅者。妄想雖有分別，然於覺知心起妄想分別時，別有不隨妄想之返觀心，即是第八識也。」不知此返（旁）觀之心即是意識之「證自證分」，仍墮意識境界，非是第八識也。

古時亦有此類人，如杭州徑山鑒宗禪師，對徒開示云：「佛祖正法是直截心源，滅卻言詮的，汝於佛經研求名相便如入海算沙，於真實理之修證上有何利益？只要能夠消除掉一切知見思想，泯除隔絕心外一切緣，遠離一切心（有相心、有住心、慈悲心、瞋恨心、怨惱心……），剩下來的就是你的真性。」亦是覺知心不起思想、不起善惡、不起分別，名為真實心性。

殊不知佛所說離分別、離思想、離善惡者，乃是第八識心。第八識心自無始劫來一向如是，本已如是，非因修成；第六意識則是證悟者後來修成如是，名為轉依，而仍非完全無分別心，故佛仍能以意識之分別性而觀察眾生根器、觀機逗教，名為妙觀察智；仍能以意識之分別性而現觀諸法、為眾生宣說，名為妙觀察智。如是，摩訶衍錯認意識無思無想時即是阿賴耶識，徑山鑒宗禪師及今惟覺、聖嚴、法禪、南懷瑾……

等人亦復如是，錯認意識不起思想分別而能了了靈知時即是真如自性，悉是修而後成者，非本現成者；藉修而後成者，未來仍將散壞無分別性、無思想性（如眠熟等五位中）；唯有第八識本來如是，非修所成者，方能未來無盡劫後仍將如是。

古今錯悟之人每欲變意識為第八識；若意識可藉禪坐而變為第八識者，則意識變為第八識時已無意識，則應悟者皆同白痴無智，第八識離見聞覺知、一向離六塵覺觀、一向離善惡分別故；則應諸佛示現人間時同諸白痴愚盲無二，云何可是一切智及一切種智正遍知者？亦應諸佛及一切悟者皆唯十七法界，非如佛說「欲界有情悉有十八法界」，悟後皆缺意識界故。

一切有智之人聞余說已，應善分別般若禪，莫認錯悟諸師所說為佛正法。當依余說：以意識覺知心之能思惟性、能觀察性、能分別性，用以思惟正法，觀察自身第八識何在？察得第八識已，即以意識之分別性而分別第八識之無分別性；對第八識之本來無分別性善觀察已，隨入諸經一一比對證驗，而更深細了知第八識之本來無分別性，即說此人證得無分別智之根本智及後得智中別相智。證得無分別智已，無妨意識之分別智仍然存在並行，名為大乘佛菩提智之證得；絕非以意識處於無分別、無思想中，而可名為證得無分別智也。學人欲會麼？且聽平實歌曰：

無思無想境澄清，叢林冷水泡石頭；
我見不斷稱離相，沐猴而冠比封侯。
泯絕外緣離諸心，不存知見眼無眸；
欲識佛家真性情，三時禮拜登佛樓。

第四一一則　天龍即今

杭州天龍和尚 上堂云：「大眾莫待老僧，上來便上來，下去便下去，各有華藏性海具足功德無礙光明。各各參取。珍重！」僧問：「如何是祖師意？」師竪起拂子。僧問：「如何得出三界去？」師云：「汝即今在什麼處？」

阿底峽云：《現量與比量，佛徒納彼二；短視愚人說：以二量悟空。則外道聲聞，皆悟法性矣！何況唯識宗，中觀宗無異！故一切宗派，以量量故同；眾思辯異故，量所量法性，豈非亦成多？無需現比量，爲退外道諍，故諸智者說。碩學清辨說：教中亦明言，分別無分別，二識不能悟。依何悟空性？如來所授記、且見法性諦，龍樹徒月稱；依彼所傳訣，將悟法性諦。經說眾法蘊，有八萬四仟，皆入此法性，悟空得解脫，餘修皆爲此。》（東初出版社，陳玉蛟著《阿底峽與菩提道燈釋》頁二七二至二七四頁）。

平實云：月稱妄攀龍樹為師，廣弘應成派中觀；以應成中觀邪見，斫喪三乘佛法命脈之如來藏法門，作種種誤解及曲解經典之論說，否定第七八識，令佛法義學不興。復建立意識細心為一切法之根本依，致令密宗之常見外道法得以廣傳於天竺，終至取代佛教正統正法，唯餘佛教表相存在。波羅王朝密宗佛教未被回教徒滅亡之前，佛教已因密宗之取代而名存實亡——正統及正法皆已失傳，密宗佛教所傳皆是常見外道法及外教之修法故。

月稱嚴重曲解龍樹之《中論》，而作《入中論》廣弘應成中觀邪見，與龍樹弟子如來賢所弘唯識中觀背道而馳，所說「佛法」皆違諸經佛旨，曲解經旨之言，處處可檢，殊不可取；然阿底峽推崇月稱，令人依月稱主張之一切法空為般若慧而修習之。

佛於般若諸經所說空性者，乃說「菩薩心、不念心、非心心、無心相心、無住心」，依此實相空性心而說一切法緣起性空，不應違佛此旨而否定如是心，不應外於此實相心而言諸法緣起性空。今者達賴及印順師徒咸皆遠承密宗宗喀巴、阿底峽、月稱等人之邪見，主張：外於第八識實相心可有蘊處界緣起性空可言，俱名邪見也。

然空性之證得，要須現量與比量之證明，此乃「遠視智者」之所說也，絕非阿底峽所說之「短視愚人說」也。此謂空性非指諸法空相；諸法空相者謂一切法緣起性空，無有不壞不空者。然此諸法空相依於能生諸法之空性而有，若外於空性心，尚不能有蘊等一切法，何況能有諸法空相？

空性即是一切法界之實相—第八識如來藏；證此心者名為大乘別教七住位賢人，亦是通教初果聖人。然因古今皆有誤解佛法者，如月稱、寂天、阿底峽、宗喀巴、達賴、印順師徒等人，以觀察諸法空相作為空性之體證，是故唯識宗乃提出現量比量說，主張空性之體證必須是現量境，非唯思惟所得；謂須以親證第八識空性心之現量，而與其餘證此心者藉比量互相印證真偽；雙方皆依現量而比量對方所證與己有無同異，乃是以二量證明所悟空性，而非阿底峽所說之「以二量悟空」，二量唯能檢驗所悟真偽，不能令人悟得空性心故。阿底峽既否定第八識心，復以諸法空相為空性，今又不解二量之真義，絕非見道之人，是故誤解分別無分別之真義，何可師法之哉！由此緣故，學人受法學法之前，首要之務即是分辨明師；苟非善義，唯是善言說者，不應親近。

然今法末之季，明師難得；錯悟諸人沆瀣一氣，作諸謬論，廣說久說而積非成是，少人知之。由是之故，必須有人出世破邪而顯正法之異於邪法處；智人聞已讀已，便知正邪異趣，轉入正道；愚人聞已讀已，猶不解正邪異趣所在，便責破邪顯正者為謗僧。今者已破阿底峽邪見，要須顯正，乃舉天龍即今公案，以示入處：

天龍和尚曾度俱胝禪師得悟，俱胝禪師曾言：「吾自天龍和尚傳此一指頭禪已來，一生受用不盡。」

天龍禪師一日上堂云：「大衆莫等待老僧，欲上來者逕可上來，欲下去者逕可下去，諸人各有蓮花藏法性，猶如大海一般具足功德及無礙光明。大衆各自參究取證吧。珍重！」

有僧問：「如何是祖師意？」天龍和尚豎起拂子。又有僧問：「如何得出三界去？」天龍和尚答云：「你即今在什麼處？」

只如大衆集聚法堂，等待天龍和尚開示；天龍和尚因何教大衆莫待他開示，便教隨意上來下去？又道各人皆有華藏性海具足功德無礙光明？令各參取？大衆隨意上下，與各人華藏性海是有相干？是不相干？若道相干，是未悟人；上下皆是色蘊行陰，不可便是也。若道不相干，亦是未悟人。若不相干，天龍恁道便成無義。且道：相干不相干？

有僧問祖師意，天龍禪師只是豎起拂子，更無二話。有一般阿師不解禪師心行，亦學禪師豎拂；及至問伊：「豎拂是什麼意？」卻答道：「附物顯理。」原來只是噱頭，不解拂子玄機。

有僧問：「如何得能出三界去？」天龍答云：「你即今在什麼處？」天龍好有一答，墮盡諸方老宿舌頭。

比見諸方知識，盡教人求佛法出三界去，殊不知本來不在三界中，欲出三界作什麼？

五陰十八界輪轉三界生死，識生死苦故求出離三界生死；及至聞佛說解脫道，方知自己不能出三界，只是自己滅了——五陰十八界俱滅而不復受生——不再有後世自己，名為出三界生死。究竟看來，從古至今一切羅漢，竟無一人出三界，只是滅了自己——五陰十八界俱空。這才恍然大悟曰：「原來世尊善說空話、善編假話，用這些空假話騙衆生出三界；到頭來卻是無一人出三界，只是把自己給滅了。」如是騙衆生滅度已，卻於《般若經》中說：「如是滅度一切衆生已，實無一衆生得滅度者，是名滅度衆生。」

五陰十八界滅已，永不再受生，豈非斷滅？一切學人恒有此疑。殊不知十八界攝在名色五陰中，名色五陰則依《阿含經》中佛說之「取陰俱識」而住。名中識陰既有眼等六識及意根一識，已有七識；取此五陰而俱在之識，當知即是第八識也；此第八識持五陰，而與五陰俱在，故名取陰俱識。是故五陰十八界滅已，仍有取陰俱識獨存，非是斷滅頑空也。

五陰十八界恆與三界六塵萬法相應，取陰俱識則不與三界六塵萬法相應，故不在三界中；五陰十八界有生故有死，取陰俱識本來自己已在，非曾有生，故永無死；不生不死即是涅槃，不生不死即非在三界內，云何尚要令祂出三界去了生死？若人證知取陰俱識，便知自己即今在什麼處，便知從來不生，後豈有死？而後不妨五陰十八界有生死，如是真我無生死。菩薩觀此識之「我」常住涅槃故，證知「無有生死可得，無有涅槃可證」，得大智慧，是故未離隔陰之迷而不畏懼生死，勇發受生願而重新受生為人，盡未來際自度度他乃至成佛而不休息。

只如取陰俱識是個什麼物事？恁麼難證？古今禪師說法無量，然猶僅有極少數人能證，非可容易也。如今諸方學人求道殷切，平實不可無為人處，便為大衆頌曰：

莫待天龍說短長，上來下去具性海；
祖師來意唯舉拂，天下老宿悉愚騃ㄞˊ。
欲出三界生死海，須知即今本無來；
一朝舉拂識得伊，返身更將天龍逮。

第四一二則　高亭口啞

漢南穀城縣高亭和尚　有僧自夾山來禮拜，師便打。僧云：「特來禮拜，師何打？」其僧再禮拜，師又打趁。僧迴，舉似夾山，夾山云：「汝會也無？」僧云：「不會。」夾山云：「賴汝不會，若會，即夾山口啞。」

宗喀巴云：《…不許外境之蓮花戒論師亦云：「唯此意識有與餘生結生相續之功能，如云：斷善根與續，離染退死生，許唯意識中。」此引俱舍爲證。》（世界佛學苑漢藏教理院一九四三年印行《入中論善顯密意疏》卷七第十五頁A面）

平實云：宗喀巴之曲解經論、斷章取義極為嚴重，於佛教史上可謂第一，無人能出其右。如是嚴重之事，於其《入中論善顯密意疏》中隨處可見，幾乎無頁無之。蓮花戒斷章取義、曲解《俱舍論》，以符其所預設「否定第八識、唯許六識」之應成派中觀立場；宗喀巴復曲解論義，妄言《俱舍論》亦如是說，以證明蓮花戒所說無誤。然《俱舍論》偈及論文所說，與蓮花戒宗喀巴所說完全相背，可見蓮花戒宗喀巴二人之居心叵測也：

《俱舍論》卷十頌曰：「斷善根、與續、　離染、退、死、生，　許唯意識中。死、生唯捨受，　非定。無心二（無死生）。　二無記，涅槃。　漸死：足、齊心，最後意識滅。下：人、天、不生。斷、末摩、水等。」註：標點符號及（）文字，係平實依論中文意加以斷句及說明，便於讀者對照後錄《俱舍論》論文：

《論曰：斷善、續善、離界地染、從離染退、命終、受生，於此六位，法爾唯許意識非餘。所說「生」言，應知亦攝初結中有；死生唯許捨受相應，「捨」相應心不明利故。餘受明利，不順死生。又此（死生）二時唯散非定，要有心位，必非無心。非在定心有死生義，界地別故，加行生故，能攝益故。亦非無心有死生義，以無心位（此謂滅盡定及無想定中）命必無損。若所依身將欲變壞，必定還起屬所依心（意識），然後命終，更無餘理。……》

蓮花戒及宗喀巴二人，斷取如上所舉論文及偈之局部，佐證彼說「三世因果連續之心為意識」，據此而主張：「唯此意識有『與餘生結生相續』之功能。」然世親菩薩造俱舍時雖仍在小乘，未迴入大乘，而已說意識必滅——於死位之最後階段必滅——非說「意識不滅而可與未來世結生相續」；蓮花戒及宗喀巴二人，為建立自己應成派中觀已有之成見，而對世親之《俱舍論》偈加以斷章取義，絕非誠實者，絕非真求實相者。

世親偈言「許唯意識中」，乃言衆生於斷善根位、續善根位、離染位、離染退位、死位、生位等六位中，必須有意識於此六位之中，長時或短時受三種受（苦樂捨）；若無意識，則不受三受，非謂於此六位中唯有意識、無有別識。蓮花戒及宗喀巴不應曲解偈意，附和己意。

世親更言死位生位須有意識心在，若在二無心定（滅盡定、無想定）中，意識斷滅不現，則必不死不生；故云：「死生二時唯散非定，要有心位，必非無心」；必須在散心位之意識存在，方能有死生之過程進行。若在二無心位，「命必無損」；又言「若所依身將欲變壞，必定還起屬所依心（意識），然後命終，更無餘理。」

受生之入胎位亦然，必須有意識心生起「起煩惱」，而後受生入胎；若無意識，則不生「起煩惱」，必不能受生，故論文云：「又無心者不能受生，以無因故；離起煩惱，無受生故。」故所言「許唯意識中」，謂若無意識，則無此六位之法也，非謂意識可以去至來世，非謂意識具有「與未來世結生相續之功能」也。

論文隨後又問答云：《於命終位，何身分中識最後滅？（答）頓命終者，意識、身根欻然總滅。若漸死者：往下、人天，於足、齊心，如次識滅。謂墮惡趣，說名往下，彼識最後於足處滅；若往人趣，識滅於臍；若往生天，識滅心處。諸阿羅漢說名不生，彼最後（意識）心，亦心處（心臟處）滅。有餘師說：「彼滅在頂」。正命終時，於足等處身根滅故，意識隨滅。臨命終時身根漸滅，至足等處欻然都滅；如以少水置炎石上，漸減漸消，一處都盡。⋯⋯》（以上《俱舍論》偈及論文，詳見大正藏二九卷五六頁上中欄）

偈中既云「漸死：足、齊心，最後意識滅」，論文中復詳述其意，已謂意識於死位之最後階段滅而不現；論文復言「身根滅故，意識隨滅」，則已謂身根是意識之俱有依，身根若壞則意識必滅；此不唯佛法中如是言，現實生活及醫學常識亦皆如是驗證。

今世意識以此世身根之五勝義根（頭腦）為俱有依而生，來世意識以來世身根之五勝義根為俱有依，故來世意識不憶此世事，需假特殊狀況—宿命通或入等持定中—方能知之；此世意識亦因此故，不能隨意了知往世事如知昨日事。故意識於受生位必有—有中陰位之意識生起「起煩惱」而受生入胎；入胎已，中陰階段之意識永滅，須至來世身根之五勝義（頭腦）粗具時（約在入胎六月滿足時），方有另一來世全新之意識現行，不能與此世意識藉等無間緣而憶知、而連結；俱有依之勝義根不同故，此世五勝義根中之記憶轉入第八識中深藏，而非轉入來世五勝義根（頭腦），故意識不具「與未來世結生相續功能」，故此世識陰非即來世識陰，故云隔陰；由隔陰故有胎昧，不復能憶前世事，故名隔陰之迷。

蓮花戒及宗喀巴既皆舉俱舍偈為證，可證彼等二人皆曾閱之；既已曾閱，知偈及論前後之意，則已知意識必滅之理；知此理已，而復斷章取義，倒說俱舍意旨，謊稱俱舍亦言意識可與後世結生相續，依此倒說而言意識可以去至後世，不須第八識阿賴耶連結三世因果。由此倒說及謊言，建立意識為能通三世之法，藉以否定《阿含經》中所說「名色緣識」之第八識，心態之不正，可見一斑。如是心態不正、倒說謊稱之人，彼所引證及諸說法著作，云何可信？而顯密教中竟有多人迷信宗喀巴之名聲，修學彼說，寧非痴人？

修學佛法者，本在探求佛菩提智—宇宙一切法界之實相；今觀宗喀巴、蓮花戒等人之妄言謊稱、顛倒說法，殊非善良；如是劣行，於宗喀巴之《入中論善顯密意疏》中，幾至頁頁可見之地步，令人髮指；學人應速摒棄其顛倒說法及謊稱誤引之種種著作，探求三乘經典中佛語真義，莫被密宗應成派中觀之邪思謬見所迷。若欲洞見其謬，須有般若慧；若欲起般若慧，唯有一途—求禪宗之開悟明心；禪宗之禪乃是般若慧故；非是六度之禪定故，悟入極速故。茲舉高亭口啞公案，以助學人證悟般若：

有僧自夾山來到漢南穀城縣，禮拜高亭和尚，高亭舉杖便打。僧云：「我從夾山特地來此禮拜，師父何故打我？」其僧語畢再禮拜，高亭又再打趁。其僧迴轉，舉說此事以聞夾山禪師，夾山禪師問云：「你體會到高亭和尚打你的意思了沒？」僧云：「沒體會到。」夾山禪師云：「正因為你不會，你若會了，那就會使得我夾山禪師沒話可說了。」

只如這僧遠從夾山來禮拜高亭和尚，兩度禮拜，兩度遭打，高亭和尚究竟是啥心行？如是不通情理，豈可是證道之人？若通情理，且道：高亭對彼僧之情在何處？理又在何處？欲求見道者，不可總如愚夫愚婆之妄評高亭和尚也。

次如夾山云：「賴汝不會，若會，即夾山口啞。」因何道理僧會即夾山口啞？禪這個物事，本極現成單純，因何緣故卻有如許曲折難會之處？難倒天下諸方老宿！

平實即不然，彼僧若迴舉似，便問伊：「汝會也無？」僧若不會，平實但向伊道：「汝禮二拜甚佳，跋山涉水亦不惡。」彼僧若會，平實亦復患啞，只得休去。如今老婆舉似諸方，未審大衆會也無？　頌曰：

二禮俱打豈二意？迴山再舉處處失；

更勞夾山言口啞，會得現世為人師。

第四一三則　仰山插鍬

袁州仰山慧寂禪師　韶州懷化葉氏子。年九歲，於廣州和安寺投通禪師出家。十四歲，父母取歸，欲與婚媾。師不從，遂斷手二指，跪致父母前，誓求正法以答劬勞。父母乃許，再詣通處而得披剃。未登具，即遊方；初謁耽源，已悟玄旨；後參潙山，遂升堂奧。…師在潙山，爲直歲，作務歸，潙問：「什麼處去來？」師曰：「田中來。」潙曰：「田中多少人？」師插鍬叉手；潙山曰：「今日南山，大有人刈茅。」師拔鍬便行。

玄沙聞云：「我若見，即踏倒鍬子。」　僧問鏡清：「仰山插鍬，意旨如何？」清云：「狗銜赦書，諸侯避道。」僧又問云：「只如玄沙踏倒，意旨如何？」清云：「不奈船何，打破戽斗。」僧又問：「南山刈茅，意旨如何？」清云：「李靖三兄，久經行陣。」雲居錫云：「且道：鏡清下此一判，著不著？」　又僧問禾山云：「仰山插鍬，意旨如何？」禾山云：「汝問我。」僧云：「玄沙踏鍬，意旨如何？」禾山云：「我問汝。」

元音老人云：《…開始用功，最忌壓制念頭，強制念頭不起。切勿認爲一念不生就是壓念不起。壓成土木金石，就由有情變爲無情了。須知所謂一念不生，並不是一個念頭都沒有，而是念起不隨，生而無住也。《金剛經》曰：「應無所住而生其心。」要生一個無所住心，要生一個玲瓏活潑心，要生一個不取不捨心。不是不生其心，不生心，如何起妙用呢？不起妙用，哪還有現在的世界？哪還有什麼淨土世界？》（摘自佛陀教育基金會二〇〇一年三月印行《心經抉隱》三二頁）。

平實云：有情之心，永無可能「壓成土木金石，就由有情變為無情了。」有情之真心（阿賴耶，亦名眞相識），雖因本有之「大種性自性」而能執持四大元素成就此色身，但絕不會變為無情；元音老人作是說者違佛真旨，不符教言。

復次，佛出人間三轉法輪，五時三教，有其中心主旨，即是以第八識貫串三乘佛法。第八識者，在初轉法輪之阿含中，說為「名色所緣之識、涅槃之本際實際、如、真如、如來藏、愛阿賴耶、樂阿賴耶、欣阿賴耶、熹阿賴耶、取陰俱識、五種子識、我……」等；在二轉法輪之大小品般若經及《金剛經》中，說為「不念心、菩薩心、非心心、無心相心、無住心、應無所住而生其心……」等，於第三轉法輪之方等唯識經中，說為「阿賴耶識、異熟識、庵摩羅識、無垢識、如來藏、所知依、心、種子識、阿陀那、法身、淨無漏界、無始時來界、法性……」等；如是以種種名說第八識，始自阿含，末至方等唯識諸經，悉以此第八識而貫串之。今者元音老人則以意識為法身、為金剛心；復又誤會「無住生心」之意，以意識覺知一切境而不住不取不昧，名為無住生心。

然意識一旦現起，必有覺知；有覺知，則必與六塵接觸，觸六塵之當下即已完成分別；既已完成分別，則是有住；既已分別六塵則是取法，取六塵而分別故。如人將橘藏於身後，忽擲一橘向我，我伸手擬接，橘未到手已知是橘，其過程中未曾生起語言文字，然已完成分別；故說覺知覺觀即是分別，既是分別則非無住、非無取捨。如來藏則不然，於意識分別或不分別、取捨或不取捨、現起或斷滅（如眠熟悶絕）時，如來藏皆恆，不間不斷，而時時現行運作—時時生心。於遍一切時現行運作之中，從來不了知六塵，從來於六塵無住，如是第八識方屬佛所說之「無住生心」也，如是心方是法界之實相也；不可如元音老人之錯認意識為真如心也。

元音老人又言：《…這些問題必須要搞清楚，倘若不明白其中的道理，將會成爲修道的一個大障礙。非但修道不成，而且入魔有份，所以今天要著重講一講這個問題。從前，異見王問婆羅提：「何者是佛？」尊者說：「見性是佛。」異見王問：「師見性否？」尊者說：「我見佛性。」王又問：「性在何處？」尊者說：「性在作用。」王問：「是何作用？我今不見。」尊者說：「今現作用，王自不見。」王問：「於我有否？」尊者說：「王若作用，無有不是；王若不用，體亦難見。」王又問：「若當用時，幾處出現？」尊者說：「若出現時，當有其八。」王說：「其八出現，當爲我說。」尊者說偈曰：「在胎爲身，處世爲人，在眼曰見（人生出來，小孩落地了，要睜開眼睛看東西。大家都以爲能看東西，是眼睛的作用……豈不知能看東西的實在不是眼球—眼根，而是我們的能見之性。…所以說，這眼睛能見的視覺作用，就是性的作用），在耳曰聞（耳朵能聽到聲音，也不是耳根的作用，而是聞性的作用），在鼻辨香（鼻子能嗅味，香味臭味等，是嗅性作用），在舌談論（一切語言談論，都是佛性的作用），在手執提（我們手拿東西，做工作等，也都是佛性的作用），在足運奔（兩隻脚走路，也是我們佛性的作用）。」總之，時時處處無不都是性的作用。》（摘自元音老人著《心經抉隱》三四、三五頁。）

錯悟之人每愛引用錯悟祖師之言句，以自增光。婆羅提，據《傳燈錄》載為菩提達摩之徒，然其上述開示，同於常見外道，迥異達摩祖師傳於中國之禪，若非錯悟，即是譯錄者之以訛傳訛所致；何以故？謂達摩所傳者，得以《楞伽經》印證，乃是第八識心；婆羅提所說者，則不能以三乘諸經印證，亦不能以《楞嚴經》印證，非是心經所說之實相心也。

能見之性，要有九緣，方能起用；若除如來藏不計，尚須八緣和合，方能由如來藏起見之性，若缺眼根、明…等八緣之任一緣，即無能見之性，是故能見之性由衆緣所成，非是佛性，《楞嚴經》中八還辨見，已具足宣示也，云何元音老人可謂「見之性」即是佛性？云何婆羅提可作是說？能見之性如是，能聞能嗅能嚐能觸能知覺性亦復如是，悉由衆緣所成；衆緣所成者必將復因衆緣離散而壞，則非常住不壞之實相法，無有不壞法體，云何可謂之為佛性？

手之執捉，足之運奔，亦是衆緣所成，色蘊行蘊所攝，云何可謂之為不壞常住之佛性？與理不相應也。

若如元音老人及婆羅提所說，而可名為證道，則一切常見外道亦皆是佛門之聖人也，同以六根六識六塵合生之見性聞性乃至覺知性為常不壞法故。若爾，佛法應無親疏，佛法應同外道，不須世尊降生人間四處遊行辛苦說法四十九年也。見性乃至知覺性等，常見外道早已宣說為常不壞之實體法故。

然見性乃至知覺性，悉依六識之現行而俱生，六識若斷（如眠熟悶絕），則見性乃至知覺性悉滅，夜夜斷滅之法云何謂之為佛性？

復次，見聞等六性既依附六識而生，為六識之性；六識復依六根六塵為緣，方由如來藏生，是以如來藏為因，是故楞嚴說根塵識及見等六性虛妄已，歸結六識六根六塵及見等六性於如來藏，說一切法之體性皆由如來藏生──非因緣生、非自然性，乃是如來藏之一部份體性。如來藏展轉生起見等六性時，仍自安住本來自性清淨涅槃之中——不論見等六性現不現起，祂仍常住不斷，真悟者悉可明見；乃至眠熟悶絕之際，一切悟者皆能見其現行不斷，非如婆羅提所說「王若不用，體亦難見」，此乃我會同修之所親證者。如來藏於遍一切時現行運為之中，恆離見聞覺知；佛恐世人不解，故向阿難云：「汝今知見立知，即無明本；知見無見，斯即涅槃無漏真淨。」

元音老人及婆羅提，俱皆錯認藏識所生六識之性以為佛性，則墮佛說「知見立知，即無明本」之中；於能知能見之性中，建立能知覺性為實相法，即是無明之根本。若能於知覺等性之中，覓得同時並行之「無見無聞無嗅無嚐無觸無知覺」者，斯即涅槃心、無漏心、真淨心也。佛語現在，元音老人何得援引錯悟者所說語句以誤學人？

不特楞嚴作是說，唯識系諸方等經及般若系諸經亦作是說，乃至《阿含經》中亦作是說：「名色非自作，非他作，非自他作，然名色緣識生。」名謂受想行識四陰，名中識陰既有七識，名復由識生，當知名所生之見性乃至知覺性悉由第八識生，第八識即是如來藏阿賴耶識也。既如是，藉「名」與色為緣而生之見性聞性知覺性等六性，云何可謂即是佛性？佛性非斷非常故。

佛依如來藏之常恒性，故說見性聞性……知覺性等不變不異；由如來藏具有能起見性知覺性等，而其所起如是六性，若五根不壞，則見性乃至知覺性悉皆不變；若五根俱壞，受未來世生，五根具足圓滿已，如來藏仍將藉緣現起見性乃至知覺性。此謂：依如來藏說見等六性不變不異不壞，見等六性之實相即是如來藏——非單由因緣生、非是自然有，由如來藏藉緣而生；是故一切人不得離如來藏而言見等六性不變不異不壞，否則即是曲解佛旨、斷章取義也。

若人不捨元音老人及婆羅提之謬見，則違佛旨，與見道絕緣，與常見外道合流，墮外道見中。若人欲求見道，當求覓如來藏，親領佛旨；是則應以禪宗之法參究為宜，最直截迅速故：

仰山慧寂禪師悟後仍住溈山時，一日自田中作務歸寺，遇溈山禪師；溈山問云：「從何處去了來？」仰山答曰：「從田中來。」溈山問曰：「田中有多少人？」仰山便將土鍬插在地上，叉手而立；溈山曰：「今天南山有許多人在割茅草呢。」仰山拔起土鍬便自離去。

後來玄沙聞此公案，便向人云：「我當時若在現場看見的話，就上前一腳踏倒土鍬。」

後時有僧據此公案，拈問鏡清道怤禪師：「仰山插鍬，他的意旨是什麼？」鏡清答云：「狗銜著皇帝的赦書，不管牠走到哪裡，諸侯都得避道，不許與狗爭道而行。」那僧又問：「只如玄沙師備禪師說踏倒土鍬，他的意旨是什麼？」鏡清禪師答云：「將船沒辦法，卻怪罪戽斗，將戽斗打破。」那僧又問：「溈山禪師說南山有許多人割茅草，他的意旨又是什麼？」鏡清答云：「李靖三兄弟，都是久經行旅陣仗的人哪。」

後來雲居錫禪師聞鏡清恁麼答，便問天下人：「大家且說說看：鏡清禪師最後下這一判，他究竟有沒有判著溈山等三人之意？」

別有僧問禾山禪師：「仰山插鍬，意思是什麼呢？」禾山禪師答道：「你問我。」那僧又問：「玄沙禪師說要踏倒鍬子，他的意思又如何呢？」禾山答道：「我問你。」

一件公案，六位禪師，前言不對後語，說話恁麼怪異，竟是什麼道理？若有人抱定這個公案，三十年中孜孜矻矻，一切時中只疑嘿著，必定悟入，唯除鈍根。

只如鏡清最後一判：「李靖三兄，久經行陣。」於溈山仰山玄沙墮處，是判著？抑未判著？若人於此判得，便見溈山、仰山、玄沙、鏡清、雲居、禾山及與平實，俱在眼前，涅槃般若悉蘊胸中，即可出世為人師也。其或未然，何妨下問平實：「仰山插鍬，意旨如何？」平實向爾道：「拔鍬便行。」　再問：「玄沙踏倒，意旨如何？」平實向爾道：「拔鍬便行。」　三問：「南山割茅，意旨如何？」平實向爾道：「拔鍬便行。」　四問：「狗銜赦書諸侯避道，意旨如何？」平實向爾道：「拔鍬便行。」　五問：「禾山云：汝問我、我問汝；意旨如何？」平實向爾道：「拔鍬便行。」　六問：「拔鍬便行，意旨如何？」平實向爾道：「拔鍬便行。」

如是下得六問，平實只是一答；上上根人，一聞便知，不由思惟；思而知之者，早是鷂過新羅也。頌曰：

田中作務歸去來，南山割茅大好田；
仰山插鍬玄沙踏，狗啣赦書最威嚴；
不奈船何碎戽斗，久經行陣未曾蹇；
汝問禾山我問汝，識者拔鍬早忘筌。

第四一四則 仰山好雨

袁州仰山慧寂禪師 溈山上座舉起拂子曰：「若人作得道理，即與之。」師曰：「某甲作得道理，還得否？」上座曰：「但作得道理，便得。」師乃掣拂子將去。

（雲居錫云：「什麼處是仰山道理？」）

一日雨下，上座曰：「好雨！寂闍黎！」師曰：「好在什麼處？」上座無語。師曰：「某甲卻道得。」上座問曰：「好在什麼處？」師指雨。

元音老人云：《這五遍行法都全了，就成爲維繫善惡的一面，但這一面是非常非常微細的，不是用定力觀照可以看得到的，所以它叫「流注生滅」。……實際上，流注生滅就是心裡所起的或善或惡的一念；僅僅是念，還沒有作爲，還沒有造業，它才剛剛啓動。正因爲如此，這正是人天交戰的關鍵時刻，也是我們做功夫的關鍵時刻；我們要了生死，就必須斷這個流注生滅，就必須斬斷這一念。》（摘自佛陀教育基金會二〇〇一年三月印行《心經抉隱》一五四、一五五頁）

平實云：元音老人誤解五遍行極為嚴重，謂五遍行是生死流轉之根由，完全謬誤。謂五遍行乃無記法，非干善惡，亦是凡夫地乃至佛地之佛性局部（此中法義甚深極妙，義味無邊，唯地上能少分多分而知，佛地具知。然因牽涉地上菩薩眼見佛性密意，不得明言，暫且從略），元音老人何得妄謗？何可誤導行人？彼於書中所釋五遍行法，顯非親證踐履，故作諸多臆想思惟揣測之語，處處邪謬；限於篇幅，此處姑置不論，以待後緣。

《楞伽經》所言流注生滅謂識種、煩惱種、善惡淨業種、大種性自性及相分種之流注生滅，非謂念頭妄想之流注生滅也，元音老人不應如是信口開河。復次，念頭與妄想，乃是先由阿賴耶流注意根（末那識）種子，隨有意根相應之作意等五遍行法及五別境之慧，及意根相應之煩惱種流注，遂令意識覺知心生起；意識既起，隨有意識相應之五遍行五別境心所法出生；次有意識相應之煩惱種（六根本煩惱及二十隨煩惱）由阿賴耶流注而出；同時則有五識種子流注而出，以攝取阿賴耶所流注不斷之內相分種子；由此具足見分、相分、自證分、證自證分。然而此諸種子流注，皆不得外於大種性自性之流注，若無阿賴耶恆時流注大種性自性，尚不能有五根，何況能有七識於三界現行運作？由有如是種子現行運作配合，而後始有衆生之妄想念頭出現；是故妄想念頭依於種子之流注而有，不可謂妄想念頭之起滅為流注生滅也。

復次，了生死，非由斬斷妄念而能成功；凡夫修得非非想定者，捨壽生於非非想天，八萬大劫中不起一念，猶未能了生死，何況元音老人之暫時斷念而能了生死？如是暫時斷念，尚不能證得未到地定境界，何況初禪乃至非非想定？欲了生死出三界，須斷我見我執（亦名一念無明。一念心動而起之妄想，乃一念無明所攝，而非一念無明）。元音老人堅執見性、聞性乃至知覺性為常不壞法，非依如來藏而說，即成我見之人，同於常見外道。

見性、聞性、嗅性、嚐性、觸性、知覺性等六性，即是眼耳鼻舌身意六識之作用，佛於四阿含中已反復說其虛妄，說為五陰十八界所攝；亦於般若及唯識諸經說其虛妄，更於《楞嚴經》中八還辨見、七處徵心，宣示能見之性等六性及覺知心之虛妄，元音老人斷章取義、錯會佛旨，認取六識之作用性為真如佛性，正墮我見之中。如是六性即是常見外道之「常不壞我」也，然而此我非常，眠熟、悶絕、正死位、二無心定中悉滅無餘；既於五位皆斷滅不現，云何可謂為常住之真如佛性？不應正理。

元音老人以見此六性現行，名為見性；如斯類人，名為凡夫隨順佛性，非真見性也。真實眼見佛性者，可以眼見一切有情之佛性遍一切時不斷；不唯有情醒時之佛性現行不斷而可眼見，乃至有情眠熟已，見性聞性乃至知覺性悉斷滅時，仍有佛性現行，令眼見佛性者可以見彼眠者之佛性。此乃未入地菩薩隨順佛性──眼見有情遍一切時不曾間斷之佛性，非未眼見者所能知悉其千萬分之一也。

元音老人所言能聞能見等性，唯醒時有，眠熟時無；清醒時有，悶絕時無；…故非《大般涅槃經》所說眼見之佛性也。如是凡夫隨順於能見之性、能聞之性……能知覺性，正墮外道我見之中，云何可名之為禪宗或佛門之明心見性？無是理也！學人欲了生死，莫墮如是我見，須知見聞覺知之性即是六識之性，六識名為「分別之我」。此外，尚有意根執著阿賴耶為內我、執前六識為外我，名為「我執之我」；如此二我，皆須斷除。斷除此二我已，方了生死；非如元音老人所言之斷除妄念流注生滅而可了生死也，不起妄念妄想時之見聞覺知性即是我見我執之我故。

元音老人又云：《即使此心已被境界引動，將要造業之時，假如良心發現，知與道德相違，而能夠當下回心轉意、停止惡念，不去造業，那麼這一念妄心也就消滅了，業也就造不成了。所以我們做心地功夫，就是要能夠當下止息、斷除這一念。**倘若，我們能夠時時斷離這一念，我們就恢復常住真心了。**》（摘自同書一五五頁）

元音老人主張將見聞覺知心之妄念流注斬斷，令覺知心離念而住，則此時覺知心便「恢復」為「常住真心了」，然而此說有許多大過，僅舉其二言之：一者佛言真心真我本自常住；始自阿含，末至第三法輪之方等唯識經，皆如是說，非將六識能見之性修學離念功夫而轉變或恢復成真心；乃是見聞覺知性存在之時，別有本來離念之真心（第八識）並行運作，《小品般若經》中名為不念心──無始劫來本已不念一切法，非由後天修成離念者。二者，楞嚴所說「本是一精明，分為六和合」，乃說本是一如來藏精明體，由我見我執……等，致令一念心動而生意根及五根；六根生已，便有內相分六塵；根塵觸故便生眼等六識之見聞覺知性，乃有六識現起見聞嗅嚐觸及覺知心等六性和合運作；非如元音老人所說之意識覺知心分為六性和合運作也。元音老人欲將意識轉變為真心，乃是妄想見；如是妄見今已普遍存在於佛教界，積習已久，一時難返。然此邪見尚有許多過失，拙著諸書所舉極多，此處勿庸復舉。

元音老人復云：《我們做功夫修持，就是要把這個心時時地攝在所修的法上。比如念佛法門，就是要用佛號攝住六根不動，而不可有口無心地散心念。由此我們就可以知道：大勢至菩薩教導我們，念佛須「都攝六根，淨念相繼」是確切不移、無可改變的至理名言了。參禪的人之所以要起疑情，就是要攝心不起。修密法的人，要身口意三密相應，也是爲了斷除這微細的一念。『起信論』曰：「離念境界，唯證相應」，說的也是這個道理。……所謂二六時中，須將這佛號時時安在妄心中，念念不忘地執持不捨，這樣死心蹋地用功，**才能將妄心變成佛心**。》（摘自同書一五五、一五七頁）

參禪人起疑情，乃是為尋覺自己之真心第八識，非是元音老人所說「為了斷除這微細的一念」。《起信論》所言「離念境界唯證相應」，乃謂第八識真心之本已離念境界，非如元音老人所說之覺知心離念境界，覺知心離念境界，我會同修皆能二六時中如是，極為粗淺；我會同修尚能於二六時中起無相念佛之正念，非元音老人所知也。以如是淨念不斷之功夫，再轉而看話頭、起疑情覓真心，直至覓得第八識真心，方知祂從無量劫來本已離念，非因修行而後離念；如是第八識真心之「離念境界，唯證相應」，第八識恆離一切念，而有其心行境界不墮三界六塵及定境法塵中，唯有證得第八識者方與此境界相應，非元音老人之所能知也。

若人欲變見聞覺知性之意識為真心—欲將妄心變為真心，則墮元音老人之常見見中，非是佛法也，俱違三乘菩提故。當鍛鍊覺知心，使生定力；定力生已，心轉細膩，復須熏習正確之佛法知見；具知見及定力已，即可參禪覓心—尋找自己本已離念之第八識真心。一旦撞著觸著真心，無妨妄心真心並行，從此自通二轉法輪般若諸經，不須人教；從此便可隨善知識修習種智，亦自能知假善知識所說唯識之錯謬所在，便於諸方大師之已悟未悟，心無疑惑，是名疑見斷。欲證第八識真心本來離念境界，請觀仰山好雨公案：

仰山慧寂禪師時在溈山，溈山首座舉起拂子曰：「如果有人能說得出禪門之真實道理，這拂子就送給他。」仰山正需拂子，便問云：「如果我說得出真正的道理，還能不能得這拂子？」此因仰山不是溈山首座下之學徒，是故以語先容。首座未識仰山，便曰：「只要說得出真實理，便可以得到。」仰山聞言，二話不說，便將拂子搶過帶走。後來雲居錫禪師聞此公案，又舉向天下老宿問：「什麼處是仰山所說的道理？」

雲居禪師這一問，難倒多少老宿，悉皆噤聲。只如溈山首座明言：須作得道理，方可將拂子去；仰山未曾說得什麼道理，云何便掣拂子將去？若道他有所說，說在什麼處？若道他無說，云何上座卻任伊將拂子去？如今還有人答得雲居這一問麼？

一日雨下，溈山上座曰：「好雨呀！慧寂闍黎！」仰山卻問首座：「好在什麼處？」首座於仰山語下透不過，無語答伊。仰山便道：「我卻說得出來哩。」首座便問：「這雨好在什麼處？」仰山卻只是指著雨。

雨下得好，必定有好底道理；不可總似俗人言：「天暑故下得好。」且道：好在什麼處？諸方若下問，平實且不指雨，但戳問者額頭。若人於此著得一隻眼，強似閉關閱藏坐禪三十劫。　歌曰：

真心從來本是真，何須將妄變真心？每日除念枯坐禪，鍍金黃銅豈真金？

若會好雨便識心，真心從來不自矜；欲識好雨臣中君，何妨煙雨步綠茵？

第四一五則　仰山獅乳

袁州仰山慧寂禪師　師因歸溈山省覲，溈山靈祐禪師問曰：「子既稱善知識，爭辨得諸方來者知有、不知有？有師承、無師承？是義學、是玄學？子試說看。」師曰：「慧寂有驗處。但見諸方僧來，便竪起拂子問伊：『諸方還說遮個不說？』又云：『遮個且置，諸方老宿意作麼生？』」祐歎曰：「此是從上宗門中牙爪。」祐又問：「大地眾生業識茫茫，無本可據；子作麼生知他有之與無？」師曰：「慧寂有驗處。」時有一僧從面前過，師召云：「闍黎！」其僧回頭，師曰：「和尚！遮個便是業識茫茫、無本可據。」祐曰：「此是獅子一滴乳，迸散六斛驢乳。」

徐恒志居士云：《…至於一般哲學家、心理學家，用歸納、演繹、內省、觀察、推理、判斷的結果，也只研究到「心」爲止，而且也還沒有把「心」全部搞清（終不出第六意識的範疇），對於「性」的問題，更是做夢也不曾想到，往往由這一子之錯，弄得全盤皆錯！…心性本來不二，不過有真妄、動靜、昏明的不同。性就是本性，也叫空性、自性、真心（性也就是未動心前的心，所以在應用上，心性二字往往通用）、真如、實相、本來面目等，它譬如水；**心就是心念，也叫妄心、幻心，包括各種感受、想像、思維、認識等思想現象**，它譬如波。就它們的體方面來講，水波同是濕性，本來不異；就它們的相和用方面來講，那麼波是動相，水是靜相，波動則昏亂，水清則月現，這樣水波又是不一。所以心性是不一不異。人們對於心，比較的尚能理解，因爲它終日就像在波濤之中；至於性就無法見到，這譬如波濤本身還沒有停下來，就無法見到它自己靜時的水的面貌，因此人們就不肯承認有這個東西。但是波濤停時，是不是水也沒有了呢？這就不難理解了。》（澳洲墨爾本佛教六和視聽圖書館一九九九年印行《般若花》四〇、四一頁）

平實云：徐恒志居士於余之評斷元音老人及其師王驤陸，不能安忍，乃有書信妄評於余，展轉傳至余手。以有此事故，乃於造此書時乘便檢校其著作，遂有此則拈提。

徐居士於上舉文字中，以心性二法說心說性，欲令人知，用心可嘉；然於答覆劉東亮居士函中，卻云「體用空有本來不二，真悟心人必不強分為二」，以責於余，厚己薄人。徐居士之書信既皆彙集印入書中流通，則以答覆為宜，藉此法義辨正而成就法施佛事，以利學人；故於近日轉請我會同修造函覆之，此處勿別作覆。

性是心之作用，心動則有性生；心是體，性是用，性以心為體，方是正說。徐居士則起顛倒見，以性為體，以心為用，而言「心念、感受、想像、思維、認識等現象如水之波，也叫妄心、幻心」。徐居士將覺知心一分為二：一者真心，謂能見能知而不起念頭、感受、思維、認識；二者妄心幻心，謂念頭、感受、思維、認識。此乃彼對於心性之虛妄想，何以故？謂念頭心念、感受、思維、認識、想像、見聞嗅嚐觸及知覺性等，皆是意識心之性用，三乘諸經皆說意識心體有如是用，徐居士不應將心體之性用倒立為體，不應將心體倒貶為性之作用（水波），以是顛倒故名顛倒妄想。

復次，佛於經中所說「水波」之喻，乃謂有情皆是阿賴耶識為體，因境界風吹，令七轉識種子現行，而有七轉識之種種活動行為；然歸根究柢，七轉識起諸性用，皆由阿賴耶識體生出，故說阿賴耶識是海水、是體；六塵境界風吹，則七轉識海浪便生起，七轉識浪起則有八識心王之種種性用生起運作之現象為人所知，故說八種識見聞知覺處處作主之性用為用。如《楞伽經》卷一偈云：「譬如巨海浪，斯由猛風起，洪波鼓冥壑，無有斷絕時；藏識海常住，境界風所動，種種諸識浪，騰躍而轉生。青赤種種色，珂乳及石密，淡味衆花果，日月與光明，非異非不異；海水起波浪，七識亦如是，心（阿賴耶識）俱和合生。譬如海水變，種種波浪轉，七識亦如是，心（阿賴耶識）俱和合生。謂彼藏識處，種種諸識轉；謂以彼意識，思惟諸相義。」

如是以阿賴耶識為體，以六塵境界為風，故生七識心之洪波巨浪（前六識作分別，第七識恆起思量、處處作主），而有瞋恨怨惱及與大喜大樂，若究其實，七識巨浪皆以阿賴耶海水體而現起，故說七識非異阿賴耶，波浪以海水為體故。

然阿賴耶識既能生七識波浪，則必有其自體性，必是實體法，方有能生之用，故阿賴耶識非是假名言說而已，是一切法界之根源故。若謂七轉識性即是阿賴耶識，斯人未入大乘見道位，未證得阿賴耶識，未能親自領受阿賴耶識迴異七轉識之自性故。

波浪則非實體法，唯是因於風吹而起，由海水所變，故非有實體。七轉識雖現有種種性用（眼識有能見之性，耳識有能聞之性……意識有知覺性、意根有恆而不斷之思量作主性），但此種種性用皆由阿賴耶識生；既是所生之法，則必生住異滅，滅已復生，不可謂七識心之性為真心也。七識心之性既法爾依附七識心而有，即是七識心所有之法，非是法界實相，豈可名為真心？性由七識心之現行而有，七識心復由阿賴耶心所生，當知真心必是阿賴耶識也，云何徐居士可以指稱六識心之見性、聞性、嗅性、嚐性、觸性、知覺性為真心？不應正理。彼雖訶責哲學家未出意識範疇，而自身亦墮六識之用，倒執六識之用為六識體，錯以六識之用為真心，去道遠矣！

證道之人則依根本識（第八識阿賴耶）而說六識之見性聞性……知覺性不壞，謂見聞知覺性由根本識生，根本識不壞故見聞知覺性斷已復生、永無盡期（唯除定性聲聞入無餘涅槃），名為凡夫隨順佛性。見聞知覺性於不迴心阿羅漢入無餘涅槃後永滅不現，盡未來際無有復現之時，永斷無餘，云何可謂為真心？

六識心有見聞知覺性，而此六識心及性用俱皆依附意根（末那識）方能運作，秉承意根之命而作種種見聞覺知之用；然此六識及性用依意根而生起見聞知覺性時，其實是由心所生，大乘經所說心者乃是第八識如來藏，非謂意識等六心也。此六心與意根現起而運作之時，不得離於第八識而運作、而現行；正當運作時，與第八識分工合作，和合似一，令凡愚不覺其八，唯有利智菩薩能現觀之；是故《楞伽經》中佛云：「七識亦如是，心俱和合生。謂彼藏識處，種種諸識轉」，即是此意也。

既知見聞覺知等性是前六識之心所有法，前六識復依意根及阿賴耶而生，意根亦依阿賴耶而生，則知阿賴耶識即是一切法界之實相心，則當以意識思惟諸法相中之真實義—阿賴耶；是故佛說「謂以彼意識，思惟諸相義。」思惟已，知於理上必有第八識，知第八識必是實相心，則應藉意識等六心之見聞知覺性，尋覓第八識心。證得第八識心，現前領受第八識之自體性已，便能漸漸通達佛法；證此實相心，既是通達佛菩提之關鍵，故說明見此心者名為大乘真見道；未證此心者，永於佛菩提諸經生諸錯會，故不得名為大乘見道者。今舉仰山獅乳公案，旁敲側擊之，以助學人發機：

仰山慧寂禪師因回溈山祖庭省視晉謁，溈山靈祐禪師問曰：「你既然稱為善知識，如何分辨諸方來參訪者是證知有真心者，或是仍未證知有真心者？如何分辨他是有真正師承、或無真正師承？如何分辨他是有第一義學處者？或只是玄想之學問？你試為我說說看。」

仰山禪師聞師父垂問，便答道：「弟子慧寂有檢驗之法。只要看見諸方僧來，我便豎起拂子問他：『諸方道場還說這個？或者不說？』又向他說：『這個暫且放下不談，諸方老禪師的意旨究竟如何？』」溈山靈祐禪師讚歎說：「這正是向上一路宗門法中的鋼牙鐵爪也。」

只如諸方僧來參訪仰山，無非是為求悟佛菩提，云何仰山不問來意，便豎起拂子作如是問？且道：這個與拂子相去幾何？若道是一，即是外道；若道是二，亦是外道。若道不一不異，則是忘佛恩、負祖義；名之為不知有者、無師承者、是玄學者。

溈山禪師又問：「普天下一切衆生，皆是業識茫茫，找不到根本可以依據；你怎麼樣知道他是有本還是無本？」仰山答曰：「弟子慧寂有個勘驗的方法。」當時正好有一僧從二人面前走過，仰山乃召喚那僧：「闍黎！」那僧回頭，仰山便說：「師父您看！這個便是業識茫茫、無本可據啊！」溈山禪師說道：「你這個真是獅子一滴乳，迸散了六斛的驢乳啊！」

據聞金毛獅子一滴乳，投入六斛（十斗爲一斛）之驢乳中，立刻便將驢乳迸散（如大塊熱鐵投於小桶冷水，致令冷水迸散一般）。喻如錯悟之人漫山遍野，所說法義雖多，若遇真悟之人所說一句，便致顯現過失錯謬。仰山所說正如金毛獅子法乳，投於錯悟衆師無量言句中，必令諸師左支右絀，顯露敗闕也。

只如尋常人聞喚回頭，本無過失，因何卻被仰山道是「業識茫茫無本可據」？彼僧過在什麼處？若有人能於此著得一隻眼，平實道汝有來由，久後為人師去！

歌曰：

獅乳一滴顯雄威，仰山萬丈勢崔巍；

驢乳迸散君勿悲，掣拂遊山莫徘徊。

只如仰山拂子，是這個？不是這個？平實為爾道：

溈山仰山都遊罷，正好歸家植薔薇。

第四一六則　仰山米價

袁州仰山慧寂禪師　師問僧：「什麼處來？」僧曰：「幽州。」師曰：「我恰要個幽州信；米作麼價？」僧曰：「某甲來時，無端從市中過、蹋折他橋樑。」師便休。

師見僧來，豎起拂子；其僧便喝，師曰：「喝即不無，且道老僧過在什麼處？」僧曰：「和尚不合將境示人。」師乃打之。

徐恒志居士云：《……實際上，真能念佛、念念無住，即是布施；不起貪瞋，即是持戒；不計人我，即是忍辱；不稍夾雜，即是精進；一心不亂，即是禪定；**明明歷歷，即是智慧**。一句彌陀，不是大徹大悟的人，不能全提；而鈍根下愚，也無少欠。但能驀直會去，自然水到渠成，全身受用。『大集經』說：「若人但念阿彌陀，是名無上深妙禪。」（摘自《般若花》五七頁）

平實云：念佛而真能念念無住者，非證悟者不能成辦，豈是徐居士等人以意識為真心者所能？二地滿心以下，皆名學戒，不名持戒；二地滿心菩薩由無生法忍慧而證「猶如光影」現觀，由是現觀故能隨意轉換內相分，令意識自然清淨，不由戒相而淨，從此已去，方名真持戒者；非以持名念佛一心不亂者可名持戒也。不計人我者，必須證悟後始得；親見第八識性，衆生無別，起下品平等性智而後不計人我；若以意識為體而觀衆生，則見衆生智慧有別，必生人我想；口中自言無人我分別，心中實仍有分別，苦於不自覺爾；然衆生身有第八識，現行於一切時，皆離智愚染淨人我…等分別，能分別之意識悟後現見如是，乃轉依第八識無分別心而住，方名不計人我者；如是不計人我之念佛，方可謂得忍，能忍真心之本來無生無分別也，此非徐居士以意識為真心者所能也。不稍夾雜，可名精進；然若未得事一心理一心者，不免夾雜；若證真心，現觀第八識自無始劫來恆不起念，自無始劫來不曾夾雜過一念妄想，名理一心；若會無相念佛，憶念恒存，名事一心；理事皆一心，方可真名「不稍夾雜」，真精進也，此非徐居士所能也。一心不亂非必禪定，欲界定、未到地定皆是一心不亂，而皆未入初禪，猶不名禪定，何況念佛持名之叢鬧、而可名為禪定？若入實相念佛之境，性障漸除，以無相念佛定力即可入初禪，方名禪定，此非徐居士所能也。明明歷歷，絶非智慧，是意識別境慧之境界故，非是般若慧故；必須於念佛中，念念照見明明歷歷之意識心，亦念念照見不墮明昧人我六塵垢淨之第八識真心，永離二邊，從此自通般若經、不由他教，方名智慧，此非徐居士以「意識離念即變為真心」者所能知之也。

若人有慧，依佛開示修學一行三昧者，須遵佛語：「學一行三昧者當先學般若波羅蜜」；如法修學般若波羅蜜已，方可持名修一行三昧。持名修一行三昧者，「應處空閑，捨諸亂意，不取相貌，繫心一佛專稱名字，隨佛方所端身正向，能於一佛念念相續，即是念中能見過去、未來、現在諸佛，…盡知恒沙諸佛法界無差別相。」見未來諸佛者謂見衆生之第八識真心也，盡知諸佛法界無差別相者謂見諸佛同此第八識也；至此依舊持名念佛，提起一句佛號時，現見理（第八識）事（前七識及佛號）具足，便可向人言：「一句佛號概括事理」，方名智慧；如是「一句彌陀，不是大徹大悟的人，不能全提；而鈍根下愚，也無少欠」，只是不能證得爾。若人已曾**如法**修習般若波羅蜜，然後依一行三昧所說，一句彌陀名號大聲持續唸去，自然水到渠成—證得第八識實相心，般若慧自然生起，證實諸佛法界亦是此第八識，如此方是《大集經》所說之「若人但念阿彌陀，是名無上深妙禪」，非如徐居士以意識之見聞知覺性為真心者所能知之也。

徐居士又云：《…以上雖還沒有斷見思惑，但能生安養的同居土，一得往生，就是位不退。若能在一切時念念相續，不散亂、不昏沉，在事上念到一心不亂的，便同斷見思惑的羅漢，是中輩三品生，生安養的方便土。》（摘自同書一一〇頁）

「一得往生，就是位不退」，此語尚有大過，違觀經佛語，且置勿論。「若一切時念到一心不亂，便同斷見思惑的羅漢」，名為因中說果，須往生至極樂後方可聞「衆音聲說法」，聞法已，確認覺知心虛妄，意根非真，方斷我見我執，方可名為已斷見惑思惑，至此方成羅漢故；非於此世界即已成羅漢也，一心不亂者仍未斷見惑故，尚未斷意識我見故；尚非初果人，云何便言已成斷思惑之羅漢？若徐居士所言無誤，則本會諸同修中，能於一切時中無相念佛而雙運不斷者，應皆已成阿羅漢也。然實一心不亂仍是意識，未入見道位，覺知心是「分別我執」之「我」故；仍須參究實相心，藉親證實相心而現觀意識之由實相心出生，由是了知一心不亂之覺知心乃是依他而有，無自在性，故斷「意識我常住不壞」之惡見，名為斷身見我見，方是斷見惑者；而猶有末那識之俱生我執，須待歷緣對境斷除之，方成斷思惑之羅漢也，豈以意識覺知心之一念不生，未斷我見我執者可成羅漢？無斯理也！徐居士此說，易致念佛一心不亂者成就大妄語業，非所宜也！

徐居士一生弘法度人，孜孜不倦，令人敬佩，平實亦曾私下讚歎之。於其未悟言悟，及書中誤導衆生處，亦隱忍不言。今因余之評論元音老人錯悟，令其有「唇亡齒寒」之感；亦因余之評論其師王驤陸錯悟，令其頓失悟者身份，不能安忍，乃以信函月旦余法。然真金鍍金表相雖同，本質迥異；佛說如來藏雖似外道常見之不壞覺知心，而本質大異其趣，猶如天壤之別，一切真悟者皆知，不可混為一譚。

隨意評論他人法道，極為容易；據實而論他人法義正邪、悉皆符契三乘經論，不犯妄評之過，則為甚難。憶昔出道弘法之時，於一切古今大小師，皆不敢置一詞妄評之，皆讚歎隨喜之；然因自在居士故，啟余破邪顯正之行，然猶不欲評盡天下一切人；諸師之未悟，本平常事，但能謹守本分，不逾越太過、不妄評正法，則余讚歎隨喜不違，焉敢論之？徐居士本無需心生「唇亡齒寒」之感而預先妄評余法也，余未起意欲評伊也。今已至此，事殆必然乎！

有智之人若被評為錯悟，當返觀自身所悟，請閱三乘諸經而檢點之；一一印證無誤後，方可據以評論他人也。徐居士不此之圖，而先妄評余法，非所宜也。破邪已畢，當顯正法，以助學人同證實相心：

有僧來參，仰山禪師便問：「從何處來？」此是禪門例問，而大有深意，人皆認作寒喧，緣未熟故。僧答：「從幽州來。」正是全提一句彌陀；仰山勘云：「我恰好需要個幽州信息；幽州米是什麼價錢？」仰山驗人，多用偏中正，若非大悟之人，往往著了他道，便隨他語脈轉去也。這僧不是吳下阿蒙，回仰山云：「我從幽州來時，從幽州市中過，無端蹋折他幽州的橋樑。」仰山聞言，即便休去。

只如僧答：「幽州」，本是尋常答問，云何平實道伊正是全提一句彌陀？宣稱大徹大悟之人，聞余此問而茫無所知者，即成大妄語業，非真全提故。

復次，仰山向僧問幽州米價，意在何處？豈真要此幽州信息耶？那僧不答伊米價，卻道無端蹋折幽州橋樑，復又絮絮叨叨言從市中過，無異鄙俗瑣事；如是言句，言外之意何在？不可總如聖嚴法師書中所言：「胡說八道一頓便可交差，因為禪沒什麼好說的。」豈真答非所問、胡說八道便是禪？仰山聞他答非所問，即便休去，未曾賞罰拄杖，且道仰山肯不肯伊？若道肯，云何自顧休去？若道不肯，又卻不曾罰棒；且道仰山意在何處？若有人來向余言：仰山非肯非不肯；或言：亦肯亦不肯；俱是瞎眼阿師。

仰山見一僧來參，便豎起拂子；僧見狀，便大喝一聲；仰山云：「你喝這一下，倒不能說你沒有理體；你且說說看：老僧有什麼過失？值得你這麼一喝？」

往年多有禪狐，來覓平實時，亦效祖師作略，問彼悟處時，便為余倒水擎茶等；似即似，若道是，則未是；若教入室口說手呈時，悉墮意識境界，總將離念靈知認作真實心也。這僧亦復如是，誤會仰山豎拂之意，便回道：「仰山和尚您不應該將有境界法開示於人。」原來還在三千里外，不曾夢見在，竟敢喝仰山；仰山乃舉杖打之。
只如仰山曰：「喝即不無」，且道這一喝中，僧之理體在什麼處？若人道得真實，來向余說；便令伊再練看話頭功夫，兩年後教伊眼見佛性；五年後教伊出世為人師，還有人麼？
這僧因緣不具，白受仰山一頓拄杖，辜負仰山深恩，且道：仰山這一頓打，意在何處？若有人會得，可以喫得平實賞棒也。　頌曰：

幽州信息詢米價，市中走過踢折橋；
無端粗魯仰山休，智人甫聞便分曉。
仰山豎拂僧大喝，理即不無未曾瞄；
將境示人呈己過，罰棒喫了猶渾淆。
只如彼僧大喝，理在什麼處？平實說與爾知：
晨起賞霧早應曉，平實此語待君剿。
且道：何處待剿？若有人能剿絕，平實許爾出頭。

第四一七則　即念知味＊

古虞象田即念淨現禪師　嗣法石雨明芳和尚，宏法明季，遺有語錄四卷。

覺初禪者設茶請，師示眾曰：「古人道：『人莫不飲食也，鮮能知味。』也是這般話，言淡而旨遠；時人往往強作道理解法，怎解注得下。要且有口者孰不解飲食？有舌者孰不知味？然喫淡即知淡味、喫鹹即知鹹味，以至喫酒定不說是茶。且有善喫茶者，才沾唇、便知此是天池、此是龍井、此是松蘿，一毫也瞞他不得；哪裡不是他知味處？大都不是正味耳！諸仁者！要知正味麼？須向未喫茶時識取。若識未喫茶時滋味了，更須知入口時滋味；若知入口時滋味了，又須知喫茶後滋味。直饒恁麼了，要知覺初禪者今夜設茶的意，只要諸禪德閉口！」

湛如上人設茶請，師示眾曰：「……往往謂念佛參禪不同，誰道參禪念佛不二？當知參禪參此心也，念佛念此心也。蓋參禪者貴乎心如牆壁，方可入道；念佛者貴乎一心不亂，始得三昧。若得心如牆壁，自然一心不亂；若得一心不亂，自然心如牆壁，豈有二哉！所以古德道：『參禪爲了生死，念佛亦爲了生死。』要在生死心切，則信心切；信心切，則參念切；參念切，則一心不亂；**一心不亂，則無一法當情；無一法當情，則唯心淨土、本性彌陀現前**；本性彌陀既現前，見色時則彌陀眼家出現，聞聲時則彌陀耳家出現，乃至分別法時則彌陀意家出現。然彌陀既在六根門頭出現，則六塵自淨：眼見色則色乃淨土，耳聞聲則聲乃淨土，乃至意分別水去則法乃淨土。六根六塵既如是，則六識亦如是，要且不離穢土而現淨土。⋯⋯」（摘自《慈雲雜誌》第二九二期三五、三七、三八頁）

徐恒志居士云：《佛法重在當機，並無定法可說；且法法皆可入道，門門都是般若。當參禪到心行處滅，靈光獨耀時，不是這個是什麼？當研教到境觀相資，圓解大開時，不是這個是什麼？**當持名到能所雙忘，無住無染時，不是這個是什麼？當修密到寂然不動、見聞了了時，不是這個是什麼？**可見方便不同，歸元無二。以指標月，意在見月；如果執指為月，分別勝劣，豈非笑話！話雖如此，離心意識，直指本心，簡便迅速，畢竟莫過於禪宗了。⋯⋯六祖慧能大師更開門見山，直指無住心態；祖說：「不思善、不思惡，正與麼時，哪個是明上座本來面目？」惠明也言下大悟。這所謂「與麼時」，即不思善惡時，也即歷歷孤明時，這是此公案的關鍵。所以祖師說：「但能與麼時，不愁不徹悟。」實際上，人們正當善惡不思──**前念已滅，後念未生時，只要拈取這剎那顯現的空靈心體，無不恍然大悟！**『傳心法要』說：「息念忘慮，佛自現前；直下無心，本體自現。」後來這種直指方法一直沿用；如唐時的臨濟禪師示衆說：「要識這無位真人麼？即今說法聽法者是。」》

（摘自《般若花》二五九至二六一頁）

平實云：持名到能所雙忘、無住無染時之念佛心，非真能所雙忘，仍有能持名者及所持佛名故；非無住，仍住於持名之境故；非無染，仍有見惑（認定無念靈知心為不壞心故），故仍未斷煩惱之見一處住地惑，仍是有染。

修密禪坐到寂然不動而見聞了了時，仍是意識，與別境慧相應故，與別境之定心所相應故；佛說真心不與別境五心所法相應故。研教之人，若到「境觀相資、圓解大開」之時，絕對不作是語；是故黃蘗及臨濟所說，猶不免玄沙及無門……等人所訶，是故六祖之「不思善惡」公案，不免無門慧開禪師所訶，在《無門關》中評為下下之策──緊急脫身之計（詳見拙著《禪門摩尼寶聚》第三九、四〇則拈提，及《宗門道眼》第二一五、二一六則拈提）。

徐居士所言前念已滅，後念未生時之刹那所顯現的空靈心體，乃是意識。黃檗所云「息念忘慮，佛自現前；直下無心，本體自現」，不免南泉禪師所訶：「老僧往年亦被人教『返本還源去』；幾恁麼去！禍事！禍事！」謂悟前亦曾被假善知識所矇，教令息卻妄心妄想，返還至無妄念狀態即成真心；南泉幾乎就這麼信受修去！真是禍事一場！

南泉曾問黃檗長老：「定慧等學，此理如何？」黃檗答云：「十二時中不依倚一物。」致被南泉所訶：「漿水價且置，草鞋錢教阿誰還？」（詳拙著《宗門血脈》第三二七則拈提）。後來便於『傳心法要』中教人「莫認見聞覺知」（詳拙著《宗門道眼》第二一六則拈提），教人不離見聞覺知而覓「無心之心」，乃開示云：「此心即無心之心—離一切相，衆生諸佛更無差殊，但能無心，便是究竟。」（詳前第三七則拈提）

無心之心，《楞伽經》中名為阿賴耶識、真相識；大品般若中名為「非心心」，小品般若中名為「無心相心、不念心」，《金剛經》中名為「無住心」，此心離一切相—不見佛、不聞法、不念佛，常住涅槃境中，從來不起見聞覺知、從來不對六塵見聞了了，無始劫來不於六塵上動心；今者徐居士所言「寂然不動、見聞了了」者，乃是修之而後寂然不動，仍有見聞而且了了分明，顯然違佛所說真相識之體性，不可誑人為真心也。

徐居士覆「東亮仁者」之函中，指斥平實：《蕭先生竭力批判古今大德知識，一個根本原因是對離念靈知無所了知，誤認此『知』既是意識，因此一概斥之為『常見外道』，從此一錯再錯，敢冒天下之大不韙，其狂慢之程度，出人意外。》

然而靈知之心，不論是否離念，皆是意識心；三乘諸經佛語現在，皆如是言。徐居士「境觀未能相資，不能圓解佛意」，錯認靈知心不起念時為真心；錯認靈知心起念時有一靈知心不墮念中，即以之為真心，不知此離念靈知乃是意識之「證自證分」，執為真心。如是「大修行人」，名實不符。

我會中人，多能於一切時中離念而見聞了了；然此境界粗淺，將來無法眼見佛性；尚須於離念靈知之中，生起淨念憶佛——無像無聲無語言文字名號而憶念於佛；如是無相念佛，意念仍粗，尚須鍛鍊至雙運階段純熟（與人言談或作事時仍憶念不斷），而後方可轉入看話頭階段，乃至破參、見性。徐居士之離念靈知境界，我會初學者只需退一步——捨去故意所起之無相念佛淨念，即可一切時中如是安住，我會中人十之八九皆能如是，無可炫人者。然於無念靈知中，起一淨念無相念佛，則非徐居士目前所能，彼於函中如是自言：《關于無相念佛，蕭先生把『憶佛念佛』作為『大勢至菩薩念佛圓通章』的主旨，故多次提醒大家不要持佛名號，也不要觀佛形像，要求先拜佛，隨后入于憶想。**至于如何離名號形像而憶想，概念上含糊不清。**》然而余書已極清晰宣示無相念佛之念，徐居士定力不足，不能如是，顯見功夫尚淺。

復次，「念而無念，無念而念」，皆是意識後天修成境界，非是本有；若是修成，後必由於緣散而壞，非真實法，不足以炫人也。真實心從本已來皆不念佛，過去、現在、未來悉皆如是，非因修行而後「念而無念」，故小品《般若經》中說之為不念心，乃是無始劫來皆不念佛之第八識，徐居士不應以「意識靈知離念」而名之為真心也。

余教人無相念佛者，只是令人證得一心不亂之功夫，非以一心不亂之離念靈知為真心也。成就一心不亂功夫後，隨以如是極深細之離念靈知（此時改捨無相念佛之淨念），一心求覓與離念靈知並行運作之第八識真心；覓得真心已，便證實真心無量劫來不曾念佛念一切法，現在未來亦復如是；證實體驗已，無妨「本來無念之真心」與現在無相念佛之離念靈知心同時同處運行。如是證知一切諸佛本體皆是此第八識，從此以後，不論持名念佛、觀想念佛、無相念佛、繫念思惟念佛…，種種念佛皆可名為實相念佛；然猶未具知實相念佛之旨，猶待眼見佛性方能具知也。余諸著作所教人者，莫非如是；初未教人以無相念佛之靈知心為真心也。徐居士雖讀拙著，不解余意，誣謂余以無相念佛中之靈知心（能念佛之靈知）為真心，已成誣責。

復次，徐居士之所證真心，載於書中，皆以一念不生時之離念靈知為真心，正是以意識為真心，翻誣余等無相念佛之靈知心為意識，不知余諸書中早已說此無相念佛之覺知心、能念心是意識，復以此俱定之意識證取第八識（本已無念之阿賴耶識），方入果地無相念佛境界，僅能稍知實相念佛境界，而猶只是本會之初入門修證爾；尚有眼見佛性之實相念佛及悟後起修之佛菩提道，非徐居士所能知之也（編按：詳見《念佛三昧修學次第》一九八－一九六頁，及《邪見與佛法》具說）。徐居士尚不能知自身中意根（末那識）之運作，何況能知阿賴耶真相識之運作？不知不證真相識（眞心）者，而言能教人證得真心，無有是處！

明代之即念淨現禪師亦復如是，以念佛至一心不亂時之靈知心為真心自性彌陀，與徐恒志居士無稍差異，與其師王驤陸及師兄元音老人完全相同，皆墮意識之「離念靈知」心中，正是常見外道，云何有慧能為他人宣說實相念佛法門？云何有力能令人證得實相念佛境界？無是理也！

然而無相念佛之功夫，能令人於悟後進修，次第證得初禪二禪三禪定力；定力得已，欲入定境而入等至則不難也。此非徐居士不會無相念佛者所能知之也。

行者欲免重蹈徐居士妄評正法之覆轍，當速修學無相念佛功夫，得雙運已，意識已能長時住於比「離念靈知」更深細之境界，便可提起疑情，尋覓與意識（離念靈知）同時同處之另一本已無念之離見聞覺知心—第八識實相心；證此第八識已，便能現前觀見「一切諸佛法界皆是如此無差別相」，名為破參明心；從此念佛即可說言：「一句佛號概括事理」，名為粗知實相念佛；能於一句佛號之中，現見事（能念之覺知心及所念之佛）理（第八識眞心）具足故，如是即入大乘別教真見道位，名為賢聖，莫效即念淨現禪師與徐居士之錯認意識為真心也。歌曰：

一心不亂修念佛，離念靈知稱真心；
有念無念常變異，未離常見猶自矜。
見色聞聲嗅嚐觸，六塵見聞常了了，
即念恒志同一心，未曾證法言知津。

只如證法之人，實相念佛一句作麼生道？平實說與爾知：

南…無…阿…彌…陀…佛！

第四一八則 溈山涅槃

溈山靈祐禪師 師問雲岩云：「聞汝久在藥山，是否？」岩云：「是。」師云：「藥山大人相如何？」雲岩云：「涅槃後有。」師云：「涅槃後有如何？」雲岩云：「水灑不著。」雲岩卻問師：「百丈大人相如何？」師云：「巍巍堂堂，煒煒煌煌；聲前非聲，色後非色。蚊子上鐵牛，無汝下嘴處。」

鄭愚相公一日問仰山慧寂禪師云：「不斷煩惱而入涅槃時如何？」仰山禪師豎起拂子。鄭相公曰：「入之一字，不要亦得。」仰山禪師曰：「入之一字，不為相公。」

徐恒志居士云：《涅槃寂靜：涅槃譯為圓寂，即一切智慧、道德都圓滿，一切煩惱、習氣都寂滅，帶來內心世界永恆的寧靜。……這種涅槃寂靜的境界已被許多學佛的人所證實。從邏輯推理上來說，我們的思想心念既是有生有滅的，那麼必然有一個前念已滅，後念未生的「不生不滅」的空寂靈明境界，這是可以理解的。》（摘自《般若花》二三二頁）

平實云：徐恒志居士不證不解，乃至不知涅槃，妄以臆想而言涅槃，同於密宗古今諸師之妄言也。前念已滅、後念未生之空檔，固然有短暫之空寂靈明境界，然此境界依附於意識覺知心而有，與意識覺知心同起同滅；意識覺知心紛亂妄想時，此空寂靈明之性仍在，非唯前後念之空檔時短暫存在，而仍屬於意識之部份體性；若至眠熟、悶絶……等位，此一空寂靈明境界即隨意識暫斷而滅失；需得意識心復起時，此空寂靈明之心性方隨意識而起；如是忽起忽滅之生滅法，焉得名為「涅槃寂靜」？違佛旨意也，顯見徐居士完全不知涅槃也，涅槃之法遍一切時皆不生不滅故，無始劫以來不曾暫時而斷故。

被公認為佛學泰斗之印順**導師**亦復如是，以其情解臆想而言涅槃；但已不似徐居士之粗淺邪謬也。

印老云：《……很多人都誤會了！以爲死了才叫涅槃。不知道真正得涅槃的，絕大多數都是在生存世間時，早就親切體證到涅槃了。如真能破除我見、體證涅槃的，一切是自由自在、無罣無礙，真是「哀樂不入於胸次」，「無往而不自得」。凡能親切體驗不生不滅的，名爲證得涅槃。》（摘自《學佛三要》二二四頁）

印老既然如是說，則十八界滅已，仍應有不生不滅之法存在，方名涅槃；否則即成斷滅，同於斷見外道。然而印順法師卻又別云：《十八界俱滅已，滅相不滅，名之爲如，名爲不生不滅之涅槃》，則此涅槃應是唯名建立之法，非有涅槃可證，則違前舉自語「滅相不滅」唯是意識心依於思維而建立之名言概念故，則涅槃性空唯名，是虛相法，非是無相之實相法，則是戲論也。滅相乃是滅盡十八界後之斷滅空之異名故，如是滅相既是斷滅空，焉可名之為不生不滅者？寧非飾言巧辯者乎？是故印老不應否定涅槃實際之第八識也。

印順法師復云：《…二、無餘（依）涅槃：無學捨身而入無量無數的法性，不再有物我、自他、身心的拘礙，名爲無餘。菩薩發願度生，願使每一衆生都得此究竟解脫，所以說：我皆令入無餘涅槃而滅度之。無餘涅槃，爲三乘聖者所共入，菩薩也會（滙）歸於此。菩薩安住無住大涅槃，卽此無餘涅槃的無方大用，能悲願無盡，不證實際罷了！本經以無餘涅槃度脫一切衆生，卽本於三乘同入一法性，三乘同得一解脫的立場；也就因此「通教三乘」而「但爲菩薩」。》（摘自《般若經講記》頁三五、三六）

然而無學捨身入涅槃，其實是「捨棄無量無數法性」，而非「入無量無數法性」；十八界俱滅已，真實無我，何有能入法性者？而言無量無數？故說印老不解涅槃也。

復次，涅槃依心立名；乃是依於第八識之「本來性、自性性、清淨性、涅槃性」而立涅槃之名，不得外於此心、言有涅槃也。六根六識俱滅已，六塵隨之亦滅，永不復生後世十八界五陰，如是說名無學聖人捨壽而入涅槃；然阿羅漢入涅槃已，非同斷滅，尚有「取陰俱識、名色緣識之識」獨存，《阿含經》中佛說名為本際、實際、如、真如、如來藏、五種子之識，是故第八識即是涅槃之實際。

不迴心阿羅漢未證第八識，是故不證涅槃之實際，捨壽後入無餘涅槃時，十八界俱滅，已無我與我所，故亦不能證得無餘涅槃，云何可言不迴心阿羅漢已證實際？無是理也。已迴心之阿羅漢，如舍利弗、須菩提、大迦葉…等人，聞佛說般若，轉入菩薩道，後時證得第八識，名為親證無餘涅槃之實際者，無餘涅槃中唯是此識故。由是余說：「唯有菩薩親證無餘涅槃之實際，而不取無餘涅槃，恒住三界利樂有情而不疲厭；不迴心阿羅漢不證無餘涅槃之實際，亦不取無餘涅槃，無我人可取無餘涅槃故，十八界已俱滅盡故。」（詳見拙著結緣書《邪見與佛法》之開示）《金剛經》所云：「如是滅度無量無數眾生，實無眾生得滅度者」，即是此意也。何以故？無有一人得滅度故；度眾生入無餘涅槃者，實無有任何眾生入無餘涅槃故；度眾生得涅槃者，其實只是袪除眾生之分段生死煩惱、不再出生後世十八界五陰，獨留第八識離見聞覺知而不復入胎，而此第八識自無量劫來已不生不滅，本是涅槃，何須更入滅度之涅槃？故說：「如是滅度無量無數無邊眾生，實無眾生得滅度者」。《金剛經》之真義如此，印老誤解，所說顛倒，非是證法之人也。

一切學人欲證涅槃之實際者，當速求證涅槃之實際—自身本有第八識；此識方是金剛心也，無有任一大力有情能壞之者，乃至十方究竟佛威神之力合為一力，亦不能壞任一有情之第八識心，第八識心之性法爾如是。餘六識心則皆可壞（但只壞其色身，便可壞之，令其永斷不起；須至後世方又生起全新之六識心，與此世六識心無關）；意根（第七識）則唯有已證解脫果者方能壞之。若證第八識者，即可藉余著作而步步深入經藏，驗證三乘諸經之密意，是故勸請一切學人速求證悟第八識金剛心。證得金剛心者，便能如實了知涅槃，非諸不迴心阿羅漢之所能知也。

潙山靈祐禪師一日問雲岩曇成禪師：「我聽說你住錫在藥山（惟儼）道場很久了，是不是呢？」雲岩答是。潙山便問：「請問：藥山禪師之大人相，究竟如何呢？」雲岩禪師答：「藥山禪師之大人相，是涅槃後仍不滅者。」潙山禪師又問：「涅槃後不滅者是怎麼回事呢？」雲岩禪師答道：「水灑不著。」

雲岩禪師答已，卻返問潙山：「請問：你師父百丈懷海禪師的大人相又如何呢？」潙山禪師說：「非常地偉大莊嚴，非常地光輝燦爛，祂在聲之前早已存在而非聲塵，祂是色身滅後之無色者。就好比蚊子飛上了鐵牛身，沒有你可以下嘴的地方。」如是大人相，即是涅槃相；涅槃相即是金剛心（第八識）之法相，唯證乃知；未證之人縱有千口萬舌、語言便給，辯才無礙世間第一，亦不能下嘴言之也。

鄭愚相公一日問仰山：「不斷煩惱而入涅槃時如何？」此謂菩薩未斷盡思惑煩惱

卻能住於涅槃實際之理也。此公明知故問，欲與仰山方外相見也。仰山聞言，卻豎起拂子。鄭相公見已，向仰山云：「我方才所說入涅槃之入字，不要也可以啊！」仰山禪師答曰：「入涅槃的入字，其實不是為你鄭愚開悟者說的啊！」

入涅槃之入字，乃是為未悟者方便說；其實無涅槃境界可入；入涅槃者，《阿含經》中佛說為滅盡十八界五陰，不復受生、不現後世十八界五陰。既然十八界滅盡、一陰亦無，尚有何人入於涅槃？若道是第八識真相心入涅槃，第八識真相心卻是無量劫來本不曾死滅；不死滅者云何有生？不滅不生即是涅槃。不滅不生之第八識既然早是涅槃，何須更入涅槃？是故名色滅盡時，七識俱滅，唯餘第八識真相識離見聞覺知性而獨存、離分別了知性而獨存，離恒審性離思量性而獨存，此第八識即是寂靜之涅槃，何須再入涅槃？

此第八識於十八界五陰滅盡後，如是「住」於涅槃，非是今時方如是「住」。於十八界五陰未滅盡之前，於十八界五陰現起貪瞋妄想之際，亦復如是安「住」：不了別一切六塵、不貪不瞋、不生妄想妄念、不思量一切法而作定奪，從不關心五陰十八界在三界中之得失，如是安「住」故名「無住心、不念心」；如是「住」者，本是涅槃，何須再入涅槃？真相識—一切有情各自有之，自不可知之無量無數劫之前本已如是安「住」，本已「住」在涅槃中，何須更入涅槃？一切真悟者皆現前證知如是「本來自性清淨涅槃」而領受之，領納無餘涅槃之實際——真相識所「住」涅槃境界，故知入涅槃之入字乃是為未證者方便說，非為證悟者說，是故鄭相公云：「入之一字，不要亦可。」是故仰山禪師云：「入之一字，不為相公。」如今藉此公案，宣示涅槃正理，令今時後世南傳佛法學人聞已，於涅槃不生妄想、起正知見；令大乘學人聞已，於涅槃起如理作意之思惟，進求大乘菩薩所證之本來自性清淨涅槃，因之自生實相般若慧，真實通達金剛般若，便能進求第三轉法輪之種智增上慧學——唯識學。苟能如是，諸地次第可期也；則余辛苦造書闡揚、夜以繼日者，功不唐捐也；則此一燈必能次第而傳，直至月光菩薩之降臨也。頌曰：

溈山涅槃同百丈，雲岩真旨嗣藥山；
涅槃後有無差異，水灑不著無人瞻。
不斷煩惱入涅槃，鄭愚仰山意無掺；
入之一字為衆生，智者眼前只恁般。

只如涅槃究竟是個啥物事？值得佛來人間辛苦四十九年樂說不疲？學人欲會麼？提桶水來灑灑看！看伊沾不沾？

第四一九則　佛眼撥火

舒州龍門佛眼清遠禪師　北宋時蜀郡臨邛人也，俗姓李，嚴正寡言。十四圓具，究毗尼，遊諸講肆。讀《法華經》至「是法非思量分別之所能解」，持以問講師，講師不能答；遂遍參（諸方）。見五祖法演禪師，師凡有所問，祖即曰：「我不如你，你自會得好！」或曰：「我不會，我不如你！」

又咨決於元禮首座，禮乃以手引師之耳，繞圍爐數匝，且行且語曰：「你自會得好！你自會得好！」師曰：「有冀開發，乃爾相戲耶？」禮曰：「你他後悟去，方知今日曲折爾。」

師在五祖會下，七年不妄發一言；祖命典謁，適寒夜孤坐，撥爐見火如豆許，恍然自喜曰：「深深撥，有些子；平生事，只如此。」遽起閱几上『傳燈錄』，至破灶墮因緣，忽大悟；乃作偈曰：

刁刁林鳥啼，披衣終夜坐；
撥火悟平生，窮神歸破灶。
事皎人自迷，曲淡誰能和？
念念永不忘，門開少人過。

師住舒州萬壽，陞座拈香問答畢，拈起拂子示眾云：「還見麼？若見，見個什麼？若見個拂子，正是凡夫；若言不見，此是拂子，如何說不見底道理？道人到此，須是忖量；不可輕心，取於流轉；誠非小事，實在悟明。……」

師云：「恁麼與汝東舉西舉，便道與你說禪；才轉腳時，便作世諦流布將去。你但念念在其中，便有省發底分；看來多只是在眼耳見聞覺觸處蹉過了也。**須是不離分別心，識取無分別心；不離見聞，識取無見聞底！不是長連床上閉目闔眼、喚作無見，須是即見處便有無見；所以道：居見聞之境，不見不聞不到；居思議之地，而思議不及。**久立。」（摘自《慈雲》第二一五期十一至十三頁）

徐恒志居士云：《學佛的宗旨，在息妄顯真，轉迷為覺，得定開慧，明心見性，了脫生死。……實則此時既一念不生，了無別物，又靈知不昧、不同木石，請問這不是自性又是什麼？何須更有密意？……您們來信說：「念佛念到境空心寂時，如撥烏雲、見到晴空，無智亦無得。」但須體會到雖無智無得，卻了了分明。……持名念佛可分為事持和理持。……事持力極功純，便可了知能念心外別無所念之佛，所念佛外別無能念之心，能所不二，心佛一如，便進入理持境界了。這時即禪即淨、非禪非淨，也可名為念實相佛。》（摘自《般若花》三〇五—三一〇頁）

平實云：學佛者最大之迷思，乃是妄求「息妄顯真」；當知息妄不能顯真，妄未息而真本顯，真心妄心並行不悖，方是真正佛法。

如佛所言，下自凡夫，上至諸佛，若出現在人間，必皆具足八識——八識並行；八識中之前七識，合名識陰，俱是妄心，眠熟等五位中必滅六識故，入無餘涅槃時第七識意根亦滅故，可滅之法則非自在，則非實際，故名為妄。真心則謂第八識，在凡夫位未斷見思惑種，即是祂——名為阿賴耶識；在已斷見思惑種之阿羅漢位，亦是祂——改名為第九識——異熟識；在破無始無明之七住菩薩位，亦是祂——名為阿賴耶識；在分斷無始無明隨眠之地上菩薩，亦是祂——名為阿賴耶或異熟識；乃至究竟佛地之斷盡煩惱障種子與無始無明隨眠者，亦是祂——改名為第十識無垢識、佛地真如。始自凡夫地，終至究竟佛地，皆因此第八識而有前七識；前七識可壞、念念變異，無真實自體，從第八識而生，依附於第八識而現行運作，故名妄心；第八識自性常現，體恒，常住，本來清淨，本來涅槃，無始劫來不曾有滅，亦無滅除此識之法，體如金剛，法爾不壞，故名真心。

既然佛言欲界衆生八識並行，則是真心妄心並行運作；既是真妄並行，當以妄心之分別覺觀思惟之性，尋覓本離覺觀分別思惟之真心，如是方名佛法也。今者徐恒志居士教人息妄顯真──息滅妄心而顯示真心，則違佛語，亦違法界之實相；一切證悟者皆已現見妄心不息時真心亦是分明顯現，不待妄心息已而後顯現也。妄心息已，則無見聞覺知，眠熟無異，尚無能知覺者，何況能知真心在何處顯現？徐居士所言息妄顯真之說，不應正理也。復次，覺知心若在，即不得言妄心已息，覺知心正是妄心故。

復次，一念不生時，萬象儼然，盍可謂為「了無別物」？唯可謂為「意識心中不起語言妄想」爾。此時既是「靈知不昧、不同木石」，則必見聞了了分明，與六塵相到，此乃意識之自性──藉五遍行法而生五別境法（欲、勝解、念、定、慧）；既然「欲」繼續住如是一念不生之境，於此境界起於「勝解」故能了了，亦能「念知」往昔曾住如是一念不生之境，現今住於如是制心一處之「定」中，並且具有見聞了了之別境「慧」，則於此一念不生而靈知不昧之境中，具足別境心所有法之五法；於唯識種智諸經中，佛說是心名為意識。今者徐居士不令人以意識之別境自性尋覓同時同處之第八識真心，反教人認取意識之自性（一念不生、靈知不昧）以為真心，著實顛倒也。

「言語道斷，心行處滅」者，謂真心從本以來不與言語相應、不與六塵萬法之一切法道相應；謂真心從本以來不起眾生之見聞覺知，不起「對於六塵靈知不昧」之心行，於六塵萬法中不曾住於任何一處；非如徐居士之欲以妄心變為真心之「言語道斷、心行處滅」之說也。

「念佛到境空心寂時」，本應探究實相，已有定力故；徐居士卻令人需「了了分明」，返墮意識心中，非智者也。復次，徐居士言：「能念之心外別無所念之佛」，語非真實；《俱舍論》謂能念之心乃是意識，與別境五心所法相應，故能念佛；真心從無始劫來皆不念佛，悟後亦仍不念佛；所念之自性彌陀，乃是有別於能念之意識覺知心之第八識法性身，是故意識覺知心與所念之第八識自性彌陀為二，不可謂「能念心外別無所念之佛」也，能念之心不應是念自己為自性佛也。

「所念佛外別無能念之心」如是所言亦非正理；所念自性彌陀是第八識自性法身，能念之覺知心乃是第六意識，故所念佛（第八識）外必定別有能念法性佛之意識心，徐居士不應言「所念佛外別無能念之心」也，不應正理故。

必須證得自性法身（第八識）者，方可言「能所不二，心佛一如」。證得自性法身者，依第八識言：能念之心由第八識出，名為意識；以此能念之心，念第八識；意識既是第八識內之局部功能性，歸結於第八識，由第八識出生而返念第八識，則能念與所念方為不二；第八識自性身即是一切佛本體，故說此第八識心及此心所生之意識皆是佛，故云「心佛一體」；非如徐居士以意識心、錯認意識心為佛，而言「能念所念不二、心佛一如」者也。如是念佛，方是真禪；如是念佛，方是實相念佛；如是念佛，方可謂「非禪非淨、即禪即淨」也。如是實相念佛，非徐居士等錯認靈知心為真心者所能知之也。

佛眼清遠禪師，與克勤圜悟、佛鑑慧懃，俱是五祖法演禪師門下巨匠，同門莫逆，道價相尚，時人稱之為「東山門下二勤一遠」。佛眼禪師教人以分別心，覓取無分別心；教人於見聞覺知所在之處，覓取另一無見聞底心。正語開示：覺知心住於見聞之境中，必須覓得另一與見聞之境「不見不聞不到」者，即謂：與覺知心同時同處，別有一心於六塵境不見不聞不到，此心與覺知心並行運作而不間斷，眠熟悶絕等五位中亦不間斷，方可名為真心也，從本以來不生不滅故。若不證得此第八識心，縱饒聰明利智世間第一，窮其聰辨思量，亦不能解，故《法華經》云：「是法非分別思量之所能解」，學人欲證解者，請探佛眼禪師撥火公案：

佛眼禪師拜入五祖法演禪師座下，一日諮決疑情於五祖座下之元禮首座，首座卻拉伊耳朵繞圍爐數匝，且拉且行且曰：「你自己體會得才好！你自己體會得才好！」佛眼不悅，問云：「冀望師兄開發我的智慧，為何這般相戲弄耶？」元禮首座卻曰：「你到他日以後悟了去，才會知道今日繞爐之曲折啊！」

自此一遭，佛眼終於有了入處。七年之後，寒夜孤自一人而坐，伸手撥圍爐中之爐灰，見爐中尚有炭火如黃豆大，乃得體悟，而猶未敢承擔也。當時有言道：「深深地撥開爐灰，這裡面有些東西在啊！平生參禪之事，也只是如此啊！」言畢立即迅速起身取閱茶几上之《傳燈錄》，閱畢破灶墮公案中之灶神得悟因緣（詳見拙著《宗門血脈》第二六八則拈提），忽然大悟，體會到公案中所說者即是自身撥火之所悟者，更無猶豫，遂有流傳四方之悟道偈隨與作成。

只如寒夜圍爐烤火，撥取灰中炭火，事亦尋常，佛眼禪師於中究竟悟個什麼道理？便令伊以破灶墮公案而自印證？若人於中見得真實理，便解佛眼禪師之開示，便曉「覺知心念佛不能成立能念所念不二」之理，便曉「覺知心念佛應念第八識身方是實相念佛」之理。從此便於諸經七通八達，實相般若慧自生，不由他悟。從此便知元禮首座引佛眼之耳繞爐之意也，此後再無曲折。　頌曰：

思量分別不解法，我不如你我不會；
五祖掏心須自會，功成忘筌將言綴。
引耳繞爐理本直，深撥少火始知愧；
豎拂傳燈道不見，永離寒暑不度歲。

學人欲曉佛眼撥火之道理麼?天寒時取一手爐來;爐涼時且莫思量分別,深撥看看!

第四二〇則　瑞白見性*

南昌府百丈瑞白明雪禪師　明季安徽桐城人，俗姓楊，二十雉髮出家，後依止湛然澄和尚。

澄和尚上堂次，師出問：「大眾濟濟，燈燭輝煌，請和尚指示。」澄云：「有眼皆見！」師云：「恁麼則個個成佛去也。」澄云：「你眼元不瞎！」

師雖迭有悟入，終不自肯；一日經行次，聞鐘聲大徹，往皖山住靜三載。遍謁黃檗、博山、峰頂、憨山諸尊宿。歸雲門，遂承湛然澄和尚授記。迨澄遷化，繼席聖壽。

茶話示眾云：「水性常清淨，波瀾本自如；如來清淨禪，圓明具足者。人人自心、個個圓滿具足，若聖若凡、若老若少、若僧若俗，雖迷悟不同，不曾欠少。」遂豎拂云：「即此拂子，人人皆見！三世諸佛也如是見，博地凡夫也如是見；老也如是見，少也如是見；僧也如是見，俗也如是見——**即此見性，各各圓滿具足！**既然各各圓滿具足，必須起行操修，所以有三期結制之說。汝等諸人既已進堂，半期已過，若有工夫已入手者，正好造修，使其純熟、習氣輕薄、妄想平淨，保養聖胎。若是未入頭者，再加精進、再加勇猛，以期妙悟，不可中路懈退。珍重！」（錄自《慈雲月刊》）

徐恒志居士云：《參禪是離心、意、識參，於言語道斷、心行處滅時，迴光返照，拈取本來，非從根塵識起修，與觀世音菩薩「從聞思修、入三摩地」方便不同；但離妄想分別，生滅滅已，寂滅現前，**照見那個了了見聞覺知而無住無着的，則無不相同。所謂「歸元性無二，方便有多門。**》（摘自《般若花》三二〇頁）

又云：《……來信所說：「這個空無一物，又不斷滅，了了明明，不是你的佛性，又是什麼？」說得簡明痛快，希望後之學直指見性法門者，能從您這句話中得個入處，直趨無門之門；結合行願，上求下化，成就菩提。》（摘自《般若花》三三一頁）

徐居士又云：《三、蕭認為「見性、聞性」等乃因緣所生法，因此把它們作妄心解；實際上是非因緣、非自然的不生不滅法。《楞嚴經》言之甚詳。》（摘自徐居士覆河北省劉東亮居士函）

平實云：徐恒志居士與明季之瑞白明雪禪師一般，同認「見性、聞性、嗅嚐觸性、知覺性」為佛性，更言：「《楞嚴經》言之甚詳」，以此語為證。然而《楞嚴經》中說五陰十八界六入悉皆虛妄，云何可以楞嚴證實「見性、聞性」之真實？審如是者，楞嚴之旨即自相違背、前後矛盾，亦復有違《阿含、般若、唯識方等》諸經，便成偽經。然而《楞嚴經》中佛旨，前後一貫，契合三轉法輪諸經，無有差異；而徐居士斷章取義，引以自證，非所宜也。

楞嚴所說，謂見性聞性⋯知覺性等，非唯因緣生，亦非自然生，實由如來藏藉因緣生，依不生不滅之如來藏及佛菩提，方可言見性聞性⋯知覺性等不變不異不壞。若離如來藏（妙眞如心）而言見性聞性⋯知覺性等不變異不生滅者，名為斷章取義，名為誤會楞嚴；何以故？謂不迴心阿羅漢入涅槃已，見性乃至知覺性永滅，永無復現時，云何可謂為不生不滅者？次謂菩薩依佛菩提故永不入無餘涅槃，依如來藏故令見性乃至知覺性夜夜滅已、次晨復現，世世滅已、來世復現，成究竟佛已、永無滅時；皆依佛菩提及第八識如來藏而言見性乃至知覺性不變不皺不縮不滅不壞。若如徐居士離如來藏而言不變不壞者、若離如來藏而言非因緣所生法者，名為妄說，《楞嚴經》中已說能見之性等六性要因六根六塵及六識和合，外加明暗等外緣方能現起故，本是因緣法、生滅法也；要依如來藏體及佛菩提，方可謂為「非因緣、非自然」法也。何以故？謂經中處處作如是言：「云何五陰本如來藏妙真如性？云何六入（見性乃至知覺性）本如來藏妙真如性？云何七大（地、水、火、風、空、見聞覺知、識）本如來藏妙真如性？」皆先作此問言，然後證明皆是依如來藏而生，後作結論：當知見性等本非因緣、非自然性；意謂皆是如來藏性也。是故一切人皆不應外於如來藏、不知不證如來藏，而獨言見性等為「非因緣生」，否則即名「未悟之人斷章取義，誤會楞嚴」也。茲摘錄《楞嚴經》中有關此理之佛語開示為證：

卷二：《佛言：「汝今自傷髮白面皺，其面必定皺於童年，則汝今時觀此恒河，與昔童時觀河之見，有童耄否？」王言：「不也！世尊！」佛言：「大王！汝面雖皺，而此見精性未曾皺；皺者為變，不皺非變；變者受滅，彼不變者元無生滅，云何於中受汝生死？而猶引彼末伽梨等，都言此身死後全滅？」王聞是言，信知身後捨生趣生；與諸大衆踴躍歡喜，得未曾有。……佛興慈悲，哀愍阿難及諸大衆，發海潮音遍告同會：「諸善男子！我常說言：色心諸緣，及心所使諸所緣法，唯心所現；汝身汝心，皆是『妙明真精妙心』中所現物，……」》

此段文中宣說：色身及見聞覺知心，以及能令身心現起於三界中之諸緣（無明隨眠、煩惱種、業種、四大種自性）皆由「妙明真精妙心」所生；復說「心所使諸所緣法唯心所現」，謂種種心所有法（五遍行、五別境）所緣生之見性、聞性、嗅嚐觸及知覺性，皆是由「妙明真精妙心」而出現；非如徐居士所說「能見之性等即是真心」也，是故能出生見性知覺性之第八識如來藏方是真心也。

佛又云：《…明還日輪…暗還黑月，通還户牖，壅還牆宇，緣還分別，頑虛還空，鬱𡋯還塵，清明還霽；則諸世間一切所有，不出斯類。汝見八種見精明性，當欲誰還？何以故？若還於明，則不明時無復見暗；雖明暗等種種差別，見無差別。諸可還者自然非汝；不汝還者，非汝而誰？則知汝心本妙明淨，汝自迷悶，喪本受輪，於生死中常被漂溺，是故如來名可憐愍。》（卷二）

此段佛語乃謂：能見之性須具八緣，其中明暗等皆可還於三界明暗等法；此八緣皆還之後，尚有能見之性獨存，不還於八緣，故說見性非由因緣所生，乃是自心如來藏假藉因緣而生。若全推與明暗等因緣，而不知是由自心如來藏所生，則墮斷見論中，則必世世輪迴生死，名為不證「妙明真精妙心」者。

《阿難言：「……世尊！如佛所說，況我有漏初學聲聞，乃至菩薩，亦不能於萬物象前剖出精見離一切物別有自性。」佛言：「如是！如是！」佛復告阿難：「如汝所言『無有精見離一切物別有自性』，則汝所指『是物之中無是見』者；……此見及緣，元是菩提妙淨明體，云何於中有是非是？……此見妙明與諸空塵，亦復如是；本是妙明無上菩提淨圓真心，妄為色空及與聞見。如第二月，誰為是月？又誰非月？文殊！但一月真，中間自無是月非月。」》（卷二）

此段經文中說：萬物及八緣並無能見之性，能見之性由如來藏妙淨明心所生，亦是如來藏種種體性之一，不可外於如來藏而有能見之性。然而能見之性如第二月，唯第一月真實—唯如來藏真實；不可取第二月為真—不可取能見之性為真。

《「阿難！汝猶未明一切浮塵諸幻化相當處出生、隨處滅盡、幻妄稱相，其性真為妙覺明體；如是乃至五陰六入，從十二處至十八界，因緣和合，虛妄有生；因緣別離，虛妄名滅；殊不能知生滅去來本如來藏常住妙明、不動周圓妙真如性；性真常中，求於去來迷悟死生，了無所得。」》（卷二）

佛意謂：五塵相分及五塵相所現一切法，皆是如來藏所顯現，當處出生而隨其處復又滅盡，其性真實是妙覺明體（如來藏）之所示現；五陰六入十二處十八界皆由如來藏妄起妄滅，然而如來藏體性真常；於如來藏之真常性中，求五陰等之去來迷悟死生，皆不可得。

《「復次，阿難！云何六入本如來藏妙真如性？阿難！即彼目精瞪發勞者，兼目與勞，同是菩提瞪發勞相；因于明暗二種妄塵，發見居中，吸此塵象，名為見性。此見離彼明暗二塵，畢竟無體；如是阿難！當知是見非明暗來，非於根出，不於空生。……是故當知**眼入虛妄**，本非因緣，非自然性。」》（卷三）

此段佛語謂：能見之性乃由如來藏中，藉諸因緣而生—因明暗二塵故發起能見之性；若離明暗二塵，則無能見之性。隨後復有一段佛語，說明能見之性非由眼根生，非由明暗生，乃由如來藏生，眼根與明暗只是助緣（文長不錄），故云見性眼入虛妄，非唯因緣生，亦非自然生。徐居士不解楞嚴，斷章取義，非所應當。

佛又云：《「…因于動靜二種妄塵，發聞居中，吸此塵象，名聽聞性；此聞離彼動靜二塵，畢竟無體。如是阿難！當知是聞非動靜來，非於根生，不於空生；……是故當知**耳入虛妄**，本非因緣，非自然性（皆如來藏妙真如性也。）」》（卷三）

又云：《「…因于通塞二種妄塵，發聞居中，吸此塵象，名嗅聞性；此聞離彼通塞二塵，畢竟無體；當知是聞非通塞來，非於根出，不於空生。……是故當知**鼻入虛妄**，本非因緣，非自然性（皆如來藏妙眞如性也）。」》（卷三）

佛又云：《「…因甜苦淡二種妄塵，發知居中，吸此塵象，名知味性；此知味性，離彼甜苦及淡二塵，畢竟無體；如是阿難！當知如是嚐苦淡知，非甜苦來，非因淡有，又非根出，不於空生。……是故當知**舌入虛妄**，本非因緣，非自然性（皆如來藏妙真如性也）。」》（卷三）

佛又云：《「…因于離合二種妄塵，發覺居中，吸此塵象，名覺知性。**此知覺體，離彼離合違順二塵，畢竟無體**；如是阿難！當知是覺之根，非離合來，非違順

有，不於根出，亦非空生。……是故當知**身入虛妄**，本非因緣，非自然性（皆如來藏妙真如性也）。」》（卷三）

佛又云：《「因於生滅二種妄塵，集知居中，吸攝內塵；見聞逆流，流不及地，名覺知性。此覺知性，**離彼寤寐生滅二塵，畢竟無體**；如是阿難！當知如是覺知之根，非寤寐來，非生滅有，不於根出，亦非空生。……是故當知**意入虛妄**，本非因緣，非自然性（皆如來藏妙眞如性也）。」》（卷三）

如是一一說明眼入見性、耳入聞性、鼻入嗅性、舌入嚐性、身入知覺觸性、意入覺知之性，皆是因緣假合而有，其性虛妄不實；皆是由如來藏藉因緣而生，本從如來藏出，非自然而有，亦非唯根塵因緣即能有，皆是從如來藏體性中藉諸因緣而生，故皆是如來藏妙淨明性。既然每一段佛語皆說六入見聞等性虛妄，由如來藏假緣而有，則徐居士即不應言見聞等性即是真實佛性，作是言者名為凡夫隨順佛性。

既言見聞知覺六入等性虛妄，藉緣由如來藏生，如水起波；則波虛妄，水體方真；則見聞知覺等性虛妄，如來藏方真；所生之見聞等性起滅不住，能生見聞等性之如來藏則體常住，常住者名真，不住者名妄。是故見聞等性，要依如來藏體而言，方可謂之為真。若如徐居士不知不證如來藏體而言見聞等性是真實如來藏體，則名執波為水、以妄為真之未悟人也。

佛又云：《「…：阿難！汝性沉淪，不悟汝之見聞覺知本如來藏。汝當觀此見聞覺知為生為滅？為同為異？為非生滅？為非同異？汝曾不知如來藏中性見覺明，覺精明見，清淨本然周遍法界，隨衆生心應所知量—如一見根見周法界，聽嗅嚐觸覺觸覺知，妙德瑩然遍周法界，圓滿十虛，寧有方所？循業發現。世間無知，惑為因緣及自然性，皆是識心分別計度，但有言說，都無實義。」》（卷三）

見聞覺知等性皆由如來藏藉緣而生，非獨因緣能生，非自然法爾本有。今者徐恒志居士認為見聞覺知等性法爾而有，非由如來藏生，即墮自然性中，成自然外道，即是佛說「世間無知」之人也。故彼所言法義，「皆是識心分別計度，但有言說，都無實義」，非親證佛旨故。

佛云：「阿難！第一義者：汝等若欲捐捨聲聞、修菩薩乘、入佛知見，應當審觀：『因地發心與果地覺，為同為異？』阿難！若於因地以生滅心為本修因，而求佛乘不生不滅，無有是處。」（卷四）

一切人欲求佛道之覺證者，必須詳審觀察此因地時所證之菩提心，與未來成佛之菩提心，是否為同一心？唯有第八識方是果地究竟覺之真實心，能見之心、能聞之心乃至能知覺諸法之心，皆唯一世而有，非真實心，不能去至後世故，何況能去至佛地？凡夫所知見聞知覺等性，依於世世所有之六根及塵緣，而由如來藏生，非是本體常住之心，夜夜斷滅故，非常住法故，由如來藏生故，必須依附於七轉識方能現前故，不能成為果地究竟覺之真實體。如是，徐居士以此因地生滅心為本修因，欲求佛乘不生不滅之理者，無有是處，學者莫隨。

由有衆生誤解佛意，執見聞覺知等性為自然本有之本體，不知見聞等性要由如來藏假因緣生，執見聞覺知等性為常住不壞法，是故佛於卷五總結卷一至卷四之開示：《佛告阿難：「根塵同源，縛脱無二；識性虛妄，猶如空花。阿難！**由塵發知，因根有相；相見無性，同於交蘆；是故汝今知見立知，即無明本；知見無見，斯即涅槃無漏真淨**，云何是中更容他物？」》（卷五）

識性即是見性聞性乃至知覺性。識性是虛妄法，由六塵而發起見聞知覺性，因六根而有種種法相自如來藏現起；種種法相及見聞等性皆無本自存在之真實不壞體性，同於蘆葦所交束而成之掃把一般。由此緣故，若如徐居士於能知能見之中，建立能知能見之性為常住不壞之法，這就是無明之根本。若有智人，於能知能見之所在，覓見無有見聞覺知之如來藏，這個無見聞覺知的如來藏即是涅槃、無漏、真實清淨。

明心者，須明如來藏；如來藏自無始劫來，不曾於六塵萬法起一念一剎那之見聞覺知；未明心之眼見佛性者，眼見見聞覺知等七識十八界之總性；明心後之眼見佛性，復加如來藏之總相體性，如是眼見佛性，不以看見能見之性、能聞之性乃至能覺知性之現行為見性也，是故佛性可以眼見，名為十住菩薩眼見佛性—即是未入地菩薩隨順佛性。若如徐居士等人，於眼等六根體會見聞覺知等六性者，俱名凡夫隨順佛性，不名眼見佛性。非是禪宗所言之見性也，非是《大般涅槃經》所說之十住菩薩眼見佛性也。

明心之人，可以眼見如來藏之運作，若無大善知識攝受，往往以為如是明心即是眼見佛性，然實非是。十住菩薩眼見佛性（未入地菩薩隨順佛性），必須先有看話頭之定力功夫，復須修足慧力與福德，然後參究佛性名義，方可見之；定力若退，雖仍具見性之見地，亦不能眼見佛性；須回復定力後方可重新眼見。若未具定力前，已先知悉佛性之名義，則多不能眼見佛性，喪失現證「世界如幻」觀之功德，是故余多年來處處隱覆佛性德相名義，不令學人於緣未熟前知悉，細心遮護，意在此也。

已入地菩薩之眼見佛性，非唯十八界總相上見，亦總攝如來藏不墮三界法之佛性，而未圓滿，須至佛地方才圓滿。

復次，欲求眼見佛性，須具三法，佛所明言：定力、慧力、福德莊嚴（詳《大般涅槃經》）。但有一緣欠缺，余亦莫能助之；豈如徐居士等未具看話頭定力者所能見性？徐居士目前尚不會無相念佛功夫故，會無相念佛者方能看話頭故，能看見「話之前頭」者必會無相念佛故。

瑞白明雪禪師亦復如是，隨其師湛然澄和尚，以能見之性為佛性，謂明乎此者，即名已見佛性，同於徐恒志、元音老人、王驤陸，一般無二，俱墮「凡夫隨順佛性」之中；亦未證得如來藏，不名大乘法中見道之人。復又確立能見能聞能知覺性為真實心，則不斷身見（我見），不名聲聞見道之初果人。三乘見道俱無，而敢妄評余法，非是有智之人也。學人欲求佛菩提者，萬勿隨於其語而作流通轉述之行，以免後報，切記！切記！

若為緣熟者（已具眼見佛性之慧力、定力、福德莊嚴者），當為其顯示入處，令其眼見佛性，乃示克勤先師之語如次：

風暖鳥聲碎，日高花影重；

薰風自南來，殿閣生微涼。

平實再因先師語，更送一句與有緣者：

五月山房冷若冰，九霄重閣寒似雪。

佛教正覺同修會〈修學佛道次第表〉

第一階段

＊以憶佛及拜佛方式修習動中定力。
＊學第一義佛法及禪法知見。
＊無相拜佛功夫成就。
＊具備一念相續功夫—動靜中皆能看話頭。
＊努力培植福德資糧，勤修三福淨業。

第二階段

＊參話頭，參公案。
＊開悟明心，一片悟境。
＊鍛鍊功夫求見佛性。
＊眼見佛性〈餘五根亦如是〉親見世界如幻，成就如幻觀。
＊學習禪門差別智。
＊深入第一義經典。
＊修除性障及隨分修學禪定。
＊修證十行位陽焰觀。

第三階段

＊學一切種智真實正理—楞伽經、解深密經、成唯識論…。
＊參究末後句。
＊解悟末後句。
＊透牢關—親自體驗所悟末後句境界，親見實相，無得無失。
＊救護一切眾生迴向正道。護持了義正法，修證十迴向位如夢觀。
＊發十無盡願，修習百法明門，親證猶如鏡像現觀。
＊修除五蓋，發起禪定。持一切善法戒。親證猶如光影現觀。
＊進修四禪八定、四無量心、五神通。進修大乘種智，求證猶如谷響現觀。

佛菩提二主要道次第概要表——二道並修，以外無別佛法

佛菩提道——大菩提道

遠波羅蜜多

十信位修集信心——一劫乃至一萬劫

資糧位

初住位修集布施功德（以財施爲主）。
二住位修集持戒功德。
三住位修集忍辱功德。
四住位修集精進功德。
五住位修集禪定功德。
六住位修集般若功德（熏習般若中觀及斷我見，加行位也）。

外門廣修六度萬行

七住位明心般若正觀現前，親證本來自性清淨涅槃。
八住位起於一切法現觀般若中道。漸除性障。
十住位眼見佛性，世界如幻觀成就。

見道位

一至十行位，於廣行六度萬行中，依般若中道慧，現觀陰處界猶如陽焰，至第十行滿心位，陽焰觀成就。

一至十迴向位熏習一切種智；修除性障，唯留最後一分思惑不斷。第十迴向滿心位成就菩薩道如夢觀。

內門廣修六度萬行

初地：第十迴向位滿心時，成就道種智一分（八識心王一一親證後，領受五法、三自性、七種第一義、七種性自性、二種無我法）復由勇發十無盡願，成通達位菩薩。復又永伏性障而不具斷，能證慧解脫而不取證，由大願故留惑潤生。此地主修法施波羅蜜多及百法明門。證「猶如鏡像」現觀，故滿初地心。

二地：初地功德滿足以後，再成就道種智一分而入二地；主修戒波羅蜜多及一切種智。滿心位成就「猶如光影」現觀，戒行自然清淨。

解脫道：二乘菩提

斷三縛結，成初果解脫 → 薄貪瞋癡，成二果解脫 → 斷五下分結，成三果解脫

入地前的四加行令煩惱障現行悉斷，成四果解脫，留惑潤生。分段生死已斷，煩惱障習氣種子開始斷除，兼斷無始無明上煩惱。

近波羅蜜多

大波羅蜜多

圓滿波羅蜜多

修道位

三地：二地滿心再證道種智一分，故入三地。此地主修忍波羅蜜多及四禪八定、四無量心、五神通。能成就俱解脫果而不取證，留惑潤生。滿心位成就「猶如谷響」現觀及無漏妙定意生身。

四地：由三地再證道種智一分故入四地。主修精進波羅蜜多，於此土及他方世界廣度有緣，無有疲倦。進修一切種智，滿心位成就「如水中月」現觀。

五地：由四地再證道種智一分故入五地。主修禪定波羅蜜多及一切種智，斷除下乘涅槃貪。滿心位成就「變化所成」現觀。

六地：由五地再證道種智一分故入六地。此地主修般若波羅蜜多——依道種智現觀十二因緣一一有支及意生身化身，皆自心眞如變化所現，「非有似有」，成就細相觀，不由加行而自然證得滅盡定，成俱解脫大乘無學。

七地：由六地「非有似有」現觀，再證道種智一分故入七地。此地主修一切種智及方便波羅蜜多，由重觀十二有支一一支中之流轉門及還滅門一切細相，成就方便善巧，念念隨入滅盡定。滿心位證得「如犍闥婆城」現觀。

七地滿心斷除故意保留之最後一分思惑時，煩惱障所攝色、受、想三陰有漏習氣種子全部斷盡。

八地：由七地極細相觀成就故再證道種智一分而入八地。此地主修一切種智及願波羅蜜多。至滿心位純無相觀任運恆起，故於相土自在，滿心位復證「如實覺知諸法相意生身」故。

九地：由八地再證道種智一分故入九地。主修力波羅蜜多及一切種智，成就四無礙，滿心位證得「種類俱生無行作意生身」。

十地：由九地再證道種智一分故入此地。此地主修一切種智——智波羅蜜多。滿心位起大法智雲，及現起大法智雲所含藏種種功德，成受職菩薩。

等覺：由十地道種智成就故入此地。此地應修一切種智，圓滿等覺地無生法忍；於百劫中修集極廣大福德，以之圓滿三十二大人相及無量隨形好。

煩惱障所攝行、識二陰無漏習氣種子任運漸斷，所知障所攝上煩惱任運漸斷。

究竟位

妙覺：示現受生人間已斷盡煩惱障一切習氣種子，並斷盡所知障一切隨眠，永斷變易生死無明，成就大般涅槃，四智圓明。人間捨壽後，報身常住色究竟天利樂十方地上菩薩；以諸化身利樂有情，永無盡期，成就究竟佛道。

斷盡變易生死
成就大般涅槃

圓滿成就究竟佛果

佛子蕭平實 謹製
（二〇〇九、〇二 修訂）
（二〇一二、〇二 增補）

佛教正覺同修會 共修現況 及 招生公告 2017/12/21

一、共修現況：（請在共修時間來電，以免無人接聽。）

台北正覺講堂 103 台北市承德路三段 277 號九樓 捷運淡水線圓山站旁 Tel..總機 02-25957295（晚上）（**分機：九樓**辦公室 10、11；知客櫃檯 12、13。 **十樓**知客櫃檯 15、16；書局櫃檯 14。 **五樓**辦公室 18；知客櫃檯 19。**二樓**辦公室 20；知客櫃檯 21。）Fax..25954493

第一講堂 台北市承德路三段 277 號九樓

禪淨班：週一晚班、週三晚班、週四晚班、週五晚班、週六下午班、週六上午班（共修期間二年半，全程免費。皆須報名建立學籍後始可參加共修，欲報名者詳見本公告末頁。）

進階班：週一晚班、週三晚班、週四晚班、週五晚班（禪淨班結業後轉入共修）。

增上班：瑜伽師地論詳解：每月單數週之週末 17.50～20.50。平實導師講解，2003 年 2 月開講至今，預計 2019 年圓滿，僅限已明心之會員參加。

禪門差別智：每月第一週日全天 平實導師主講（事冗暫停）。

大法鼓經詳解 詳解末法時代大乘佛法修行之道。佛教正法消毒妙藥塗於大鼓而以擊之，凡有眾生聞之者，一切邪見鉅毒悉皆消殞；此經即是大法鼓之正義，凡聞之者，所有邪見之毒悉皆滅除，見道不難；亦能發起菩薩無量功德，是故諸大菩薩遠從諸方佛土來此娑婆聞修此經。平實導師主講，定於 2017 年 12 月底起，每逢周二晚上開講，第一至第六講堂都可同時聽聞，歡迎已發成佛大願的菩薩種性學人，攜眷共同參與此殊勝法會現場聞法，不限制聽講資格。本會學員憑上課證進入第一至第四講堂聽講，會外學人請以身分證件換證進入聽講（此為大樓管理處安全管理規定之要求，敬請諒解）；第五及第六講堂（B1、B2）對外開放，不需出示任何證件，請由大樓側門直接進入。

第二講堂 台北市承德路三段 267 號十樓。

禪淨班：週一晚上班。

進階班：週三晚班、週四晚班、週五晚班、週六下午班。禪淨班結業後轉入共修。

大法鼓經詳解：平實導師講解。每週二 18.50~20.50 影像音聲即時傳輸

第三講堂 台北市承德路三段 277 號五樓。

禪淨班：週六下午班。

進階班：週一晚班、週三晚班、週四晚班、週五晚班。

大法鼓經詳解：平實導師講解。每週二 18.50~20.50 影像音聲即時傳輸

第四講堂 台北市承德路三段 267 號二樓。

進階班：週一晚上班、週三晚上班、週四晚上班（禪淨班結業後轉入共修）。

大法鼓經詳解：平實導師講解。每週二 18.50~20.50 影像音聲即時傳輸

第五、第六講堂

念佛班　每週日晚上，第六講堂共修（B2），一切求生極樂世界的三寶弟子皆可參加，不限制共修資格。

進階班：週一晚班、週三晚班、週四晚班。

大法鼓經詳解：平實導師講解。每週二 18.50~20.50 影像音聲即時傳輸。第五、第六講堂爲**開放式講堂**，不需以身分證件換證即可進入聽講，台北市承德路三段 267 號地下一樓、地下二樓。每逢週二晚上講經時段開放給會外人士自由聽經，請由大樓側面梯階逕行進入聽講。**聽講者請尊重講者的著作權及肖像權，請勿錄音錄影，以免違法；若有錄音錄影被查獲者，將依法處理。**

正覺祖師堂　大溪區美華里信義路 650 巷坑底 5 之 6 號（台 3 號省道 34 公里處 妙法寺對面斜坡道進入）電話 03-3886110　傳眞 03-3881692 本堂供奉 克勤圓悟大師，專供會員每年四月、十月各三次精進禪三共修，兼作本會出家菩薩掛單常住之用。除禪三時間以外，每逢單月第一週之週日 9:00~17:00 開放會內、外人士參訪，當天並提供午齋結緣。教內共修團體或道場，得另申請其餘時間作團體參訪，務請事先與常住確定日期，以便安排常住菩薩接引導覽，亦免妨礙常住菩薩之日常作息及修行。

桃園正覺講堂（第一、第二講堂）：桃園市介壽路 286、288 號 10 樓（陽明運動公園對面）電話：03-3749363（請於共修時聯繫，或與台北聯繫）

禪淨班：週一晚上班（1）、週一晚上班（2）、週三晚上班、週四晚上班、週五晚上班。

進階班：週四晚班、週五晚班、週六上午班。

增上班：雙週六晚上班（增上重播班）。

大法鼓經詳解：平實導師講解。每週二晚上，以台北正覺講堂所錄 DVD 放映；歡迎會外學人共同聽講，不需出示身分證件。

新竹正覺講堂　新竹市東光路 55 號二樓之一　電話 03-5724297（晚上）

第一講堂：

禪淨班：週一晚上班、週五晚上班、週六上午班。

進階班：週三晚上班、週四晚上班（由禪淨班結業後轉入共修）。

增上班：單週六晚上班。雙週六晚上班（重播班）。

大法鼓經詳解：平實導師講解。每週二晚上，以台北正覺講堂所錄 DVD 放映。歡迎會外學人共同聽講，不需出示身分證件。

第二講堂：

禪淨班：週三晚上班、週四晚上班。

大法鼓經詳解：每週二晚上與第一講堂同時播放佛藏經詳解 DVD。

第三、第四講堂：裝修完畢，即將開放。

台中正覺講堂 04-23816090（晚上）

第一講堂 台中市南屯區五權西路二段 666 號 13 樓之四（國泰世華銀行樓上。鄰近縣市經第一高速公路前來者，由五權西路交流道可以快速到達，大樓旁有停車場，對面有素食館）。

禪淨班：週三晚上班、週四晚上班。

進階班：週一晚上班、週六上午班（由禪淨班結業後轉入共修）。

增上班：**增上班**：單週六晚上班。雙週六晚上班（重播班）。

大法鼓經詳解：平實導師講解。每週二晚上，以台北正覺講堂所錄 DVD 放映。歡迎會外學人共同聽講，不需出示身分證件。

第二講堂 台中市南屯區五權西路二段 666 號 4 樓

禪淨班：週一晚上班、週三晚上班、週六上午班。

進階班：週五晚上班（由禪淨班結業後轉入共修）。

大法鼓經詳解：每週二晚上與第一講堂同時播放佛藏經詳解 DVD。

第三講堂、第四講堂：台中市南屯區五權西路二段 666 號 4 樓。

嘉義正覺講堂 嘉義市友愛路 288 號八樓之一　電話：05-2318228

第一講堂：

禪淨班：週一晚上班、週四晚上班、週五晚上班、週六上午班。

進階班：週三晚上班（由禪淨班結業後轉入共修）。

增上班：單週六晚上班。雙週六晚上班（重播班）。

大法鼓經詳解：平實導師講解。每週二晚上，以台北正覺講堂所錄 DVD 放映。歡迎會外學人共同聽講，不需出示身分證件。

第二講堂 嘉義市友愛路 288 號八樓之二。

台南正覺講堂

第一講堂 台南市西門路四段 15 號 4 樓。06-2820541（晚上）

禪淨班：週一晚上班、週三晚上班、週四晚上班、週五晚上班、週六下午班。

增上班：**增上班**：單週六晚上班。雙週六晚上班（重播班）。

大法鼓經詳解：平實導師講解。每週二晚上，以台北正覺講堂所錄 DVD 放映。歡迎會外學人共同聽講，不需出示身分證件。

第二講堂 台南市西門路四段 15 號 3 樓。

大法鼓經詳解：每週二晚上與第一講堂同時播放佛藏經詳解 DVD。

第三講堂 台南市西門路四段 15 號 3 樓。

進階班：週三晚上班、週四晚上班、週六上午班（由禪淨班結業後轉入共修）。

大法鼓經詳解：每週二晚上與第一講堂同時播放佛藏經詳解 DVD。

高雄正覺講堂　高雄市新興區中正三路 45 號五樓 07-2234248（晚上）

第一講堂（五樓）：

禪淨班：週一晚班、週三晚班、週四晚班、週五晚班、週六上午班。

增上班：單週週末下午，以台北增上班課程錄成 DVD 放映之，限已明心之會員參加。

大法鼓經詳解：平實導師講解。每週二晚上，以台北正覺講堂所錄 DVD 放映。歡迎會外學人共同聽講，不需出示身分證件。

第二講堂（四樓）：

進階班：週三晚上班、週四晚上班、週六上午班（由禪淨班結業後轉入共修）。

大法鼓經詳解：每週二晚上與第一講堂同時播放佛藏經詳解 DVD。

第三講堂（三樓）：

進階班：週四晚班（由禪淨班結業後轉入共修）。

香港正覺講堂　☆已遷移新址☆

九龍觀塘，成業街 10 號，電訊一代廣場 27 樓 E 室。

（觀塘地鐵站 B1 出口，步行約 4 分鐘）。電話：(852) 23262231

英文地址：Unit E，27th Floor, TG Place, 10 Shing Yip Street, Kwun Tong, Kowloon

禪淨班：雙週六下午班 14:30-17:30，已經額滿。
雙週日下午班 14:30-17:30。
單週六下午班 14:30-17:30，已經額滿。

進階班：雙週五晚上班（由禪淨班結業後轉入共修）。

增上班：單週週末上午，以台北增上班課程錄成 DVD 放映之。

增上重播班：雙週週末上午，以台北增上班課程錄成 DVD 放映之。

大法鼓經詳解：平實導師講解。雙週六 19:00-21:00，以台北正覺講堂所錄 DVD 放映；歡迎會外學人共同聽講，不需出示身分證件。

美國洛杉磯正覺講堂　☆已遷移新址☆

825 S. Lemon Ave Diamond Bar, CA 91789 U.S.A.

Tel. (909) 595-5222（請於週六 9:00~18:00 之間聯繫）

Cell. (626) 454-0607

禪淨班：每逢週末 15：30~17：30 上課。

進階班：每逢週末上午 10：00~12：00 上課。

大法鼓經詳解：平實導師講解。每週六下午 13：00~15：00 以台北所錄 DVD 放映。歡迎各界人士共享第一義諦無上法益，不需報名。

二、招生公告 本會台北講堂及全省各講堂、香港講堂，每逢四月、十月下旬開新班，每週共修一次（每次二小時。開課日起三個月內仍可插班）；但美國洛杉磯共修處之禪淨班得隨時插班共修。各班共修期間皆爲二年半，全程免費，欲參加者請向本會函索報名表（各共修處皆於共修時間方有人執事，非共修時間請勿電詢或前來洽詢、請書），或直接從本會官方網站(http://www.enlighten.org.tw/newsflash/class)或成佛之道網站下載報名表。共修期滿時，若經報名禪三審核通過者，可參加四天三夜之禪三精進共修，有機會明心、取證如來藏，發起般若實相智慧，成爲實義菩薩，脫離凡夫菩薩位。

三、新春禮佛祈福 農曆年假期間停止共修：自農曆新年前七天起停止共修與弘法，正月 8 日起回復共修、弘法事務。新春期間正月初一～初七 9.00～17.00 開放台北講堂、正月初一~初三開放桃園、新竹、台中、嘉義、台南、高雄講堂，以及大溪禪三道場（正覺祖師堂），方便會員供佛、祈福及會外人士請書。美國洛杉磯共修處之休假時間，請逕詢該共修處。

密宗四大派修雙身法，是外道性力派的邪法；又以生滅的識陰作為常住法，是常見外道，是假的藏傳佛教。

西藏覺囊巴以他空見弘揚第八識如來藏勝法，才是真藏傳佛教

佛教正覺同修會　弘法行事表

2017/12/07

1、**禪淨班**　以無相念佛及拜佛方式修習動中定力，實證一心不亂功夫。傳授解脫道正理及第一義諦佛法，以及參禪知見。共修期間：二年六個月。每逢四月、十月開新班，詳見招生公告表。

2、**進階班**　禪淨班畢業後得轉入此班，進修更深入的佛法，期能證悟明心。各地講堂各有多班，繼續深入佛法、增長定力，悟後得轉入增上班修學道種智，期能證得無生法忍。

3、**增上班 瑜伽師地論**詳解　詳解論中所言凡夫地至佛地等 17 師之修證境界與理論，從凡夫地、聲聞地……宣演到諸地所證無生法忍、一切種智之眞實正理。由平實導師開講，每逢一、三、五週之週末晚上開示，僅限已明心之會員參加。2003 年二月開講至今，預定 2019 年講畢。

4、**大法鼓經**詳解　詳解末法時代大乘佛法修行之道。佛教正法消毒妙藥塗於大鼓而以擊之，凡有眾生聞之者，一切邪見鉅毒悉皆消殞；此經即是大法鼓之正義，凡聞之者，所有邪見之毒悉皆滅除，見道不難；亦能發起菩薩無量功德，是故諸大菩薩遠從諸方佛土來此娑婆聞修此經。平實導師主講。定於 2017 年 12 月底開講，歡迎已發成佛大願的菩薩種性學人，攜眷共同參與此殊勝法會聽講。

本經破「有」而顯涅槃，以此名爲眞實的「法」；眞法即是第八識如來藏，《金剛經》《法華經》中亦名之爲「此經」。若墮在「有」中，皆名「非法」，「有」即是五陰、六入、十二處、十八界及內我所、外我所，皆非眞實法。若人如是俱說「法」與「非法」而宣揚佛法，名爲擊大法鼓；如是依「法」而捨「非法」，據以建立山門而爲眾說法，方可名爲眞正的法鼓山。此經中說，以「此經」爲菩薩道之本，以證得「此經」之正知見及法門作爲度人之「法」，方名眞實佛法，否則盡名「非法」。本經中對法與非法、有與涅槃，有深入之闡釋，歡迎教界一切善信（不論初機或久學菩薩），一同親沐 如來聖教，共沾法喜。由平實導師詳解。不限制聽講資格。

5、**精進禪三**　主三和尚：平實導師。於四天三夜中，以克勤圓悟大師及大慧宗杲之禪風，施設機鋒與小參、公案密意之開示，幫助會員剋期取證，親證不生不滅之眞實心——人人本有之如來藏。每年四月、十月各舉辦二個梯次；平實導師主持。僅限本會會員參加禪淨班共修期滿，報名審核通過者，方可參加。並選擇會中定力、慧力、福德三條件皆已具足之已明心會員，給以指引，令得眼見自己無形無相之佛性遍布山河大地，眞實而無障礙，得以肉眼現觀世界身心悉皆如幻，具足成就如幻觀，圓滿十住菩薩之證境。

6、**不退轉法輪經**詳解　本經所說妙法極為甚深難解，時至末法，已然無有知者；而其甚深絕妙之法，流傳至今依舊多人可證，顯示佛學眞是義學而非玄談，其中甚深極妙令人拍案稱絕之第一義諦妙義，平實導師將會加以解說。待《大法鼓經》宣講完畢時繼續宣講此經。

7、**阿含經**詳解　選擇重要之阿含部經典，依無餘涅槃之實際而加以詳解，令大眾得以現觀諸法緣起性空，亦復不墮斷滅見中，顯示經中所隱說之涅槃實際—如來藏—確實已於四阿含中隱說；令大眾得以聞後觀行，確實斷除我見乃至我執，證得**見到**眞現觀，乃至**身證**……等眞現觀；已得大乘或二乘見道者，亦可由此聞熏及聞後之觀行，除斷我所之貪著，成就慧解脫果。由平實導師詳解。不限制聽講資格。

8、**解深密經**詳解　重講本經之目的，在於令諸已悟之人明解大乘法道之成佛次第，以及悟後進修一切種智之內涵，確實證知三種自性性，並得據此證解七眞如、十眞如等正理。每逢週二 18.50~20.50 開示，由平實導師詳解。將於《大法鼓經》講畢後開講。不限制聽講資格。

9、**成唯識論**詳解　詳解一切種智眞實正理，詳細剖析一切種智之微細深妙廣大正理；並加以舉例說明，使已悟之會員深入體驗所證如來藏之微密行相；及證驗見分相分與所生一切法，皆由如來藏—阿賴耶識—直接或展轉而生，因此證知一切法無我，證知無餘涅槃之本際。將於增上班《瑜伽師地論》講畢後，由平實導師重講。僅限已明心之會員參加。

10、**精選如來藏系經典**詳解　精選如來藏系經典一部，詳細解說，以此完全印證會員所悟如來藏之眞實，得入不退轉住。另行擇期詳細解說之，由平實導師講解。僅限已明心之會員參加。

11、**禪門差別智**　藉禪宗公案之微細淆訛難知難解之處，加以宣說及剖析，以增進明心、見性之功德，啓發差別智，建立擇法眼。每月第一週日全天，由平實導師開示，僅限破參明心後，復又眼見佛性者參加（事冗暫停）。

12、**枯木禪**　先講智者大師的《小止觀》，後說《釋禪波羅蜜》，詳解四禪八定之修證理論與實修方法，細述一般學人修定之邪見與岔路，及對禪定證境之誤會，消除枉用功夫、浪費生命之現象。已悟般若者，可以藉此而實修初禪，進入大乘通教及聲聞教的三果心解脫境界，配合應有的大福德及後得無分別智、十無盡願，即可進入初地心中。親教師：平實導師。未來緣熟時將於正覺寺開講。不限制聽講資格。

註：本會例行年假，自 2004 年起，改爲每年農曆新年前七天開始停息弘法事務及共修課程，農曆正月 8 日回復所有共修及弘法事務。新春期間（每日 9.00~17.00）開放台北講堂，方便會員禮佛祈福及會外人士請書。大溪區的正覺祖師堂，開放參訪時間，詳見〈正覺電子報〉或成佛之道網站。本表得因時節因緣需要而隨時修改之，不另作通知。

佛教正覺同修會　贈閱書籍 目錄　　2015/09/29

1.**無相念佛**　平實導師著　回郵 10 元
2.**念佛三昧修學次第**　平實導師述著　回郵 25 元
3.**正法眼藏—護法集**　平實導師述著　回郵 35 元
4.**真假開悟簡易辨正法&佛子之省思**　平實導師著　回郵 3.5 元
5.**生命實相之辨正**　平實導師著　回郵 10 元
6.**如何契入念佛法門**（附：印順法師否定極樂世界）平實導師著　回郵 3.5 元
7.**平實書箋**—答元覽居士書　平實導師著　回郵 35 元
8.**三乘唯識**—如來藏系經律彙編　平實導師編　回郵 80 元
（精裝本　長 27 cm　寬 21 cm　高 7.5 cm　重 2.8 公斤）
9.**三時繫念全集**—修正本　回郵掛號 40 元（長 26.5 cm×寬 19 cm）
10.**明心與初地**　平實導師述　回郵 3.5 元
11.**邪見與佛法**　平實導師述著　回郵 20 元
12.**菩薩正道**—回應義雲高、釋性圓…等外道之邪見　正燦居士著　回郵 20 元
13.**甘露法雨**　平實導師述　回郵 20 元
14.**我與無我**　平實導師述　回郵 20 元
15.**學佛之心態**—修正錯誤之學佛心態始能與正法相應　孫正德老師著　回郵35元
附錄：平實導師著《**略說八、九識並存…等之過失**》
16.**大乘無我觀**—《悟前與悟後》別說　平實導師述著　回郵 20 元
17.**佛教之危機**—中國台灣地區現代佛教之真相（附錄：公案拈提六則）
平實導師著　回郵 25 元
18.**燈 影**—燈下黑（覆「求教後學」來函等）　平實導師著　回郵 35 元
19.**護法與毀法**—覆上平居士與徐恒志居士網站毀法二文
張正圜老師著　回郵 35 元
20.**淨土聖道**—兼評**選擇本願念佛**　正德老師著　**由正覺同修會購贈**　回郵 25 元
21.**辨唯識性相**—對「紫蓮心海《辯唯識性相》書中否定阿賴耶識」之回應
正覺同修會 台南共修處法義組 著　回郵 25 元
22.**假如來藏**—對法蓮法師《如來藏與阿賴耶識》書中否定阿賴耶識之回應
正覺同修會 台南共修處法義組 著　回郵 35 元
23.**入不二門**—公案拈提集錦 第一輯（於平實導師公案拈提諸書中選錄約二十則，
合輯爲一冊流通之）平實導師著　回郵 20 元
24.**真假邪說**—西藏密宗索達吉喇嘛《破除邪說論》真是邪說
釋正安法師著　回郵 35 元
25.**真假開悟**—真如、如來藏、阿賴耶識間之關係　平實導師述著　回郵 35 元
26.**真假禪和**—辨正釋傳聖之謗法謬說　孫正德老師著　回郵 30 元

27.**眼見佛性**—駁慧廣法師眼見佛性的含義文中謬說

游正光老師著　回郵 25 元

28.**普門自在**—公案拈提集錦 第二輯（於平實導師公案拈提諸書中選錄約二十則，合輯爲一冊流通之）平實導師著　回郵 25 元

29.**印順法師的悲哀**—以現代禪的質疑為線索　恒毓博士著　回郵 25 元

30.**識蘊真義**—現觀識蘊內涵、取證初果、親斷三縛結之具體行門。

—依《成唯識論》及《惟識述記》正義，略顯安慧《大乘廣五蘊論》之邪謬

平實導師著　回郵 35 元

31.**正覺電子報** 各期紙版本　免附回郵　每次最多函索三期或三本。

（已無存書之較早各期，不另增印贈閱）

32.**現代人應有的宗教觀**　蔡正禮老師 著　回郵 3.5 元

33.**遠惑趣道**—正覺電子報般若信箱問答錄　第一輯　回郵 20 元

34.**遠惑趣道**—正覺電子報般若信箱問答錄　第二輯　回郵 20 元

35.**確保您的權益**—器官捐贈應注意自我保護　游正光老師 著　回郵 10 元

36.**正覺教團電視弘法三乘菩提 DVD 光碟（一）**

由正覺教團多位親教師共同講述錄製 DVD 8 片，MP3 一片，共 9 片。有二大講題：一爲「三乘菩提之意涵」，二爲「學佛的正知見」。內容精闢，深入淺出，精彩絕倫，幫助大眾快速建立三乘法道的正知見，免被外道邪見所誤導。有志修學三乘佛法之學人不可不看。(製作工本費 100 元，回郵 25 元)

37.**正覺教團電視弘法 DVD 專輯（二）**

總有二大講題：一爲「三乘菩提之念佛法門」，一爲「學佛正知見(第二篇)」，由正覺教團多位親教師輪番講述，內容詳細闡述如何修學念佛法門、實證念佛三昧，以及學佛應具有的正確知見，可以幫助發願往生西方極樂淨土之學人，得以把握往生，更可令學人快速建立三乘法道的正知見，免於被外道邪見所誤導。有志修學三乘佛法之學人不可不看。(一套 17 片，工本費 160 元。回郵 35 元)

38.**佛藏經** 燙金精裝本 每冊回郵 20 元。正修佛法之道場欲大量索取者，請正式發函並蓋用大印寄來索取（2008.04.30 起開始敬贈）

39.**喇嘛性世界**—揭開假藏傳佛教譚崔瑜伽的面紗　張善思 等人合著

由正覺同修會購贈　回郵 20 元

40.**假藏傳佛教的神話**—性、謊言、喇嘛教　張正玄教授編著　回郵 20 元

由正覺同修會購贈　回郵 20 元

41.**隨　緣**—理隨緣與事隨緣　平實導師述　回郵 20 元。

42.**學佛的覺醒**　正枝居士 著　回郵 25 元

43.**導師之真實義**　蔡正禮老師 著　回郵 10 元

44.**淺談達賴喇嘛之雙身法**—兼論解讀「密續」之達文西密碼

吳明芷居士 著　回郵 10 元

45.**魔界轉世**　張正玄居士 著　回郵 10 元

46.**一貫道與開悟**　蔡正禮老師 著　回郵 10 元

47.**博愛**—愛盡天下女人　正覺教育基金會 編印　回郵 10 元

48.**意識虛妄經教彙編**—實證解脫道的關鍵經文　正覺同修會編印　回郵25 元

49.**邪箭囈語**—破斥藏密外道多識仁波切《破魔金剛箭雨論》之邪說

陸正元老師著　上、下冊回郵各 30 元

50.**真假沙門**—依 佛聖教闡釋佛教僧寶之定義

蔡正禮老師著　俟正覺電子報連載後結集出版

51.**真假禪宗**—藉評論釋性廣《印順導師對變質禪法之批判

及對禪宗之肯定》以顯示真假禪宗

附論一：凡夫知見 無助於佛法之信解行證

附論二：世間與出世間一切法皆從如來藏實際而生而顯

余正偉老師著　俟正覺電子報連載後結集出版　回郵未定

52.**假鋒虛焰金剛乘**—揭示顯密正理，兼破索達吉師徒《般若鋒兮金剛焰》。

釋正安 法師著　俟正覺電子報連載後結集出版

★ 上列贈書之郵資，係台灣本島地區郵資，大陸、港、澳地區及外國地區，請另計酌增（大陸、港、澳、國外地區之郵票不許通用）。尚未出版之書，請勿先寄來郵資，以免增加作業煩擾。

★ 本目錄若有變動，唯於後印之書籍及「成佛之道」網站上修正公佈之，不另行個別通知。

函索書籍請寄：佛教正覺同修會　103 台北市承德路 3 段 277 號 9 樓

台灣地區函索書籍者請附寄郵票，無時間購買郵票者可以等值現金抵用，但不接受郵政劃撥、支票、匯票。大陸地區得以人民幣計算，國外地區請以美元計算（請勿寄來當地郵票，在台灣地區不能使用）。欲以掛號寄遞者，請另附掛號郵資。

親自索閱：正覺同修會各共修處。　★請於共修時間前往取書，餘時無人在道場，請勿前往索取；共修時間與地點，詳見書末正覺同修會共修現況表（以近期之共修現況表爲準）。

註：正智出版社發售之局版書，請向各大書局購閱。若書局之書架上已經售出而無陳列者，請向書局櫃台指定洽購；若書局不便代購者，請於正覺同修會共修時間前往各共修處請購，正智出版社已派人於共修時間送書前往各共修處流通。 郵政劃撥購書及 大陸地區 購書，請詳別頁正智出版社發售書籍目錄最後頁之說明。

成佛之道 網站：http://www.a202.idv.tw　正覺同修會已出版之結緣書籍，多已登載於 成佛之道 網站，若住外國、或住處遙遠，不便取得正覺同修會贈閱書籍者，可以從本網站閱讀及下載。　書局版之《宗通與說通》亦已上網，台灣讀者可向書局洽購，售價 300 元。《狂密與眞密》第一輯~第四輯，亦於 2003.5.1.全部於本網站登載完畢；台灣地區讀者請向書局洽購，每輯約 400 頁，售價 300 元（網站下載紙張費用較貴，容易散失，難以保存，亦較不精美）。

＊＊假藏傳佛教修雙身法，非佛教＊＊

正智出版社 籌募弘法基金發售書籍目錄　2018/05/13

1.**宗門正眼**—公案拈提 第一輯 重拈　平實導師著　500 元

因重寫內容大幅度增加故，字體必須改小，並增爲 576 頁 主文 546 頁。比初版更精彩、更有內容。初版《禪門摩尼寶聚》之讀者，可寄回本公司免費調換新版書。免附回郵，亦無截止期限。（2007 年起，每冊附贈本公司精製公案拈提〈超意境〉CD 一片。市售價格 280 元，多購多贈。）

2.**禪淨圓融**　平實導師著　200 元（第一版舊書可換新版書。）

3.**真實如來藏**　平實導師著　400 元

4.**禪—悟前與悟後**　平實導師著　上、下冊，每冊 250 元

5.**宗門法眼**—公案拈提 第二輯　平實導師著　500 元

（2007 年起，每冊附贈本公司精製公案拈提〈超意境〉CD 一片）

6.**楞伽經詳解**　平實導師著　全套共 10 輯　每輯 250 元

7.**宗門道眼**—公案拈提 第三輯　平實導師著　500 元

（2007 年起，每冊附贈本公司精製公案拈提〈超意境〉CD 一片）

8.**宗門血脈**—公案拈提 第四輯　平實導師著　500 元

（2007 年起，每冊附贈本公司精製公案拈提〈超意境〉CD 一片）

9.**宗通與說通**—成佛之道 平實導師著 主文 381 頁 全書 400 頁售價 300 元

10.**宗門正道**—公案拈提 第五輯　平實導師著　500 元

（2007 年起，每冊附贈本公司精製公案拈提〈超意境〉CD 一片）

11.**狂密與真密 一～四輯**　平實導師著　西藏密宗是人間最邪淫的宗教，本質不是佛教，只是披著佛教外衣的印度教性力派流毒的喇嘛教。此書中將西藏密宗密傳之男女雙身合修樂空雙運所有祕密與修法，毫無保留完全公開，並將全部喇嘛們所不知道的部分也一併公開。內容比大辣出版社喧騰一時的《西藏慾經》更詳細。並且函蓋藏密的所有祕密及其錯誤的中觀見、如來藏見……等，藏密的所有法義都在書中詳述、分析、辨正。每輯主文三百餘頁　每輯全書約 400 頁　售價每輯 300 元

12.**宗門正義**—公案拈提 第六輯　平實導師著　500 元

（2007 年起，每冊附贈本公司精製公案拈提〈超意境〉CD 一片）

13.**心經密意**—心經與解脫道、佛菩提道、祖師公案之關係與密意　平實導師述　300 元

14.**宗門密意**—公案拈提 第七輯　平實導師著　500 元

（2007 年起，每冊附贈本公司精製公案拈提〈超意境〉CD 一片）

15.**淨土聖道**—兼評「選擇本願念佛」　正德老師著　200 元

16.**起信論講記**　平實導師述著　共六輯　每輯三百餘頁　售價各 250 元

17.**優婆塞戒經講記**　平實導師述著 共八輯 每輯三百餘頁 售價各 250 元

18.**真假活佛**—略論附佛外道盧勝彥之邪說（對前岳靈犀網站主張「盧勝彥是證悟者」之修正）　正犀居士（岳靈犀）著　流通價 140 元

19.**阿含正義**—唯識學探源　平實導師著　共七輯　每輯 300 元

20.**超意境** CD 以平實導師公案拈提書中超越意境之頌詞，加上曲風優美的旋律，錄成令人嚮往的超意境歌曲，其中包括正覺發願文及平實導師親自譜成的黃梅調歌曲一首。詞曲雋永，殊堪翫味，可供學禪者吟詠，有助於見道。內附設計精美的彩色小冊，解說每一首詞的背景本事。每片 280 元。【每購買公案拈提書籍一冊，即贈送一片。】

21.**菩薩底憂鬱** CD 將菩薩情懷及禪宗公案寫成新詞，並製作成超越意境的優美歌曲。 1.主題曲〈菩薩底憂鬱〉，描述地後菩薩能離三界生死而迴向繼續生在人間，但因尚未斷盡習氣種子而有極深沈之憂鬱，非三賢位菩薩及二乘聖者所知，此憂鬱在七地滿心位方才斷盡；本曲之詞中所說義理極深，昔來所未曾見；此曲係以優美的情歌風格寫詞及作曲，聞者得以激發嚮往諸地菩薩境界之大心，詞、曲都非常優美，難得一見；其中勝妙義理之解說，已印在附贈之彩色小冊中。 2.以各輯公案拈提中直示禪門入處之頌文，作成各種不同曲風之超意境歌曲，值得玩味、參究；聆聽公案拈提之優美歌曲時，請同時閱讀內附之印刷精美說明小冊，可以領會超越三界的證悟境界；未悟者可以因此引發求悟之意向及疑情，眞發菩提心而邁向求悟之途，乃至因此眞實悟入般若，成眞菩薩。 3.正覺總持咒新曲，總持佛法大意；總持咒之義理，已加以解說並印在隨附之小冊中。本 CD 共有十首歌曲，長達 63 分鐘。每盒各附贈二張購書優惠券。每片 280 元。

22.**禪意無限** CD 平實導師以公案拈提書中偈頌寫成不同風格曲子，與他人所寫不同風格曲子共同錄製出版，幫助參禪人進入禪門超越意識之境界。盒中附贈彩色印製的精美解說小冊，以供聆聽時閱讀，令參禪人得以發起參禪之疑情，即有機會證悟本來面目而發起實相智慧，實證大乘菩提般若，能如實證知般若經中的眞實意。本 CD 共有十首歌曲，長達 69 分鐘，每盒各附贈二張購書優惠券。每片 280 元。

23.**我的菩提路**第一輯　釋悟圓、釋善藏等人合著　售價 300 元

24.**我的菩提路**第二輯　郭正益、張志成等人合著　售價 300 元

25.**我的菩提路**第三輯　王美伶等人合著　售價 300 元

26.**我的菩提路**第四輯　陳晏平等人合著　售價 300 元

27.**鈍鳥與靈龜**—考證後代凡夫對大慧宗杲禪師的無根誹謗。

平實導師著 共 458 頁 售價 350 元

28.**維摩詰經講記** 平實導師述 共六輯 每輯三百餘頁 售價各 250 元

29.**真假外道**—破劉東亮、杜大威、釋證嚴常見外道見　正光老師著　200 元

30.**勝鬘經講記**—兼論印順《勝鬘經講記》對於《勝鬘經》之誤解。

平實導師述　共六輯　每輯三百餘頁　售價250 元

31.**楞嚴經講記** 平實導師述 共 **15** 輯，每輯三百餘頁 售價 300 元

32.**明心與眼見佛性**—駁慧廣〈蕭氏「眼見佛性」與「明心」之非〉文中謬說

正光老師著　共 448 頁　售價 300 元

33.**見性與看話頭** 黃正倖老師 著，本書是禪宗參禪的方法論。

內文375頁，全書416頁，售價300元。

34.**達賴真面目**—玩盡天下女人 白正偉老師 等著 中英對照彩色精裝大本 800元

35.**喇嘛性世界**—揭開假藏傳佛教譚崔瑜伽的面紗 張善思 等人著 200元

36.**假藏傳佛教的神話**—性、謊言、喇嘛教 正玄教授編著 200元

37.**金剛經宗通** 平實導師述 共九輯 每輯售價250元。

38.**空行母**—性別、身分定位，以及藏傳佛教。

珍妮·坎貝爾著 呂艾倫 中譯 售價250元

39.**末代達賴**—性交教主的悲歌 張善思、呂艾倫、辛燕編著 售價250元

40.**霧峰無霧**—給哥哥的信 辨正釋印順對佛法的無量誤解

游宗明 老師著 售價250元

41.**第七意識與第八意識？**—穿越時空「超意識」

平實導師述 每冊300元

42.**黯淡的達賴**—失去光彩的諾貝爾和平獎

正覺教育基金會編著 每冊250元

43.**童女迦葉考**—論呂凱文〈佛教輪迴思想的論述分析〉之謬。

平實導師 著 定價180元

44.**人間佛教**—實證者必定不悖三乘菩提

平實導師 述，定價400元

45.**實相經宗通** 平實導師述 共八輯 每輯250元

46.**真心告訴您(一)**—達賴喇嘛在幹什麼？

正覺教育基金會編著 售價250元

47.**中觀金鑑**—詳述應成派中觀的起源與其破法本質

孫正德老師著 分為上、中、下三冊，每冊250元

48.**藏傳佛教要義**—《狂密與真密》之簡體字版 平實導師 著 上、下冊

僅在大陸流通 每冊300元

49.**法華經講義** 平實導師述 共二十五輯 每輯300元

已於2015/05/31起開始出版，每二個月出版一輯

50.**西藏「活佛轉世」制度**—附佛、造神、世俗法

許正豐、張正玄老師合著 定價150元

51.**廣論三部曲** 郭正益老師著 定價150元

52.**真心告訴您(二)**—達賴喇嘛是佛教僧侶嗎？

—補祝達賴喇嘛八十大壽

正覺教育基金會編著 售價300元

53.**次法**—實證佛法前應有的條件

張善思居士著 分為上、下二冊，每冊250元

54.**涅槃**—解說四種涅槃之實證及內涵 平實導師著 上下冊 各350元

預定2018/09/30出版上冊，11月底出版下冊

55.**廣論之平議**—宗喀巴《菩提道次第廣論》之平議 正雄居士著

約二或三輯 俟正覺電子報連載後結集出版 書價未定

56.**末法導護**—對印順法師中心思想之綜合判攝 正慶老師著 書價未定

57.**菩薩學處**—菩薩四攝六度之要義　陸正元老師著　出版日期未定。
58.**八識規矩頌**詳解　○○居士 註解　出版日期另訂　書價未定。
59.**印度佛教史**—法義與考證。依法義史實評論印順《印度佛教思想史、佛教史地考論》之謬說　正偉老師著　出版日期未定　書價未定
60.**中國佛教史**—依中國佛教正法史實而論。○○老師 著　書價未定。
61.**中論正義**—釋龍樹菩薩《中論》頌正理。
孫正德老師著　出版日期未定　書價未定
62.**中觀正義**—註解平實導師《中論正義頌》。
○○法師（居士）著　出版日期未定　書價未定
63.**佛藏經講記**　平實導師述　出版日期未定　書價未定
64.**阿含經講記**—將選錄四阿含中數部重要經典全經講解之，講後整理出版。
平實導師述　約二輯　每輯300元　出版日期未定
65.**寶積經講記**　平實導師述　每輯三百餘頁　優惠價300元　出版日期未定
66.**解深密經講記**　平實導師述　約四輯　將於重講後整理出版
67.**成唯識論略解**　平實導師著　五～六輯　每輯300元　出版日期未定
68.**修習止觀坐禪法要講記**　平實導師述　每輯三百餘頁
將於正覺寺建成後重講、以講記逐輯出版　出版日期未定
69.**無門關**—《無門關》公案拈提　平實導師著　出版日期未定
70.**中觀再論**—兼述印順《中觀今論》謬誤之平議。正光老師著　出版日期未定
71.**輪迴與超度**—佛教超度法會之真義。
○○法師（居士）著　出版日期未定　書價未定
72.**《釋摩訶衍論》平議**—對偽稱龍樹所造《釋摩訶衍論》之平議
○○法師（居士）著　出版日期未定　書價未定
73.**正覺發願文**註解—以真實大願為因 得證菩提
正德老師著　出版日期未定　書價未定
74.**正覺總持咒**—佛法之總持　正圜老師著　出版日期未定　書價未定
75.**三自性**—依四食、五蘊、十二因緣、十八界法，說三性三無性。
作者未定　出版日期未定
76.**道品**—從三自性說大小乘三十七道品　作者未定　出版日期未定
77.**大乘緣起觀**—依四聖諦七真如現觀十二緣起 作者未定　出版日期未定
78.**三德**—論解脫德、法身德、般若德。　作者未定　出版日期未定
79.**真假如來藏**—對印順《如來藏之研究》謬說之平議　作者未定 出版日期未定
80.**大乘道次第**　作者未定　出版日期未定　書價未定
81.**四緣**—依如來藏故有四緣。　作者未定　出版日期未定
82.**空之探究**—印順《空之探究》謬誤之平議　作者未定 出版日期未定
83.**十法義**—論阿含經中十法之正義　作者未定　出版日期未定
84.**外道見**—論述外道六十二見　作者未定　出版日期未定

正智出版社有限公司 書籍介紹

禪淨圓融：言淨土諸祖所未曾言，示諸宗祖師所未曾示；禪淨圓融，另闢成佛捷徑，兼顧自力他力，闡釋淨土門之速行易行道，亦同時揭櫫聖教門之速行易行道；令廣大淨土行者得免緩行難證之苦，亦令聖道門行者得以藉著淨土速行道而加快成佛之時劫。乃前無古人之超勝見地，非一般弘揚禪淨法門典籍也，先讀為快。平實導師著 200元。

宗門正眼—公案拈提第一輯：繼承克勤圜悟大師碧巖錄宗旨之禪門鉅作。先則舉示當代大法師之邪說，消弭當代禪門大師鄉愿之心態，摧破當今禪門「世俗禪」之妄談；次則旁通教法，表顯宗門正理；繼以道之次第，消弭古今狂禪；後藉言語及文字機鋒，直示宗門入處。悲智雙運，禪味十足，數百年來難得一睹之禪門鉅著也。平實導師著 500元（原初版書《禪門摩尼寶聚》，改版後補充為五百餘頁新書，總計多達二十四萬字，內容更精彩，並改名為《宗門正眼》，讀者原購初版《禪門摩尼寶聚》皆可寄回本公司免費換新，免附回郵，亦無截止期限）（2007年起，凡購買公案拈提第一輯至第七輯，每購一輯皆贈送本公司精製公案拈提〈超意境〉CD一片，市售價格280元，多購多贈）。

禪—悟前與悟後：本書能建立學人悟道之信心與正確知見，圓滿具足而有次第地詳述禪悟之功夫與禪悟之內容，指陳參禪中細微淆訛之處，能使學人明自真心、見自本性。若未能悟入，亦能以正確知見辨別古今中外一切大師究係真悟？或屬錯悟？便有能力揀擇，捨名師而選明師，後時必有悟道之緣。一旦悟道，遲者七次人天往返，便出三界，速者一生取辦。學人欲求開悟者，不可不讀。平實導師著。上、下冊共500元，單冊250元。

真實如來藏：如來藏眞實存在，乃宇宙萬有之本體，並非印順法師、達賴喇嘛等人所說之「唯有名相、無此心體」。如來藏是涅槃之本際，是一切有智之人竭盡心智、不斷探索而不能得之生命實相；是古今中外許多大師自以爲悟而當面錯過之生命實相。如來藏即是阿賴耶識，乃是一切有情本自具足、不生不滅之眞實心。當代中外大師於此書出版之前所未能言者，作者於本書中盡情流露、詳細闡釋。眞悟者讀之，必能增益悟境、智慧增上；錯悟者讀之，必能檢討自己之錯誤，免犯大妄語業；未悟者讀之，能知參禪之理路，亦能以之檢查一切名師是否眞悟。此書是一切哲學家、宗教家、學佛者及欲昇華心智之人必讀之鉅著。　平實導師著　售價400元。

宗門法眼—公案拈提第二輯：列舉實例，闡釋土城廣欽老和尚之悟處；並直示這位不識字的老和尚妙智橫生之根由，繼而剖析禪宗歷代大德之開悟公案，解析當代密宗高僧卡盧仁波切之錯悟證據，並例舉當代顯宗高僧、大居士之錯悟證據（凡健在者，爲免影響其名聞利養，皆隱其名）。藉辨正當代名師之邪見，向廣大佛子指陳禪悟之正道，彰顯宗門法眼。悲勇兼出，強捋虎鬚；慈智雙運，巧探驪龍；摩尼寶珠在手，直示宗門入處，禪味十足；若非大悟徹底，不能爲之。禪門精奇人物，允宜人手一冊，供作參究及悟後印證之圭臬。本書於2008年4月改版，增寫爲大約500頁篇幅，以利學人研讀參究時更易悟入宗門正法，以前所購初版首刷及初版二刷舊書，皆可免費換取新書。平實導師著　500元（2007年起，凡購買公案拈提第一輯至第七輯，每購一輯皆贈送本公司精製公案拈提〈超意境〉CD一片，市售價格280元，多購多贈）。

宗門道眼—公案拈提第三輯：繼宗門法眼之後，再以金剛之作略、慈悲之胸懷、犀利之筆觸，舉示寒山、拾得、布袋三大士之悟處，消弭當代錯悟者對於寒山大士……等之誤會及誹謗。　亦舉出民初以來與虛雲和尙齊名之蜀郡鹽亭袁煥仙夫子——南懷瑾老師之師，其「悟處」何在？並蒐羅許多眞悟祖師之證悟公案，顯示禪宗歷代祖師之睿智，指陳部分祖師、奧修及當代顯密大師之謬悟，作爲殷鑑，幫助禪子建立及修正參禪之方向及知見。假使讀者閱此書已，一時尙未能悟，亦可一面加功用行，一面以此宗門道眼辨別眞假善知識，避開錯誤之印證及歧路，可免大妄語業之長劫慘痛果報。欲修禪宗之禪者，務請細讀。平實導師著　售價500元（2007年起，凡購買公案拈提第一輯至第七輯，每購一輯皆贈送本公司精製公案拈提〈超意境〉CD一片，市售價格280元，多購多贈）。

楞伽經詳解：本經是禪宗見道者印證所悟眞僞之根本經典，亦是禪宗見道者悟後起修之依據經典；故達摩祖師於印證二祖慧可大師之後，將此經典連同佛鉢祖衣一併交付二祖，令其依此經典佛示金言、進入修道位，修學一切種智。由此可知此經對於眞悟之人修學佛道，是非常重要之一部經典。此經能破外道邪說，亦破佛門中錯悟名師之謬說，亦破禪宗部分祖師之狂禪：不讀經典、一向主張「一悟即成究竟佛」之謬執。並開示愚夫所行禪、觀察義禪、攀緣如禪、如來禪等差別，令行者對於二乘禪法差異有所分辨；亦糾正禪宗祖師古來對於如來禪之誤解，嗣後可免以訛傳訛之弊。此經亦是法相唯識宗之根本經典，禪者悟後欲修一切種智而入初地者，必須詳讀。平實導師著，全套共十輯，已全部出版完畢，每輯主文約320頁，每冊約352頁，定價250元。

宗門血脈—公案拈提第四輯：末法怪象—許多修行人自以爲悟，每將無念靈知認作眞實；崇尚二乘法諸師及其徒衆，則將外於如來藏之緣起性空—無因論之無常空、斷滅空、一切法空—錯認爲 佛所說之般若空性。這兩種現象已於當今海峽兩岸及美加地區顯密大師之中普遍存在；人人自以爲悟，心高氣壯，便敢寫書解釋祖師證悟之公案，大多出於意識思惟所得，言不及義，錯誤百出，因此誤導廣大佛子同陷大妄語之地獄業中而不能自知。彼等書中所說之悟處，其實處處違背第一義經典之聖言量。彼等諸人不論是否身披袈裟，都非佛法宗門血脈，或雖有禪宗法脈之傳承，亦只徒具形式；猶如螟蛉，非眞血脈，未悟得根本眞實故。禪子欲知 佛、祖之眞血脈者，請讀此書，便知分曉。平實導師著，主文452頁，全書464頁，定價500元（2007年起，凡購買公案拈提第一輯至第七輯，每購一輯皆贈送本公司精製公案拈提〈超意境〉CD一片，市售價格280元，多購多贈）。

宗通與說通：古今中外，錯誤之人如麻似粟，每以常見外道所說之靈知心，認作眞心；或妄想虛空之勝性能量爲眞如，或錯認物質四大元素藉冥性（靈知心本體）能成就吾人色身及知覺，或認初禪至四禪中之了知心爲不生不滅之涅槃心。此等皆非通宗者之見地。復有錯悟之人一向主張「宗門與教門不相干」，此即尚未通達宗門之人也。其實宗門與教門互通不二，宗門所證者乃是眞如與佛性，教門所說者乃說宗門證悟之眞如佛性，故教門與宗門不二。本書作者以宗教二門互通之見地，細說「宗通與說通」，從初見道至悟後起修之道、細說分明；並將諸宗諸派在整體佛教中之地位與次第，加以明確之教判，學人讀之即可了知佛法之梗概也。欲擇明師學法之前，允宜先讀。平實導師著，主文共381頁，全書392頁，只售成本價300元。

宗門正道—公案拈提第五輯：修學大乘佛法有二果須證—解脫果及大菩提果。二乘人不證大菩提果，唯證解脫果；此果之智慧，名爲聲聞菩提、緣覺菩提。大乘佛子所證二果之菩提果爲佛菩提，故名大菩提果，其慧名爲一切種智—函蓋二乘解脫果。然此大乘二果修證，須經由禪宗之宗門證悟方能相應。而宗門證悟極難，自古已然；其所以難者，咎在古今佛教界普遍存在三種邪見：1.以修定認作佛法，2.以無因論之緣起性空—否定涅槃本際如來藏以後之一切法空作爲佛法，3.以常見外道邪見（離語言妄念之靈知性）作爲佛法。如是邪見，或因自身正見未立所致，或因邪師之邪教導所致，或因無始劫來虛妄熏習所致。若不破除此三種邪見，永劫不悟宗門眞義、不入大乘正道，唯能外門廣修菩薩行。平實導師於此書中，有極爲詳細之說明，有志佛子欲摧邪見、入於內門修菩薩行者，當閱此書。主文共496頁，全書512頁。售價500元（2007年起，凡購買公案拈提第一輯至第七輯，每購一輯皆贈送本公司精製公案拈提〈超意境〉CD一片，市售價格280元，多購多贈）。

狂密與真密：密教之修學，皆由有相之觀行法門而入，其最終目標仍不離顯教經典所說第一義諦之修證；若離顯教第一義經典、或違背顯教第一義經典，即非佛教。西藏密教之觀行法，如灌頂、觀想、遷識法、寶瓶氣、大聖歡喜雙身修法、喜金剛、無上瑜伽、大樂光明、樂空雙運等，皆是印度教兩性生生不息思想之轉化，自始至終皆以如何能運用交合淫樂之法達到全身受樂爲其中心思想，純屬欲界五欲的貪愛，不能令人超出欲界輪迴，更不能令人斷除我見；何況大乘之明心與見性，更無論矣！故密宗之法絕非佛法也。而其明光大手印、大圓滿法教，又皆同以常見外道所說離語言妄念之無念靈知心錯認爲佛地之眞如，不能直指不生不滅之眞如。西藏密宗所有法王與徒衆，都尙未開頂門眼，不能辨別眞僞，以依人不依法、依密續不依經典故，不肯將其上師喇嘛所說對照第一義經典，純依密續之藏密祖師所說爲準，因此而誇大其證德與證量，動輒謂彼祖師上師爲究竟佛、爲地上菩薩；如今台海兩岸亦有自謂其師證量高於 釋迦文佛者，然觀其師所述，猶未見道，仍在觀行即佛階段，尙未到禪宗相似即佛、分證即佛階位，竟敢標榜爲究竟佛及地上法王，誑惑初機學人。凡此怪象皆是狂密，不同於眞密之修行者。近年狂密盛行，密宗行者被誤導者極衆，動輒自謂已證佛地眞如，自視爲究竟佛，陷於大妄語業中而不知自省，反謗顯宗眞修實證者之證量粗淺；或如義雲高與釋性圓…等人，於報紙上公然誹謗眞實證道者爲「騙子、無道人、人妖、癩蛤蟆…」等，造下誹謗大乘勝義僧之大惡業；或以外道法中有爲有作之甘露、魔術……等法，誑騙初機學人，狂言彼外道法爲眞佛法。如是怪象，在西藏密宗及附藏密之外道中，不一而足，舉之不盡，學人宜應愼思明辨，以免上當後又犯毀破菩薩戒之重罪。密宗學人若欲遠離邪知邪見者，請閱此書，即能了知密宗之邪謬，從此遠離邪見與邪修，轉入眞正之佛道。平實導師著 共四輯 每輯約400頁（主文約340頁）每輯售價300元。

宗門正義—公案拈提第六輯：佛教有六大危機，乃是藏密化、世俗化、膚淺化、學術化、宗門密意失傳、悟後進修諸地之次第混淆；其中尤以宗門密意之失傳，爲當代佛教最大之危機。由宗門密意失傳故，易令 世尊本懷普被錯解，易令世尊正法被轉易爲外道法，以及加以淺化、世俗化，是故宗門密意之廣泛弘傳與具緣佛弟子，極爲重要。然而欲令宗門密意之廣泛弘傳予具緣之佛弟子者，必須同時配合錯誤知見之解析、普令佛弟子知之，然後輔以公案解析之直示入處，方能令具緣之佛弟子悟入。而此二者，皆須以公案拈提之方式爲之，方易成其功、竟其業，是故平實導師續作宗門正義一書，以利學人。　全書500餘頁，售價500元（2007年起，凡購買公案拈提第一輯至第七輯，每購一輯皆贈送本公司精製公案拈提〈超意境〉CD一片，市售價格280元，多購多贈）。

心經密意—心經與解脫道、佛菩提道、祖師公案之關係與密意。　二乘菩提所證之解脫道，實依第八識心之斷除煩惱障現行而立解脫之名；大乘菩提所證之佛菩提道，實依親證第八識如來藏之涅槃性、清淨自性、及其中道性而立般若之名；禪宗祖師公案所證之眞心，即是此第八識如來藏；是故三乘佛法所修所證之三乘菩提，皆依此如來藏心而立名也。此第八識心，即是《心經》所說之心也。證得此如來藏已，即能漸入大乘佛菩提道，亦可因證知此心而了知二乘無學所不能知之無餘涅槃本際，是故《心經》之密意，與三乘佛菩提之關係極爲密切、不可分割，三乘佛法皆依此心而立名故。今者平實導師以其所證解脫道之無生智及佛菩提之般若種智，將《心經》與解脫道、佛菩提道、祖師公案之關係與密意，以演講之方式，用淺顯之語句和盤托出，發前人所未言，呈三乘菩提之眞義，令人藉此《心經密意》一舉而窺三乘菩提之堂奧，迥異諸方言不及義之說；欲求眞實佛智者、不可不讀！主文317頁，連同跋文及序文…等共384頁，售價300元。

宗門密意—公案拈提第七輯：佛教之世俗化，將導致學人以信仰作爲學佛，則將以感應及世間法之庇祐，作爲學佛之主要目標，不能了知學佛之主要目標爲親證三乘菩提。大乘菩提則以般若實相智慧爲主要修習目標，以二乘菩提解脫道爲附帶修習之標的；是故學習大乘法者，應以禪宗之證悟爲要務，能親入大乘菩提之實相般若智慧中故，般若實相智慧非二乘聖人所能知故。此書則以台灣世俗化佛教之三大法師，說法似是而非之實例，配合眞悟祖師之公案解析，提示證悟般若之關節，令學人易得悟入。平實導師著，全書五百餘頁，售價500元（2007年起，凡購買公案拈提第一輯至第七輯，每購一輯皆贈送本公司精製公案拈提〈超意境〉CD一片，市售價格280元，多購多贈）。

淨土聖道—兼評選擇本願念佛：佛法甚深極廣，般若玄微，非諸二乘聖僧所能知之，一切凡夫更無論矣！所謂一切證量皆歸淨土是也！是故大乘法中「聖道之淨土、淨土之聖道」，其義甚深，難可了知；乃至眞悟之人，初心亦難知也。今有正德老師眞實證悟後，復能深探淨土與聖道之緊密關係，憐憫衆生之誤會淨土實義，亦欲利益廣大淨土行人同入聖道，同獲淨土中之聖道門要義，乃振奮心神、書以成文，今得刊行天下。主文279頁，連同序文等共301頁，總有十一萬六千餘字，正德老師著，成本價200元。

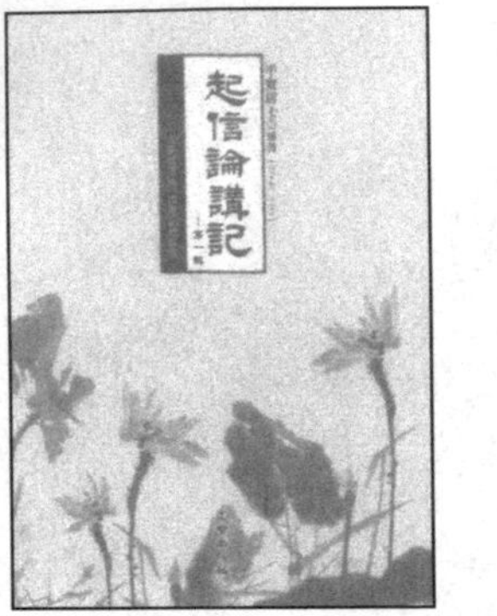

起信論講記：詳解大乘起信論心生滅門與心眞如門之眞實意旨，消除以往大師與學人對起信論所說心生滅門之誤解，由是而得了知眞心如來藏之非常非斷中道正理；亦因此一講解，令此論以往隱晦而被誤解之眞實義，得以如實顯示，令大乘佛菩提道之正理得以顯揚光大；初機學者亦可藉此正論所顯示之法義，對大乘法理生起正信，從此得以眞發菩提心，眞入大乘法中修學，世世常修菩薩正行。平實導師演述，共六輯，都已出版，每輯三百餘頁，售價各250元。

優婆塞戒經講記：本經詳述在家菩薩修學大乘佛法，應如何受持菩薩戒？對人間善行應如何看待？對三寶應如何護持？應如何正確地修集此世後世證法之福德？應如何修集後世「行菩薩道之資糧」？並詳述第一義諦之正義：五蘊非我非異我、自作自受、異作異受、不作不受……等深妙法義，乃是修學大乘佛法、行菩薩行之在家菩薩所應當了知者。出家菩薩今世或未來世登地已，捨報之後多數將如華嚴經中諸大菩薩，以在家菩薩身而修行菩薩行，故亦應以此經所述正理而修之，配合《楞伽經、解深密經、楞嚴經、華嚴經》等道次第正理，方得漸次成就佛道；故此經是一切大乘行者皆應證知之正法。平實導師講述，每輯三百餘頁，售價各250元；共八輯，已全部出版。

真假活佛—略論附佛外道盧勝彥之邪說：人人身中都有眞活佛，永生不滅而有大神用，但衆生都不了知，所以常被身外的西藏密宗假活佛籠罩欺瞞。本來就眞實存在的眞活佛，才是眞正的密宗無上密！諾那活佛因此而說禪宗是大密宗，但藏密的所有活佛都不知道、也不曾實證自身中的眞活佛。本書詳實宣示眞活佛的道理，舉證盧勝彥的「佛法」不是眞佛法，也顯示盧勝彥是假活佛，直接的闡釋第一義佛法見道的眞實正理。眞佛宗的所有上師與學人們，都應該詳細閱讀，包括盧勝彥個人在內。正犀居士著，優惠價140元。

阿含正義—唯識學探源：廣說四大部《阿含經》諸經中隱說之眞正義理，一一舉示佛陀本懷，令阿含時期初轉法輪根本經典之眞義，如實顯現於佛子眼前。並提示末法大師對於阿含眞義誤解之實例，一一比對之，證實唯識增上慧學確於原始佛法之阿含諸經中已隱覆密意而略說之，證實 世尊確於原始佛法中已曾密意而說第八識如來藏之總相；亦證實 世尊在四阿含中已說此藏識是名色十八界之因、之本—證明如來藏是能生萬法之根本心。佛子可據此修正以往受諸大師（譬如西藏密宗應成派中觀師：印順、昭慧、性廣、大願、達賴、宗喀巴、寂天、月稱、……等人）誤導之邪見，建立正見，轉入正道乃至親證初果而無困難；書中並詳說三果所證的心解脫，以及四果慧解脫的親證，都是如實可行的具體知見與行門。全書共七輯，已出版完畢。平實導師著，每輯三百餘頁，售價300元。

超意境CD：以平實導師公案拈提書中超越意境之頌詞，加上曲風優美的旋律，錄成令人嚮往的超意境歌曲，其中包括正覺發願文及平實導師親自譜成的黃梅調歌曲一首。詞曲雋永，殊堪翫味，可供學禪者吟詠，有助於見道。內附設計精美的彩色小冊，解說每一首詞的背景本事。每片280元。【每購買公案拈提書籍一冊，即贈送一片。】

我的菩提路第一輯：凡夫及二乘聖人不能實證的佛菩提證悟，末法時代的今天仍然有人能得實證，由正覺同修會釋悟圓、釋善藏法師等二十餘位實證如來藏者所寫的見道報告，已爲當代學人見證宗門正法之絲縷不絕，證明大乘義學的法脈仍然存在，爲末法時代求悟般若之學人照耀出光明的坦途。由二十餘位大乘見道者所繕，敘述各種不同的學法、見道因緣與過程，參禪求悟者必讀。全書三百餘頁，售價300元。

我的菩提路第二輯：由郭正益老師等人合著，書中詳述彼等諸人歷經各處道場學法，一一修學而加以檢擇之不同過程以後，因閱讀正覺同修會、正智出版社書籍而發起抉擇分，轉入正覺同修會中修學；乃至學法及見道之過程，都一一詳述之。其中張志成等人係由前現代禪轉進正覺同修會，張志成原爲現代禪副宗長，以前未閱本會書籍時，曾被人藉其名義著文評論 平實導師（詳見《宗通與說通》辨正及《眼見佛性》書末附錄…等）；後因偶然接觸正覺同修會書籍，深覺以前聽人評論平實導師之語不實，於是投入極多時間閱讀本會書籍、深入思辨，詳細探索中觀與唯識之關聯與異同，認爲正覺之法義方是正法，深覺相應；亦解開多年來對佛法的迷雲，確定應依八識論正理修學方是正法。乃不顧面子，毅然前往正覺同修會面見平實導師懺悔，並正式學法求悟。今已與其同修王美伶（亦爲前現代禪傳法老師），同樣證悟如來藏而證得法界實相，生起實相般若眞智。此書中尚有七年來本會第一位眼見佛性者之見性報告一篇，一同供養大乘佛弟子。全書四百頁，售價300元。

我的菩提路第三輯：由王美伶老師等人合著。自從正覺同修會成立以來，每年夏初、冬初都舉辦精進禪三共修，藉以助益會中同修們得以證悟明心發起般若實相智慧；凡已實證而被平實導師印證者，皆書具見道報告用以證明佛法之眞實可證而非玄學，證明佛法並非純屬思想、理論而無實質，是故每年都能有人證明正覺同修會的「實證佛教」主張並非虛語。特別是眼見佛性一法，自古以來中國禪宗祖師實證者極寡，較之明心開悟的證境更難令人信受；至2017年初，正覺同修會中的證悟明心者已近五百人，然而其中眼見佛性者至今唯十餘人爾，可謂難能可貴，是故明心後欲冀眼見佛性者實屬不易。黃正倖老師是懸絕七年無人見性後的第一人，她於2009年的見性報告刊於本書的第二輯中，爲大衆證明佛性確實可以眼見；其後七年之中求見性者都屬解悟佛性而無人眼見，幸而又經七年後的2016冬初，以及2017夏初的禪三，復有三人眼見佛性，希冀鼓舞四衆佛子求見佛性之大心，今則具載一則於書末，顯示求見佛性之事實經歷，供養現代佛教界欲得見性之四衆弟子。全書四百頁，售價300元，預定2017年6月30日發行。

我的菩提路第四輯：由陳晏平等人著。中國禪宗祖師往往有所謂「見性」之言，所言多屬看見如來藏具有能令人發起成佛之自性，並非《大般涅槃經》中 如來所說之眼見佛性。眼見佛性者，於親見佛性之時，即能於山河大地眼見自己佛性，亦能於他人身上眼見自己佛性及對方之佛性，如是境界無法為尚未實證者解釋；勉強說之，縱使眞實明心證悟之人聞之，亦只能以自身明心之境界想像之，但不論如何想像多屬非量，能有正確之比量者亦是稀有，故說眼見佛性極為困難。眼見佛性之人若所見極分明時，在所見佛性之境界下所眼見之山河大地、自己五蘊身心皆是虛幻，自有異於明心者之解脫功德受用，此後永不思證二乘涅槃，必定邁向成佛之道而進入第十住位中，已超第一阿僧祇劫三分有一，可謂之為超劫精進也。今又有明心之後眼見佛性之人出於人間，將其明心及後來見性之報告，連同其餘證悟明心者之精彩報告一同收錄於此書中，供養眞求佛法實證之四眾佛子。全書380頁，售價300元，預定2018年6月30日發行。

鈍鳥與靈龜：鈍鳥及靈龜二物，被宗門證悟者說為二種人：前者是精修禪定而無智慧者，也是以定為禪的愚癡禪人；後者是或有禪定、或無禪定的宗門證悟者，凡已證悟者皆是靈龜。但後來被人虛造事實，用以嘲笑大慧宗杲禪師，說他雖是靈龜，卻不免被天童禪師預記「患背」痛苦而亡：「鈍鳥離巢易，靈龜脫殼難。」藉以貶低大慧宗杲的證量。同時將天童禪師實證如來藏的證量，曲解為意識境界的離念靈知。自從大慧禪師入滅以後，錯悟凡夫對他的不實毀謗就一直存在著，不曾止息，並且捏造的假事實也隨著年月的增加而越來越多，終至編成「鈍鳥與靈龜」的假公案、假故事。本書是考證大慧與天童之間的不朽情誼，顯現這件假公案的虛妄不實；更見大慧宗杲面對惡勢力時的正直不阿，亦顯示大慧對天童禪師的至情深義，將使後人對大慧宗杲的誣謗至此而止，不再有人誤犯毀謗賢聖的惡業。書中亦舉證宗門的所悟確以第八識如來藏為標的，詳讀之後必可改正以前被錯悟大師誤導的參禪知見，日後必定有助於實證禪宗的開悟境界，得階大乘眞見道位中，即是實證般若之賢聖。全書459頁，售價350元。

維摩詰經講記：本經係 世尊在世時，由等覺菩薩維摩詰居士藉疾病而演說之大乘菩提無上妙義，所說函蓋甚廣，然極簡略，是故今時諸方大師與學人讀之悉皆錯解，何況能知其中隱含之深妙正義，是故普遍無法為人解說；若強為人說，則成依文解義而有諸多過失。今由平實導師公開宣講之後，詳實解釋其中密意，令維摩詰菩薩所說大乘不可思議解脫之深妙正法得以正確宣流於人間，利益當代學人及與諸方大師。書中詳實演述大乘佛法深妙不共二乘之智慧境界，顯示諸法之中絕待之實相境界，建立大乘菩薩妙道於永遠不敗不壞之地，以此成就護法偉功，欲冀永利娑婆人天。已經宣講圓滿整理成書流通，以利諸方大師及諸學人。全書共六輯，每輯三百餘頁，售價各250元。

真假外道：本書具體舉證佛門中的常見外道知見實例，並加以教證及理證上的辨正，幫助讀者輕鬆而快速的了知常見外道的錯誤知見，進而遠離佛門內外的常見外道知見，因此即能改正修學方向而快速實證佛法。游正光老師著 。成本價200元。

勝鬘經講記：如來藏爲三乘菩提之所依，若離如來藏心體及其含藏之一切種子，即無三界有情及一切世間法，亦無二乘菩提緣起性空之出世間法；本經詳說無始無明、一念無明皆依如來藏而有之正理，藉著詳解煩惱障與所知障間之關係，令學人深入了知二乘菩提與佛菩提相異之妙理；聞後即可了知佛菩提之特勝處及三乘修道之方向與原理，邁向攝受正法而速成佛道的境界中。平實導師講述，共六輯，每輯三百餘頁，售價各250元。

楞嚴經講記：楞嚴經係密教部之重要經典，亦是顯教中普受重視之經典；經中宣說明心與見性之內涵極爲詳細，將一切法都會歸如來藏及佛性—妙眞如性；亦闡釋佛菩提道修學過程中之種種魔境，以及外道誤會涅槃之狀況，旁及三界世間之起源。然因言句深澀難解，法義亦復深妙寬廣，學人讀之普難通達，是故讀者大多誤會，不能如實理解佛所說之明心與見性內涵，亦因是故多有悟錯之人引爲開悟之證言，成就大妄語罪。今由平實導師詳細講解之後，整理成文，以易讀易懂之語體文刊行天下，以利學人。全書十五輯，全部出版完畢。每輯三百餘頁，售價每輯300元。

明心與眼見佛性：本書細述明心與眼見佛性之異同，同時顯示了中國禪宗破初參明心與重關眼見佛性二關之間的關聯；書中又藉法義辨正而旁述其他許多勝妙法義，讀後必能遠離佛門長久以來積非成是的錯誤知見，令讀者在佛法的實證上有極大助益。也藉慧廣法師的謬論來教導佛門學人回歸正知正見，遠離古今禪門錯悟者所墮的意識境界，非唯有助於斷我見，也對未來的開悟明心實證第八識如來藏有所助益，是故學禪者都應細讀之。　游正光老師著　共448頁　售價300元。

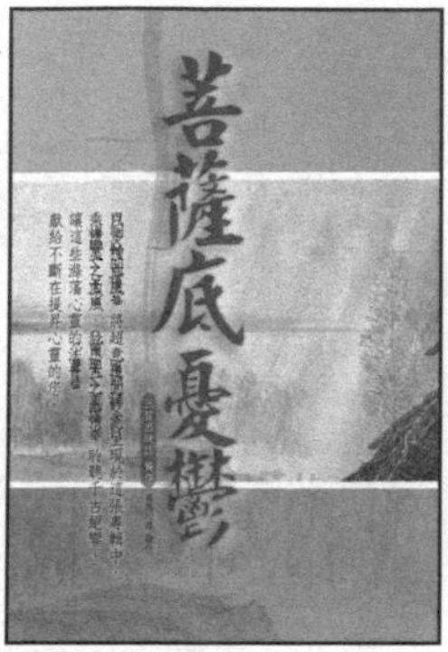

菩薩底憂鬱CD：將菩薩情懷及禪宗公案寫成新詞，並製作成超越意境的優美歌曲。　1.主題曲〈菩薩底憂鬱〉，描述地後菩薩能離三界生死而迴向繼續生在人間，但因尚未斷盡習氣種子而有極深沈之憂鬱，非三賢位菩薩及二乘聖者所知，此憂鬱在七地滿心位方才斷盡；本曲之詞中所說義理極深，昔來所未曾見；此曲係以優美的情歌風格寫詞及作曲，聞者得以激發嚮往諸地菩薩境界之大心，詞、曲都非常優美，難得一見；其中勝妙義理之解說，已印在附贈之彩色小冊中。　2.以各輯公案拈提中直示禪門入處之頌文，作成各種不同曲風之超意境歌曲，值得玩味、參究；聆聽公案拈提之優美歌曲時，請同時閱讀內附之印刷精美說明小冊，可以領會超越三界的證悟境界；未悟者可以因此引發求悟之意向及疑情，眞發菩提心而邁向求悟之途，乃至因此眞實悟入般若，成眞菩薩。　3.正覺總持咒新曲，總持佛法大意；總持咒之義理，已加以解說並印在隨附之小冊中。本CD共有十首歌曲，長達63分鐘，附贈二張購書優惠券。每片280元。

禪意無限CD：平實導師以公案拈提書中偈頌寫成不同風格曲子，與他人所寫不同風格曲子共同錄製出版，幫助參禪人進入禪門超越意識之境界。盒中附贈彩色印製的精美解說小冊，以供聆聽時閱讀，令參禪人得以發起參禪之疑情，即有機會證悟本來面目，實證大乘菩提般若。本CD共有十首歌曲，長達69分鐘，每盒各附贈二張購書優惠券。每片280元。

金剛經宗通：三界唯心，萬法唯識，是成佛之修證內容，是諸地菩薩之所修；般若則是成佛之道（實證三界唯心、萬法唯識）的入門，若未證悟實相般若，即無成佛之可能，必將永在外門廣行菩薩六度，永在凡夫位中。然而實相般若的發起，全賴實證萬法的實相；若欲證知萬法的眞相，則必須探究萬法之所從來，則須實證自心如來—金剛心如來藏，然後現觀這個金剛心的金剛性、眞實性、如如性、清淨性、涅槃性、能生萬法的自性性、本住性，名爲證眞如；進而現觀三界六道唯是此金剛心所成，人間萬法須藉八識心王和合運作方能現起。如是實證《華嚴經》的「三界唯心、萬法唯識」以後，由此等現觀而發起實相般若智慧，繼續進修第十住位的如幻觀、第十行位的陽焰觀、第十迴向位的如夢觀，再生起增上意樂而勇發十無盡願，方能滿足三賢位的實證，轉入初地；自知成佛之道而無偏倚，從此按部就班、次第進修乃至成佛。第八識自心如來是般若智慧之所依，般若智慧的修證則要從實證金剛心自心如來開始；《金剛經》則是解說自心如來之經典，是一切三賢位菩薩所應進修之實相般若經典。這一套書，是將平實導師宣講的《金剛經宗通》內容，整理成文字而流通之；書中所說義理，迥異古今諸家依文解義之說，指出大乘見道方向與理路，有益於禪宗學人求開悟見道，及轉入內門廣修六度萬行。講述完畢後結集出版，總共9輯，每輯約三百餘頁，售價各250元。

空行母—性別、身分定位，以及藏傳佛教：本書作者爲蘇格蘭哲學家，因爲嚮往佛教深妙的哲學內涵，於是進入當年盛行於歐美的假藏傳佛教密宗，擔任卡盧仁波切的翻譯工作多年以後，被邀請成爲卡盧的空行母（又名佛母、明妃），開始了她在密宗裡的實修過程；後來發覺在密宗雙身法中的修行，其實無法使自己成佛，也發覺密宗對女性岐視而處處貶抑，並剝奪女性在雙身法中擔任一半角色時應有的身分定位。當她發覺自己只是雙身法中被喇嘛利用的工具，沒有獲得絲毫應有的尊重與基本定位時，發現了密宗的父權社會控制女性的本質；於是作者傷心地離開了卡盧仁波切與密宗，但是卻被恐嚇不許講出她在密宗裡的經歷，也不許她說出自己對密宗的教義與教制下對女性剝削的本質，否則將被咒殺死亡。後來她去加拿大定居，十餘年後方才擺脫這個恐嚇陰影，下定決心將親身經歷的實情及觀察到的事實寫下來並且出版，公諸於世。出版之後，她被流亡的達賴集團人士大力攻訐，誣指她爲精神狀態失常、說謊……等。但有智之士並未被達賴集團的政治操作及各國政府政治運作吹捧達賴的表相所欺，使她的書銷售無阻而又再版。正智出版社鑑於作者此書是親身經歷的事實，所說具有針對「藏傳佛教」而作學術研究的價值，也有使人認清假藏傳佛教剝削佛母、明妃的男性本位實質，因此洽請作者同意中譯而出版於華人地區。珍妮·坎貝爾女士著，呂艾倫 中譯，每冊250元。

霧峰無霧—給哥哥的信　本書作者藉兄弟之間信件往來論義，略述佛法大義；並以多篇短文辨義，舉出釋印順對佛法的無量誤解證據，並一一給予簡單而清晰的辨正，令人一讀即知。久讀、多讀之後即能認清楚釋印順的六識論見解，與眞實佛法之牴觸是多麼嚴重；於是在久讀、多讀之後，於不知不覺之間提升了對佛法的極深入理解，正知正見就在不知不覺間建立起來了。當三乘佛法的正知見建立起來之後，對於三乘菩提的見道條件便將隨之具足，於是聲聞解脫道的見道也就水到渠成；接著大乘見道的因緣也將次第成熟，未來自然也會有親見大乘菩提之道的因緣，悟入大乘實相般若也將自然成功，自能通達般若系列諸經而成實義菩薩。作者居住於南投縣霧峰鄉，自喻見道之後不復再見霧峰之霧，故鄉原野美景一一明見，於是立此書名爲《霧峰無霧》；讀者若欲撥霧見月，可以此書爲緣。游宗明 老師著 售價250元。

假藏傳佛教的神話—性、謊言、喇嘛教：本書編著者是由一首名叫「阿姊鼓」的歌曲爲緣起，展開了序幕，揭開假藏傳佛教—喇嘛教—的神秘面紗。其重點是蒐集、摘錄網路上質疑「喇嘛教」的帖子，以揭穿「假藏傳佛教的神話」爲主題，串聯成書，並附加彩色插圖以及說明，讓讀者們瞭解西藏密宗及相關人事如何被操作爲「神話」的過程，以及神話背後的眞相。作者：張正玄教授。售價200元。

達賴真面目—玩盡天下女人：假使您不想戴綠帽子，請記得詳細閱讀此書；假使您不想讓好朋友戴綠帽子，請您將此書介紹給您的好朋友。假使您想保護家中的女性，也想要保護好朋友的女眷，請記得將此書送給家中的女性和好友的女眷都來閱讀。本書為印刷精美的大本彩色中英對照精裝本，為您揭開達賴喇嘛的眞面目，內容精彩不容錯過，為利益社會大眾，特別以優惠價格嘉惠所有讀者。編著者：白志偉等。大開版雪銅紙彩色精裝本。售價800元。

童女迦葉考—論呂凱文〈佛教輪迴思想的論述分析〉之謬：童女迦葉是佛世率領五百大比丘遊行於人間的歷史事實，是以童貞行而依止菩薩戒弘化於人間的大菩薩，不依別解脫戒（聲聞戒）來弘化於人間。這是大乘佛教與聲聞佛教同時存在於佛世的歷史明證，證明大乘佛教不是從聲聞法中分裂出來的部派佛教的產物，卻是聲聞佛教分裂出來的部派佛教聲聞凡夫僧所不樂見的史實；於是古今聲聞法中的凡夫都欲加以扭曲而作詭說，更是末法時代高聲大呼「大乘非佛說」的六識論聲聞凡夫極力想要扭曲的佛教史實之一，於是想方設法扭曲迦葉菩薩為聲聞僧，以及扭曲迦葉童女為比丘僧等荒謬不實之論著便陸續出現，古時聲聞僧寫作的《分別功德論》是最具體之事例，現代之代表作則是呂凱文先生的〈佛教輪迴思想的論述分析〉論文。鑑於如是假藉學術考證以籠罩大眾之不實謬論，未來仍將繼續造作及流竄於佛教界，繼續扼殺大乘佛教學人法身慧命，必須舉證辨正之，遂成此書。平實導師 著，每冊180元。

末代達賴—性交教主的悲歌：簡介從藏傳偽佛教（喇嘛教）的修行核心—性力派男女雙修，探討達賴喇嘛及藏傳偽佛教的修行內涵。書中引用外國知名學者著作、世界各地新聞報導，包含：歷代達賴喇嘛的祕史、達賴六世修雙身法的事蹟，以及《時輪續》中的性交灌頂儀式……等；達賴喇嘛書中開示的雙修法、達賴喇嘛的黑暗政治手段；達賴喇嘛所領導的寺院爆發喇嘛性侵兒童；新聞報導《西藏生死書》作者索甲仁波切性侵女信徒、澳洲喇嘛秋達公開道歉、美國最大假藏傳佛教組織領導人邱陽創巴仁波切的性氾濫，等等事件背後眞相的揭露。作者：張善思、呂艾倫、辛燕。售價250元。

黯淡的達賴—失去光彩的諾貝爾和平獎：本書舉出很多證據與論述，詳述達賴喇嘛不爲世人所知的一面，顯示達賴喇嘛並不是眞正的和平使者，而是假借諾貝爾和平獎的光環來欺騙世人；透過本書的說明與舉證，讀者可以更清楚的瞭解，達賴喇嘛是結合暴力、黑暗、淫欲於喇嘛教裡的集團首領，其政治行爲與宗教主張，早已讓諾貝爾和平獎的光環染污了。本書由財團法人正覺教育基金會寫作、編輯，由正覺出版社印行，每冊250元。

第七意識與第八意識？—穿越時空「超意識」：「三界唯心，萬法唯識」是佛教中應該實證的聖教，也是《華嚴經》中明載而可以實證的法界實相。唯心者，三界一切境界、一切諸法唯是一心所成就，即是每一個有情的第八識如來藏，不是意識心。唯識者，即是人類各各都具足的八識心王——眼識、耳鼻舌身意識、意根、阿賴耶識，第八阿賴耶識又名如來藏，人類五陰相應的萬法，莫不由八識心王共同運作而成就，故說萬法唯識。依聖教量及現量、比量，都可以證明意識是二法因緣生，是由第八識藉意根與法塵二法爲因緣而出生，又是夜夜斷滅不存之生滅心，即無可能反過來出生第七識意根、第八識如來藏，當知不可能從生滅性的意識心中，細分出恆審思量的第七識意根，更無可能細分出恆而不審的第八識如來藏。本書是將演講內容整理成文字，細說如是內容，並已在〈正覺電子報〉連載完畢，今彙集成書以廣流通，欲幫助佛門有緣人斷除意識我見，跳脫於識陰之外而取證聲聞初果；嗣後修學禪宗時即得不墮外道神我之中，得以求證第八識金剛心而發起般若實智。平實導師 述，每冊300元。

中觀金鑑—詳述應成派中觀的起源與其破法本質：學佛人往往迷於中觀學派之不同學說，被應成派與自續派所迷惑；修學般若中觀二十年後自以爲實證般若中觀了，卻仍不曾入門，甫聞實證般若中觀者之所說，則茫無所知，迷惑不解；隨後信心盡失，不知如何實證佛法；凡此，皆因惑於這二派中觀學說所致。自續派中觀所說同於常見，以意識境界立爲第八識如來藏之境界，應成派所說則同於斷見，但又同立意識爲常住法，故亦具足斷常二見。今者孫正德老師有鑑於此，乃將起源於密宗的應成派中觀學說，追本溯源，詳考其來源之外，亦一一舉證其立論內容，詳加辨正，令密宗雙身法祖師以識陰境界而造之應成派中觀學說本質，詳細呈現於學人眼前，令其維護雙身法之目的無所遁形。若欲遠離密宗此二大派中觀謬說，欲於三乘菩提有所進道者，允宜具足閱讀並細加思惟，反覆讀之以後將可捨棄邪道返歸正道，則於般若之實證即有可能，證後自能現觀如來藏之中道境界而成就中觀。本書分上、中、下三冊，每冊250元，全部出版完畢。

人間佛教—實證者必定不悖三乘菩提：「大乘非佛說」的講法似乎流傳已久，卻只是日本人企圖擺脫中國正統佛教的影響，而在明治維新時期才開始提出來的說法；台灣佛教、大陸佛教的淺學無智之人，由於未曾實證佛法而迷信日本人錯誤的學術考證，錯認爲這些別有用心的日本佛學考證的講法爲天竺佛教的眞實歷史；甚至還有更激進的反對佛教者提出「釋迦牟尼佛並非眞實存在，只是後人捏造的假歷史人物」，竟然也有少數人願意跟著「學術」的假光環而信受不疑，於是開始有一些佛教界人士造作了反對中國佛教而推崇南洋小乘佛教的行爲，使佛教的信仰者難以檢擇，導致一般大陸人士開始轉入基督教的盲目迷信中。在這些佛教及外教人士之中，也就有一分人根據此邪說而大聲主張「大乘非佛說」的謬論，這些人以「人間佛教」的名義來抵制中國正統佛教，公然宣稱中國的大乘佛教是由聲聞部派佛教的凡夫僧所創造出來的。這樣的說法流傳於台灣及大陸佛教界凡夫僧之中已久，卻非眞正的佛教歷史中曾經發生過的事，只是繼承六識論的聲聞法中凡夫僧依自己的意識境界立場，純憑臆想而編造出來的妄想說法，卻已經影響許多無智之凡夫僧俗信受不移。本書則是從佛教的經藏法義實質及實證的現量內涵本質立論，證明大乘佛法本是佛說，是從《阿含正義》尚未說過的不同面向來討論「人間佛教」的議題，證明「大乘眞佛說」。閱讀本書可以斷除六識論邪見，迴入三乘菩提正道發起實證的因緣；也能斷除禪宗學人學禪時普遍存在之錯誤知見，對於建立參禪時的正知見有很深的著墨。平實導師 述，內文488頁，全書528頁，定價400元。

喇嘛性世界—揭開假藏傳佛教譚崔瑜伽的面紗：這個世界中的喇嘛，號稱來自世外桃源的香格里拉，穿著或紅或黃的喇嘛長袍，散布於我們的身邊傳教灌頂，吸引了無數的人嚮往學習；這些喇嘛虔誠地爲大眾祈福，手中拿著寶杵（金剛）與寶鈴（蓮花），口中唸著咒語：「唵．嘛呢．叭咪．吽……」，咒語的意思是說：「我至誠歸命金剛杵上的寶珠伸向蓮花寶穴之中」！「喇嘛性世界」是什麼樣的「世界」呢？本書將爲您呈現喇嘛世界的面貌。當您發現眞相以後，您將會唸：「噢！喇嘛．性．世界，譚崔性交嘛！」作者：張善思、呂艾倫。售價200元。

見性與看話頭：黃正倖老師的《見性與看話頭》於《正覺電子報》連載完畢，今結集出版。書中詳說禪宗看話頭的詳細方法，並細說看話頭與眼見佛性的關係，以及眼見佛性者求見佛性前必須具備的條件。本書是禪宗實修者追求明心開悟時參禪的方法書，也是求見佛性者作功夫時必讀的方法書，內容兼顧眼見佛性的理論與實修之方法，是依實修之體驗配合理論而詳述，條理分明而且極爲詳實、周全、深入。本書內文375頁，全書416頁，售價300元。

實相經宗通：學佛之目的在於實證一切法界背後之實相，禪宗稱之爲本來面目或本地風光，佛菩提道中稱之爲實相法界；此實相法界即是金剛藏，又名佛法之祕密藏，即是能生有情五陰、十八界及宇宙萬有（山河大地、諸天、三惡道世間）的第八識如來藏，又名阿賴耶識心，即是禪宗祖師所說的眞如心，此心即是三界萬有背後的實相。證得此第八識心時，自能瞭解般若諸經中隱說的種種密意，即得發起實相般若——實相智慧。每見學佛人修學佛法二十年後仍對實相般若茫然無知，亦不知如何入門，茫無所趣；更因不知三乘菩提的互異互同，是故越是久學者對佛法越覺茫然，都肇因於尚未瞭解佛法的全貌，亦未瞭解佛法的修證內容即是第八識心所致。本書對於修學佛法者所應實證的實相境界提出明確解析，並提示趣入佛菩提道的入手處，有心親證實相般若的佛法實修者，宜詳讀之，於佛菩提道之實證即有下手處。平實導師述著，共八輯，已全部出版完畢，每輯成本價250元。

眞心告訴您（一）——達賴喇嘛在幹什麼？這是一本報導篇章的選集，更是「破邪顯正」的暮鼓晨鐘。「破邪」是戳破假象，說明達賴喇嘛及其所率領的密宗四大派法王、喇嘛們，弘傳的佛法是仿冒的佛法；他們是假藏傳佛教，是坦特羅（譚崔性交）外道法和藏地崇奉鬼神的苯教混合成的「喇嘛教」，推廣的是以所謂「無上瑜伽」的男女雙身法冒充佛法的假佛教，詐財騙色誤導眾生，常常造成信徒家庭破碎、家中兒少失怙的嚴重後果。「顯正」是揭櫫眞相，指出眞正的藏傳佛教只有一個，就是覺囊巴，傳的是 釋迦牟尼佛演繹的第八識如來藏妙法，稱爲他空見大中觀。正覺教育基金會即以此古今輝映的如來藏正法正知見，在眞心新聞網中逐次報導出來，將箇中原委「眞心告訴您」，如今結集成書，與想要知道密宗眞相的您分享。售價250元。

法華經講義：此書爲平實導師始從2009/7/21演述至2014/1/14之講經錄音整理所成。世尊一代時教，總分五時三教，即是華嚴時、聲聞緣覺教、般若教、種智唯識教、法華時；依此五時三教區分爲藏、通、別、圓四教。本經是最後一時的圓教經典，圓滿收攝一切法教於本經中，是故最後的圓教聖訓中，特地指出無有三乘菩提，其實唯有一佛乘；皆因衆生愚迷故，方便區分爲三乘菩提以助衆生證道。世尊於此經中特地說明如來示現於人間的唯一大事因緣，便是爲有緣衆生「開、示、悟、入」諸佛的所知所見——第八識如來藏妙眞如心，並於諸品中隱說「妙法蓮花」如來藏心的密意。然因此經所說甚深難解，眞義隱晦，古來難得有人能窺堂奧；平實導師以知如是密意故，特爲末法佛門四衆演述《妙法蓮華經》中各品蘊含之密意，使古來未曾被古德註解出來的「此經」密意，如實顯示於當代學人眼前。乃至〈藥王菩薩本事品〉、〈妙音菩薩品〉、〈觀世音菩薩普門品〉、〈普賢菩薩勸發品〉中的微細密意，亦皆一併詳述之，開前人所未曾言之密意，示前人所未見之妙法。最後乃至以〈法華大意〉而總其成，全經妙旨貫通始終，而依佛旨圓攝於一心如來藏妙心，厥爲曠古未有之大說也。平實導師述　已於2015/5/31起開始出版，每二個月出版一輯，共25輯。每輯300元。

西藏「活佛轉世」制度—附佛、造神、世俗法：歷來關於喇嘛教活佛轉世的研究，多針對歷史及文化兩部分，於其所以成立的理論基礎，較少系統化的探討。尤其是此制度是否依據「佛法」而施設？是否合乎佛法眞實義？現有的文獻大多含糊其詞，或人云亦云，不曾有明確的闡釋與如實的見解。因此本文先從活佛轉世的由來，探索此制度的起源、背景與功能，並進而從活佛的尋訪與認證之過程，發掘活佛轉世的特徵，以確認「活佛轉世」在佛法中應具足何種果德。定價150元。

真心告訴您（二）——達賴喇嘛是佛教僧侶嗎？補祝達賴喇嘛八十大壽：這是一本針對當今達賴喇嘛所領導的喇嘛教，冒用佛教名相、於師徒間或師兄姊間，實修男女邪淫，而從佛法三乘菩提的現量與聖教量，揭發其謊言與邪術，證明達賴及其喇嘛教是仿冒佛教的外道，是「假藏傳佛教」。藏密四大派教義雖有「八識論」與「六識論」的表面差異，然其實修之內容，皆共許「無上瑜伽」四部灌頂爲究竟「成佛」之法門，也就是共以男女雙修之邪淫法爲「即身成佛」之密要，雖美其名曰「欲貪爲道」之「金剛乘」，並誇稱其成就超越於（應身佛）釋迦牟尼佛所傳之顯教般若乘之上；然詳考其理論，則或以意識離念時之粗細心爲第八識如來藏，或以中脈裡的明點爲第八識如來藏，或如宗喀巴與達賴堅決主張第六意識爲常恆不變之眞心者，分別墮於外道之常見與斷見中；全然違背 佛說能生五蘊之如來藏的實質。售價300元。

涅槃：眞正學佛之人，首要即是見道，由見道故方有涅槃之實證，證涅槃者方能出生死，但涅槃有四種：二乘聖者的有餘涅槃、無餘涅槃，以及大乘聖者的本來自性清淨涅槃、佛地的無住處涅槃。大乘聖者實證本來自性清淨涅槃，入地前再取證二乘涅槃，然後起惑潤生捨離二乘涅槃，繼續進修而在七地心前斷盡三界愛之習氣種子，依七地無生法忍之具足而證得念念入滅盡定；八地後進斷異熟生死，直至妙覺地下生人間成佛，具足四種涅槃，方是眞正成佛。此理古來少人言，以致誤會涅槃正理者比比皆是，今於此書中廣說四種涅槃、如何實證之理、實證前應有之條件，實屬本世紀佛教界極重要之著作，令人對涅槃有正確無訛之認識，然後可以依之實行而得實證。本書共有上下二冊，每冊各四百餘頁，對涅槃詳加解說，每冊各350元。預定2018/9出版上冊，2018/11出版下冊。

修習止觀坐禪法要講記：修學四禪八定之人，往往錯會禪定之修學知見，欲以無止盡之坐禪而證禪定境界，卻不知修除性障之行門才是修證四禪八定不可或缺之要素，故智者大師云「性障初禪」；性障不除，初禪永不現前，云何修證二禪等？ 又：行者學定，若唯知數息，而不解六妙門之方便善巧者，欲求一心入定，未到地定極難可得，智者大師名之爲「事障未來」：障礙未到地定之修證。又禪定之修證，不可違背二乘菩提及第一義法，否則縱使具足四禪八定，亦不能實證涅槃而出三界。此諸知見，智者大師於《修習止觀坐禪法要》中皆有闡釋。作者平實導師以其第一義之見地及禪定之實證證量，曾加以詳細解析。將俟正覺寺竣工啓用後重講，不限制聽講者資格；講後將以語體文整理出版。欲修習世間定及增上定之學者，宜細讀之。平實導師述著。

解深密經講記：本經係 世尊晚年第三轉法輪，宣說地上菩薩所應熏修之唯識正義經典，經中所說義理乃是大乘一切種智增上慧學，以阿陀那識—如來藏—阿賴耶識爲主體。禪宗之證悟者，若欲修證初地無生法忍乃至八地無生法忍者，必須修學《楞伽經、解深密經》所說之八識心王一切種智；此二經所說正法，方是眞正成佛之道；印順法師否定第八識如來藏之後所說萬法緣起性空之法，是以誤會後之二乘解脫道取代大乘眞正成佛之道，尚且不符二乘解脫道正理，亦已墮於斷滅見中，不可謂爲成佛之道也。平實導師曾於本會郭故理事長往生時，於喪宅中從首七開始宣講，於每一七各宣講三小時，至第十七而快速略講圓滿，作爲郭老之往生佛事功德，迴向郭老早證八地、速返娑婆住持正法。茲爲今時後世學人故，將擇期重講《解深密經》，以淺顯之語句講畢後，將會整理成文，用供證悟者進道；亦令諸方未悟者，據此經中佛語正義，修正邪見，依之速能入道。平實導師述著，全書輯數未定，每輯三百餘頁，將於未來重講完畢後逐輯出版。

阿含經講記—小乘解脫道之修證：數百年來，南傳佛法所說證果之不實，所說解脫道之虛妄，所弘解脫道法義之世俗化，皆已少人知之；從南洋傳入台灣與大陸之後，所說法義虛謬之事，亦復少人知之；今時台灣全島印順系統之法師居士，多不知南傳佛法數百年來所說解脫道之義理已然偏斜、已然世俗化、已非眞正之二乘解脫正道，猶極力推崇與弘揚。彼等南傳佛法近代所謂之證果者多非眞實證果者，譬如阿迦曼、葛印卡、帕奧禪師、一行禪師……等人，悉皆未斷我見故。近年更有台灣南部大願法師，高抬南傳佛法之二乘修證行門爲「捷徑究竟解脫之道」者，然而南傳佛法縱使眞修實證，得成阿羅漢，至高唯是二乘菩提解脫之道，絕非究竟解脫，無餘涅槃中之實際尚未得證故，法界之實相尚未了知故，習氣種子待除故，一切種智未實證故，焉得謂爲「究竟解脫」？即使南傳佛法近代眞有實證之阿羅漢，尚且不及三賢位中之七住明心菩薩本來自性清淨涅槃智慧境界，則不能知此賢位菩薩所證之無餘涅槃實際，仍非大乘佛法中之見道者，何況普未實證聲聞果乃至未斷我見之人？謬充證果已屬逾越，更何況是誤會二乘菩提之後，以未斷我見之凡夫知見所說之二乘菩提解脫偏斜法道，焉可高抬爲「究竟解脫」？而且自稱「捷徑之道」？又妄言解脫之道即是成佛之道，完全否定般若實智、否定三乘菩提所依之如來藏心體，此理大大不通也！平實導師爲令修學二乘菩提欲證解脫果者，普得迴入二乘菩提正見、正道中，是故選錄四阿含諸經中，對於二乘解脫道法義有具足圓滿說明之經典，預定未來十年內將會加以詳細講解，令學佛人得以了知二乘解脫道之修證理路與行門，庶免被人誤導之後，未證言證，干犯道禁，成大妄語，欲升反墮。本書首重斷除我見，以助行者斷除我見而實證初果爲著眼之目標，若能根據此書內容，配合平實導師所著《識蘊眞義》《阿含正義》內涵而作實地觀行，實證初果非爲難事，行者可以藉此三書自行確認聲聞初果爲實際可得現觀成就之事。此書中除依二乘經典所說加以宣示外，亦依斷除我見等之證量，及大乘法中道種智之證量，對於意識心之體性加以細述，令諸二乘學人必定得斷我見、常見，免除三縛結之繫縛。次則宣示斷除我執之理，欲令升進而得薄貪瞋痴，乃至斷五下分結…等。平實導師述，共二冊，每冊三百餘頁。每輯300元。

＊喇嘛教修外道雙身法，墮識陰境界，非佛教＊

＊弘揚如來藏他空見的覺囊派才是真正藏傳佛教＊

總經銷：飛鴻 國際行銷股份有限公司
231 新北市新店市中正路 501 之 9 號 2 樓
Tel.02－82186688（五線代表號） Fax.02-82186458、82186459

零售：1.**全台連鎖經銷書局：**
三民書局、誠品書局、何嘉仁書店
敦煌書店、紀伊國屋、金石堂書局、建宏書局
諾貝爾圖書城、墊腳石圖書文化廣場

2.**台北市：**佛化人生 **大安區**羅斯福路 3 段 325 號 6 樓之 4 台電大樓對面
3.**新北市：**春大地書店 **蘆洲區**中正路 117 號
4.**桃園市：**御書堂 **龍潭區**中正路 123 號
5.**新竹市：**大學書局 **東區**建功路 10 號
6.**台中市：**瑞成書局 **東區**雙十路 1 段 4 之 33 號
佛教詠春書局 **南屯區**永春東路 884 號
文春書店 **霧峰區**中正路 1087 號
7.**彰化市：**心泉佛教文化中心 南瑤路 286 號
8.**高雄市：**政大書城 **苓雅區**光華路 148-83 號
明儀書局 **三民區**明福街 2 號\
青年書局 **苓雅區**青年一路 141 號
9.**宜蘭市：**金隆書局 中山路 3 段 43 號
10.**台東市：**東普佛教文物流通處 博愛路 282 號
11.**其餘鄉鎮市經銷書局：**請電詢總經銷**飛鴻**公司。
12.**大陸地區請洽：**

香港：樂文書店
旺角店 :香港九龍旺角西洋菜街 62 號 3 樓
電話 :(852) 2390 3723 email: luckwinbooks@gmail.com
銅鑼灣店 :香港銅鑼灣駱克道 506 號 2 樓
電話 :(852) 2881 1150 email: luckwinbs@gmail.com

廈門：廈門外圖臺灣書店有限公司
地址：廈門市思明區湖濱南路809 號 廈門外圖書城3 樓 郵編：361004
電話：0592-5061658（臺灣地區請撥打 86-592-5061658）
E-mail：JKB118＠188.COM

13.**美國：世界日報圖書部：**紐約圖書部 電話 7187468889#6262
洛杉磯圖書部 電話 3232616972#202

14.**國內外地區網路購書：**
正智出版社 書香園地 http://books.enlighten.org.tw/
（書籍簡介、經銷書局可直接聯結下列網路書局購書）
三民 網路書局 http://www.sanmin.com.tw
誠品 網路書局 http://www.eslitebooks.com

博客來 網路書局　http://www.books.com.tw
金石堂 網路書局　http://www.kingstone.com.tw
飛鴻 網路書局　http://fh6688.com.tw

附註：1.請儘量向各經銷書局購買：郵政劃撥需要八天才能寄到（本公司在您劃撥後第四天才能接到劃撥單，次日寄出後第二天您才能收到書籍，此六天中可能會遇到週休二日，是故共需八天才能收到書籍）若想要早日收到書籍者，請劃撥完畢後，將劃撥收據貼在紙上，旁邊寫上您的姓名、住址、郵區、電話、買書詳細內容，直接傳眞到本公司 02-28344822，並來電 02-28316727、28327495 確認是否已收到您的傳眞，即可提前收到書籍。 2.因台灣每月皆有五十餘種宗教類書籍上架，書局書架空間有限，故唯有新書方有機會上架，通常每次只能有一本新書上架；本公司出版新書，大多上架不久便已售出，若書局未再叫貨補充者，書架上即無新書陳列，則請直接向書局櫃台訂購。 3.若書局不便代購時，可於晚上共修時間向正覺同修會各共修處請購（共修時間及地點，詳閱**共修現況表**。每年例行年假期間請勿前往請書，年假期間請見共修現況表）。 4.郵購：郵政劃撥帳號 19068241。 5.正覺同修會會員購書都以八折計價（戶籍台北市者爲一般會員，外縣市爲護持會員）都可獲得優待，欲一次購買全部書籍者，可以考慮入會，節省書費。入會費一千元（第一年初加入時才需要繳），年費二千元。**6.尚未出版之書籍，請勿預先郵寄書款與本公司，謝謝您！** 7.若欲一次購齊本公司書籍，或同時取得正覺同修會贈閱之全部書籍者，請於正覺同修會共修時間，親到各共修處請購及索取；**台北市讀者**請洽：103 台北市承德路三段 267 號 10 樓（捷運淡水線 圓山站旁）請書時間：週一至週五爲 18.00~21.00，第一、三、五週週六爲 10.00~21.00，雙週之週六爲 10.00~18.00 請購處專線電話：25957295-分機 14（於請書時間方有人接聽）。

敬告大陸讀者：

大陸讀者購書、索書捷徑（尚未在大陸出版的書籍，以下二個途徑都可以購得，電子書另包括結緣書籍）：

1.廈門外國圖書公司：廈門市思明區湖濱南路 809 號 廈門外圖書城 3F

郵編：361004　電話：0592-5061658　網址：http://www.xibc.com.cn/

2.電子書：正智出版社有限公司及正覺同修會在台灣印行的各種局版書、結緣書，已有『**正覺電子書**』陸續上線中，提供讀者於手機、平板電腦上購書、下載、閱讀正智出版社、正覺同修會及正覺教育基金會所出版之電子書，詳細訊息敬請參閱『正覺電子書』專頁：http://books.enlighten.org.tw/ebook

關於平實導師的書訊，請上網查閱：

成佛之道　http://www.a202.idv.tw

正智出版社 書香園地　http://books.enlighten.org.tw/

中國網採訪佛教正覺同修會、正覺教育基金會訊息：

http://big5.china.com.cn/gate/big5/fangtan.china.com.cn/2014-06/19/content 32714638.htm

http://pinpai.china.com.cn/

★ 正智出版社有限公司售書之稅後盈餘，全部捐助財團法人正覺寺籌備處、佛教正覺同修會、正覺教育基金會，供作弘法及購建道場之用；懇請諸方大德支持，功德無量。

★ 聲　明 ★

本社於 2015/01/01 開始調整本目錄中部分書籍之售價，以因應各項成本的持續增加。

＊ 喇嘛教修外道雙身法、墮識陰境界，非佛教 ＊

＊ 弘揚如來藏他空見的覺囊派才是真正藏傳佛教 ＊

售後服務——換書啓事（免附回郵）　2017/12/05

《楞伽經詳解》第三輯初版免費調換新書啓事：茲因 平實導師弘法早期尚未回復往世全部證量，有些法義接受他人的說法，寫書當時並未察覺而有二處（同一種法義）跟著誤說，如今發現已將之修正。茲爲顧及讀者權益，已開始免費調換新書；敬請所有讀者將以前所購第三輯（不論第幾刷），攜回或寄回本公司免費換新；郵寄者之回郵由本公司負擔，不需寄來郵票。因此而造成讀者閱讀、以及換書的不便，在此向所有讀者致上萬分的歉意，祈請讀者大眾見諒！

《楞嚴經講記》第 14 輯初版首刷本免費調換新書啓事：本講記第 14 輯出版前因 平實導師諸事繁忙，未將之重新閱讀而只改正校對時發現的錯別字，故未能發覺十年前所說法義有部分錯誤，於第 15 輯付印前重閱時才發覺第 14 輯中有部分錯誤尚未改正。今已重新審閱修改並已重印完成，煩請所有讀者將以前所購第 14 輯初版首刷本，寄回本公司免費換新（初版二刷本無錯誤），本公司將於寄回新書時同時附上您寄書來換新時的郵資，並在此向所有讀者致上最誠懇的歉意。

《心經密意》初版書免費調換二版新書啓事：本書係演講錄音整理成書，講時因時間所限，省略部分段落未講。後於再版時補寫增加 13 頁，維持原價流通之。茲爲顧及初版讀者權益，自 2003/9/30 開始免費調換新書，原有初版一刷、二刷書籍，皆可寄來本公司換書。

《宗門法眼》已經增寫改版爲 464 頁新書，2008 年 6 月中旬出版。讀者原有初版之第一刷、第二刷書本，都可以寄回本公司免費調換改版新書。改版後之公案及錯悟事例維持不變，但將內容加以增說，較改版前更具有廣度與深度，將更能助益讀者參究實相。

換書者**免附回郵**，亦無截止期限；舊書請寄：111 台北郵政 73-151 號信箱 或 103 台北市承德路三段 267 號 10 樓 正智出版社有限公司。舊書若有塗鴨、殘缺、破損者，仍可換取新書；但缺頁之舊書至少應仍有五分之三頁數，方可換書。所有讀者不必顧念本公司是否有盈餘之問題，都請踴躍寄來換書；本公司成立之目的不是營利，只要能眞實利益學人，即已達到成立及運作之目的。若以郵寄方式換書者，免附回郵；並於寄回新書時，由本公司附上您寄來書籍時耗用的郵資。造成您不便之處，再次致上萬分的歉意。

正智出版社有限公司 啓

國立中央圖書館出版品預行編目資料

宗門正道：公案拈提《第五輯》
平實導師著， -- 初版--
臺北市：佛教正覺同修會，2001【民 90】
面；　　公分

ISBN 957-97840-9-2（平裝）

1. 禪宗

226.65　　　　90012904

宗門正道
——公案拈提 第五輯

作　者：平實導師
校　對：孫淑貞 等二人
出版者：正智出版社有限公司
電話：○二 28327495　28316727（白天）
傳眞：○二 28344822
111 台北郵政 73-151 號信箱
郵政劃撥帳號：一九○六八二四一
正覺講堂：總機○二 25957295（夜間）
總經銷：飛鴻國際行銷股份有限公司
231 新北市新店區中正路 501-9 號 2 樓
電話：○二 82186688 五線代表號
傳眞：○二 82186458　82186459
初版首刷：公元二○○四年七月　二千冊
初版四刷：公元二○一八年六月　二千冊
售　價：五○○元（附贈超意境CD一片）